광신

Fanaticism by Alberto Toscano

Copyrights ⓒ Alberto Toscano 2010
All Rights reserved.

Korean translation edition ⓒ 2013 by Humanitas Publishing Co.
This edition is published by arrangement with London, UK
Through Bestun Korea Agency, Seoul, Korea.
All rights reserved.

광신
어느 저주받은 개념의 계보학

1판 1쇄 펴냄 2013년 10월 21일
1판 2쇄 펴냄 2013년 12월 30일
지은이 | 알베르토 토스카노
옮긴이 | 문강형준

펴낸이 | 박상훈
주간 | 정민용
편집장 | 안중철
편집 | 윤상훈, 이진실, 최미정, 장윤미(영업)
업무 지원 | 김재선

펴낸 곳 | 후마니타스(주)
등록 | 2002년 2월 19일 제300-2003-108호
주소 | 서울 마포구 합정동 413-7번지 1층(121-883)
편집 | 02-739-9929, 9930 제작·영업 | 02-722-9960 팩스 | 02-733-9910
홈페이지 | www.humanitasbook.co.kr

인쇄 | 천일 031-955-8083   제본 | 일진제책 031-908-1407

값 22,000원

ISBN 978-89-6437-195-4 03300

이 도서의 국립중앙도서관 출판시도서목록(CIP)은 e-CIP 홈페이지(http://www.nl.go.kr/ecip)
에서 이용하실 수 있습니다.(CIP제어번호: CIP2013020534)

광신

Fanaticism
On the Uses of an Idea

어느 저주받은 개념의 계보학

알베르토 토스카노 지음

문강형준 옮김

후마니타스

니나에게

차례

재세례파의 역사를 그들의 적이 쓴 게 아니면 누가 썼다는 것인가?

　　　_____리처드 오버튼

그들은 인간의 권리를 요구했다. 그러나 그것을 야수처럼 주장했다.

　　　_____볼테르, 『풍속시론』

그들은 실제로는 혁명과 정치의 문제 속에서 오로지 철학과 종교만을 보았다.

　　　_____로베스피에르

비합리적인 모든 것이 어리석음이라고 묵살될 수는 없다.

　　　_____에른스트 블로흐, 『우리 시대의 유산』

일러두기

1. 한글 전용을 원칙으로 했다. 고유명사의 우리말 표기는 국립국어원의 외래어 표기법을 따랐다. 그러나 관행적으로 굳어진 표기는 그대로 사용했으며, 필요한 경우 한자나 원어를 병기했다.

2. 본문의 대괄호([ ])는 옮긴이의 첨언이며, 각주의 옮긴이 첨언의 경우 '•' 를 병기했다.

3. 기존 번역본이 있는 경우, 이를 참조해 옮겼으며, 해당 번역본의 서지 사항은 참고문헌에, 쪽수는 각주의 대괄호([ ]) 안에 병기했다. 인용된 도서의 본문 표기는 가급적 한국어 판본의 제목을 따랐으나 원제에 더 충실한 제목으로 표기한 경우도 있다.

한국어판 서문

종교적 동기를 가진 폭력의, 모호하지만 장대한 부활에 넋을 잃었던 세 번째 천년의 초반 몇 년 동안 사람들은 서양 정치의 어휘 목록에서 뜨거운 감자와도 같던 용어가 다시 살아나는 것을 목격했다. '광신'이라는 용어가 그것이다. 사회적 격변, 혁명적 시기, 종교전쟁, 정당성의 위기, 제국의 기획 — 지난 5세기 동안 이 모든 계기들은 한쪽에 치우친 신념과 다루기 힘든 믿음을 가졌기에 타협의 범위를 벗어나 버린 구제불능의 적들에 낙인을 찍는 데 광신이라는 용어를 불러낼 수 있도록 해주었다. 천년왕국운동에 참여한 독일 농민들, 반제국주의적 기치를 내건 '데르비시' 반란자들, 공포정치를 편 자코뱅 당원들, 폭탄을 던진 아나키스트들, 노예제를 반대한 '즉각주의자들', 종말론적인 스탈린주의자들은 이 강력한 관념[광신]에 적대적인 의미를 부여하는 데 활용된 수많은 집단들 중 일부일 뿐이다. 광신에 대한 역사적 의미론과 논쟁적 배치를 파헤쳐 보면 무엇보다 이 용어가 놀랄 만큼의 가소성可塑性을 지녔음이 드러난다. 컬트적인 미신과 억제되지 않는 합리성, 진보의 거부와 진보에 대한 지나친 예찬, 고집스러운 특수주의와 팽창적인 보편성 등이 모두 광신 비판이 노리는 과녁이었던 것이다.

이는 정치적으로 오용되는 용어인 극단주의와 광신 사이의 거리가 가깝다는 점에 의해 부분적으로 설명된다. 이 두 용어가 서로 양립할 수 없는 입장이라도, 온건함이나 정상성의 기준으로부터 충분히 멀어질 때 이들은 동일한 결점을 가진 것이 될 수 있다. 우파와 좌파의 과도함에 대한 중도파의 맹비난은 흔히 이런 형태를 취한다. 1970년대 이탈리아의 테러리즘에 대해 기민당이 적용했던 "양극으로 수렴되는 극단주의"라는 독트린에서처럼 말이다. 하지만 정치적 비방 문구 중에서도 광신은 자신만의 내력을 갖고 있는데, 여기에는 광신이 정치적 신학 및 신학적 정치와 결합됨으로써 등장하는 두 가지 요소가 핵심적으로 포함된다. 첫째, 광신은 타협을 꺼리는 신념의 윤리로 규정된다. 둘째, 광신은 실용주의와 매개mediation를 무시하는 이념적 원칙을 가진 관념의 정치에서 생겨난다. 취약하고 단속적인 광신의 역사를 볼 때, 이런 특징들을 부각시켰던 것은 관념적 이성을 통한 평등주의적 독재를 내세운 프랑스혁명에 대한 반응이었다. 특히, '이성의 광신' — 종교적 광신을 끈질기게 규탄했던 계몽철학자들의 태도와는 대부분 아귀가 맞지 않는 — 이라는 반동적 비유가 이름을 떨쳤던 때가 바로 이 시기였다. 종교적인 모양을 갖췄든 세속적인 모양을 갖췄든 간에, 비타협적 태도와 관념이 어떻게 모종의 — 최근의 로베스피에르 전기 제목을 인용하자면 — "치명적 순수함"과 결합될 수 있는지를 포착하기란 어렵지 않다. 정치적 광신에 대한 20세기와 21세기의 공격 역시 지속적으로 반혁명적 사유의 무기고(자유주의든, 보수주의든, 조제프 드 메스트르Joseph De Maistre와 같은 맹렬한 반동이든)에 빚지고 있는데, 이런 반혁명적 사유에 따르면 사회를 "관념화하고 평등화하려는" 분기탱천한 혁명적 시도 — 평등과 인권이라는 "가공할 허구"를 실현하기 위해서 사회로부터 계층, 위계, 관습, 차이를 없애 버리려는 — 는 결국 폭정과 파국에 이르게 되어 있다는 것이다.

『광신』을 쓰면서 나는 두 개의 독특하고 역설적인 도전을 스스로 설정했다. 첫째는 역사 없는 것에 대한 역사를 쓰는 것이었다. 광신에 대한 담론은 거의 예외 없이 그 대상을 비난할 뿐만 아니라, 광신을 종교적·정치적 삶에 있어 근본적으로 비역사적인 병리 현상으로 다루고 있다. 이런 상황으로 인해 광신은 역사적 혹은 지리학적 맥락과는 동떨어진 유비類比들로 다뤄진다. 토마스 뮌처의 급진적 개혁 운동은 나치 독일과 볼셰비키 러시아 정권과 한 쌍이 되고, 호메이니는 피렌체의 이단자 사보나롤라와 어깨를 나란히 하며, 고대 로마의 여신 숭배 제의('광신도'fanatici라는 말은 여기서 유래한다)는 반식민주의 반란을 예시豫示하는 격이다. 우리의 지배 이데올로그들이 쓰는 '극단주의 원형 지대'와 '악의 축' 같은 표현들은 이런 전통 속에서 자연스럽게 활용된다. 둘째, 나는 우리의 정치적 어휘 사전에서 가장 논쟁적이고 혼란스러운 용어 중 하나를 탐구함으로써 오늘날 우리 시대의 조건 속에서 정치적 도전 및 가능성의 방향을 설정하고자 했다.

지난 10년 동안 유럽과 북아메리카에서는 계몽주의적 이상에 대한 대중적 인지도가 급증했다. 정치 지도자들과 공적 지식인들은 호전적이고 신학적이며 인구학적인 위협에 맞서 세속주의, 관용, 무신론, 과학을 옹호하자는 요청을 쏟아 냈다. 서양의 자멸을 깨달은 신보수주의자들과 이성의 후퇴를 한탄하는 진보주의자들은 '빛'Lumières과 '계몽'Aufklärung의 정신을 회복하는 데 열중하는 것처럼 보였다. 하지만 인간적 역량의 발전을 깎아내리고 지성을 저하시키는 현재의 권력에 맞서 싸우는 사람이라면 누구나 이 추세 속에서 찾을 만한 영감靈感은 거의 없음을 알게 될 것이다.

임마누엘 칸트가 "우리가 스스로 초래한 미숙함"이라고 부른 것으로부터 집단적 해방을 이룬다는 생각은 우리가 사는 신자유주의 시대에서는 유토피아적 오만함이나 전체주의적 망상의 기운을 풍긴다. 자기비판으로 지탱되는 열린 기획으로서의 계몽주의에 대해 다소 입에 발린 말을 하는 경우도 있겠지만, 우리가 가장 자주 대면하는 것은 불안한 소수 특권층의 정치제도와 경제 행위, 그리고 우리 시대 자유주의적 자본주의를 모든 가능한 세계 중 가장 덜 나쁜 것으로 옹호하는 논리다. 현재 부활하는 계몽주의는 부정적이고 논쟁적인 계몽주의로, 이성의 도움으로 자신의 원칙에 질문을 던지는 위험한 과업을 수행하는 데는 거의 관심이 없고, '우리의 가치', '우리의 문명'이라는 가면을 쓴 채 자신의 문화적 독점 상태를 반대하는 적들을 집어내는 데만 열을 올릴 뿐이다.

비이성과 미신에 가하는 채찍으로서 볼테르가 얻고 있는 인기는 이런 상황에서 기인한다. 『광신, 혹은 예언자 마호메트』와 『철학사전』 등의 텍스트를 통해 계몽주의의 숙적으로서의 광신자, 역으로 관용의 전사로서의 철학자라는 불후의 초상을 그렸던 이가 바로 볼테르였다. 여기서 광신은 모든 반대 의견이나 믿음을 파괴할 때까지 멈추지 않는, 종교적 정신의 정치적 도착倒錯이자 신의 규율에 대한 파괴적이며 전염적인 집단적 고착 — 이런 이미지는 흔히 전제적 '오리엔트' 지역의 문화로 대변된다 — 이다. 볼테르는 비합리성의 많은 측면들을 열거하는 데는 뛰어나지만, 그가 묘사하는 광신의 기저에는 근본적인 단순성이 존재한다. 그는 "모든 광신자들은 똑같은 붕대로 눈을 가리고 있다"고 쓴다. 비이성은 궁극적으로 통일적인 것이며, 관용과 광신 사이의 전투는 두 대립적 진영 간의 명확한 구분을 이끌어 낸다는 그의 발상에는 위안을 주는 뭔가가 있다. 종교적·정치적 광신에 대한 우리 시대의 비난은 주로 볼테르의 이런 논증법을 물려받고 있으며, 지정학적 맥락(헤즈볼라, 힌두트바Hindutva, 미국의 기독교 우파), 역사(예언자 마호메트에서부터 데이비드 코레시David Koresh에 이르는), 정치적 지향(히틀러와 레닌, 중세 천년왕국운동과 신보수주의 선동가들)을 자유자재로 아우르는 이성의 적들에 대한 목록을 작성하기를 즐긴다.

궁극적으로는 동일하게 비타협적이면서도 이렇게 경쟁하는 교의敎義들로 빚어지는 참사에 맞서기 위한 치료법은 세속주의인 것처럼 보인다. 볼테르의

사유 중 또 하나의 요소는 '서양 문명'의 결실을 옹호하는 우리 시대의 경향과
도 중요하면서 밀접한 관계를 맺고 있으니, 해방보다 (종교전쟁과 종파 간 박해
의 재발을 어떻게든 피하면서) 사회적 평안을 우선시하는 태도가 그것이다. 무신
론을 의심하면서 국가의 강압을 통한 세속적 질서의 집행(에카테리나 2세의 러
시아나 오토만 제국의 경우)을 지지하는 볼테르의 태도는 이런 현재의 경향과 잘
맞아 떨어진다.

　　광신 비판의 역사적 유산에 직면할 때, 자칭 세속주의자들과 무신론자들
이 곤란한 입장에 빠지는지의 여부는 확실치 않다. 비록 어떤 상황에서는 어
쩔 수 없다고 해도 관용과 광신의 대립은 기존의 강압적 권위에 대한 옹호로,
또 세속주의의 옹호는 타당한 저항마저도 언제나 비합리적인 것으로 취급하
면서 억압을 정당화하는 제국주의적 세계관의 부활로 쉽게 변할 수 있다. 역
으로, 무신론적 정치는 온건함과 사회적 평안을 가장 중요한 정치 행정의 원
리로 간주하는 저 자유주의자들과 보수주의자들로부터 광신으로 지목받게
될 것이다. 광신 ― 어떤 원칙과 믿음에 있어 타협을 거부하는 태도 ― 을 내
부의 적이 아닌 합리성의 내밀한 차원으로 취급하는 계몽주의에 충실할 때만
우리는 비판과 해방의 정신으로 이들 문제에 대면할 수 있을 것이다. 이를 위
해서는 유럽 제국주의와 식민주의에 수반하는 폭력 및 유럽 중심적인 역사철
학과의 관련 속에서 계몽주의를 다시 보는 것뿐만 아니라, 계몽주의의 내적
분열, 다양성, 그리고 ― 이 문제에 대한 조너선 이스라엘Jonathan Israel의 기념
비적 저작의 제목『계몽주의의 쟁점들』Enlightenment Contested을 활용하자면 ― '쟁
점들'까지 고려해야만 한다.

　　우리가 게으르게도 '계몽주의'the Enlightenment라고 지칭하는 개념은 광신을
비난하고 자유·비판·합리성을 옹호하는 일 사이의 관계에 대한 낯설고 불편
한 비전들이 포함되어 있다. 독일 철학자 칸트의 글을 살펴보면, 광신은 합리
성의 번영을 외부에서 위협하는 존재로 표상되기보다는 이성의 가능한 형태

중 하나로 등장한다. 칸트의 비판 기획은 정신이 자신의 경계를 넘어서면서, 그의 표현에 따르면 "무한한 것을 볼 수 있다"는 믿음으로 "이성과 함께 날뛰는" 경향을 해결하려고 애쓴다. 칸트는 광신을 종교적 편협함에 바탕을 둔 망상이 아니라, 자신의 한계를 오만하게 초월하면서 이성의 힘을 남용하는 것으로 본다. 광신이라는 질병을 규정하는 것은 편협성과 특수성이 아니라 보편성의 과도함 같은 것이다.

역사철학을 만들어 내려는 헤겔 — 칸트라면 절대정신을 파악한다는 헤겔의 주장이 광신적이라고 여겼을 것이 틀림없다 — 역시 광신을 하나의 보편주의, 즉 "관념에의 열정"으로 다룬다. 이는 그가 이슬람교의 팽창과 프랑스혁명에서 공히 광신을 인지했던 것에서 알 수 있다. 사실상 종교적 권위와 사회적 특권에 맞서 인간의 권리를 무조건적으로 지지했던 프랑스혁명이야말로, 오늘날의 소위 세속주의적 정치 해설가들 대부분은 의식하지 못하지만, 현재까지 이어져 오는 방식으로 광신 문제를 완전히 전환시킨 사건이었다.

프랑스혁명에 대한 보수주의자들의 반응은 계몽주의에 대한 논의를 역전시켰다. 이제 계몽주의는 그것이 가진 광신적 성격을 이유로, 즉 자유·평등·연대의 원칙을 정치적으로 완강히 옹호함으로써 불안정을 조장하는 계기를 마련했다는 이유로 공격받게 된 것이다. 에드먼드 버크가 "정치적 형이상학자들"에 의해 초래된 참화에 맞서 위계, 종교, 관습, 점진적 변화가 가진 문명적 기능을 지지하면서, 합리적 철학을 시민 헌정civic constitution의 기반으로 변모시키려는 시도를 맹렬히 비난했던 것은 유명하다.

반광신적 논증의 역사에서 분수령이 된, 에드먼드 버크의 『프랑스혁명에 관한 성찰』(1790)은 혁명의 배후에 있던 악당 같은 변호사와 선동가들의 위험한 형이상학적 관념들을, 매끄럽게 다듬어진 프랑스의 물리적·사회적 지형 위에 위험스럽게 투사하는 행위, 그리고 모든 가치를 단순한 "종잇조각"[화폐]으로 변형시키는 허구적 금융 투기 장치들을 지속적으로 결부시킨다. 파괴시킨

후에 다시 건설하려는 사람들, "[자기] 나라를 단지 백지위임장으로 여긴 나머지 자기가 원하는 것은 무엇이든 그 위에 휘갈겨 쓸 수 있을 거라고 생각하는" 사람들에 맞서서, 버크는 "보존과 개선"의 필요성을 역설한다. 순수한 관념의 자식일 뿐 아니라 기존의 제도화된 관습이 가진 지혜에 무관심한 급진적 새로움은 문명사회의 적이다. "새로운 정부를 만들어 낸다는 발상 자체만으로도 우리는 역겨움과 공포로 충만하게 된다." [버크에 따르면] 정부[통치]는 "국가라는 이름으로 불리는 그 다층적인 구성체에서 발생하는 내·외부의 다양하고 복잡한 이해관계를 포괄적이고 연관적인 시각"으로 바라보는, 즉 복잡성을 다루는 것에 관한 문제이다. 따라서 "국가를 구성하거나 혁신하거나 개선하는 것을 다루는 학문은, 다른 모든 실험적 과학과 마찬가지로, 선험적으로 가르칠 수 없다." 제대로 된 정부는 편견과 환상 — 사회적 교류가 가진 측면으로, 프랑스혁명의 안내자인 광신적 합리주의는 이를 없애 버리려고 하는데 — 을 관용하거나, 심지어 이를 함양할 필요도 있다고 버크는 주장한다.

버크의 공격은 아이티 혁명가들('광신자'라는 별칭을 거부하지 않았던 극소수 집단 중 하나)과 미국의 '관념적인' 노예폐지론자들에 대한 공격의 본보기를 세웠으며, 공산주의라는 '정치 종교'에 대한 냉전 시기의 비난으로, 나아가 급진적 정치를 광신적으로 보는 현재까지 보편화된 견해로 이어져 내려왔다.

비타협적이고 평등주의적인 정치에 대한 오늘날의 비판자들은 대개 버크의 날카로운 감각과 반동적 달변은 되살려 내지 못하면서, 발리바르를 따라 '대중에 대한 공포'라고 요약될 수 있는 오래된 전통(서양 정치철학 및 전 지구적 지배 이데올로기와 많은 면에서 어깨를 나란히 하고 있는)을 잇고 있다. 급진적 적대를 통치하기, 반대편을 해산시키기, 극단적인 실천적 이성을 안락사 시키기 — 이는 우리 시대의 자본주의적 갈등 관리가 일반적으로 설정하고 있는 목표다. 그러나 대부분의 경우 이런 일들은 냉전 시대의 반공주의의 연장선상에서 '민주주의'라는 말의 보호를 받으며 이루어진다. 이런 측면에서 볼 때,

동양과 서양 모두에서 광신을 위협으로 내세우는 행위 옆에는 언제나 착취와 배제의 사회적 관계를 재생산하는 일과 모순되지 않도록 미리 틀 잡힌, 민주주의적 과정이라는 이름의 무력하고 절차적인 개념이 존재한다. 경제를 뛰어넘는 인민주권이라는 주장을 제거해 버리는 것으로 국가 부채 위기에 대응하고 있는 유럽의 모습이 보여 주듯이, 자본주의하의 민주주의는 푸틴식의 '관리되는 민주주의'managed democracy라고 완곡히 표현되는 조건을 향해 가는 경향이 있다.

『민주화 이후의 민주주의』에서 최장집이 관측하듯이, 이런 현상은 민주주의의 평등주의적이고 자유주의적인 주장이 이데올로기적으로 축소되는 경향뿐 아니라, 아래로부터의 운동에 의한 민주화가 민주화의 엘리트적 변형태에 의해 압도됨으로써 민주주의의 사회적이고 주관적인 내용을 제거해 버리는 일종의 그람시적인 수동 혁명 역시 포함한다(케빈 그레이Kevin Gray 역시 "한국의 정치 문화"The Political Cultures of South Korea라는 통찰력 있는 논문에서 현대 한국 정치를 해석하는 데 이런 그람시적인 렌즈를 활용할 것을 제안한 바 있다). 이런 측면에서 한국의 사례는 광신적이며 관념적 신조로 그려졌던 공산주의라는 '정치 종교'에 맞선 전투가 어떻게 모든 저항적·해방적 에너지를 중성화하려는 시도를 지속적으로 강화하는 역할을 하는지에 대한 중요한 교훈을 제공해 주는 것으로 보인다(가령 한국과 '전환' 이후의 동유럽 혹은 미국에서의 '사회주의'라는 영속적 허수아비를 비교하는 것처럼, 반공주의의 이런 탈정치적 기능을 정치 문화를 가로질러 비교해 보는 것도 유용할 듯하다). 최장집이 말하는 것처럼 "일상의 권위주의, 노동의 배제, 차별과 특권 체제, 다른 의견의 억압, 강력한 획일화 경향 등은 한국의 사회구조와 그 하부 체제 속에서 내재화된 냉전적 반공주의의 일면이다." 이는 광신이라는 개념에 대한 가장 우선적 '활용' 사례 중 하나라 할 수 있으니, 더 많은 평등과 인민의 통제권을 위한 어떤 운동에 대해서도 극단적 대격변이라는 위협[북한의 침략을 유지시킴으로써 지배, 불평등, 특권을 공고히하는 것이 그것이다.

이런 관리되고 수동적인 민주주의 이데올로기 및 실천은 — 평소에 민주주의가 급진적 인민 행동의 순간들에 관한 담론과 상징을 종종 참조하며 자신을 정당화한다는 점을 고려할 때 — 저항적이고 팽창적인 민주주의 개념과 양가적인 관계를 유지하고 있음을 주목할 필요가 있다. 대중에 대한 '민주주의의' 공포라는 것은 불안하고 불안정한 구상이다. 우리가 현재 이집트와 튀니지에서 목격하고 있듯이, 지배 권력은 (알랭 바디우가 타흐리르 광장을 지칭하면서 "공산주의 운동"이라고 불렀던 바로 그) 혁명적 민주주의의 순간을 중성화neutralise시켜서 그것을 사라지는 매개자로 변모시키려고 애쓴다. 그럼으로써 권력의 균형은 달라지더라도 정치체의 사회적·경제적 토대가 전면적으로 변환되지는 않도록 조정함으로써 기존 질서는 재생산될 수 있기 때문이다. 실천적으로나 이데올로기적으로, 모든 민주주의는 자신의 혁명적 적통을 자랑스레 알릴 때조차도 이런 중성화와 맞물려 있었다(예컨대 에릭 홉스봄이 『마르세유의 메아리』 *Echoes of the Marseillaise*에서 논의하고 있듯이, 프랑스의 경우에도 프랑스혁명 200주년을 맞은 1989년에 일련의 수정주의 역사가들이 혁명의 폭력성을 부각시키며 그 의미를 축소하는 등 혁명적 토대의 순간 자체를 부인하려 했던 시도가 있었다).

이런 측면에서, 우리는 1980년 광주항쟁 및 코뮌을 민주화의 서사 속으로 포섭하고 중성화하려는 시도(김용철이 "한국 정치의 민주화 속 광주항쟁의 그림자"The Shadow of the Gwangju Uprising in the Democratization of Korean Politics라는 논문에서 이야기했듯이)를 볼 수 있는데, 이는 (네그리의 용어를 빌면) 구성적 권력의 파열적 순간이 이미 제정된 권력에 의해 폐기처분되는 광범위한 패턴에 속한다. 광주를 출발점으로 삼는 정치사와 정치 이론은, 인민의 지배라는 놀랍고도 고무적인 실험을 회복함으로써 급진적 평등을 현실화하려는 우리 시대의 시도들에 많은 교훈을 주는 것 외에도, 당대의 급진적 이론이 작동하고 있는 지리학적·문화적으로 제한된 참고문헌(혹은 사건)들을 깨부술 필요가 있음을 시사한다(나는 조지 카치아피카스George Katsiaficas의 글들, 특히 최근에 나온 『아시아의 알려지지 않은 항쟁들, 1권: 20세기 한국의 사회운동』Asia's Unknown Uprisings, volume 1과 광주항쟁에서 이론적 영향을 받은 정근식의 논문 "5·18의 경험과 코뮌적 상상력"The Experience of the May 18 Uprising and the Communal Imagination에 힘입어 이 정치적 순간[광주항쟁]을 발견할 수 있었다). 이 책과 관련해서, 광주 코뮌은 흔히 광신적이라는 엘리트주의적 비난 아래 무시되었던 정치적 행동의 형태를 취급할 때 공동체community와 공통의 것the common을 포함해 '코뮌'commune을 포함하고 있는 용어 범주에 대한 부단한 고찰을 요구한다는 점을 시사한다(이는 공산주의communism라는 바로 그 테마로 되돌아가는 것이며, 당연히 공산주의는 이 책의 곳곳에서 매우 핵심적인 용어이다).

고故 조엘 올슨이 광신의 "경멸적 전통"이라고 이름 붙였던 것의 관점에서 보면, 광주가 증명하는 일종의 직접 민주주의(혹은 심지어 '공유화'communisation)는 비타협성, 대의 체제의 부재, 생산·재생산·억압 수단의 인민 전유가 혼합되어 있음을 드러내는데, 이는 관리되는 민주주의의 정반대로서 일종의 '관리될 수 없는 민주주의'를 체화한 것이다. 수동적이고 신자유주의적인 민주주의가 급진적 민주주의로부터 자신을 분리할 때, 전자는 광신이라는 붓으로 후자를 먹칠하는 방식으로 그 분리를 실행할 것이다. 카치아피카스가 열거하는 광주 코뮌의 특징들은 (1970년대의 민주주의의 '위기', 다시 말하면 민주주의의 과잉에 대한 새뮤얼 헌팅턴의 악명 높은 삼국위원회[미국, 유럽, 일본] 보고서로부터 교훈을 끌어내는 방식의) 지배적인 '반광신적' 민주주의 개념을 하나하나 전도顚倒시킨 것이기도 하다. "① 민주적 의사 결정구조를 가진 민주적 인민 조직의 자발적 등장, ② 아래로부터의 무장 항쟁 출현, ③ 도시 내 범죄의 감소, ④ 시민들 사이에서 진정한 연대와 협력의 실재, ⑤ 계급·권력·지위 같은 위계의 부재, ⑥ 참여자들 사이에서 노동 분업 발생."

나는 카치아피카스가 제시한 사건의 연대기에서 이 특징들의 목록을 보면서, 광주 코뮌이 평등의 정치를 균질성과 무차별성indistinction(내가 책에서도 쓰고 있듯이, 이것이 아무리 관념이나 잡종성이라는 외양을 띠고 있다고 하더라도)의 힘으로 여기는 지배 담론의 경향을 반박한다는 사실을 발견하고 충격을 받았다. 지배 담론과는 반대로, 우리가 보고 있는 이 특징은 위계의 해체이면서 '노동 분업'의 발명인데, 이는 다시 말해 관리되는 자본주의적 형식과 적대하는 절합, 매개, 심지어 재현의 새로운 형식을 발명한 것이다. 이런 면에서, 우리는 광주와 같은 평등주의적 순간들이 갖는 단일한 성격에 대한 과도한 강조 ― 가령 최정운의 '절대적 공동체 이론' 같은 ― 가 광주라는 사건을 융합과 무차별성의 렌즈로 바라보며 이를 필연적으로 소멸할 수밖에 없는 순간적인 해방의 섬광으로 여김으로써 급진적 민주주의 혹은 공산주의 이미지를 지나치게 부각시키는 것은 아닌지 되돌아볼 필요가 있다. 오히려 광주는 알랭 바디우가 "의회 자본주의"라고 적절히 이름 붙인 중성화 과정의 바깥에서 평등을 건설하고 표현하는 실험적 토대에 더 가까운 사건임에도 말이다.

반대와 저항을 악마화하고 문화화하거나 중성화하기 위한 광신 개념의 지배적 활용을 비판하는 것을 넘어서, 우리는 급진적·비타협적 평등을 개념화하는 정치적 사유에 의해 우리의 정치적 상상이 중층 결정되는 방식에 대해 더 철저히 고찰할 필요가 있다. 그렇지 않으면, 우리는 저항적 평등이 가진 비재현적이고 순간적이며 융합적인 성격과 민주주의 행세를 하는 매개 기구와 책략을 대비시키면서 상대편의 용어를 단순히 전도시키는 데 만족해 버릴 수 있다. 또한 저항은, 타협을 거부하는 결연한 의지라는 이상적인 흔적만을 남긴 채, 사라질 수밖에 없다는 지배적 생각을 수용 ― 멜랑콜리에 빠진 좌파가 흔히 여기에 빠져든다 ― 하게 될 위험에 처하게 된다. 광신 담론 및 정치의 가능성에 대한 지배적 이미지를 넘어서 움직인다는 것은 우리의 관리자들이 부과한 용어와는 다른 민주주의를 표현하는 긍정적 어휘를 발전시키는 것이기도 하다.

서론

우리가 쓰는 정치 용어들 중 '광신자'fanatic만큼 저주받은 단어는 드물다. 관용과는 담을 쌓았고 소통은 불가능하며, 어떤 논쟁도 용납하지 못하면서 오직 상대편의 관점이나 생활 방식이 뿌리 뽑힐 때라야 비로소 안도하는 — 만약 안도하는 게 가능하다면 — 폭력적 신념에 사로잡혀 있는 이 광신자들은 정치적 합리성이라는 틀 바깥에 위치해 있다. 광신자란, "자신의 생각을 바꿀 수도 없고, 그렇다고 주제를 바꾸지도 않을 사람"이라고 윈스턴 처칠은 말한 바 있다. 또한 광신자는 변화를 거부하는 주체, 곧 고집스럽고 구제불능인 주체다. 광신의 요소나 원천에 대해서는 설명을 시도할 수 있겠지만, 협의協議, negotiation를 부정하는 광신적 행위 그 자체는 사회적·정치적 행동에 대한 우리의 평가를 대체로 규정하는 합리성이라는 가정을 적용할 가치가 없는 것으로 치부되기 일쑤다. 이런 입장에 따르면, 대화를 거절하는 자들은 우리의 이해를 받을 자격도 없다. 광신 앞에서, 우리가 가진 "공감의 힘", 즉 "다른 이의 마음에 가닿을 수 있는 능력"으로 "무고한 이들을 살해하고도 관념적이고 평온한 만족감을 느끼는 저들의 텅 빈 시선을 이해하기란" 불가능하다.[1]

광신fanaticism[2]* 이란 "관념을 향한 열정"이라고 헤겔은 말했다. 이 관념 abstraction[3]* 이라는 논점이야말로 광신에 대한 모든 정치적·철학적 평가의 핵심이다. 광신자의 형상을 단순한 광인의 그것과 분리시키고, 나아가 광신에 극단적 위험이라는 마력을 더하는 것은 바로 관념과 그것에 결부된 보편성 혹은 평등주의다. 광신의 명백한 반인간주의anti-humanism는 종족이나 사회의 경계들을 뛰어넘는 정치적 보편주의라는 점에서 종종 인간주의의 매개체이기도 하다 — 비록 그런 인간주의가 결코 인도주의적인 것은 아니겠지만 말이다.[4] 마찬가지로, 광신이 설명과 대화를 용납하지 않기는 해도, 그것은 또

---

1 Barack Obama, "Preface to the 2004 edition", in *Dreams from My Father*, New York: Crown, 2004[『내 아버지로부터의 꿈』, 이경식 옮김, 랜덤하우스코리아, 2007, 14-15쪽]. 이 구절을 소개해 준 바트 무어-길버트에게 감사드린다.

2＊ 이 책에는 '광신'fanaticism을 지칭하는 많은 유의어들이 등장한다. 그중 자주 등장하는 개념들에 대해서는 다음과 같이 번역했다. enthusiasm(열정), Schwärmerei(광란), passion(격정), zealot(열성파), frenzy(광분).

3＊ 이 책에는 'abstract', 'abstraction', 'idea', 'concept' 등의 단어가 자주 등장한다. 이 단어들은 모두 유사하면서도 조금씩 차이가 있다. 영어에서 'abstract'는 '구체적인 사물에서 뽑아낸 핵심'을 뜻한다(논문이나 책의 개요를 'abstract'라고 하는 것은 이 때문이다). 따라서 'abstract'는 '추상적'이며, 구체적이지 않고 '관념적'이다. 'abstraction'은 바로 그런 'abstract'를 만들어 내는 행위 혹은 그런 관념 자체를 의미한다. 'idea'는 관념적인 행위를 통해 만들어진 한 뭉치의 생각을 뜻하며, 플라톤의 예에서 보듯 이 역시 구체적이기보다는 추상적인 경우가 많다. 'concept'는 여러 경험이나 관념적 사고 행위를 통해 얻어진 이해를 말한다. 마치 뱃속에 막 아이를 임신한 것conceive처럼 이 '이해'는 막 영글었으나 아직 여물지 않은 것이다. 이 책에서 'abstract'와 'abstraction'은 '구체적'인 것과는 반대된다는 의미에서 주로 '관념'으로 번역했으며, 때로는 문맥에 따라 일상적으로 쓰이는 대로 '추상(적)'이라 번역하기도 했다. 토스카노가 헤겔을 인용하며 사용하는 'abstract(ion)'은 모두 '관념'으로 번역했는데, 이는 이 단어가 '광신'이 가진 추상적 성격을 보여 주는 가장 적합한 번역이라고 생각했기 때문이다. 반면 'idea'(생각, 발상 등)나 'concept'(개념)는 일상적인 용법에 따라 번역했다.

4 파이살 데비가 알카에다의 희생적 인간주의에 대한 자극적이고도 반反직관적인 분석에서 다음

한 합리성의 부재가 아닌 합리성의 과잉과 자주 동일시된다. 관념이라는 문제에 초점을 맞춤으로써 — 이것이 종교에 대한 마르크스의 고찰이 물려준 주요한 유산이다 — 우리는 광신을 세속화된 공적 영역에 대한 종교의 침공으로 단순하게 바라보는 일반적 이해를 다각화해 볼 수 있고, 아울러 광신을 다루는 방식들, 특히 그것을 정치 종교로 정의함으로써 광신을 종교 자체 내에 존재하는 끈질긴 잠재성removable potential이자 공산주의와 같은 '전체주의적' 운동들에 내재한 추동력으로 여기는 방식에 대응할 수 있게 된다. 관념의 정치학이라는 표제 아래 광신을 고찰함으로써 우리는 겉으로는 분리된 듯 보이는 지적 영역, 역사적 시기, 지리적 장소를 뛰어넘어 수없이 변신하는 광신 개념을 추적할 수 있는 수단을 가지게 된 셈이다. 이런 방식으로, 우리는 이 용어에 대한 비판적이고 역사적인 검토에 그치지 않고, 보편적 해방과 관념적 보편성 사이의 동시대적 관계, 곧 자크 데리다가 "인간은 자신을 관념에 의해서 구원해야 하는가, 아니면 관념으로부터 자신을 구원해야 하는가?"라는 질문을 통해 멋지게 요약했던 그런 관계에 대한 광범위한 성찰로 가는 길을 열 수 있게 된다.[5] 광신의 역사와 정치학을 다시 사고하는 일은, 궁지에 몰린 서구가 자신의 비합리적 적대자들에게 보내는 부당한 방어 요청들에 저항하는 한 방식일 뿐만 아니라, 우리로 하여금 해방과 평등의 급진적 정치학 —

과 같이 언급했던 것을 참조하라. "오늘날 다수의 [지하드] 전사들에게 있어서 희생재폭력으로 희생된 이들]에 대한 인간애를 행위재지하드 전사]에 대한 인간애로 대체하는 것은 그들의 폭력이 가진 명분이라기보다는 본질 자체다. …… 전 지구적 차원의 인간애를 전면에 내세운다는 것이 그것이다." Faisal Devji, *The Terrorist in Search of Humanity: Militant Islam and Global Politics*, London: Hurst, 2008, 30, 17.

5 Jacques Derrida, "Faith and Knowledge: The Two Sources of 'Religion' at the Limits of Reason Alone", in *Religion*, J. Derrida and G. Vattimo(eds), Stanford: Stanford University Press, 1998, 6.

수세기에 걸쳐 광신이라는 혐의로 빈번히 얼룩져 왔던 그 정치학 — 이라는 난국이자 희망에 직면하도록 해준다.

이 책은 광신이라는 깃발 아래 존재하는, 타협의 거부와 보편성을 향한 끝없어 보이는 질주 사이의 모호하고 불안정한 결합을 탐구한다. 때로 광신 혐의는 꿋꿋하고 완고하게 그리고 가끔은 비정상적으로 어떤 정체성이나 영토를 방어하는 이들에게 씌워진다. 앞으로 보게 되겠지만, 19세기 영국의 학자들, 제국의 관리자들, 대對반란 전문가들은 인도에서 수단에 이르기까지 자신들이 맞닥뜨렸던 반란자들의 당파적 용맹성과 지역적 연대를 마지못해 인정하는 동시에, 이들을 완전히 제거해야 한다고 주장하면서 '광신자'로 규정했다. 다른 상황에서는, 강탈에 대한 저항이 아니라 보편적 권리에 대한 무조건적 긍정 혹은 위계나 차별을 넘어선 보편적 인간성에 대한 무조건적 긍정을 광신적인 것으로 취급하기도 했다. 에드먼드 버크, 이폴리트 텐Hippolyte Taine 등 다수의 유력한 지식인들이 프랑스혁명에 반대하며 작성한 논고들은 이 범주에 속한다. "극도로 광신적인 수준의 변화 의지를 가진" 무모한 혁신가, "수도사의 열정으로" 자행되는 광적인 종교 공격, 인간사를 수학의 정리나 기하학의 도형처럼 통제할 수 있다는 "소름끼치는 허구"에 근거한 관념의 광란 속에서 이루어지는 관습·재산·예의범절의 폐기, 법률의 선포, 영토의 배분 — 이런 묘사를 통해 이들의 글 속에서 자코뱅파는 근대 광신자의 진정한 원형으로 주조되었다.6 "이론의 정치라는 폭정"7에 대한 버크의 혹평은 모든 급진적 평

---

6 Edmund Burke, *Reflections on the Revolution in France*, L. G. Mitchell(ed.), Oxford: Oxford University Press, 1993[1790], 110, 37.

7 Conor Cruise O'Brien, "Edmund Burke: Prophet Against the Tyranny of the Politics of Theory", in Edmund Burke, *Reflections on the Revolution in France*, F. M. Turner(ed.), New

등주의 옹호자들을 위험한 광신자들로 매도하는 원형이 되었으니, 이는 19세기 미국의 노예제 폐지론자들에 대한 공격에서 가장 명백히 드러났고, 사회주의, 아나키즘, 공산주의 계열의 노동운동사 전반에 걸쳐서도 같은 공격이 지속되었다. 무조건적 평등과 인권이라는 "정치적 형이상학"[8]을 전파하는 철학적 '광신도들'에 대한 경고는 고립된 지식인과 충동적인 군중 사이의 폭발적 결합이라는 이미지에 사로잡혀 있던 음모론식 사회학에 의해 종종 제기되기도 했다.[9]

광신에 대한 반혁명적 비판은 놀라울 정도로 오래 지속되어 온 하나의 설명 및 논쟁의 원형을 만들어 냈으니, 곧 광신의 본질은 미학적이고 관념적이며 보편적인 원리로서의 철학을 사회 속에서 실현하는 데 있다는 서술이 그것이다. 광신에 대한 반혁명적 비판 — 이를 최초의 반계몽주의적 태도라고

Haven: Yale University Press, 2003[1790].

[8] Burke, *Reflections on the Revolution in France*, 58.

[9] 이폴리트 텐에게 "자코뱅주의란 이데올로기와 사회 부적응의 결합에서 발생한 교조적 질병에 불과하며, 계몽 시대의 합리주의란 소송사건이 떨어져 정서 불안에 시달리는 변두리 변호사들, 환자 없는 의사들, 쓸모없는 학위만 가진 미임용 대학 강사들의 관심사와 결합되지 않았더라면 비교적 무해한 사건으로 남았을 유토피아적 관념이었다." Patrice Higonnet, "Terror, Trauma and the 'Young Marx' Explanation of Jacobin Politics", *Past and Present* 191(2006), 125를 보라. 자유주의자 뱅자맹 콩스탕의 멘토였던 마담 드 카리에가 "자코뱅주의의 요체는 무엇인가?"라고 자문하면서 했던 답변은 유명하다. "소수의 광신자들에 의한, 그리고 부자가 되고 싶어 하는 가난뱅이의 시기심을 자극하는 한 무리의 야심가들에 의한 조작이다"(Higonnet, 137에서 재인용). 혁명적 지식인들의 행동을 관습, 종교, 기존 가치를 파괴하는 금융 투기의 파괴적 효과와 연계시켜 설명했던 버크의 사회학·정치경제학에 대해서는 J. G. A. Pocock, "Edmund Burke and the Redefinition of Enthusiasm: The Context as Counter-Revolution", in F. Furet and M. Ozouf(eds), *The French Revolution and the Creation of Modern Political Culture*, Vol. 3: *The Transformations of French Political Culture, 1789-1848*, Oxford: Pergamon Press, 1989를 보라.

할 법도 한데 — 은 종교적 광신에 대한 **계몽철학자들**의 공격을 바로 그 철학자들이 정초했던 정치학에 대한 공격으로 뒤바꿔 버렸다. 예컨대 "이 끔찍한 광신은 종교의 영향을 받은 광신보다 천 배나 더 위험하지 않은가요?"라고 물으면서 말이다.[10] 버크는 단도직입적으로 이렇게 말했다.

> 이 [계몽]철학자들은 광신자들이다. 어떤 이해관계로부터도 자유로운 — 만약 이해관계로만 움직인다면 이들을 길들이기란 훨씬 쉬울 텐데 — 이 사람들은 엄청나게 무분별한 분노를 지닌 채 모든 극단적인 시도를 일삼기에, 이들이야말로 자신들의 사소한 실험에 전 인류를 희생시킬 수도 있을 것이다. …… 뼛속까지 형이상학자인 이들을 이해하기란 너무나 어려운 일이다. 형이상학자는 인간의 연약함과 격정보다는 사악한 영혼이 가진 차가운 원한 쪽에 더욱 가까이 있다. 그는 악의 본질을 체화하고 있다. 실체가 없고, 순수한, 불순물이 없으며, 정제되고, 걸러진 그런 악을.[11]

차가움은 요한 고트프리트 헤르더가 위험한 철학적 광신의 핵심 속성으로 지적한 것이기도 했다. 그는 광신을 농민반란의 토대가 된 신학 이론들을 혹평하기 위해 루터가 만들어 낸 '슈베르머라이'[광란Schwärmerei][12]●라는 용어로 설

---

10 마담 드 장리스Madame de Genlis의 말을 Darrin M. McMahon, *Enemies of the Enlightenment: The French Counter-Enlightenment and the Making of Modernity*, New York: Oxford University Press, 2001, 45에서 재인용했다. 이 책은 이런 사고 경향에 대한 매우 유용한 탐구서로, 드 메스트르Joseph Marie De Maistre와 리바롤Antoine de Rivarol 같은 순수한 반동주의자들까지도 포함하고 있다.

11 Edmund Burke, "A Letter to a Noble Lord", in *Further Reflections on the Revolution in France*, D. E. Ritchie(ed.), Indianapolis: Liberty Fund, 1992, 314.

12● '광신'fanaticism에 대응하는 독일어 'Schwärmerei'는 '떼로 몰려다닌다'는 의미의 동사 'schwämen'(영어로는 swarm)에서 유래한 말로, 이 동사는 벌떼나 개미떼처럼 운집해서 우글거리는 무

명했다. 헤르더에게 철학과 광신은 동의어였다. "우리 세기를 철학의 시대라고 명명했던 이가 철학자였다면, 아마도 그 말로써 그는 이 세기를 차가운 광란과 광란하는 차가움의 세기로 이해했을 것이다. …… 광란자는 가장 위대한 철학자가 되기를 원하고, 가장 위대한 철학자는 곧 가장 위대한 광란자이다."[13] 관념, 혼란('우글거림'swarming), 그리고 군중행동(다시, '우글거림') 사이의 연관성을 강조하면서, 헤르더나 레싱 같은 계몽주의의 비판자들은 계몽철학자들과, 레싱의 표현을 따르자면 "인권을 위해 광란하는" 사람들 사이의 밀접하고도 위험한 고리를 가정했다. 이런 사상가들은 "고삐 풀린 주관주의와 집단적 열기 사이의, 혹은 더 정확히는, 개인적 자아의 붕괴와 집단적 자아의 폭발 사이의 그릇된 변증법"을 확신했다.[14]

리의 이미지를 갖고 있다. 이 단어는 헤르더뿐만 아니라 루터 등의 저작에도 자주 등장한다. 토스카노는 이 독일어 단어의 원래 의미를 강조하기 위해 그대로 쓰고 있으므로, 이를 'fanaticism'과 구분하기 위해 '광란'으로 번역했다. 다만 이 단어의 독일어 용례를 한정해서 설명할 경우 '슈베르머라이'라고 음역했다. 각주 15 역시 참조할 것.

13 Johann Gottfried Herder, "Philosophei und Schwärmerei, zwo Schwestern". Anthony J. La Vopa, "The Philosopher and the *Schwärmer*: On the Career of a German Epithet from Luther to Kant", in *Enthusiasm and Enlightenment in Europe, 1650~1850*, San Marino, CA: Huntington Library, 1998, 92에서 재인용. 또한 "종교적 열정에서도 그렇듯, 혁명 정치학의 과도한 감정주의 안에서 개인적 내향성과 집단적 광란은 경악스러운 변증법 속으로 들어서게 된다"(105). 페리 앤더슨은 이런 구도가 가진 탄력성을 이론과 정치 사이의 연관성을 이해하는 방식으로 사용함으로써, "파리식 비합리주의 철학의 유행" 및 그 철학의 중심 개념인 욕망에 대해 "1968년의 사회적 봉기에 대한 환상이 걷히면서 나타난 주관주의적 슈베르머라이"라고 기술했다. Perry Anderson, *Arguments within English Marxism*, London: New Left Books, 1980, 161을 보라.

14 La Vopa, "The Philosopher and the *Schwärmer*", 98. 나는 이 논쟁의 철학적 후계자들 중 하나인 청년 셸링의 글들을 연구하는 중에 최초로 광신이라는 주제에 다가서게 되었다. Alberto Toscano, "Fanaticism and Production: Schelling's Philosophy of Indifference", *Pli: The Warwick Journal of Philosophy* 8(1999)을 보라.

이 과정에서 그들은 여기서 우리가 광신이라는 범주 아래 탐구하고 있는 유사 용어들의 언어학적·어원학적 기원들을 파헤쳤다. '슈베르머라이'가 혼란, 비현실주의, 위협적인 다중과 군중을 나타낸다면,[15] '열정'enthusiasm, Enthusiasmus, enthousiasme은 신성한 영감이라는, 플라톤 철학에서 유래한 그리스적 기원을 환기시키며,[16] 고유명사로서의 '광신'Fanatismus, fanatisme은 신성한 장소를 지칭하는 로마어 '파눔'fanum에서 유래했다('신성한 것'의 반대는 '신성모독적인 것'the profane이며, '파눔'에 경의를 표하지 않는 행위는 '신성모독'profanation이다).[17] 구체적으로, '파나

<hr>

[15] 콜리지는 기억할 만한 한 구절에서 슈베르머라이의 인식적 차원과 집합적 차원 간의 연결 고리를 강조한 바 있다. "잘 알다시피, 상상력이 쇠약해져서 몽롱하게 되면, 직접적인 감각의 인상에만 의존할 수밖에 없게 되어, 사람의 마음이 미신과 광신에 복종하게 되고 만다. 이런 종류의 마음을 가진 사람들은 마음에 당연히 품어야 할 따스함이 부족하기 때문에 사원 주변에 모여드는 무리 가운데서 자신들이 혼자서는 가질 수 없는 따스함을 공동으로 구하는 것이다. 그들은 눅눅한 건초처럼 본성이 차갑고 무감각해서, 서로 무리를 만들어서 열을 내기도 하고 불을 지피기도 한다. 또는 꿀벌처럼, 모여든 군중의 열기가 더해 감에 따라 침착성을 잃거나 흥분하기 쉽다. 그래서 광신fanaticism에 해당하는 독일어(적어도 처음에 광신이라는 말의 뜻은 그랬다)가 벌떼를 뜻하는 schwärmen, schwärmerey에서 온 것이다." Samuel Taylor Coleridge, *Biographia Literaria*, New York: William Gowans, 1852, 163[209-210쪽]. 프로이트와 라캉의 정신분석과 연관해 '슈베르머라이'와 '우글거림'swarming을 영민하고 독창적으로 다룬 책으로는 Justin Clemens, "Man is a Swarm Animal", in *The Catastrophic Imperative*, D. Hoens, S. Jöttkandt and G. Buelens(eds), Basingstoke: Palgrave, 2009를 보라.

[16] Margot and Rudolf Wittkower, *Born Under Saturn*, New York: New York Review of Books, 2007, 98.

[17] 파나티스무스Fanatismus 혹은 파나티슴fanatisme과 슈베르머라이에 관한, 즉 광신 개념의 프랑스와 독일에서의 역사를 주로 다룬 저작으로는 *Geschichtliche Grundbefriffe. Historisches Lexicon zur politische-sozialen Sprache in Deutschland*, Vol. 2, O. Brunner, W. Conze and R. Koselleck(eds), Stuttgart: Klett-Cotta, 1975 중 베르너 콘체와 헬가 라인하르트가 뛰어나게 정리한 '파나티스무스' 항목을 참조하라. '광신'이 비유럽어권 언어와 지적 전통 속에서 어떻게 번역되었는지를 추적하거나 이와 비슷하게 쓰이는 자생적 개념들을 탐구하는 일은 비록 내 능력 밖의

티치'fanatici[18]*는 로마에 벨로나Bellona라는 이름으로 소개되었던, 카파도키아의 여신 코모나Comona를 따르는 이들에 붙여진 명칭이었다. "이 여신의 축제를 축하하면서 그들은 어두운 옷을 입고, 비명을 지르고, 나팔을 불고, 심벌즈와 북을 치면서 거리 곳곳을 행진했다. 그들은 관자놀이에 스스로 상처를 내서는, 거기서 흐르는 피를 부어 여신에게 제물로 바쳤다."[19] 이런 기원에서 보이는 계보학적 오류들 ― 앞으로 다루겠지만, 광신이라는 개념에는 이런 제의적 원형과 거의 관련이 없는 다양한 용례들도 많이 있다[20] ― 을 파고들지 않고도

일이긴 하나 매우 흥미로운 기획이 될 것이다. '광신'의 현대 아랍어 번역어인 'ta'assub'이 부족의 연대감과 당파적 감정을 의미하는 용어인 'asabiyyah'[단결]에서 유래했으며, 이븐 할둔의 중요한 14세기 보편 사서인 『역사 서설』Muqaddimah에서 논의되었다는 사실은 주목할 만하다. 1879년에 알아프가니는 "동일한 종교를 신봉하고, 공동체와 관련된 행동에서의 부당함을 피하는 균형 잡힌 합의 속에서 표출된 신조의 원칙들에 동의하는 이들의 광신ta'assub은 다른 이들을 공격하지 않으며 그들의 보호물을 약화시키지도 않는다"고 썼다. 이 정의에 따르면 '광신'은 분명 불관용의 단순한 반의어가 아니다. Biancamaria Scarcia Amoretti, *Tolleranza e guerra santa nell'Islam*, Florence: Sansoni(Scuola Aperta), 1974를 보라.

18° '파나티치'는 후에 영어에서 '광신자'를 뜻하는 'fanatic'이 된다.

19 William Smith, 'Fanum', in *Dictionary of Greek and Roman Antiquities*, W. Smith, W. Wayte and G.E. Marindin(eds), 2nd ed., London: John Murray, 1890.

20 가령, 종교적 광분을 정신병리학에 연결시키는 징후적 몰이해 속에서 현대의 작가들은 광신이라는 용어에 대한 그리스 어원학적 기원을 발명해 냄으로써 이 용어를 판타지 개념에 연결시켰다. 『시민사회와 광신』이라는 책을 통해 '광신'의 용법에 대해 이데올로기적으로 거칠기는 하지만 매우 유용한 조사를 했던 도미니크 콜라스는 이런 의미론적 분산에 대해 다음과 같이 쓰고 있다. "'파나티크'fanatique라는 말이 등장하기도 전에 칼뱅파는 재세례파를 지칭하기 위해 라틴어 '파나티쿠스'fanaticus에 호응하는 짝패 단어인 유사 그리스어 '판타스티크'phantastique를 사용하고 있었다. 실제로 이 두 프랑스어인 '판타스티크'(당시 텍스트에 최초로 등장한)와 '파나티크' 사이에, 그리고 'ph-'와 'f-'라는 두 철자 사이에는 일종의 희미한 경쟁 관계가 존재했으며 점차 후자[파나티크]가 우세해 갔다." Dominque Colas, *Civil Society and Fanaticism: Conjoined Histories*, trans. A. Jacobs, Stanford: Stanford University Press, 1997, 12.

우리는 여기서 [광신이] 단순히 기본적인 종교적 연관성뿐만 아니라, 타자의 종교(벨로나는 국가적 제의 대상이 아닌, 로마의 아나톨리아 정벌에 나섰던 군인들이 수입해 온 여신이었다) 및 통제되지 않는 폭력과 깊은 관련을 맺고 있다는 점을 알 수 있다. 당대 로마인들이 묘사한 벨로나 제의의 생동력은 이후 『군중과 권력』 *Crowds and Power*에서 카네티가 설명하는 페르시아의 무하람Muharram[21] 에서부터 『철학사전』*Dictionnaire Philosophique*에서 볼테르가 묘사하는 신학적 집착에 이르기까지 불굴의 종교적 '광신도들'에 대한 다양한 초상들의 전조前兆를 보여 준다. "한 번 벨로나에 의한 무아지경이 시작되면, 광란 속에서 그녀는 불의 열기도 채찍의 타격도 두려워하지 않는다. 그녀는 양날 도끼로 무자비하게 자신의 팔에 상처를 내서는 여신상에 피를 뿌리지만, 어떤 고통도 느끼지 않는다. 옆구리에 화살이 꽂힌 채로 서서 그녀는 권능의 여신이 자신에게 계시한 사건들을 예언한다."[22] 광신자의 동의어로 자주 사용되는 열성파zealot 역시 로마제국에서 기원한다. 이 단어는 특히 정치적인 용어로, 로마 식민지 치하 팔레스타인에서 종교적으로 자극받은 유대인 저항운동에서 유래했다. 유대인 반란의 연대기 사가인 요세푸스는 2천 년에 걸친 대對반란counter-insurgency 문학의 연장선상에서,[23] 군사적 약세를 대체하는 민족주의적·영적 열광, "어떤 대군도 감

21 예언자 마호메트의 외손자 이맘 후사인이 카르발라 전투에서 순교한 것을 기념하기 위한 이슬람교의 신년 축제.

22 티불루스의 묘사. Robert Turcan, *The Gods of Ancient Rome*, London: Routledge, 2001, 116에서 재인용.

23 요세푸스(37?~100?)는 로마에 맞서 싸우는 유대인 반란군의 지도자 중 하나였으나, 자신이 지키던 요타파타 요새가 함락하자 로마에 투항하고 '전향'했다. 이후 이름을 플라비우스로 바꾼 그는 전향자들이 으레 그러하듯, 유대 반란의 역사를 다룬 연대기 작가로서 자신이 참여했던 반란을 평가 절하하는 역사 기술(대對반란 문학)을 남겼다. 인용한 곳에서 요세푸스는 군사적 약세

당할 수 없는 동물적 용기", "열정의 지휘를 받은 채" 전투에 참여하는 이들에 대해 이야기했던 것이다.[24] 정치적 폭력과 비타협적 감정도 물론 이 책의 관심사 중 하나이지만, 나는 주로 철학과 이론 영역에서 광신 개념이 구성되는 다양한 양상에 초점을 맞출 것이다. 특히, 광신 개념의 종잡을 수 없는 논쟁적 용법들과, 그것이 광신 비판자들 및 광신 혐의를 씌우는 정치적 행태의 유형들에 대해 어떤 점을 드러내 주는지에 관심을 기울일 것이다.

광신에 대한 철학적 반응은 크게 광신을 이성의 외부에 있는 것, 병리 집단이나 성직자의 비합리성이 가진 끊임없는 위협으로 보는 사상가들과, 반대로 보편주의적 합리성과 해방 정치에 내재적인 어떤 무조건적인 불굴의 관념적 정념으로 인식하는 사상가들이라는 두 부류로 나누어진다. 매우 거칠게 볼 때, 이는 볼테르의 '빛'Lumières과 칸트 및 그 추종자들의 '계몽'Aufklärung 사이의 차이(혹은 혁명적 계몽운동의 전기와 후기 사이의 차이)라고도 할 수 있다. 전자가 철학을 광신의 적으로 다루는 데 반해, 후자는 광신을 이성에 내재한 잠재력으로 볼 뿐만 아니라 나아가 정치적 열정을 합리적 정치 혹은 보편주의적 정치로부터 분리할 수 없는 것으로 여긴다. 이 책은 광신이라는 프리즘을 통해 칸트, 헤겔, 마르크스를 관통하는 ― 또 지그문트 프로이트, 에른스트 블로흐, 알랭 바디우 역시 통과하는 ― 비판적·변증법적 계보를 재조명함으로써, 호전적 이슬람이든 기독교 근본주의의 형태든 간에 모든 혐오스러운 것

를 '열광', '열정'으로 대체하면서 로마에 맞서 싸웠던 유대인 반란군을 묘사하면서 '열광, 열정, 광신'이라는 개념에 부정적 이미지를 입혔다.

24 Josephus, *The Jewish War*, trans. G. A. Williamson, ed. and rev. E. M. Smallwood, London: Penguin, 1981, 249. 그리고 '강도들, 테러리스트들, 시카리Sicarii, 그리고 열성파'(461-2)에 대한 부록 역시 참조할 것.

을 분쇄하라écraser l'infâme고 우리 모두에게 강권하는 최근의 요구들을 점검해 볼 것이다. '광신자'라는 용어가 정치적 모욕으로 사용되는 현재의 상황은 종교적 불관용을 정치적 폭력, 사회적 불안, 지성의 후퇴를 가동하는 주요한 동력으로 진단하며 비난을 퍼붓던 18세기 계몽주의의 어떤 일정한 이미지로의 향수에 찬, 구호화된 회귀와 연결될 수 있다.[25] 계몽철학자들의 실천을 특징 지었던 지적 창조성도, 정치적 용기도 전혀 보여 주지 못하는 오늘날의 '계몽주의 지대 수입자들'[계몽주의를 신조로 반복하며 마치 지대 수입자처럼 거기에 빌붙어 사는 이들][26]은 계몽주의의 내재적인 철학적·사회적 비판이나 당대의 식민주의와 제국주의에 계몽주의가 이용되는 데 대한 계몽철학자들의 역사적 성찰들은 전혀 불필요하다고 간주하면서, 그저 비합리성을 규탄하고 강력한 세속주의를 요구하기만 하면 충분한 것처럼 생각하고 있다. 광신에 대한 악마화 및 표피적인 사유가 유행하는 현상은, 다른 무엇보다도, 계몽주의의 변형 및 거부를 통해 19~20세기의 비판적인 정치·철학적 사유 전통을 형성한 또 다른 방식의 비판적 사유가 주는 교훈들을 우리의 지성 문화가 광범위하게

---

25 많은 자료들 중에서도 특히 다음을 보라. Amos Oz, *How to Cure a Fanatic*, Princeton: Princeton University Press, 2006(이스라엘과 팔레스타인 간의 분쟁에 관하여); Alain Finkielkraut, "Fanatiques sans frontières", *Libération*, 9 February 2006, and Fernando Savater, "Fanáticos sin fronteras", *El País*, 11 February 2006(위 둘 모두 마호메트의 캐리커처를 실은 덴마크 언론과 관련된 소위 '만화 논쟁'에 대한 반응이다); André Grjebine, *La guerre du doute et de la certitude. La démocratie face aux fanatismes*, Paris: Berg International, 2008; Wlater Laqueur, *The New Terrorism: Fanaticism and the Arms of Mass Destruction*, Oxford: Oxford University Press, 1999. 크리스토퍼 히친스와 리처드 도킨스의 책에 담긴 최근의 무신론 옹호론 역시 많은 면에서 이 모델에 기반을 두고 있다.

26 Isabelle Stengers, *Au temps des catastrophes. Résister à la barbarie qui vient*, Paris: La Découverte, 2009.

수용하지 못하고 있다는 무능력의 징후이다. 이 책이 정치사와 철학사를 관통하는 우회로를 택함으로써 얻고자 하는 목표 중 하나는 이런 일차원적인 계몽주의에만 게으르게 의존하는 현상 및 이와 같은 계열에 속한 현상들(특히 극단적이거나 완고한 정치적 행동을 정신병리학 영역에 연결시킨다거나, 정치적 광신을 아랍의 정신세계, 아시아의 전제정치, 유대의 신정神政 등이 발현된 것으로 문화화하는 방식)이 가지고 있는 해악을 거부하려는 데 있다. 에드워드 사이드가 테러리즘(광신이라는 표현을 이끌어 내는 우리 시대의 자석)에 대해 썼듯, 그런 본질주의적 시각은 "부정을 제도화하고 역사를 회피하려는 …… 목적에 봉사"할 뿐만 아니라, "일종의 순수한 형이상학적 공포"에 의해 정치적 이해 자체를 차단하는 역할을 한다.[27] 만약 "다른 어떤 시대보다도 우리 시대가 근본적 저항을 반대하는 운동에 의해 규정된다"[28]는 것이 사실이라면, 반란의 이데올로기들에 대한 지각 방식을 좌우하는 지적·감정적 구조를 탐구함으로써 우리는 불투명한 현재 속에서 헤매지 않고 방향을 잡아 나갈 수 있다.

광신이 악용되는 상황의 변함없는 특징 중 하나가 이 용어를 흔히 몰역사적이거나 심지어 반역사적인 현상으로 묘사하는 것이라는 점에서, 광신에 대한 역사적 접근에는 어떤 아이러니가 있다. 어떤 행위자나 행동을 광신적이라고 서술하는 일은 거기에 일종의 획일적인 불변성을 부여하는 행위다. 정치적 수사 어구로서 광신을 이용하는 일들에서 발견되는 가장 놀라운 측면

---

27 Edward W. Said, "The Essential Terrorist" and "Michael Walzer's *Exodus and Revolution*: A Canaanite Reading', in *Blaming the Victims*, Edward W. Said and Christopher Hitchens(eds), London: Verso, 1988, 149, 176. 최근 좌파-자유주의적 반광신주의자들이 이 개념을 제국주의적으로 이용하는 방식에 대한 신랄하면서도 이해를 돕는 분석으로는 Richard Seymour, *The Liberal Defence of Murder*, London: Verso, 2008을 보라.

28 Gopal Balakrishnan, *Antagonistics*, London: Verso, 2009, 71.

가운데 하나는 그것이 유비, 직유, 상동 관계 등에 기대고 있다는 점이다. 레닌, 히틀러, 토마스 뮌처 사이를 간단히 연결시키는 노먼 콘의 역작 『천년왕국운동사』 *The Pursuit of the Millennium*(이 책은 프랑스에서 '묵시록의 광신자들'이라는 적절한 제목으로 번역되었다)든,[29] 이란 혁명에서의 "정치의 영성화"를 크롬웰과 사보나롤라 같은 인물들 사이의 유비 관계로 엮으며 공감을 표했던 미셸 푸코든,[30] 『역사철학』 *The Philosophy of History*에서 마호메트와 로베스피에르를 한데 묶었던 헤겔이든, 광신 담론은 무조건적 신념을 가진 정치와 주체성의 문제에 이르면 우리가 연대기와 지리학도 모두 무시해 버릴 수 있다는 점을 시사해 주는 것처럼 보인다.[31] 자유주의자, 권위주의자, 심지어 근본주의적 개혁가 등 그 모습은 각양각색이라 하더라도, 대화를 허용하지 않을 정도로 확고한 신념을 가진 광신자 집단은 구성원들 간의 차이가 없을 뿐만 아니라, 광신자 집단들끼리도 진정으로 차별화되지 않는다(비록 종교전쟁이나 내전의 경우 이들

---

29 Norman Cohn, *The Pursuit of the Millennium*, 2nd ed, London: Mercury Books, 1962, 307-19. 스탈린주의와 종교적 극단주의 사이의 유비 관계가 가진 한계에 대한 흥미로운 비판적 언급에 대해서는 Richard Stoker, "Fanaticism and Heresy", *New International*, 14:1(1948), 31을 보라.

30 Michel Foucault, "Tehran: Faith Against the Shah", in Janet Afary and Kevin B. Anderson, *Foucault and the Iranian Revolution: Gender and the Seductions of Islamism*, Chicago: University of Chicago Press, 2005.

31 광신을 자신의 입장으로 환원시키는 희귀한 정치적 행위자와 사상가들에게도 이는 적용될 수 있다. 조엘 올슨이 노예제 폐지론자 웬델 필립스에 관해 썼듯이, "필립스는 마호메트, 나폴레옹, 크롬웰, 존 브라운 같은 역사적 위인들과 같은 대열에 [투생 루베르튀르를] 위치시키면서, 루베르튀르가 '대부분의 위대한 지도자들과 마찬가지로 종교적 광신 기질을 갖고 있었음'을 인정했다." 중요한 점은 필립스가 이 위인들을 분류하는 기준을 가지고 있었다는 점이다. "하지만 루베르튀르는 군사적 업적에 한정되거나, 인종차별로 얼룩진 크롬웰과 나폴레옹·보다 더 위대하다." Joel Olson, "Friends and Enemies, Slaves and Masters: Fanaticism, Wendell Phillips, and the Limits of Democratic Politics", *Journal of Politics*, 71:1(2009), 93.

각 집단은 서로에 대해 타협할 수 없는 적수가 되겠지만 말이다). '광신'에 대한 수많은 글들이 이들의 잔인함, 불관용, 편집광적 모습을 분류하고 묘사하는 방대한 일람표에 반복적으로 기대고 있지만, 이들의 어떤 변치 않는 핵심을 분석하거나 정의하는 글들은 거의 없다. 열성파뿐만 아니라 그들의 비판자들까지도 "천편일률 …… 속에 빠져"[32] 있는 것처럼 보이는 것이다. 그렇다면, 광신의 역사란 존재하지 않으며, 있다면 기껏해야 광신적 범죄와 망상의 목록만이 있는 것일까? 이 질문에 대해 긍정적으로 답하기란 많은 이유에서 그리 쉽지 않다. 먼저, 루소, 칸트, 에머슨 등이 말했듯, 모든 진정한 인간적 성취, 모든 역사적 행위는 비록 광신 그 자체는 아니라고 할지라도 적어도 광신의 좀 더 고귀한 사촌인 열정을 요구한다는 광범위한 신념이 존재하기 때문이다. 나아가, 점진적인 변화나 발전 같은 관점으로 파악되는 역사에 대한 철저하고 '광신적인' 부정, 즉 천년왕국운동이나 메시아주의 운동의 형태를 띨 수도 있는 이런 부정이야말로 단절, 시대착오, 불연속, 불개변성不改變性의 시간이라는 특징을 가지는 근대의 역사적·정치적 시간 경험을 위한 필수 조건conditio sine qua non이기 때문이다.

내가 이런 개념적·역사적 탐구를 수행하게 된 아마도 더욱 분명한 동기 중 하나는 비교적 최근에 광신 담론이 부흥하고 있다는 사실에 있을 것이다. 프랜시스 후쿠야마식 역사의 종언 서사는 광신적 경향을 역사의 종언 이후의 자유주의 질서가 아닌 '역사 구역'에 속한 것으로 분류했지만, 이 질문을 다루는 많은 작가들과 언론인들은 우리 시대의 종교적 근본주의가 기술 수단의 도움을 받고 있다는 사실을 언급하면서도 광신을 반역사적·시대착오적·격

---

32 William James, *The Varieties of Religious Experience: A Study in Human Nature*, New York: Macmillan, 1961[1902], 278.

세유전적인 현상으로, 즉 초월성에 자극받아 역사 없는 자들이 주도하는 전 지구적 현대성에 대한 복수로 다루고 있다. 광신이 가진 파괴적 힘은 점진주의와 타협주의의 영역으로서의 역사를 분명히 거부하는 것과 더불어 예측 가능한 조합들로 구성된 자연화된 영역으로서의 역사에 '실제로' 개입하는 것에서 나오며, 바로 이것이 내가 탐구하려 하는 광신의 역설 중 하나다. 광신이 반역사적인지 아니면 역사의 복수인지에 대한 이 깊은 불확실성은 변화와 행동에 관한 우리의 관념에 깃든 심오한 긴장을 보여 준다.

이성의 책략에 의해서든 목표의 돌연 발생에 의해서든, 관습의 리듬으로부터 ─ 또는 토의와 협상의 시간으로부터 ─ 격렬히 단절하는 일은 제거할 수 없는 유토피아적 차원, 심지어 초월적 차원을 품은 정치 개념을 전개할 수 있게 만들어 준다. 이런 점에서 광신은 내가 말했듯 역사 종속적sub-historical이면서 동시에 역사 초월적인supra-historical 행위 양상을 가리킬 뿐만 아니라, 비슷한 이유로 반정치anti-political와 극정치ultra-political 사이를 왕복하는 주체성의 형태를 보여 준다. 점진적인 동시에 영속적인 자유주의가 가진 규범화된/규범화하는 위치에서 특정한 정치적 행동 혹은 헌신을 배제하거나 거부하는 데 광신에 대한 비난이 이용될 때, 우리가 이를 현재 정치적인 것으로부터 분리되어 있는 다른 삶의 형태가 정치의 영역에 발을 들이는 것을 허용하지 않겠다는 의미로 받아들이는 건지(이것이 광신에 대한 세속적 차원의 비판이다), 아니면 진짜 문제는 정치의 과잉이라는 차원에 있다는 것인지 판단하기란 가끔 어렵다.[33] 진정, 정치의 장소에 대한 자유주의의 변명조 담론에 담긴 이런 근

---

[33] 도덕적이고 정치적인 입장에 따라 자유주의와 광신을 배타적인 양자택일로 놓는 철학적 진술로는 R. M. Hare, *Freedom and Reason*, Oxford: Oxford University Press, 1963을 보라. 자유주의가 이익에 기반을 둔 다원적이고 관용적인 도덕의 편에 서는 반면, (나치즘에 의해 전형화되거

본적 이중성을 드러내기에, 광신이 자유주의 헤게모니의 징후에 대한 탐구를 너무나 잘 수행한다고 주장할 수도 있을 것이다. 따라서 광신에 대한 연구는 스스로에게 침잠하는 자유주의자와 자유주의가 광신자로 분류하길 원하는 이들 모두에게 유익할 수 있다.

되풀이하자면 이렇다. 광신에 대한 관점에 있어 후기 칸트주의의 비판 전통이 가진 탁월함은 이런 중대한 이중성 혹은 변증법의 탐구에 열중했다는 점에 있으니, 마치 광신적·천년왕국적 정치를 특징짓는 불연속성과 초월성을 삭제해 버리는 순간 역사에 대한 우리의 개념도 단지 발전주의나 자연주의로 퇴보해 버리는 것과 마찬가지로, 후기 칸트주의적 전통은 극정치적이거나 반정치적일 수 있을 절대적 신념 없이는 정치에 대한 우리의 개념 역시 존재하지 않는다는 사실을 성찰할 수 있게 해주었다. 정치적 열정은 미신과 달리 평화로운 정치제도로 포섭될 수 있다는 데이비드 흄의 주장은 우리의 논점과도 잘 맞아떨어지는, 나무랄 데 없이 흥미로운 자유주의적 논리다.[34] 비록 미신과 열정 모두를 종교의 타락한 형태라고 판단하긴 했으되, 흄에게 미신과 열정은 각각 다른 정동적affective 집합에 속하는 것이다. 미신이 미약함, 공포, 멜랑콜리, 무지에서 발생한다면, 열정은 무지라는 요소를 미신과 공유

나 심지어 동일시되는) 광신은 이상의 내용에만 신경을 쓰면서 심지어 광신자 자신의 이익마저도 무시하는, 빗나간 도덕 평가 양식을 나타낸다. "많은 이들이 미학적 가치 평가가 사람들의 이해관계를 침해해서는 안 된다고 생각하는 반면, 나치즘은 이를 괘념치 않고 극악무도하게도 자신들의 미학적 가치 평가 스타일을 다른 이들에게로 확대 적용했다. 나치는 푸른 풀밭에 붉은 피가 아름다워 보일 것 같다는 이유로 사람들을 학살했다던 헬리오가발루스Heliogabalus 황제와도 같다"(161).

34 포콕이 스스로를 "혁명적 변증법의 경험을 환영하는 마지막 인간"으로 묘사한 이유가 바로 이것이다. J. G. A. Pocock, "Enthusiasm: The Antiself of Enlightenment", in *Enthusiasm and Enlightenment in Europe, 1650-1850*, 22.

하기는 해도, 희망, 자부심, 확신, 따뜻한 상상에 그 기원을 둔다. 인식론적 단점에도 불구하고 이런 분석 목록은 왜 흄에게 미신이 아닌 열정이 "건전한 이성" 및 철학과 더불어 "사제적 권력"에 대한 반율법적antinomian 저항이라는 요소를 공유하게 되는지를 설명해 준다. "모든 열정주의자들enthusiasts은 성직자의 지배로부터 자유로웠다"고 흄은 쓰고 있다. 흄이 묘사하는 열정은, 재세례파Anabaptists, 수평파Levellers, 퀘이커교도Quakers[35]의 경우에서 볼 수 있듯이, 격렬한 분노에서 시작해 온건함을 향해 가는 전개 곡선을 가진다. 그것의 "뱃심좋은 용감함이라는 특징"은 "가장 잔혹한 무질서"를 통해 "가장 극단적인 결과를 낳는다." 그러나 열정의 "분노는 짧은 시간 안에 자신을 소모하는 천둥과 폭풍을 닮아서, 하늘은 전보다 더 고요하고 평온해진다." 종교적 분노를 형성하고 유지시키는 공적 권위에 대한 거부는 [결과적으로] 열정을 "식게" 할뿐만 아니라, 직관과는 달리 열정을 시민적 자유의 "친구"로 만든다. 즉, "미신이 사제의 지배 아래서 신음할 때 …… 열정은 모든 종교적 권력을 파괴한다. …… 말할 필요도 없이 대범하고 야심찬 기질이라는 결함을 가진 열정은

---

35 재세례파는 종교개혁과 더불어 출현한, 비자각적인 유아세례를 비성서적이라 보고, 세례 지원자에게 다시 세례를 베푸는 프로테스탄트계 종파로 16세기 유럽에서 공산주의적 공동체주의, 국가권력의 거부, 부자에 대한 공격, 묵시록적 교리 등을 내세우며 급진적인 사회 개혁 운동을 이끌었다. 대표적으로 독일의 토마스 뮌처, 얀 반 라이덴 등의 지도자가 있다. 이들의 영향에 대해서는 이 책의 2장을 참조하라.

수평파는 1645년경 런던 소부르주아지의 이익을 신장하기 위해 만들어진 정치 세력으로, 청교도 혁명 기간 동안 의회주권, 기본적 인권을 옹호했으며, 국왕 찰스 1세를 처형하고 공화국을 수립하는 데 큰 역할을 했다.

퀘이커교도는 1647년, 영국에서 만들어진 프로테스탄트계 종파로 전쟁 반대, 노예제 반대, 양심적 징병 거부, 십일조 반대 등 급진적인 실천을 했고, 신앙의 자유를 위해 1681년에 윌리엄 펜의 주도로 미국에 정착해 펜실베이니아 식민지를 건설했다. 한국의 대표적인 퀘이커교도로는 함석헌 선생이 있다.

자연히 자유의 정신을 수반하게 된다. 반면 미신은 인간을 무기력하고 비참하게 만들어 노예에 적합하게 빚어낸다."[36] 윌리엄 제임스가 "당파적 기질"partisan temper[37]이라고 불렀던 덕성에 대한 이런 방식의 이해는 물론 오늘날의 자칭 자유주의자들 대다수에게는 낯선 것이다. 이들에게 광신이란 단순히 진보적 역사의 부재 자체이자 합의 정치의 적이며, 세속주의를 강화하고 계몽주의를 보호하는 일이 긴박하다는 점을 증명하는(만약 증명이라는 게 필요하다면) 과거 역사의 토사물일 뿐이기 때문이다.

불관용의 열렬한 비판자들[자유주의자]에게 광신은 비타협적인 신념의 정치에서 다원적 책임의 윤리로 옮겨 가기 위해 반드시 몰아내야 할 것이다. 그러나 광신이 자신의 역사를 가졌든, 역사 변화를 만드는 실질적 동기로 기능했든 간에, 우리는 광신 없는 역사를 상상할 수 있는가? 이 질문에 대한 대답의 징후들은 흄의 글 이후 거의 1백 년이 지나서 출간된, 흄과 마찬가지로 종교적 감정에서 비롯된 폭력이 해방의 정치와 맺는 복잡한 관계를 다룬 한 텍스트에서 찾아볼 수 있다. "헤겔의 『법철학』Philosophy of Right과 우리 시대의 정치"가 그것인데, 이는 청년 헤겔주의자이자 마르크스의 동료였던 아르놀트 루게가 1842년에 비판적 저널인 『독일 연감』Deutsche Jahrbücher에 기고했던 글이다. 루게는 당시 중요한 문제였던 교회와 국가의 관계에 대해 성찰하면서, 종교가 해방에 대한 소망desire, Lust을 나타내는 데 반해, 광신은 "강화된 종교", 아니 더 정확히는 이전의 실패와 차단된 해방의 도정에서 탄생한 해방에 대한 격정passion, Wollust[38] ●을 의미한다고 주장했다. 당대 독일 정치학과 철학의

36 David Hume, "Of Superstition and Enthusiasm", in *Essays Moral, Political and Literary*, Eugene F. Miller(ed.), Indianapolis: Liberty Fund, 1985, 75-8.

37 William James, *The Varieties of Religious Experience*, 272.

사유 다수에서 그러하듯, 이 글에도 프랑스혁명과 뒤이은 공포정치, 곧 '광폭'하면서도 자유의 장애물을 무너뜨리려는, 이해할 만한 시도의 그림자가 크게 드리워져 있다. 광신자가 지닌 '실용적 파토스'에 대한 현상학적 기술 속에서, 루게는 우리와 동시대 사람처럼 보인다. "무언가 폭발할 만한 것이 있을 때, 그는 몸을 사리지 않고 거기에 스스로를 내던져 불살라 버리며, 결국은 타인들을 자신의 목적에 따라 **끔찍하게** 희생시킨다."[39] 우리 시대의 해설자들이 이런 파토스(혹은 병리 현상)를 그 동기 맥락에서 추상해 읽어 내는 데 반해, 루게에게 이것은 해방의 정열을 국가 장치로 통합시키는 일이 실패함에 따라 생기는 결과였다. "인간에게 아직 힘이 남아 있고, 자신의 목숨을 걸고 지켜 낼 입장이 존속하는 한, 광신 없이는 역사도 없을 것"이라고 그가 천명하는 것은 이 때문이다.[40]

광신은 불합리한 일탈이며, 교육과 강제의 결합에 의해 극복되어야 할 것이라는 편리한 생각에 맞서서, 이 책은 광신을 해방과 묶어 내는 루게의 인식에 충실하고자 한다.[41] 이 목적을 달성하기 위해, 이 책은 광신자들의 형상 속

---

38 ● 독일어 Lust는 흥미, 재미, 소망 등을 뜻하며, Wollust는 특히 성적인 의미가 충만한 욕정, 색탐, 열정을 뜻한다. Lust가 되도 그만 안 되도 그만인 희망이라면, Wollust는 반드시 자신의 욕구를 충족하려는 강렬한 감정이다.

39 Arnold Ruge, "Hegel's *Philosophy of Right* and the Politics of Our Times", in *The Young Hegelians: An Anthology*, Lawrence S. Stepelevich(ed.), Cambridge: Cambridge University Press, 1983, 236. 나이 든 루게라면 아마도 20세기의 정치 종교론을 예상하기라도 한 것처럼 공산주의에 대해 "정신의 종교와 행위의 광신"을 결합했다며 혹평했을 것이다. Conze and Reinhart, "Fanatismus"를 보라.

40 Ibid.

41 내 책은 자유민주주의를 유일하게 정당한 정치 지평으로 우선해서 받아들이는 입장에서 쓰이지 않았다는 점에서, 역사적이고 진단적인 다음 책들과는 구별된다. Colas, *Civil Society and*

에 담긴 위협, 이중성, 그리고 약속을 파고들었던 정치적·철학적 사유와 결합되어 있는 일련의 역사적 사건과 국면들을 고찰한다. 만약 역할이 있다면 거의 언제나 올바른 정치의 길을 정의하기 위한 반면교사의 역할만을 하는 광신은 좀처럼 정치적 긍정의 대상이 되지 않지만,[42] 자신과 동족 관계인 열

Fanaticism(이 책은 반광신 담론의 작동에 관한 연구라기보다는 반광신 담론의 연장이다); Josef Rudin, *Fanaticism: A Psychological Analysis*, trnas. E. Reinecke and P. C. Bailey, Notre Dame: University of Notre Dame Press, 1969; André Haynal, Miklos Molnar and Gérard de Puymège, *Fanaticism: A Historical and Psychoanalytical Study*, New York: Shocken, 1983; Michèle Ansart-Dourlen, *Le Fanatisme. Terreur politique et violence psychologique*, Paris: L'Harmattan, 2007. 돌랭의 책은 비록 정치심리학에 지나치게 의존하고 있기는 하지만, 자코뱅파에 대한 상대적으로 미세한 평가, 사르트르의 '우애와 테러' 이론, 그리고 파시즘의 대중심리에 관한 라이히의 관심 등을 통해 [광신 담론에] 유용한 기여를 했다.

42 광신이라는 용어가 미국 노예제 폐지 운동에서는 고무적으로 활용되기는 했지만, 광신의 가치를 지지하려는 행위들은 광신이라는 용어를 정치적으로 그리고 긍정적으로 활용했던 가장 두드러진 사례 — 나치즘 — 로 인해 반대에 부딪히게 되어 있다. 빅토르 클렘페러는 자신이 '링구아 테르티 임페리'Lingua Tertii Imperii[제3제국의 언어]라고 불렀던 언어에 대해 기록한, 뛰어나면서도 끔찍한 언어학 노트에서, 나치 치하에서 '광신적'fanatisch, '광신'Fanatismus이라는 단어가 "'바이올린 곡의 음표 또는 해변의 모래알만큼이나' 자주 사용되었다"고 썼다. 클렘페러는 『에밀』*Emile*을 통한 루소의 시민적 광신 옹호 속에 숨겨져 있던, "광신의 미덕으로의 완전한 전환"은 광신이라는 용어가 "총통에 대한 수많은 충성 서약들에 문자 그대로 빠짐없이" 등장해 "국가사회주의의 핵심 용어"가 됨으로써 완전히 실현되었다고 주장한다. "제3제국 전에는 '광신적'이라는 단어를 누구도 긍정적 의미로 사용할 생각을 하지 않았"던 데 반해, "광신에 기초해 세워졌을 뿐만 아니라 모든 방법을 써서 사람들을 광신적이 되도록 훈련시켰던" 국가사회주의하에서 "'광신적'이라는 단어는 제3제국 시기 전체에 걸쳐 과도할 정도의 찬사를 담은 칭호가 되었다." Victor Klemperer, "Fanatical", in *The Language of the Third Reich: LTI—Lingua Tertii Imperii: A Philologist's Notebook*, trans. M. Brady, London: Continuum, 2006, 52-6. 본서는 이후 장들에서 광신의 옹호라는 이 골치 아픈 문제를 둘러싼 몇몇 방향 설정을 제공할 것이다. 나치의 [광신] 재활용이 계몽주의의 유산을 직접적으로 겨냥했던 반면, 노예제 폐지론자들은 버크적이고, 친노예제적인, 많은 측면에서 **대항**-계몽주의적인 진영에서 나온 정치적 모욕을 재전유했다. 나치의 광신이 악랄한 위계의 광신이었다면 노예제 폐지론자들의 광신은 무조건적 평등의 광신이었다.

정이 그러하듯 "통제하기 힘든 대상"이기도 하다. 이는 두 가지 이유에서 그러하다. 광신이 평등이나 해방 같은 '관념'과 결합할 경우 모든 종류의 신념의 정치를 만들어 낼 가능성을 가졌기 때문이고, 흔히 반광신적anti-fanatical 정치는 일종의 대항 광신counter-fanaticism[43] 행위 ― 이성과 계몽의 지지자를 자처하는 이들이 자신들의 적[광신재 흉내를 내는 바이러스 주사를 맞고서는 대항 반란 counter-insurgency 같은 말들로 자신들의 행동을 옹호하는 일 ― 를 정당화해 주기 때문이다. 이는 리처드 닉슨의 악명 높은 '광인 이론'madman theory을 떠올려 보라. 광인 이론에 따르면 미국의 적들은 "엄청난 파괴력을 보유한 우리[미국]가 미쳐 있으며 또 예측 불가능하다는 점을, 따라서 그들[적]은 공포에 휩싸여 우리의 뜻에 굴복하게 될 것이라는 점을 인정해야만 한다."[44] 가장 강력하게 광신의 정체를 파고드는 이들, 또 우리를 광신에 대한 표피적인 비난으로부터 떨어뜨려 놓을 이들은 광신적이라고 낙인찍힌 정치적 행동과 합리적이고 해방적인 정치 사이의 상당한 ― 비록 불안정하기는 해도 ― 유사점들을 인식하고 있는 사람들이다.

이 책은 열정적 헌신에 대한 오늘날의 관심[우려]를 광신의 역사라는 논쟁적인 관점을 통해 조망함으로써, 신념과 책임, 열성과 합리성, 결심과 신중함

---

43 anti-와 counter-는 '~에 반대하는'이라는 유사한 의미를 가진 접두사이지만, anti-가 자신이 수식하는 단어에 대한 '반대' 자체를 의미하는 데 비해 counter-는 '반대하는 동시에 대안을 내세우거나 대항하는 것'을 의미한다. 가령, anti-Judaism은 유대인을 미워하는 감정·행동·운동을 의미하는 데 그치지만, counter-culture는 현재의 문화를 반대하는 동시에 새로운 대안 문화를 내세우는 행위이다. 본문에서 '반광신적'anti-fanatical 정치가 단순히 광신에 반대하는 정치를 뜻한다면, '대항 광신'counter-fanaticism은 광신에 반대하는 일을 체계적이고 광신적으로 실천하는 행위를 가리킨다.

44 Noam Chomsky, *Rogue States*, London: Pluto, 2000, 20[39쪽]. 서구 자유주의가 이슬람 근본주의의 광신과 싸우기 위해 스스로 광기에 휩싸여야 한다는 신보수주의적 주장은 Lee Harris, *The Suicide of Reason: Radical Islam's Threat to the West*, New York: Basic Books, 2007의 핵심이다.

사이의 고정된 병치並置를 거의 뛰어넘지 못하고 있는 논쟁들의 개념적 지평을 확장해 보고자 한다.[45] 실제로 내 목표 가운데 하나는 광신을 둘러싼 일련의 이론적 논의와 논쟁들을 분석해, 열정과 관념을 해방의 정치에서 필수 불가결한 요소로 수용할 수 있는 정치적 어휘를 재구성하는 데 있다. 이런 관점에서 이 책의 각 장은 악마화 담론 속에 갇혀 있는 광신을 비판적으로 발굴하는 작업으로, 또 단순한 광신으로 치부되어 쉽사리 폐기되어서는 안 될 정치적 관념의 이론을 재구성하는 일에 도움이 될 개념 요소들의 탐구로 읽혀야만 한다.

엄밀한 의미의 광신의 역사도 아니고 광신에 대한 체계적 이론도 아닌 이 책은 광신이 또다시 모욕적 용어나 정치적 비방으로 — 과거의 위대한 보수주의자들이 보여 주었던 깊이나 통찰은 거의 없이 — 사용되기 시작한 현재의 상황을 염두에 두면서 이 개념이 겪은 어두운 모험들을 읽어 가려 한다. 그러나 이 책이 일종의 대위법[46] 을 통해 광신에 대해 비난하는 다양한 사건들을 탐구하는 또 하나의 목적은 비판자들에 의해 관념적이며 위험한 열정으로 끊임없이 인식될 것이 분명한 평등주의적 정치에 관한 사유에 기여하기 위해서이다.

---

45 이런 의미에서 나는 정치에서의 감정은 "몰역사적 본능이 아니라 신념, 기대, 희망에 관한 사회사와 절합되어 있는 역사적 변수로" 다뤄져야 한다는 소피 바니히Sophie Wahnich의 제안에 공감한다. *La longue patience du peuple: 1792. Naissance de la Répulique*, Paris: Payot & Rivages, 2008, 38.

46 • 두 개 이상의 선율이 화성적 조화를 이루며 동시에 진행되는 대위법처럼, 이 책은 광신에 대한 비판을 탐구하는 동시에 평등주의 정치의 가능성을 탐구하고 있다.

1장

극단의 형상들

언제나, 어디서나, 존 브라운은 행동이 먼저라고 설교하고 있었다.

그는 말했다.

"노예제는 악하다. 없애 버려."

"하지만 노예제에 어떤 문제가 있는지 먼저 공부를 해야 할 텐데……"

노예제는 악하다 — 없애 버려!

"우리는 학술제를 열거야……"

노예제는 악하다 — 없애 버려!

"하지만 우리 동지들이……"

노예제는 악하다 — 없애 버려!

_____레론 베넷 주니어, 『차와 연민: 자유주의자들을 비롯한 백인의 희망들』

광신자는 불가해하고, 완고한, 이방의 적의 모습으로 정치의 지평에 진입한다. 광신자의 제거는 그가 솟아났던 사회적·문화적 영토를 관리하는 것과 밀접히 연관되어 있다. 그런 까닭에, 광신자에 대한 담론의 존재 여부는 결코 분명치 않음에도 불구하고, 광신과 그것의 원인, 방식, 치료법 등에 대한 담론들은 끊이지 않는다. 이런 현상은 제국주의에 기반을 둔 자유주의가 하층계급과 식민지 인종들에 맞서는 이중적 싸움을 강렬하게 전개하던 19세기 후반에 특히 두드러졌으며, 이 과정에서 광신이라는 개념에는 많은 새로운 의미들이 적용되었다. 나는 20세기 정치, 특히 '극단의 시대'에 대한 회고적 판단 속에서 더욱 분명해지게 되는 이 시기 광신자의 형상, 달리 말하면 열정적이고 당파적인 신념을 가진 자에 관한 이론적 논쟁 속으로 들어가 보려 한다. 이는 이후 장들에 등장하게 될 광신 이념의 역사적·이론적 연구를 위한 광범위한 맥락을 제공해 줄 것이다. 두 경우[제국의 시대와 극단의 시대] 모두, 광신을 파악하는 동시에 스스로를 광신과 분리시키는 자유주의 사상의 역량이 핵심적 문제로 떠오르게 된다.

제국의 시대와 광신

광신에 맞선 노예 소유주들

오늘날 자유주의의 가장 완고한 적대자들을 제외한다면, 자유주의가 노예제를 지지했다고 추궁하는 이는 거의 없을 것이다. 언뜻 보기에, 개인의 소극적 자유 보호, 시민사회의 자율성, 정부의 특권에 대한 제한에 기반을 둔 자유주의라면 우리가 상상할 수 있는 가장 불평등한 권리 및 자유의 박탈 행위 앞에서 흠칫 놀라 뒷걸음질 쳤을 것으로 보인다. 하지만 최근의 비판적 역사 연구가 강조하고 있듯이, 지적·정치적 정점에 있던 시기에 자유주의 지지자들은 대개 노예제도도 옹호했다.[1] 이탈리아 역사학자이자 철학자인 도메니코 로수르도에 따르면, 이런 놀라운 모순은 시민적·상업적 자유라는 '성스러운 공간'을 억압, 인종차별, 제국주의라는 '통속적 공간'으로부터 경계 짓는 다양한 메

---

1 이런 주장은 Domenico Losurdo, *Controstoria del liberalismo*, Bari: Laterza, 2005에 주로 기대고 있다. Ellen M. Wood, *Democracy Against Capitalism*, Cambridge: Cambridge University Press, 1995도 참조할 것.

커니즘을 통해 중화될 수 있었다. '성스러운 공간'의 생존 가능성 자체가 바로 그와 같은 경계 짓기에 기반을 두고 있었기 때문이다. 이런 견해에 의하면, 지리적 수단을 통해서든 인종적 수단을 통해서든 (후자는 대개 사회적 적대와 결합함으로써 다양한 '계급 인종주의'class racism[2]*로 나아가게 된다) 고전적 자유주의는 주인-인종master race(혹은 주인-계급master class)을 위한 민주주의로 발전했다. 지배 민족 민주주의Herrenvolk democracy는 노동자 평등을 위한 사회운동에 대항한 자본주의적 자유주의의 싸움과 반식민·반인종주의·민족해방투쟁에 대항한 제국주의적 자유주의의 싸움 연후에나 자신의 가장 불미스런 특징들을 떨쳐 버릴 수 있었다. 비록 이런 주장이 오늘날 자유주의가 가지고 있는 주된 자아상과는 심히 다르긴 하지만, 자유주의가 원칙을 훼손하지 않은 채로 그저 점진적으로 확장되었다(재산을 가진 중간계급에게로, 이어서 하층계급에게로, 이어서 여성에게로, 그 다음으로는 유색인에게로 등등)는 천박한 역사주의적 주장 — 이 주장은, 현실 자유주의의 실태와 더불어, 근본주의·평등주의 운동들이 이미 요구했던 것들의 대부분을 주류 자유주의가 뒤늦게야 받아들였다는 사실에 의해 반박된다 — 에 매몰되지 않으면서 자유주의의 원리와 자유주의의 실제 역사적 전개를 양립시킬 수 있는 설득력 있고 강력한 방식이다.

자유주의의 대항 역사counter-history를 쓴 로수르도의 작업에서 주요한 인물들 중 하나 — 그로 인해 로수르도는 자유주의에 관한 상식을 수정하는 작업의 대표적 주제로 노예제 옹호 자유주의라는 명백한 역설을 택하게 되었다 — 는 미국 남부 출신 정치사상가이자 미합중국 부통령을 두 차례 역임한 존 C. 칼훈이다.[3] 칼훈의 다양한 저술과 연설문에서, 특히 노예제를 "명백한 선"

---

2 * 상층계급과 백인, 하층계급과 흑인 등과 같이 계급의 위계를 인종의 위계와 연결시키는 이데올로기를 말한다.

으로 묘사했던 1837년 2월 미 상원에서의 악명 높은 연설에서, 노예제 폐지론자들의 모습은 되풀이되어 '광신자'로 나타난다. 칼훈은 북부 지역의 "광신자 무리"가 일으키는 반노예제 운동의 불길하고 전염성 강한 위협을 정부 권력의 제한이라는 고전적 자유주의의 의제와 연결시킨다. 노예제 폐지 운동은 반복적으로 "선동"이라 묘사되고, 흥미롭게도 아래로부터의 ─ 무지하고 빈곤한 자들에서 시작해 종교계 인사들로, 종국에는 하원에 이르는 ─ 운동으로 파악된다. 칼훈에 따르면, 노예제 폐지 운동의 주요 동력은 "통합된 거대 민주주의 정부"의 입장에서 사실상 연방주의의 종언을 의미하는, 중앙집권적 정부 권력의 확장에 기반을 두고 있다.[4] 북부의 노예제 폐지론자들은 정부가 실행력을 가지고 있다는 사실을 정확히 알고 있으며, 저 "특이한 제도"를 종결시키는 것이야말로 자신들의 굽힐 수 없는 책임이라고 즉각적으로 결론짓는다. 이런 논리 속에서 노예제야말로 남부의 이상적 사회 구성물이라고 하는, 인종적 우월성에 대한 근본적 신념은 정부 권력의 제한과 주정부의 입헌적 자율성을 주장하는 자유주의와 나무랄 데 없이 연결된다. "남부에서 두 인종이 맺고 있는 기존의 관계야말로 자유롭고 안정적인 정치제도를 만들어 내는 가장 견고하고 영속적인 바탕을 형성하고 있다고 저는 단호히 주장합니다. 맹목적 광신자들은 바로 이 관계에 맞서 전쟁을 벌이고 있는 것입니다."[5]

3 Losurdo, *Controstoria del liberalismo*, 3-9. 자유주의와 노예제라는 '쌍둥이의 탄생', 그리고 18~19세기 미국과 영국 자유주의의 성격에 대한 광범위한 이슈에 대해서는 이 책의 2장과 4장을 보라.

4 Calhoun, *Union and Liberty: The Political Philosophy of John C. Calhoun*, R. M. Lence(ed.), Indianapolis: Liberty Fund, 1992, 582.

5 Ibid., 474. 대서양을 횡단하는 근본주의의 탄생이라는 맥락에서 광신에 대한 칼훈의 입장을 언급하는 구절로는 Losurdo, *Controstoria del liberalismo*, 162를 보라.

칼훈의 정치적 원칙은 분명하게 광신을 위기와 연결시켰다.[6] 노예제를 유지할 남부의 '자유'를 수호하려는 칼훈의 주장은 광신자들의 "폐지의 정신"과 금융가들의 "예측의 정신"을 구분하는 에드먼드 버크식 고리를 동반한다.[7] 노예제에 대한 칼훈의 옹호론은, 자본주의적 착취와 계급투쟁으로 사회적 혼란을 겪는 미국 북부 및 유럽과의 대비라는 명확한 틀 속에서 표현되었으며, 그것이 겨냥한 것은 "노동과 자본 간의 갈등"을 피하는 것이었다.[8] 그러나 "맹목적 광신자들"에 대한 비판이 궁극적으로 다다르는 곳은 그들의 요구가 가지는 무조건적 성격이다. 이야말로 제도화된 차이의 질서와 남부가 기대고 있는 사회적 관습의 기초를 위협하는 것이기 때문이다. 상원 연설에서 칼훈은 이렇게 천명하고 있다.

> 만약 우리가 스스로를 방어하지 않는다면 아무도 우리를 방어해 주지 않을 것입니다. 만약 우리가 양보한다면 우리는 점점 더 물러나라는 압박을 받게 될 것입니다. 만약 우리가 굴복한다면 우리는 짓밟힐 것입니다. 노예 해방 자체가 이 광신자들을 만족시키지 않을 것이라는 점은 확실합니다. 노예 해방을 얻으면, 다음 단계에서는 검둥이들에게 백인과 같은 사회적·정치적 평등을 보장해 주려는 일이 진행될 것입니다. 그게 현실이 된다면, 우리는 조만간 두 인종이 역전되는 상태를 맞이하게 될 것입니다.[9]

광신에 대한 수많은 정형화된 비판으로 점철된 이 연설이 끝나는 곳에서 논

---

6 Calhoun, *Union and Liberty*, 67.

7 Ibid., 466.

8 Ibid., 474-5.

9 Ibid., 475.

리적으로 발생하는 결론은 대개 광신에 반대하는 다양한 광신을 요청하는 것이다. 즉, 노예제 폐지 운동의 평등주의적이고 분열적 기세를 막기 위해 남부인들은 "열의와 에너지를 가지고 다가오는 위험에 맞서 단결"해야만 하는 것이다.[10]

칼훈의 "명백한 선" 연설 1년 전에, 익명의 저자 — 후에 저자는 남부 출신 정치인 윌리엄 드레이튼 대령으로 밝혀졌다 — 가 쓴 『북부 노예 폐지론자들의 반역과 광신으로부터 남부인을 옹호함』*The South Vindicated from the Treason and Fanaticism of the Northern Abolitionists*[이하 『남부인을 옹호함』]이라는 인상적인 제목의 책이 발간되었다.[11] "특이한 제도"를 정당화하기 위해 만들어진, 꼼꼼하고 풍부한 각주가 인상적인 노예제 사회 비교사比較史인 이 책은, 정치적 비방을 위해 광신이 어떻게 이용되는지를 보여 주는 지표 역할을 해준다는 점에서 우리에게 무엇보다 흥미롭다. 더 깊은 수준에서 이 책은 또한 반광신의 수사법에서 변함없이 쓰이는 어떤 것을 보여 준다. 헌법과 제도로 치료되어야 할 국가적 상처를 걱정하면서 노예 폐지론 광신자들을 분열과 소란의 주범으로 바라보는 칼훈의 관점과 마찬가지로, 드레이튼도 광신에 대한 과거의 철학적 평가들에 집착한다. 드레이튼은 광신을 인지 능력의 결함으로 암시하면서,

---

10 Ibid., 476.

11 드레이튼은 에드거 앨런 포의 친구였다. 포는 사우스캐롤라이나에 있을 때 드레이튼을 만났고 그에게 단편집 한 권을 헌정했다. 포가 편집을 맡고 있던 잡지 『서던 메신저』*The Southern Messenger*에는 드레이튼 책에 대한 매우 호의적인, 강력하게 친노예제 입장에 선 서평이 실렸고, 이 서평은 커다란 논쟁의 원인을 제공했다. 이 사건에 관한 최근의 조사·분석과 함께 인종문제에 대한 포의 입장도 싣고 있는 책으로는 Terence Whalen, *Edgar Allen Poe and the Masses: The Political Economy of Literature in Antebellum America*, Princeton: Princeton University Press, 1999, 5장을 보라.

"과열된 환상 — 뜨거운 뇌에서 용해된 납에서 발생한 증기 — 의 자극을 잘못 받아들인 광신자들은 영감靈感의 지배를 받는 이들"이라고 쓰고 있는데, 이런 생각은 『이온』Ion에서 플라톤이 열정을 다루는 태도로까지 거슬러 올라갈 수 있으며, 이는 18세기의 미학·정치학·종교 논쟁에서 매우 중요한 역할을 담당하기도 했다. 광신자들의 완고함에 절망한 드레이튼은 광신에 맞서는 "유일하게 효과적인 논법은 안정 의자와 구속복"이라고 주장함으로써, 이를 당시 널리 퍼져 있던 광신 치료와 결합한다.[12] 광신 담론에서 또 하나 빠지지 않는 요소인 전염성도 마찬가지로 "노예제 폐지 음모"의 지배적 특징이며, 더불어 도착적 기독교 신앙 — 광신자들은 "항상 종교적 비난의 말을 퍼붓는다" — 과 노예제 폐지론자들의 선동적 권유에 감정적으로 흔들리기 쉬운 여성들에 대해서도 드레이튼은 충분한 분량을 할애한다. 그러나 드레이튼의 단언들 중 핵심은 우리가 이미 광신 논쟁의 핵심 요소로 파악했던 바로 그것, 곧 '관념'이다. 『남부인을 옹호함』에서 우리는 놀랍게도 정통 철학 영역의 바깥에 있는 광신 개념이 반평등주의적(그러나 나름의 방식으로 자유주의적이기도 한) 정치사상의 여러 공격적 수사법들 중 핵심적 위치를 차지하고 있다는 사실을 발견한다.

[노예제 폐지론자들의] 결과는 고려하지 않고 관념적이지만 자신들이 소중히 하는 원칙을 적용하면서, 냉철하고 실용적인 조사를 통한 테스트를 결코 통과할 수 없을 주장들을 마구 늘어놓는다. 우리가 관념을 통해 논증을 한다면 이 나라에는 불행한 일이다. 우

---

12 William Drayton, *The South Vindicated from the Treason and Fanaticism of the Northern Abolitionists*, Philadelphia: H. Manly, 1836, xiv. 노예 폐지 운동의 지도자들을 정신병자로 그리는 드레이튼에게 이런 접근법은 매우 중요한 것이다. 위 책의 13장을 참조할 것.

리는 만인이 자유롭고 평등하게 창조되었다는 원칙을 확립했다. 하지만 이 원칙에 기반을 두고, 그 어떤 결과도 고려하지 않은 채, 공동체의 재화를 인간의 권리가 엄격히 요구하는 바에 따라 분배해야 된다는 식의 추론이 생겨나곤 한다. 이런 망상, 몽상적인 관념에 따른 과정에 무모하게 돌진하는 이런 경향이야말로 혁명기 프랑스를 공포정치로 몰아넣은 원인이었다.[13]

관념의 정치인 광신은 그 무조건적인 성격("결과는 고려하지 않고")과 조정이나 절제에 대한 거부로 인해 지탄받게 된다. 프랑스혁명에 영감을 주었던 광범한 원리들은 옳은 것일지 모르지만, 그 원리들이 "극단으로 치닫게 될" 때, 그리고 활용성이나 가능성에 대한 어떤 계산에서도 벗어나게 될 때 그것은 광신이 된다. "상식"이 "광신적 열정주의자들의 애매한 관념"에 맞서는 일은 매우 흔하다.[14] 드레이튼이 노예제 폐지론자들의 광신과 프랑스혁명의 공포정치를 연결 짓는 것을 볼 때, 노예제 폐지 운동의 파고에 대항해 남부 노예제를 방어하는 데 "버크의 훌륭하고 철학적인 정신"[15]이 매우 큰 영향을 끼치고 있다는 사실은 그리 놀랄 만한 일이 아니다. 버크는 노예제를 고수하는 남부의 "자유정신"을 드러내 놓고 예찬했을 뿐만 아니라,[16] 프랑스혁명을 두고 노

---

13 Ibid., 80.

14 Ibid., 81.

15 Ibid., 107. 원칙을 밀어붙이는 극단주의와 경험적으로 실체화된 권리에 뒤따르는 관습적이고 오류 가능한 상황 사이의 간극은 버크 주장의 핵심 뼈대였다. 예를 들면, "이 이론가들의 거짓된 권리 주장은 모두 극단적이다. 이들이 형이상학적으로 옳은 만큼 도덕적으로나 정치적으로는 틀렸다." Burke, *Reflections on the Revolution in France*, 62.

16 Drayton, *The South Vindicated*, 108. Losurdo, *Controstoria del liberalismo*, 39-40도 볼 것. 이 주장의 근거는 미국과의 화합에 대한 버크의 1775년 연설이다. Edmund Burke, *The Writings and Speeches of Edmund Burke, Vol. III: Party, Parliament, and the American War, 1774-1780*, W.

예제 폐지 운동의 전조前兆였다고 확고히 판단하기도 했다. 버크가 선견지명으로 인식한 바에 따르면, "노예제 폐지의 최초이자 가장 헌신적인 지지자들"[17]이었던 프랑스의 혁명가들은 "결과는 고려하지 않고" 관념적 권리를 무한정 확장할 것을 천명했고, 그것은 오싹한 정치적 효과를 낳게 될 것이었다. 이런 평등주의적 공포정치의 전통이 가진 위험의 증거로 드레이튼은 여성이라는 이슈를 꺼낸다. 여성은 노예 폐지론자들의 선동적인 종교적 수사에 너무나 쉽게 흔들리지만, 반면 노예 해방 이후 필연적으로 뒤따르게 될 "검둥이들의 피와 욕정의 축제"에서는 가장 위험에 처하게 될 이들이다. 버크가 보여주었듯, "광신자들이 노예제 폐지라는 생각을 하게 된 것이나, 여성의 권리를 직접적으로 보장했던 원인은" 모두 자코뱅당원에 있으며, "이 관념주의자들abstractionists은 자신들의 광기 어린 열성을 그만큼 확장해 나갈 것이다."[18] '관념주의자들' ― 이 용어는 버크적인 반광신주의 전통과, 결과에 대해 고려하지 않음으로써 위계·차이·분리에 기반을 둔 사회질서에 소름끼치는 흉조를 선사하는 정치에 대한 날선 비판의 핵심에 놓여 있다. 조정과 점진주의에 대한 노예제 폐지론자들의 거부가 낳을 효과들 중에서 드레이튼 생각에 자기 책의 독자들이 "아무리 성급한 광신의 충동에 휩싸일지라도 인간의 망상이 그토록 천하고 혐오스러운 부조리로까지 나아가는 것은 불가능하다"고 생각해 믿지

M. Elofson and J. A. Woods(eds), Cambridge: Cambridge University Press, 1996, 122를 보라.

17 Drayton, *The South Vindicated*, 171.

18 Ibid., 181(각주). 마지막 문장은 버크의 논평 중 프랑스혁명가들이 남자의 권리를 여성에게까지 광신적으로 확장했던 결과로 등장한 이혼에 대한 양성의 평등한 권리와 특히 관련되어 있다(Cf. Burke on "women lost to shame" in *Reflections on the Revolution in France*, 69). 드레이튼은 노예제 폐지론자들이 계승한 정치적·종교적인 광신의 분열적 모습에 대한 유비를 찾기 위해 "크롬웰의 시대"(179)까지 거슬러 올라가기도 한다.

않을 예측이 하나 있었으니, 이는 "그들[광신자들]이 흑인 대통령을 뽑을지도 모른다"는 것이었다.[19] 대서양 양편의 수많은 동시대인들과 마찬가지로, 드레이튼은 아이티 혁명을 정치적 보편주의 속에 숨어 있는 위험들에 무감한 이들 앞에 떠다니는 도깨비 같은 것으로 다룬다.

> [프랑스의] 원칙은 일반적으로 건전했다. 그러나 그 원칙들은 극단으로 치닫는 동시에 실용적 결론과 상관없는 방식으로 진행되면서 세계가 지금까지도 파랗게 질려 하는 결과들을 만들어 냈다. 이는 [광신과 관념에] 기댄 정신이 우세해진 결과였으며, 산토도밍고에 대한 프랑스의 정책[20]*을 이끌어 냈다. 그 결과 프랑스와 세계는 이 식민지를 잃어버렸을 뿐만 아니라, 수년간 악한 기운이 장악하고 있는 플레게톤의 피의 카니발에 그곳을 맡겨 버린 셈이 되었다.[21]

칼훈과 드레이튼을 통해 우리는 비타협적 평등주의에 맞서 노예제를 옹호하는 과정에서 광신이라는 개념이 수사학적·정치적으로 강력하게 활용되는 것을 목격한다. 『남부인을 옹호함』에서 우리는 끈질기게 남아서 현재에도 널

20* 15세기에 최초로 스페인의 지배를 받았던 산토도밍고는 1795년에 프랑스에 양도되었지만, 1801년에 아이티 노예 반란자들에 의해 장악되었고, 1802년에 다시 프랑스가, 1809년에 스페인이 도시를 차지했다가, 1821년에는 아이티에 의해 점령되었다. 산토도밍고는 1844년에 아이티로부터 독립했다가 1861년에 스페인의 손에 들어가고, 다시 1865년에 현재 도미니카 공화국의 수도가 된다.

21 Ibid., 80. 플레게톤Phlegethon은 그리스신화에서 지하 세계에 흐르는 불의 강이다. 단테의 『지옥』Inferno에서 이 강은 폭력자들과 폭군들이 산 채로 삶아지는 피의 강으로 묘사된다. 반평등주의적 자유주의 담론과 근본주의 전통에 대한 적대적 연대기 속에서 아이티가 차지하고 있는 위치에 대해서는 Losurdo, Controstoria del liberalismo, 5장을 볼 것.

리 퍼져 있는(이에 대해서는 이 장의 후반부에서 서술하기로 한다) 광신 담론의 몇 가지 주요한 측면들 — 평등주의적이며 보편주의적인 관념에 대한 경고, 종교적 흥분의 위험성, 정치 영역 전반을 가로지르는 유비들, 병리학의 대상이자 치료의 대상으로서의 광신자, 여성의 역할 등 — 을 관측하게 된다. 노예제 폐지 운동을 철저한 정신병으로까지는 아니더라도 비타협성의 과잉으로 파악하며 비판하는 일은 노예제 옹호자들에만 국한되지는 않는다. 에이브러햄 링컨 자신도 노예제 폐지 운동의 위대한 투사였던 존 브라운에 대해 다음과 같이 언급한 적이 있다. "열정주의자는 억압받는 사람들에 대한 생각에 너무 골몰하다가 결국 그들을 해방하려는 하늘의 임무를 받았다는 망상에 빠지게 마련이다." 브라운의 하퍼스 페리 공격[22] 에 대해서도 링컨은 같은 의견을 보였다. "그는 어차피 자신의 사형으로 끝나게 될 일에 모든 것을 걸고 있다."[23] 미국과 가장 밀접히 동일시되는 철학 사조인 프래그머티즘 역시 "관념이라는 이름으로 자기 파멸의 지경에 이르도록 국가 전체를 전쟁으로 몰아간"[24] 노

---

22 급진적 노예제 폐지론자 존 브라운(1800~59)은 무장 노예 반란을 일으킬 목적으로 1859년에 미 연방군의 무기고인 버지니아 주 하퍼스 페리를 공격한다. 반란에 참여한 이들은 브라운과 그 아들을 포함해 스물두 명에 불과했다. 1859년 10월 16일 밤에 시작된 공격은 18일 아침에 완전 진압되었다. 생포된 브라운은 버지니아 법에 의거해 반역죄 판결을 받고, 12월 2일 교수형으로 생을 마친다. 그의 사형일에 북부의 많은 교회에서는 추모의 종이 울렸고, 소로우나 에머슨 역시 그를 기렸다. 브라운의 하퍼스 페리 공격은 점점 깊어 가던 남북의 갈등을 심화시키는 계기가 되었다. 1년 후인 1860년 사우스캐롤라이나 주를 필두로 남부 주들의 연쇄적 연방 탈퇴가 이어졌고, 1861년에 남북전쟁이 시작된다.

23 『시카고 디펜더』*Chicago Defender*지의 사설에서 인용(1959). Benjamin Quarles(ed.), *Allies for Freedom & Blacks on John Brown*, Cambridge, MA: Da Capo, 2001, 125.

24 Louis Menand, *The Metaphysical Club*, London: Flamingo, 2002, 374[483쪽]. 메넌드는 프래그머티즘의 틀로는 파악하기 불가능한 원리주의 정치에 대해서 이렇게 언급한다. "프래그머티즘은 사상에 관한 모든 것을 설명하지만, 왜 사람이 사상을 위해 기꺼이 죽을 수도 있는지에 대해서

에 폐지론자들의 원리주의 정치가 남긴 트라우마인 남북전쟁의 폭력과 격변에 대한 반응으로 등장했다는 의견도 있다. 그런데 노예 폐지론자들은 스스로를 어떻게 생각했을까? 관념의 안개 속에서 난폭하게 폭발하는 맹목적 광신자로 낙인찍혀 있는 데 대해 그들은 어떤 반응을 보였을까?

노예제에 맞선 광신자들

자신이 '열성의 비판 이론'critical theory of zealotry[25] — 여기서 광신에 대한 고찰은 자유주의 정치 이론의 한계를 넘어서는 역할을 한다 — 이라 이름 붙인 이론을 정립하는 데 굉장한 기여를 한 조엘 올슨이 최근 책에서 보여 주는 바에

는 설명하지 못한다"(375)[484쪽]. 그가 그럼에도 불구하고 노예 폐지론의 "반정치성"(20)에 대해 말하는 일은 이런 관점에서 이상하지만, 동시에 흥미롭기도 하다.

25 Joel Olson, "The Freshness of Fanaticism: The Abolitionist Defense of Zealotry", *Perspectives on Politics* 5:4(2007), 686. 이 논문의 제목은 노예제 폐지론자인 애비 캘리의 편지 중 한 구절("우리는 광신의 신선함 속에 남아 있기를 기도해야 한다")에서 왔다. 올슨에게 그런 비판 이론이란 "열성을 공공 영역을 변화시키려는 행위자들이 참여하는 정치적 행위가 아닌 개인적, 도덕적, 혹은 심리적 결함으로"(685) 다루는, 광신 이해에 있어서의 "경멸적 전통"에 대한 반박을 의미한다. 비록 나는 슈미트식 정치적 적대의 양식으로서의 친구/적 구분에 올슨이 의존하는 데 대해 그다지 공감하는 편은 아니고, 또 내 논쟁적 관심사는 자유주의 정치 이론의 문제를 넘어서는 데 있으나, 내 책의 정신은 최근 논문들을 통해 "경멸적 전통"에 맞서 왔던 올슨의 입장과 많은 부분 공명하고 있다. 곧 『미국의 열성파들』*American Zealots*이라는 제목의 책으로 묶여 나올[2012년 3월 운명을 달리한 올슨의 이 책은 2013년 10월 현재까지 출판되지 않았다] 올슨의 기획은 내가 아는 한 광신을 이론적으로 다룬 책들 중 그 지적 의제가 이 책에서 전개되는 의제와 비교될 수 있는 유일한 경우이다.

따르면, '광신적/광신자'(이)라는 명칭은 노예제 폐지 운동의 급진파들 사이에서는 자랑스러운 훈장 같은 것이었다.[26] 또한 이런 일은 정치적 수사, 선동, 행동의 이론과 실천 속에 뿌리내려 있었다. 윌리엄 로이드 개리슨과 웬델 필립스 같은 중요한 인물들은 "자칭 광신자들"이었다. 이것이 말해 주는 것은 무엇인가? 광신과 테러리즘을 쉽사리 동일시했던 당대의 상식을 분명히 거슬러 감으로써, 그리고 비타협을 신성한 민주주의의 경계 밖으로 추방하는 정치 이론의 반대 방향으로 감으로써, 올슨은 노예제 폐지론자들이 받아들인 정치적 입장과 정서적 수사가 어떻게 정치적인 것에 대한 우리의 몇몇 핵심적 전제들에 대항하는 방식으로 정치를 이해하는지를 보여 준다. 숙의와 합의의 정치, 혹은 더 정확히 말하면 경합과 타협의 정치는 원칙들이 실용성과 반대 의견이라는 시험을 거쳐야 한다고 주장하는 반면, 노예제 폐지론 진영의 '즉각주의자들'immediatists은 무조건적 해방과 총체적 평등에 조금이라도 미치지 못할 가능성은 아예 거부해 버렸다. 그렇다고 해서 이런 입장이 단순히 불관용이나 대화 거부를 의미하지 않았으며, 상투적으로 그려지는 것처럼 노예제 옹호론자나 노예 소유주들을 신학적으로 악마화한 것도 아니었다(오히려 노예제 폐지론자들은 노예제 옹호론자들이 자신들의 회합에 참가하는 것을 허용했다). 노예제 폐지론의 정치적 스타일은 맹목적 집착이나 '애매한 관념'보다는, 타협에 대한 윤리적 거부와 더불어 노예제를 철폐하는 문제에 있어서 숙의의 정치가 가지는 전략적 취약성에 대한 냉철한 평가에 기반을 두고 있었다. 따라서 노예제 폐지론자들의 광신은 상징과 정서가 가진 매력이 권력과 계산이

---

26 노예제 폐지를 주장하는 한 민주당원이 '광신적'이라는 용어를 새로이 사용하는 흥미로운 사례에 대해서는 William Leggett, "Progress of Fanaticism"(1837), in *Democratic Editorials: Essays in Jacksonian Political Economy*, Indianapolis: Liberty Fund, 1984를 보라.

라는 도구와 결합된, 열정적 신념인 동시에 계획적 전략의 문제인 것이다. 즉, 근본주의적 노예제 폐지론자는 수단과 목표를 분리시키지 않는 "합리적 열성파"였다.[27] 선을 긋고 구분을 강화하는 일 — 드레이튼이나 칼훈 같은 친노예제 반광신자들이 비판했던 바로 그 활동 — 은 노예제 폐지론자들의 실천 가운데 본질적인 부분이었다. 웬델 필립스에 따르면, 노예제 폐지론자들의 "토론"은 "생각의 봉기"를 일으키기 위해서이고, 울타리에 앉아 있는 이들[중도파]과 온건파들에게 입장을 선택하라고 강요하기 위해서이다. 그런 토론은 숙의나 합의를 위해서가 아니라 반대로 "반노예제적이고 반인종주의적인 새로운 여론을 만들어 내기 위해서, 이를 통해 친구와 적, 노예와 주인, 정의의 사도와 인간의 형상을 한 노예 매매꾼 사이의 싸움에서 승리하기 위해서"였다.[28] 근본주의적 광신이라는 안경을 통해 본다면, 광신은 "타협의 거부를 동원하는 정치"다.[29] 만약 우리가 정치적 협의를 위한 일련의 기준을 적용해 본다면 말할 것도 없이 반자유주의적이고 불관용적이지만, 광신은 기존 정치의 틀을 공격하면서 동시에 필수 불가결한 해방적 기능을 수행한다. 달리 말해, 노예 폐지 운동이라는 '광신'이 주는 교훈은 "통제할 수 없는 갈등을 광신적으로 부추기는 일 속에는 민주적 잠재력이 있을 수 있다"는 것이다.[30] 또한 미국의 열성파들에 대한 올슨의 연구가 정치적 광신이 가진 또 하나의 측면

27 Olson, "The Freshness of Fanaticism", 691. 올슨은 이 고찰을 존 브라운과 낙태 반대 투사(이자 살인자)인 폴 힐에 대한 도발적인 비교연구로 확장시키기도 했다. Olson, "The Politics of Protestant Violence: Abolitionists and Anti-Abortionists"(미출간). 올슨에 따르면, "종교적 폭력은 수단과 목표를 통합하기 때문에 상징적이면서 전략적이다."

28 Olson, "Friends and Enemies, Slaves and Masters", 90.

29 Ibid., 83.

30 Ibid.

— 좌파의 '원한'ressentiment에 대한 슬로터다이크의 공격에 응하며 우리가 다루게 될 주제이기도 한 — 으로 지적하고 있는 것은 바로 '연대'이다. 특히 정치적 폭력의 정당화라는 관점에서 파악되는 광신은 대개 고통받고 억압당하는 자들과 자신을 강력히 동일시하는 형태를 취한다. 이 과정에서 공감은 존재론으로 변모하는데, 이 존재론은 정치적 주체들 및 연대 당사자들의 존재 자체에 적대antagonism가 기입된 형태를 띤다.[31]

이런 점에서 볼 때, [사회학자이자 20세기 전반기 흑인 저항운동의 지도자인] 두 보이스가 자신이 쓴 존 브라운 전기에서 그를 "아마도 모든 미국인들 중 흑인의 영혼을 어루만지는 데 가장 근접했던 사람"으로 묘사한 것은 의미심장하다. 다음의 기억할 만한 구절에서, 두 보이스는 반광신 담론의 무기고에서 수많은 주제들(종교적 신념, 비타협성, 프랑스혁명 등)을 취해 이를 진정으로 인간적인 정치인 관념의 정치에 대한 비가悲歌 속에 결합시켰다.

> 존 브라운은 단지 지나가는 일화일 뿐이었나, 아니면 영원한 진리인가? 만약 진리라면 그 진리는 오늘 무슨 말을 하고 있는가? 존 브라운은 이웃을 자기 몸처럼 사랑했다. 따라서 그는 자신의 이웃이 가난하고 불행하고 억압받는 것을 지켜볼 수 없었다. 이 자연적 공감은 그가 정의로운 신에 대한 모든 이의 개인적 책임을 강조했던 유대 종교에 빠져듦으로써 강화되었다. 이 평등과 공감의 종교에 정치적 삶에서의 자유와 권력을 강조했던 프랑스혁명의 사회 원리라는 강력한 영향력이 덧붙여졌다. 이 모든 것 위에 더 정의롭고

---

31 Olson, "The Politics of Protestant Violence"를 보라. 올슨은 브라운의 '흑인 지향성'(벤저민 퀄스의 표현 인용, 각주 20을 참조)과 아직 태어나지 않은 자들과의 묵시록적 연대라는 폴 힐의 논의 등, 광신적 동일시에서 나타나는 깊은 정치적 다의성을 지적한다. 올슨에 따르면 이 두 사례 모두에서 갈등과 억압이 가진 존재론적 성격은 그 어떤 폭력 행위도 자기방어의 형태로만 경험된다는 것을 의미한다.

더 평등한 재화의 분배를 향한, 덜 여물었으나 꾸준히 자라나는 존 브라운의 믿음이 세워졌다. 이로부터 그는 모든 인간은 자유롭고 평등하게 창조되었으며, 자유를 얻기 위한 비용은 억압으로 치르는 대가보다 적다고 결론 내렸고, 그 결론에 따라 행동했다.[32]

그러나 우리가 위 구절 속에서 들을 수 있는, 또한 반노예제를 주장하는 '즉각주의' 투사들의 생각 가운데 널리 퍼져 있던 광신의 무조건적 보편주의에 대한 옹호는, 그 교훈적이고 영감 어린 가치에도 불구하고 고립된 채로 남게 된다. 19세기의 여러 전선戰線에서는 칼훈과 드레이튼 등과 마찬가지로 버크식 주제들 가운데 일부를 계승하는, 그리고 안정을 깨고 적대를 강화하는 운동에 국가나 제국이 면역력을 가질 수 있도록 하는 것에 무엇보다 초점을 맞춘, 다원적이고, 사회과학적이며, 정부 중심적인 광신 담론이 등장하게 되었다. 제국의 영토, 특히 대영제국의 권역에서는 종교에 기반을 둔 정치적 저항을 다루는 인종주의 이론이 전개되면서 반식민 정치를 관리하는 데 '광신'을 핵심 용어로 활용하게 된다.[33] 유럽의 맥락 속에서 이런 경향은 근본주의적

---

32 W. E. B. Du Bois, *John Brown*, D. Roediger(ed.), New York: The Modern Library, 2001, 225. 소로우의 "존 브라운을 위한 탄원"(1860)은 그전에 이미 브라운의 "영원한 생명"을 이야기했다. Henry David Thoreau, *Civil Disobedience and Other Essays*, New York: Dover, 1993, 47.

33 자신들의 제국주의·식민주의 정책에 맞서는 상대들을 낙인찍는 용어로 광신을 활용하는 일은 비단 영국인들만 한 것이 아니었다. 제정 러시아의 관리들은 예카테리나 2세가 18세기에 펼친 관용과 '이슬람화' 정책을 역전시키고, 정치 질서와 통합에 대한 핵심 위협으로 종교적 광신을 꼽았던 [프랑스] 계몽주의자들의 이해에 명백히 기대면서, 중앙아시아의 이슬람 정치 운동을 규정하는 데 '광신' 개념을 이용했다. Abdel Khalid, *Islam After Communism: Religion and Politics in Central Asia*, Berkeley: University of California Press, 2007, 37. 반식민 운동 참여자들에게 '종교 광신도'라는 오명을 씌우는 행위는 현대까지 이어졌다. 예컨대 그것은 20세기가 시작된 직후 필리핀에서 미국이 펼친 '대對반란' 활동에서 쓰인 수사적 표현이기도 했는데, 이는 최근의 '테러에 대한 전쟁'이란 표현과 매우 유사하다. Reynaldo C. Ileto, "Philippine Wars and the Politics of

사회 개혁 운동을 병리화하는 현상으로 나타났는데, 그 주요한 대상은 아나키즘이었고, 막 등장하던 페미니즘 역시 예외는 아니었다. 광신을 지배하고 통제하려 했던 19세기의 여러 시도들에 대한 연구는, 이 용어의 철학적·이론적 이용에 관한 개념 탐구를 가능케 하는 기초를 마련해 주는 동시에 광신이라는 개념의 전략적 이용에 대한 우리의 이해를 높여 줄 것이다.

제국 지배하의 광신

종교 집단의 무장 투쟁에 맞닥뜨렸을 때, 인도 서북부 변경주에 있던 식민지 관료들은 이들의 용맹과 힘에 공포와 경외가 뒤범벅된 느낌으로 "힌두교 광신자들", "열정주의자들", "마호메트를 따르는 옹고집들"에 대한 기록을 남겼다.[34] 1857년 반란 20년 후, 대영제국의 정보 수집 및 지식 처리 기관은 영국-아프간 전쟁과 인도 국내에서 세포이 항쟁 진압에 맞서는 잠재적 전복 세력으로 발흥했던 와하비파Wahhabism의 위협에 대처하려 노력했다. 라나비르 사

Memory", *positions*, 13:1(2005), 223. 프랑스의 알제리 식민화와 전투 과정을 직접 보고 쓴 보고서에서 토크빌 역시 반식민 반란을 예방하기 위해 핵심적으로 관심을 두어야 할 부분으로 광신을 꼽았다. Losurdo, *Controstoria del liberalismo*, 229-37.

34 Charles Allen, *God's Terrorists: The Wahhabi Cult and the Hidden Roots of Modern Jihad*, London: Abacus, 2007, 13-4. 이 자극적인 제목의 역사서는 현재의 영미권 논평자들과 그들의 식민주의자 선조들 사이의 그리 놀랍지 않은 광범위한 동일시를 전형화하면서, 식민지 시대의 [원주민, 반식민 저항재 접촉과 분석 기록으로부터 '9·11 이후'의 교훈을 끌어내려 한 대표적인 시도다. 앨런은 일부 식민지 관료들이 종교적 광신에 대해 보였던 반응을 되풀이하면서, 결말에서 광신의 불길을 지피는 골칫거리들(팔레스타인, 이라크)에 대한 예방 대응[선제공격]을 옹호하고 있다.

마다르를 통해 우리는 식민지 행정부의 "생명-정치적"bio-political 통치 양식의 광범위한 전개 과정 속에서 광신의 수사를 조망해 볼 수 있다. 식민지인들의 신체와 정신에 대한 최소한의 복지 업무뿐만 아니라, 감시, 훈육, 동원, 섬멸 같은 육체적 업무도 의미했다."[35] 비非와하비파 무슬림 정보원들에 의지해서 관료들은 와하비파에 대해 이렇게 적었다. "광신적이고 위험한 집단으로 그 구성원과 영향력이 날로 급증하고 있으며, 현 식민 정부를 전복하려는 목적을 가지고, 이교도 살해 혹은 이교도에 의한 죽음을 내세의 행복으로 가는 확실한 통행증으로 삼는 신조를 갖고 있다."[36] 와하비파가 위협적으로 간주된 주된 이유는 그들의 규모나 전략 때문이 아니라, 무조건적 비타협성과 "두려움 없는 발언"으로부터 나오는 엄청난 권위 때문이었다.[37] 그러나 사마다르

[35] Ranabir Samaddar, *Emergence of the Political Subject*, New Dehli: Sage, 2010, 45.

[36] 쿠르눌 지방 세무 관리 대행이 국세청 비서관에게 보낸, 1866년 4월 26일의 편지. Samaddar, *Emergence of the Political Subject*, 43에서 인용. 사마다르는 종교 분파의 몇몇 측면들에서 나타나는 계급적 차이들을 암시하고 있다. "와하비파가 풍요롭고, 부패하고, 부유한 기득권 이슬람교도를 증오했던 것과 정확히 동일한 방식으로 부유하고 교양 있는 이슬람교도는 와하비파를 혐오했다." 사마다르의 설명 중 또 다른 흥미로운 요소로는 와하비파 진압과 아일랜드 페니언 단원 진압에서 관료들이 보인 유사성이 있다.

[37] 와하비파의 강경함 앞에서 생겨난 경외와 공포의 혼합된 감정은 사마다르가 인용한 보고서들 중 하나에서 명백하게 나타난다. "와하비 운동은 회복의 성격을 가지고 있다. 그들은 자기 종교의 순수한 교리들을 다시 세우려고 한다. 그들은 성인의 중재나 성인에 대한 예배를 비롯한 모든 형식과 의식들을 거부한다. 그들은 영靈으로서의 신만을 경배하며 인간 마호메트 자신과 관련한 신성한 특징들을 부정한다. 지금까지 그들의 신조에는 어떤 예외도 받아들여진 적이 없으며, 비슷한 종교 제일주의자들에 비해 결코 뒤지지 않는다. 유일한 위험성이 있다면, 이 신실한 이들이 자신들의 종교가 담고 있는 모든 계율을 완벽하게 수행하려고 할지 모른다는 점이며, 여기에는 다른 모든 신념에 대한 직접적 적대를 의미하는 '제하드'jehad[이슬람 성전을 의미하는 '지하드'와 동일에도 포함된다. 경험에 따르면 이 분파의 구성원들 중에는 매우 위험한 정신을 가진 이들이 있다……." *Emergence of the Political Subject*, 62.

에 따르면, 특히나 위협적이었던 것은 식민 지배자들이 인종을 이해하는 것과는 다른 방식으로 이해된 일종의 인종적 존재론을 반제국주의에 결합시키는 방식이었다. "식민 지배의 정당성을 뿌리째 뒤흔들었던 것은 바로 식민지라는 조건에서는 불가피하게 발생할 수밖에 없는, 대항 인종주의counter-racism의 거친 불손함이었다."[38] 실로 우리는 광신을, 기껏해야 파생적인 혹은 종속적 방식으로만 경험하게 되는 세속적 근대화의 힘에 맞서 종교적 덕과 저항의 에너지에 의지하는 경향을 보이는 식민지 신민들을 통치하는 난제—이는 제국의 점령과 식민지 착취 행위로 말미암아 생겨난 것이다—와 맞물려 있는 일종의 암호로 파악해 볼 수 있다. 제국주의 점령이라는 기만적인 보편주의가 또 하나의 보편주의, 즉 죽음과 희생이 중요한 역할을 담당하는 신학적이고 적대적인 종류의 보편주의와 대면하게 된 형국이었던 것이다.

특수한 정치적 국면에서 특정한 이들을 통치해야 하는 긴박한 상황에 의해 명백히 좌우되긴 했지만, 식민지에서 광신의 개념이 이용된 사례에는 변치 않는 특징들이 많이 나타난다. 1880년대 수단에서 마흐디주의자Mahdist[39] 들의 반란이 발생하자 영국은 자신의 적대 세력이 종교적 동기에 의해 움직인다고 판단하고는 그들의 대담함과 사나움을 설명하기 위해 "데르비시 광

---

38 Ranabir Samaddar, *Emergence of the Political Subject*, 84.

39 * 수단의 종교 지도자이자 반식민투사인 무하마드 아마드Muhammad Ahmad는 스스로를 마흐디the Mahdi(경험의 가이드)라고 부르며, 모든 진정한 이슬람교도들은 반드시 자신을 따라 반식민투쟁에 가담해야 한다고 선언한다. 마흐디는 그를 따르는 이들을 '조력자들'ansar; helpers이라 불렀고, 영국은 거룩한 전쟁(지하드)을 외치는 이들을 광신자로 판단하면서 원래 수피파Sufi를 지칭하는 말인 "데르비시"dervishes라고 불렀다. "마흐디주의자"the Mahdist는 마흐디를 따르는 수단의 근본주의 이슬람-반식민주의 저항운동 추종자들을 가리킨다. 마흐디주의 반란으로 영국은 1885년에 수단에서 물러났고, 1899년경 옴두르만 전투의 승리 이후 다시 수단을 지배했다.

신"dervish fanaticism[40]* 이라는 개념에 눈을 돌렸다. 솔즈베리 후작은 아랍인들이 "자신들의 땅에서 싸우고, 자신들만의 전투 기술을 가지고 있으며, 이슬람교만이 그 신봉자들에게 비밀스럽게 전수하는 종교적 광신과 호전적 기운의 무서운 결합에 의해 움직인다"고 기록했다. 칼훈의 1837년 상원 연설처럼, 대영제국 육군 장교들도 인구 중 "광신자 비율"을 파악하기 위해 노력하게 된다.[41] 이 과정에서 광신은 일종의 자생적 인류학의 한 요소로 모습을 드러내는데, 이는 아랍 전사들의 상무 정신과 전투 기술을 "설명"하는 것이었을 뿐만 아니라 이들에 대한 무자비한 정책을 정당화하는 데 사용되기도 한다. 『데일리 텔레그라프』*Daily Telegraph*지는 [아랍 전사들에 대해] 다음과 같이 묘사했다.

어떤 강력한 동기의 영향 아래 전사들은 쉽게 절대적 영웅주의와 강력한 종교적 광신에 사로잡히게 된다. 여성을 향한 중세의 낭만적 기사도 정신으로 인해 아랍인들은 기사의 개인적 용기를 칭송하고, 기사도에 대한 시는 아랍인들로 하여금 진정한 무술 수련자가 되도록 부추겼다. …… 실로 베두인인은 폭력을 가장 남성적인 것으로, 전쟁을 가장 명예로운 일로 여긴다.

'광신적'인 반식민주의 폭력에 대한 자연화와 인종화로 인해 영국 병사들은 자신들이 저지른 놀랄 만한 잔인함을 불가피한 일로 묘사할 수 있게 되었다. "그들은 내가 지금껏 봤던 이들 중 가장 대담하다. …… 그들은 손닿는 데 있

---

40 * 극도의 금욕 생활을 서약한 이슬람교 집단의 일원으로 예배 때 빠른 춤을 춘다.

41 Edward M. Spiers, "Dervishes and Fanaticism: Perception and Impact", in Matthew Hughes and Gaynor Johnson(eds), *Fanaticism and Conflict in the Modern Age*, London and New York: Frank Cass, 2005, 20, 21에서 인용.

는 사람은 모두 창으로 찌르거나 칼로 벴기 때문에 그들을 살려 두는 것은 안전하지 않았고, 그래서 우리는 부상자들을 모두 총으로 쏘고 나서 대검으로 쑤셨다." 또 다른 병사는 이렇게 썼다. "내 충실한 장검으로 검은 악마들 여럿을 검의 손잡이가 닿을 만큼 깊숙이 찔렀다. 나는 아침 식사로 계란을 쪼개듯 그들 머리통 중 하나를 쪼갰다. …… 나는 흥분과 분노로 미쳐 있었다. …… 나는 악마처럼 싸웠고 오직 그 혐오스럽고 사나운 악마들을 죽이고, 죽이고, 또 죽이고 싶었다."[42] 앞에서 언급했듯, 광신 개념(여기서는 "사나운 악마"라는 형상)은 종종 심원에 도사리고 있는 모방 충동을 이끌어 낸다. 즉, 상대가 광신자이기 때문에 나는 내 자신의 광기로 그의 광기에 맞설 수밖에 없다는 것, 그의 잔인함이 나를 찾아오기 전에 내가 먼저 쳐야 한다는 것이다.

이 식민지 자료들을 통해서 우리는 오늘날까지도 논평자와 관료들이 반제국주의적 광신의 현실과 부대끼면서 여전히 골머리를 앓는 하나의 문제와 조우한다. 광신을 어떻게 '설명'해야 하는가의 문제가 그것이다. 종교 반란으로 보이는 사태들을 진정시키려고 하는 이들은 '인과 논쟁'에 휘말리게 되는데, 이 논쟁에서 원인을 묻는 질문 — 폭동이 왜 일어났는가? — 은 이 폭동에 어떻게 대응해야 하는가에 관한 정치적·행정적·군사적 질문과 떨어질 수 없다. 인도의 사례를 다시 들어보자. 대영제국은 평화를 어지럽히는 소동의 원인이 순전히 호전적 종교 집단에 있다는 전제하에 전략을 짜야 했는가, 아니면 주로 겉으로 드러나지 않는 사회경제적 원인을 살펴보아야 했는가? 한편으로, 관료들은 상관들에게 다음과 같은 생각을 피력했다. "저는 비르붐Beer-bhoom의 봉기 원인을 광신 외에서는 어디서도 발견할 수 없었습니다."[43] 다른

---

42 Ibid., 22-3, 25.

한편, 종교가 다른 곳에 원인이 있는 불만을 조직하고 기만하는 정략적 방식에 불과하다고 생각하는 이들은 광신이 "황량한 토지 위에서만 번창한다"고 말하게 될 것이다.[44] 이런 해석상의 대립은 종교적 무장투쟁이 반식민 폭동의 정치가 택하는 최후수단인지, 아니면 시급한 과업은 빈곤과 사회적 불만이라는 "늪을 말리는 일"인지에 대한 분석가와 전문가들의 논쟁이 이어짐에 따라 쉽사리 사라지지 않고 지속된다.

그러나 오늘날의 비판적 사유에 있어서도 이와 같은 문제는 여전히 가장 풀기 힘든 수수께끼 가운데 하나다. '근본 원인들'에 대해 면밀히 조사하는 것과 같은, 광신에 대해 인과론적으로 접근하는 방식은 대체로 식민지 대리인들 사이에서 (광신을 단지 적대시하거나 근절하려 하기보다는) 개혁주의적인 또는 정부 중심적 접근이 존재했음을 가리키는 것이지만, 탈식민주의 이론과 서발

43 Ranajit Guha, "The Prose of Counter-Insurgency", in *Subaltern Studies 2*, R. Guha(ed.), Delhi: Oxford University Press, 1983, 35에서 인용. 구하는 종교적 서발턴 의식에 관한 엘리트주의적 이론들을 비판하는 근거를 봉기 중에 작성된 보고서와 봉기에 대한 추후 설명 사이의 차이에서 찾고 있다. 전자가 종교성 자체를 봉기의 직접 원인으로 파악하고 있는 데 반해(가령 봉기 중 작성된 보고서들 중 하나를 보자. "이 손탈인들Sonthals은 명백히 바우굴포어Bhaugulpore에 있는 자기 형제들의 설득, 즉 계시를 받은 어떤 전지전능한 존재가 자신들의 신분을 구원해 주는 이로 나타났다는 말에 넘어가 봉기에 이끌리게 되었다. 이들의 **무지와 미신**은 어떤 것도 멈추게 할 수 없는 **종교적 열광 상태** 속으로 이들을 쉽게 빨아들였다."), 후자는 종교가 어리석은 민중을 기만하는 수단에 불과했다고 판단한다. 구하는 이렇게 언급한다. "이 보고서들에서 봉기자들은 스스로의 의지도 없이 지도자에 의해 쉽사리 속아 넘어간 정신 나간 '어중이떠중이'로 파악된다"(35). 다음 장에서 보게 되겠지만, 구하는 민족주의와 마르크스주의 역사가들이 받아들인 역사관 역시 봉기자들에 대한 이런 오만한 관점을 반복하고 있다고 생각한다.

44 마드라스의 관료였던 윌리엄 로건의 말. Ronald J. Herring, "From 'Fanaticism' to Power: The Deep Roots of Kerala's Agrarian Exceptionalism", in *Speaking of Peasants: Essays on Indian History and Politics in Honor of Walter Hauser*, W. R. Pinch(ed.), New Delhi: Manohar, 2008에서 인용.

턴 연구에서 나온 많은 주장들은 식민지 봉기의 종교적 의식을 사회경제적 차원 등 다른 원인으로 환원하는 것에 반대하는 입장을 보인다. 사회학적 접근이든 마르크스주의적 관점이든 간에, 환원주의적 접근 방식은 피억압자들의 의식을 환상이나 허위의식에 연결시킴으로써 궁극적으로는 계산적이고 기만적인 지도자들이나 추후에 봉기 사례를 복기해서 다루는 이론가 및 역사가의 의지와 지성에 이 피억압자들을 종속시키는 결과를 초래한다는 것이다. 구하에 따르면, 종교를 기만이나 선동의 문제로 바라보는 일은 "봉기한 군중 자체의 의지를 부정하고 이들을 어떤 다른 의지에 의해 움직이는 도구로 재현"하는 것과 같으며, 따라서 이는 "봉기자들의 정신을 오로지 세속주의적인 방식으로만 개념화할 수밖에 없었던 얄팍한 급진주의의 실패"를 증명하는 것이다.[45] 이 문제는 후에 다시 다룰 것이다. 다만 지금은 구하가 강조한 논점을 재확인하는 것으로 충분하다. 즉, 제국주의의 맥락에서 식민지인들의 저항적 종교의식으로 이해된 광신의 문제는 정치적인 것과 인식론적인 것이 밀접하게 얽혀 있는 문제이며, 그 속에서 설명의 틀은 정치적 입장이나 정책과 동떨어져 존재하기 어렵다는 것이다.

---

[45] Guha, "The Prose of Counter-Insurgency", 38, 37.

제국의 시대 속 광신의 몇몇 형상과 문제에 대한 이 예비적 탐구를 결론짓기 위해, 나는 광신 개념이 19세기의 정치학적·사회학적 범죄학과 결합된 양상에 눈을 돌리려 한다. 많은 이들이 주장했던 바와 같이, 파리 코뮌 ― 무자비한 진압에도 불구하고, 이 사건은 사회적 격변이자 자본주의에 대한 근본적 대안이 제국의 수도 한가운데에서 터져 나올 수 있다는 사실을 보여 주었다 ― 과 근본주의 사상 및 행동의 확산(특히 아나키스트 테러리즘이라는 형태)이라는 두 충격은 사회적 적대를 예방하거나 파악하려는 기획으로서 사회과학이 발흥하는 데 중요한 역할을 했다. 병리적 정치화의 한 표상이었던 광신자들이 이 맥락 속에 당연히 포함되어 있다는 점은 아마 놀라운 일이 아닐 것이다. 현대 범죄학의 창시자이자 많은 비판을 받기도 했던 체사레 롬브로소는 광신이라는 용어를 특히 흥미롭게 이용했다.[46] 롬브로소가 정치 범죄를 포함한 모든 형태의 범죄를 설명할 수 있는 선천적이고 병리학적인 결정 요소를 가능한 한 실증적으로 파악해 내려 노력하긴 했지만, 광기를 다루는 그의 방식을 통해 우리는 그가 귀와 눈썹의 계측에 집착하는 모습보다 훨씬 더 복잡한 모습을 지녔음을 알게 된다.[47]* 롬브로소는 명시적인 종교적 광신이 19세

---

46 롬브로소의 범죄인류학이 가진 정치적·과학적 맥락, 특히 이탈리아의 통일로 인해 야기된 도전들과의 연관성을 상세하고 통찰력 있게 재구성한 연구로는 Daniel Pick, *Faces of Degeneration: A European Disorder, c. 1848~c. 1918*, Cambridge: Cambridge University Press, 1989, 109-52를 보라. 저자 픽의 결론은 이렇다. "그렇다면 이탈리아 범죄인류학의 목표는 무질서를 억제하기 위해 체계적인 언어[이론]를 구성하는 것, 그리고 이 언어를 통해 정치적 배제의 항상적 기준들을 정교화함으로써 정치적 주체에 대해 정의하려는 시도 속에서 찾을 수 있다"(139).

기 말엽의 세속 정치제도에 더 이상 영향을 끼치지 않는다는 것을 분명히 인식했다는 점에서 중요하다. 그러나 형용사['종교적']는 사라졌지만 명사['광신']는 남는다. 롬브로소는 당대의 혼란스런 사회 상황을 조사하던 중 종교적 순교자와 마찬가지로 [정치범에게서 나타나는] "고통을 생생하게 느끼고 싶어 하는 열망"과 더불어 '단일 관념'에 대한 광신monoideism(이상Ideals을 과장하는 경향)[하나의 관념에 맹목적으로 빠져드는 경향]이라는 현상을 접하게 된다.[48] 우리는 심지어 광신 담론에 너무나 전형적인 방식, 즉 연관성이 전혀 없는 광신자들을 — 이 경우, 하산 이 사바의 암살단Hassan-i Sabbah's Assassins[49] — 역사를 뛰어넘어 비교 유추하는 방식도 발견한다.[50] 그러나 이전의 비타협적 신념 형태에 관한 현상학은 — 어느 것이 되었든 이 이탈리아 범죄학자에게는 과학적 근거를 통해 완벽히 설명 가능하긴 하지만 — 새로운 형태의 광신으로 옮겨 간다. "경제적 또는 사회적 광신"이 그것이다.[51]

---

47 * 롬브로소는 범죄학에 실증주의적 방법론을 도입한 이탈리아의 정신의학자·법의학자이자 범죄인류학의 창시자이다. 그는 생래적 범죄인설을 주장했는데, 생래적 범죄인은 원시 선조의 야만성이 격세유전해 후대에 나타나고, 알코올 중독이나 질병 등으로 인해 유전자 염색체가 변질되기 때문에 선천적으로 나타나는 범죄인이라고 주장했다. 즉, 이 이론에 따르면 생래적 범죄인은 환경에 관계없이 운명적으로 범죄인이 될 수밖에 없다. 그래서 그는 생래적 범죄인이 아닌 범죄인에 대해서는 관대하게 처분해도 되지만, 생래적 범죄인은 예방과 교화가 불가능하므로 초범이라도 무기징역에 처하고, 누범이나 잔혹범은 사형을 인정하는 등 사회에서 격리해야 한다고 주장했다.

48 Cesare Lombroso, *Les anarchistes*, 2nd ed, trans. M. Hamel and A. Marie, Paris: Ernest Flammarion, 1896, 116; Cesare Lombroso, *Criminal Man*, ed. and trans. M. Gibson and N. H. Rafter, Durham, NC: Duke University Press, 2006[1876-97], 314[360쪽].

49 * 11세기 페르시아의 이슬람 선교자인 하산 이 사바가 만든 단체로, 열정적인 믿음을 가지고 자신들의 신앙을 무력을 통해 수호하고 전파했다. 이 단체는 설립자인 하산 이 사바의 이름을 따 '하사신'Hassassin으로 불렸는데, 이것이 나중에 '암살자'를 뜻하는 단어인 'assassin'의 기원이 되었다.

50 Lombroso, *Les anarchistes*, 127.

사회적 일탈의 생물학적 기원을 하나의 공리로 간주하던 롬브로소의 악명 높은 경향에 비춰볼 때, 그가 "이타적 광신" 성향을 가진 이들을 — 비록 이들이 "망상"의 단계까지 다다를 수는 있지만 — "타고난 범죄자"라는 지위로 간단히 환원시키지 않았다는 점은 주목할 만하다.[52] 실제로 정치범들은 "범죄자 유형과는 반대되는 지점"에 놓인다.[53] 롬브로소는 광신 혹은 더 넓게는 정치적·이데올로기적 극단주의 담론에서 언제나 존재하는 독특한 요소 하나를 이야기하고 있으니, 이는 곧 "광신자들"은 훌륭한 혹은 필수적인 가치와 덕성을 체화하고 있기도 하다는 것이다. 『범죄형 인간』*Criminal Man*에서 롬브로소는 이 "정치적·종교적·사회적 자유를 위한 투쟁의 선두에 섰던 …… 역사 속에서 가장 고귀한 인물들을 비롯한 열정적인 영혼들"에 대해 쓰고 있다.[54] 정치적 과잉과 실제 질병 사이의 경계를 가름으로써, 이 이탈리아 범죄학자는 자신의 개혁적 정치 성향에 따라 일련의 매우 독특한 구분을 만들어냈다. 이에 따르면 러시아 허무주의자들의 광신은 해부학적 병인학病因學의 적용으로부터 면제되는 데 반해, 프랑스와 이탈리아의 혁명가들과 아나키스트들 — 롬브로소가 우스꽝스럽고 소설 같은 세부 묘사를 통해 기록한바, 상스러운 노래, 독특한 필체, 성적인 페티시 취향, 비정상적인 귀를 가진 — 은 퇴화적degeneracy이라고 규정한다. 따라서 베라 자술리치Vera Zasulich 등이 아름답고

---

51 Lombroso, *Criminal Man*, 313[359쪽].

52 Lombroso, *Les anarchistes*, viii-ix. 롬브로소는 우리가 아마도 조금은 익살스럽게 '광신의 지리학'이라고 부를 만한 것에 관해 몇몇 흥미로운 생각들을 내놓기도 한다. "계곡들이 수렴되는 지점은 정치적·도덕적·산업적 필요에 의해 만들어진 길을 따라 이동하는 인구가 수렴되는 지점이기도 하다. 수많은 혁신가와 혁명가들이 생겨나는 곳도 이런 지점들이다"(172).

53 Lombroso, *Criminal Man*, 313.

54 Ibid., 314[360쪽].

조화로운 '반범죄적' 외관을 가졌다는 이유로 찬탄의 대상이 된다면, 장-폴 마라는 대두大頭로 분류되었고, 루이즈 미셸Louise Michel은 "근육질 외관"으로 비하되었다.[55] 따라서 (유기체가 겪는 위기에 비유되는) 필수적인 혁명과 병리학적 폭동 사이의 차이는 자유로운 의지와 사상 속에서 탄생한 정치적 열정(맥락상 이 열정은 필수적인 것으로 환원되기는 힘들 것처럼 보인다)과 생물학적 강박 사이의 차이라는 이상한 방식으로 투사되었다.[56]

비록 롬브로소가 다수의 아나키스트들을 "정치적 열정이라는 가면 아래에 자신들의 범죄 성향을 숨기고" 있는 타고난 퇴화자들degenerates 혹은 "정치적인 히스테리 환자이자 간질병자"로 간주하기는 했지만,[57] 그가 제시하는 사회적 치유책의 주된 특징을 우생학적이거나 형벌적이라고 할 수는 없다. 광신을 사회경제적으로 설명하는 편에 섰던 식민지 관료들처럼 롬브로소 역시 (정치범에게는 그 어떤 경우에도 관대하고 유연해야 한다는 조건하에 가해지는 형벌과 함께)[58] 근본적 원인을 다루어야 한다고 제안한다. 그가 자신의 개혁 사회주의를 아나키스트들의 반란뿐만 아니라 기존 정부의 부패 및 무능 양쪽과 대립하는 지점에 위치시키려 했던 것 역시 이런 맥락에서 이해할 수 있다. 종교적 광신과 정치적 광신 사이의 차이를 설명하는 롬브로소의 비유는 시사하는 바가 있다.

55 Lombroso, *Les anarchistes*, 101-2; Lombroso, *Criminal Man*, 313.

56 Lombroso, *Les anarchistes*, 38-40을 보라. 이 부분의 소제목은 '혁명과 반란'이라고 붙어 있다.

57 Ibid., 55, 59.

58 롬브로소는 정치범의 사면에 대한 오늘날의 논쟁에서는 좀처럼 찾아볼 수 없는 진보적 감각을 뽐내면서, [동일한] 정치 범죄에 대한 재판을 5년 간격으로 검토해 봐야 한다고 제안한다. 만약 사회의 전체적 모습이 반란자나 혁명가가 원했던 만큼 바뀌었다면, 그들의 범죄는 무효가 될 것이기 때문이다. Lombroso, *Les anarchistes*, 155.

우연, 격정, 모방, 빈곤 때문에 정치범이 된 이들에 대한 유일한 교정법은 그 나라의 경제적 불안을 교정하는 것이다. 왜냐하면 바로 이 경제적 불안이 아나키즘의 진정한 근원이기 때문이다. 과거에 정치적 광신이 있었다면, 오늘날에는 경제적 광신이 있다. 우리가 과거에 정치적 광신과 맞서면서 입헌 정부와 대의제 정부를 만들고, 종교적 광신에 대해서는 예배의 자유를 허락했던 것처럼, 경제적 광신에 대해서는 경제 개혁을 통해 광신이 빠져나갈 출구를 반드시 마련해야 한다.[59]

광신이라는 문제에 대한 롬브로소의 더욱 흥미로운 분석 중 하나는 폭력적인 정치 신념과 새로움 사이의 연관성에 관한 것이다. 롬브로소에 따르면 정치범은 실제로 인구 대부분에게 영향을 끼치는 한 가지 조건, 즉 새로운 것을 혐오하는 미소니즘misoneism에 이상하게도 영향 받지 않는다. 선천적으로 생겨났든 순전히 정치적인 기원을 가졌든, 광신자는 일종의 새로운 것을 애호하는 자, 곧 네오필리아neophilia라는 것이다.[60]

롬브로소와도 부분적으로 유사했던 또 하나의 영향력 있는 범죄학 패러다임에서도 광신은 당대의 중요한 주제로 다루어진다. 사회 이론에서 새롭게 각광 받았던 작가인 가브리엘 타르드의 범죄학이 그것이다. 정치적 성향에 있어 [롬브로소와] 다르다고는 할 수 없음에도, 타르드는 '타고난 범죄자'라는 가설과는 거리를 두었다. 사회조직과 커뮤니케이션 — 이는 특히 19세기 말에 이르러 정치적 감정과 운동을 주조鑄造하는 데 언론의 중요성이 점점 커지

59 Cesare Lombroso, *Crime, its Causes and Remedies*, trans. Henry P. Horton, London: W. Heinemann, 1911[1899], 329-30. 다른 곳에서 그는 이렇게도 쓴다. "가장 근본적인 방책은 재산, 부, 권력의 과도한 집중을 줄이면서 지성과 노동력을 가진 모든 이들에게 생계 수단을 보장해 주는 데 있을 것이다." Lombroso, *Les anarchistes*, 210.

60 Lombroso, *Criminal Man*, 315; Lombroso, *Les anarchistes*, 158-9[361쪽].

고 있었다는 사실과 맞물려 있다 — 이라는 조건들로 인해 사회적인 요소와 심리적 요소를 결합해 [범죄(자)를] 설명할 필요성이 생겨났기 때문이었다. 이 과정에서 타르드는 생물학적 요소, 유전, 기후(그리고 '인종'이라는 요소 일반)에 대해 상대적으로 대수롭지 않게 여겼다. 타르드 또한 아나키즘 같은 '범죄자 집단'의 해악으로 발생한 문제에 관심을 가졌으나, 그의 설명은 욕망, 신념, 모방 등 근본적인 힘들을 통해 형성된 군중crowd과 공중public의 집단행동이라는 범주에 맞추어졌다. 저항 행동의 근원은 개인에게서 찾을 것이 아니라, 새로운 커뮤니케이션의 물질적 뒷받침을 통해 지원과 선동이 이루어지는, 정동과 사상의 특정한 순환 속에서 찾아야 한다는 것이다. 따라서 타르드는 군중에 관한 구스타브 르 봉의 영향력 있는 논점들을 공들여 다듬게 된다. 즉, 군중은 비합리성과 반복성을 동시에 드러낸다거나, 군중의 "강렬한 집단적 생명"은 "뇌에 있어서는 치명적인 알코올"과 같다거나, 군중은 스스로가 만든 스펙터클에 매료되고 마비된다는 주장을 한다. 토마스 뮌처의 농노들에서부터 프랑스혁명 당시 공포정치에 환호했던 군중들, 나아가 당대의 폭동에 이르기까지, 군중의 행동이란 단순할 뿐만 아니라 궁극적으로는 동일하다는 것이다.[61] 타르드에 따르면, "오늘날 폭탄 테러를 일삼는 이들은 간단히 말해 천년왕국 신봉자들의 악몽을 그대로 받아 안은 것과 다를 바 없다."[62]

그러나 타르드가 가장 독창적으로 분석하는 대상은 신문의 시대가 만들어 낸 새로운 집단, 곧 '공중'이다. 군중이 신체적 근접성과 군집적 행동으로 생겨난 격앙된, 그러나 비교적 짧은 전염성에 의해 영향을 받는다면, 공중 —

---

61 Gabriel Tarde, *L'opinion et la foule*, Paris: PUF, 1989[1901], 55(알코올에 도취된 군중)[50쪽], 58(스펙터클)[53쪽], 159와 181(뮌처와 프랑스혁명의 공포정치)[193쪽].

62 Ibid., 177.

혹은 "정화된 군중" — 은 그보다 훨씬 무서운 존재다. 한편으로 타르드는 — 그리고 그를 이어받은 홍보 산업 종사자들이 이를 집중적으로 이용하게 되는 데 — 흩어져 있고, 실체가 없으며, 원거리에서도 행동하는 공중이 군중에 의해 촉발된 질서와 안정성에 대한 물리적 위협을 중화할 수 있다고 주장한다. 다른 한편, 그는 공중을 자동 면역적 반작용을 불러일으키는 군중의 광기에 대한 중화제이자 시공간적으로 한계를 가진 군중의 위험보다 훨씬 더 큰 위험성을 가진 집단, 즉 일종의 파르마콘pharmakon63* 으로 파악하기도 한다. 그가 "증오하는 공중"이라고 부르는 집단은 따라서 분노한 군중보다 더욱 위협적이다. 왜냐하면 "공중은 훨씬 덜 맹목적이고 훨씬 더 견고한 군중이며, 그들의 명확한 분노는 수개월, 수년간 축적되고 지속"되기 때문이다.64 롬브로소보다도 집단행동을 더욱 미심쩍어 한 타르드는, 모든 집단이 두려울 정도로 쉽게 열정의 먹이가 될 뿐만 아니라 필연적으로 "시기와 증오라는 자극에 대해 개탄스러울 만큼 민감"65하다고 생각한다. 하지만 그는 반유대주의와 사회혁명 원리가 만연되어 있다고 언급하면서, 선동적 작가들 — 조직되지 않은 이들을 자신의 기분에 따라 사납고 "머리 없는"[우두머리 없는] 폭도로 정제해 낼 수 있는 이들 — 의 간계에 의해 이리저리 휩쓸릴 수 있는 실체 없는 군중인 '공중'이 "새로운 민주주의" 시대의 독특한 위험이라고 주장한다. 타르드 역시 광신을 일종의 정치적 편집광, 곧 과도한 신념을 가진 환자라고 말하고 있지만,66 그의 진정한 관심사는 사회적 "최면"이라는 형태다. 확고함과

---

63 * 파르마콘은 약인 동시에 독이기도 한 이중성을 가진 물질을 뜻한다.

64 Ibid., 62.

65 Ibid., 69.

66 가령 『사회학 에세이와 논문집』 Essais et mélanges sociologiques(1895)에 실린 '증오 범죄'에 대한 그

비타협성보다는 조작과 감염이 타르드의 주된 분석 도구이다. 타르드에게 광신은 사상의 문제이긴 하지만, 비타협적인 원칙이라는 형태보다는 사람들의 집단행동을 자극하는 경향과 모방이라는 형태를 가진다. 개인의 집착이 아니라 바이러스적 감염이 타르드의 모델인 것이다.

타르드의 작업은 또한 내가 이미 언급했던 광신의 성차gender 요소를 드러낸다. 롬브로소가 정치범 ─ 즉, 생물학적 결함으로 인해 범죄를 저지르지 않은, 우리가 봤다시피 롬브로소가 특히 존중심을 보였던 이들을 말한다 ─ 가운데 여성의 비율이 더 높다는 점에 주목했던 반면, 타르드는 순수한 신념이 아닌 열광적 취약성에 초점을 맞춘다. 최초로 발생한 여성 참정권 운동으로 인해 '여성 군중'이라는 개념이 대두되었던 시기에 글을 쓴 타르드는 집단행동에 나선 여성들의 사납고 '광신적인' 성향을 특히나 반복적으로 강조한다. 비록 타르드는 남녀 군중과 남녀 공중에 대해 말하고 있긴 하지만, 쉽게 조종되는 비합리성과 일관성 없는 열정에 담긴 특별히 여성적인 점들을 지적한다.[67] 이런 타르드의 분석에는, 성 메다르의 '발작자들'convulsionnaires[68] 이라는 전적으로 여성적인 현상에 대해 종교적 광신과 여성의 집단행동, 그리고 '여성 음란

의 에세이를 보라. 그는 "확고한 사상, 재앙적이고 자기 파괴적인 이상에 대한 자기희생"의 관점에서 광신을 다루고 있다.

67 Tarde, *L'opinion et la foule*, 50, 58, 163.

68 18세기 프랑스의 얀센파Jansenist 수도자인 프랑수아 드 파리François de Pâris는 전 재산을 팔고 성 메다르 수도원에서 은둔하며 신앙생활에만 힘썼고, 그로 인해 지역 사람들은 그를 '성자'로 불렀다. 1727년에 죽은 그가 성 메다르 수도원 묘지에 안치된 후 순례자들이 줄을 이었는데, 그들 중 다수가 묘지 앞에서 병이 치유되었다고 증언했다. 이 소문이 퍼지면서 수많은 이들이 성 메다르 묘지에 찾아와 기도를 하던 중 발작을 일으키는 일이 잦았고, 그중 다수는 여성이었다. '발작자들'이라는 표현은 이 여성들을 종교적 광신자로 묘사하면서 붙여진 이름이었다.

증'nymphomania을 연결시켰을 뿐만 아니라, 그 역시 비합리적이긴 했으나 창조적 영감이 잠재되어 있던 '예언자적 분노'fureur prophétique를 '자궁의 분노'fureur utérine[69]라는 역설적인 불모성 범죄성, 수치심 등과 병치시켰던 18세기의 논의가 여전히 메아리치고 있다.[70]

[69] '자궁의 분노'는 '여성 음란증'nymphomania과 더불어 성욕 과다증hypersexuality으로 진단된 여성에게 쓰이는 표현이다. 성욕 과다증은 19세기 후반에야 의학적인 중독증으로 기입되었다. 이전에 성욕 과다증은 대개 남성이 아닌 여성의 정신 질환이라 여겨졌다. 가령 빅토리아 시대에 성폭력을 당했거나 사생아를 낳은 여성, 혹은 자위를 하는 여성은 여성 음란증자로 정신병원에 구금되곤 했는데, 의사는 이들의 자궁을 검사한 후 클리토리스가 확장되었다고 판단했을 경우, 구토, 피 뽑기, 찬 물 샤워, 음식 중단 등의 방법을 통해 이들을 '치료'하려 했다.

[70] Mary D. Sheriff, "Passionate Spectators: On Enthusiasm, Nymphomania, and the Imagined Tableau", in Klein and La Vopa(eds.), *Enthusiasm and Enlightenment in Europe*, 56-8. 같은 책에 실린 Jan Goldstein, "Enthusiasm or Imagination? Eighteenth-Century Smear Words in Comparative National Context", 40도 참조하라. 특히 여성적 '광신'이라는 발상은 다양한 형태로 이론적 상상력 주변에 끊임없이 출몰하고 있다. 페터 슬로터다이크는 메데아를 패러다임 삼아서 어떻게 "여성의 체액이 놀라운 속도로 고통에서 광기로, 광기에서 범죄로 흘러가는 것"인지 쓰고 있다. Sloterdijk, *Zorn und Zeit*, Frankfurt: Suhrkamp Verlag, 2006, 81. 알랭 바디우는, 라캉주의적 맥락에서, 실재에의 격정을 호전성과 헌신의 다른 면이자, 현재 발생하고 있는 것을 적극적으로 버리는 일종의 "존재론적 수동성"이라고 주장한다. 『세기』*The Century*에서 바디우는 자신이 어떻게 "여성들이 조심성과 보수성에서 남성들보다 더욱 간결하고 더욱 완고한 것과 마찬가지로, 그 반대 경우, 즉 뿌리까지 완전히 버리는 데 있어 남성들보다 더욱 잘 적응하는지를 알아차리게 되었"는지 이야기한다. "여성적인 것은, 안전과 공포에 사로잡힌 가정적 조직이 되기를 그칠 경우, 모든 비겁함을 끝장내는 데 있어 가장 멀리까지 나아간다." Badiou, *The Century*, Cambridge: Polity, 2007, 126.

2

극단의 시대와 광신

정치의 강렬함

오늘날 광신에 대한 일반적 논의의 초점은, 어떤 적의를 품은 것처럼, 유일하게 종교적 광신, 특히 이슬람 근본주의 ― 물론, 이 외에도 앞에서 살펴봤던 제국주의 시대의 광신 담론이 많은 부분 부활하기도 했다 ― 에 맞춰져 있다. 종종 이와 같은 논의 이면에는 또 다른 주제가 숨어 있으니, 곧 침체되고 해체되어 가는 자유민주주의의 수동적 니힐리즘이 그것이다. 승리한 전 지구적 자유주의의 '최후의 인간들'에 대한 후쿠야마의 고찰 속에 구체화되어 있는 이 오래된 주제는 좌·우파 양쪽에서 변형된 형태로 드러난다.[71] 여기서 내게 흥미로운 점은 자유주의하에서 나타나는 정치의 중성화[무력화]라는 진단보다는, 이런 진단과 관련해서 정치적 열정에 관한 이론을 개발하려는 시도들에 있다. 오늘날 전투적 열정에 대한 관심은 시민들의 급증하는 정치적 무관

---

[71] 좌파의 경우는 Simon Critchley, *Infinitely Demanding*, London: Verso, 2009를, 우파의 경우는 Grjebine, *La guerre du doute et de la certitude*와 Harris, *The Suicide of Reason*을 보라.

심 및 탈정치화와 연관되어 있고, 이로 인해 몇몇 이들은 탈정치post-politics 혹은 하위 정치sub-politics[72] 의 발흥이라는 관점을 제기하기도 한다. 그러나 이와 더불어 '관념에 대한 집단적이고 변혁적인 (게다가 궁극적으로는 종종 폭력적인) 열정'으로 정의되는 광신 문제에 관한 관심이 다시 촉발되고 있다는 점도 발견할 수 있다.

마이클 왈저에 따르면, 자유주의는 전통적으로 격정을 규제하고 길들이는 일을 자신의 핵심 강령으로 삼아 왔다. 더 정확히 말하면, 자유주의는 시민적이거나 호전적인 강력한 정치적 감정을 비적대적인 상업적 격정을 통해 억누르게 했다.

> 자유주의는 이해관계에 대한 인정을 통해 격정을 수용한다. 하지만 그 격정에서 애착과 투쟁 같은 더욱 격렬한 형태는 여전히 제외되어 있다. 이해관계가 있는 개인들과 경쟁하는 이익집단들의 정치는 갈등을 낳기는 해도 내전을 촉발하지는 않으며, 그와 같은 정치는 명백한 태도로 전투적 격정을, 그리고 간접적으로는 친화적 격정까지도, 상궤에 어긋난 것으로 못 박는다.[73]

---

[72] '탈정치'란 근대적 의미의 정치, 곧 평등과 자유를 위해 급진적인 권력 투쟁을 벌이는 행위로서의 정치의 시대가 끝나고post-, 이제 '합의'를 중요시하는 '협치'governance로서의 정치만이 정치의 핵심으로 인식되는 경향을 지칭하는 표현이다. 소련과 동구권의 몰락으로 인해 이데올로기와 냉전의 시대가 끝났으며, 이제 자유민주주의적 의회정치만이 유일한 정치의 형식이라고 믿는 현상이라고 할 수도 있다. 크게 보아 탈정치화는 근대를 이미 지나간 과거로 바라보는 탈근대적인 시각, 역사는 이미 자유민주주의의 승리로 끝났기에(후쿠야마의 '역사의 종언'론) 이제 더 이상 의미 있는 변화를 이루지 못한다고 보는 탈역사적인 시각, 이데올로기의 시대는 과거의 유물일 뿐이라고 비난하는 탈이데올로기적인 시각과 동일한 계열 속에 있다.
'하위 정치'는 울리히 벡이 쓰는 표현으로, 전통적으로 정치의 영역이 아니었던 '자신'self 혹은 '개인'적인 문제들이 정치로 여겨지는 현상을 지칭한다.

[73] Michael Walzer, "Passion and Politics", *Philosophy and Social Criticism*, 28:6(2002), 627. 왈

이해관계와 격정 사이의 이런 대비는 부르주아 자유주의자들과 그 적들 ― 곧 처음에는 용맹과 정복에 집착했던 귀족계급, 그리고 귀족이 자유주의-자본주의 체제에 흡수된 이후에는, 비이성적이며 적대적인 집단적 신념에 빠져 있다고 표상되는 오늘날의 민중, 프롤레타리아, 서발턴 ― 사이의 차이이기도 하다.[74] 흔히 인용되곤 하는 예이츠의 〈재림〉The Second Coming의 시구 ― "가장 선한 이들이 모든 신념을 잃어버린 반면, 가장 악한 이들은 격정적 열렬함으로 가득 차있네" ― 를 단서 삼아 격정과 정치를 고찰하는 왈저는 고상한 신념과 폭도들의 극렬함을 대비시킬 경우 귀족적 혹은 수구적 틀에서 벗어나지 못하는 반면, 오직 이해관계만을 가진 자유주의는 신념과 극렬함을 모두 무용지물로 만드는 경향이 있다고 언급한다.[75]

왈저에게 우리 시대의 난제는 이것이다. 즉, 종교 근본주의, 민족주의를 비롯한 '광신'의 형태에 대한 오늘날의 논쟁이 정치에서의 격정의 자리가 어디인지에 관한 기본적인 질문에 의해서 추동된다는 것이다. 일반적인 자유주의자라면 모든 형태의 정치적 격정을 무매개적 몰두나 집단적 동일시로 인식

저는 여기서 앨버트 허시먼에 기대고 있다. Albert Hirschman, *The Passions and the Interests*, Princeton: Princeton University Press, 1977.

74 현명하게도 왈저는 마르크스 이후에 노동계급의 이해관계를 비합리적인 것으로 다루는 일은 점점 받아들이기 힘들어지고 있다고 언급한다.

75 왈저의 관점에서 예이츠의 시구는, 지젝이 하듯 "'가장 선한 이들'은 더 이상 전심을 다해 참여할 수 없게 된 반면, '가장 악한 이들'은 인종주의적·종교적·성차별적 근본주의를 바탕으로 참여"하는, "무기력한 자유주의자들과 열정적인 근본주의자들 사이에 생겨난 작금의 분리에 대한 훌륭한 묘사"로 해석될 수 없다. 이런 병치는 군중의 열정에 대한 우파-귀족의 염려에 속하는 것이지 이해관계 대 열정이라는 엄격한 자유주의적 틀은 아니기 때문이다. 하지만 지젝은 '가장 악한 이들' 역시 진정한 신념을 결여하고 있다고 언급함으로써 이 시구에 대한 자신의 해석을 즉각 정정한다. Slavoj Žižek, *Violence*, London: Profile, 2008, 72[129-130쪽]를 보라.

할 것이고, 이것은 그 핵심 정서와 매개 요소가 (상업적) 이해관계에 있는, 숙의와 타협이라는 냉정한 정치와는 섞일 수 없는 방식이다. 진정 정치적인 것을 부당하게 추방하는 이해관계라는 액막이와 격정의 규제 대신, 왈저는 경합과 심지어 적대마저도 불가피한 정치의 측면 — 이는 정치란 동지의 선택에 관한 것이라는 이그나치오 실로네의 말로 요약된다 — 으로 수용할 수 있는 수정 자유주의를 제안한다. 이로써 왈저의 글은 우리의 탐구와 밀접한 다양한 주제들을 건드린다. 첫째, 우리가 앞으로 수없이 맞닥뜨릴 주제이기도 한, 고결한 열정과 해로운 광신의 차이를 넌지시 암시하면서 왈저는 열정이 단지 사회의 평온을 위협하는 것만이 아니라 위대함을 만들어 내는 전제 조건이라는 에머슨의 격언(실은 칸트가 먼저 논의했던 것)을 언급한다. 또한 왈저는 광신에 대한 많은 토론들에서 중요한 역할을 하는 주제인 '위기'를 강조하기도 한다. 그에 따르면, 평온한 시기에 행정은 정치적 분할이 생기는 것을 막게 될 공산이 크지만, "오래된 사회적 위계질서가 도전받고, 일관성이 깨지고, 세상이 조각나는 때가 오면"[76] 열정과 불관용으로 말미암아 편이 갈리는 일이 불가피해진다. 그런가 하면, 왈저는 경외감과 연대를 끌어낼 수 있는 정치적 운동(그는 산업 노동자 운동, 여성 참정권 운동, 민권 활동가, 평화적 혁명가들을 예로 든다)은 언제나 "격정에 의해 추동되는 신념, 그리고 신념에 의해 억제되는 격정"[77]을 분명히 보여 주는 운동들이라고 지적한다. 하지만 그런 운동들도 일반적으로 당대의 다수에게는 예이츠가 "피로 물든 조수潮水"라고 불렸던 군중 폭력의 암시이자 사례로 여겨졌다.

---

[76] Walzer, "Passion and Politics", 623.

[77] Ibid., 624.

격정적 신념에 대한 왈저의 설득력 있는 사례들은 우리에게 이미 익숙한 광신의 목록과 겹쳐 있다. "청교도의 억압, 프랑스혁명의 공포정치, 스탈린의 숙청, 나치의 학살, 오늘날 민족주의의 살육과 추방이 과거나 지금이나 격정적으로 강렬한 사람들이 만들어 낸 작품이라는 점, 그리고 독단적 확신, 분노, 시기, 원한, 편협성, 증오와 같은 그들의 격정이 최악의 것이라는 점을 누가 의심할 수 있는가?"[78] 그렇긴 하지만, 정치적 폭력의 조직화에 대한 다양한 연구들을 따라가다 보면 우리는 왈저에 의해 환유적으로 연결된 이질적 상황들 속에서 "격정적 강렬함"이라는 것이 과연 고유하고 주요한 정동으로 작동하고 있는지 분명히 의심해 볼 수 있다. 단도직입적으로 말하자면, 위 사례들의 주요한 원인이 격정 자체라고 판단할 수 있는가? 예를 들어, '구 볼셰비키'에 대한 스탈린의 숙청은 어떤 격정적 강렬함을 뿌리 뽑고 그 자리를 스탈린에 종속된 당원들이 가진 통제 가능하고 기계적이며 단합된 신념으로 대체하기 위한 것이었다고 볼 이유가 충분하지 않은가? 왈저가 제시한 폭넓은 유비들이 드러내는 것은 그의 주장이 비록 오늘날 여론의 분위기에 대한 대응이긴 하지만, 어떤 구체적인 역사적 상황들과는 비교적 유리되어 있다는 점이다. 왈저는 정치에 관한 본질주의적 정의를 애써 부정하고 있긴 하지만, 기술적이고 규범적인 부분 모두에서 매우 일반론적인 주장을 펼치고 있는 셈이다.

---

[78] Ibid., 622.

정치적 격정을 좀 더 구체적인 역사적 상황 속에서 탐구할 뿐만 아니라, 경합성, 관념, 광신 사이의 얽혀 있는 관계에 대해 몇몇 놀라운 통찰을 제공하는 연구로 나는 알랭 바디우의 『세기』에 주목하려 한다. 20세기 주체의 특징과 난국에 대한 바디우의 해석은 어떤 의미로는 광신, 즉 기존 사회에 맞서 급진적인 변혁성과 명백히 적대적인 입장을 단호히 견지하는 무조건적이고 격정적인 주체의 신념과 전적으로 연관되어 있다. 바디우가 반대하는 지적 체계 — 그는 이를 날카롭게도 '복고주의'Restoration라고 명명한다 — 는 20세기를 관념적 원칙이 구체적 재앙을 불러일으킨 시대로, 총체적 변혁을 향한 욕망이 유례없는 규모의 대학살로 나타났던 시대로 맹비난함으로써 상당 부분 그럴싸한 호응을 이끌어 내고 있다. 강력한 정치적 신념들을 추방하는 신자유주의에 바탕을 둔 이 복고주의는 정치적 격정의 안락사이자 동시에 이해관계의 신격화이기도 하다. 즉, 바디우의 텍스트라는 프리즘을 통해 보면 20세기의 문제는 광신의 문제인 것이다. 비록 많은 연구가 이루어지지는 않았지만 『세기』의 중심 개념은 20세기의 주체들을 규정하는 정동이며 자극인 "실재에의 격정"la passion du réel이다. '실재에의 격정'은 정치적 논쟁과 철학적 진단의 전통이 다양한 광신이나 열정으로 이름 붙였던 것들에 대한 매우 적절한 라캉식 번역일 것이다. 구체적으로 '실재에의 격정'은 서로 연관되어 있는 광신의 네 가지 핵심 차원 — 재현[대의, 대표]의 거부, 세계의 부정, 주체성에 구성적인 것으로서의 적대, 폭력과 잔혹함의 우세 — 을 20세기의 '내재적' 탐구 속으로 결합시킨다.[79]

네 차원들 중 첫 번째는 광신을 비난하는 핵심 근거로 이용된다. 재현의 거부는 인간의 제한적 인식능력 너머에 있는 신, 존재, 무한성 등에 대한 직접적 접근을 부정하는 입장 ─ 이는 광신자들, 열정주의자들, 그리고 모든 종류의 '몽상가들'에 맞선 전통 철학의 비판이었다 ─ 이 매개, 제도 혹은 (의회에서의) 대의 등을 통하지 않고 관념 원칙(평등, 덕, 윤리 등)을 집합적 삶 속에 체화하려는 특정한 정치적 광신을 향한 공격으로 이어짐으로써 특히 표적이 된다. 재현 비판에서 이 두 가지 의미[인간의 제한적 인식을 넘어선 무한성의 재현, 대의와 제도에 의한 매개를 생략하는 일은 특히 1960년대와 70년대의 프랑스 철학에서 두드러졌고, 바디우 철학에서도 한결같으며 『세기』에서도 주요한 역할을 하고 있다. 현실은 재현, 매개, 제도, 언어로 가득 차 있다는 사실로부터 현실reality을 실재the real와 구분할 수 있다. 라캉의 용어에서 현실은 상징계에 속해 있다. 공포정치에 대한 헤겔의 설명을 표본으로 할 뿐만 아니라 광신에 대한 헤겔의 입장을 함축하고 있는 '실재에의 격정'은 현실 자체가 가진 제한적이고 부적절하며 궁극적으로는 기만적인 성질 때문에 추동된다. 이미 인식 가능하고 질서 잡힌 현실에 대해서 재현은 쓸모 있는 대체물placeholder이 되지 못하고, 오히려 "현실이 드러내면서 동시에 감추는 실재의 가면"[80]이라 할 수 있다. 그러나 바로 이런 이유로 인해 20세기의 광신은 매우 특이한 형태가 된다. 재현과 그 한계에 결코 만족할 수 없으면서도, 술책과 가상semblance으로 가득한 현실에 맞서야만 하기 때문이다.

브레히트와 피란델로의 연극적 교훈과 변증법을 참조할 뿐만 아니라 모스크바 인민재판의 치명적 연출법까지도 고찰하면서, 바디우는 20세기가 예

---

[79] 이전 책에서 바디우는 구조의 중요성을 부정하고 주체적 힘이 가진 무제한적 역량을 옹호하는 '극좌파'와 '영지주의적' 분파들을 설명하기 위해 광신 개념을 사용한다. Alain Badiou, *Theory of the Subject*, trans. B. Bosteels, London: Continuum, 2009, 17을 보라.

[80] Badiou, *The Century*, 49.

술과 정치 모두에서 영감이나 신비주의를 통해 실재에 도달하는 일은 불가능한 것으로 여겼다고 말한다. 대신 20세기는 재현이 편재한다는 사실, 곧 허구가 필요하다는 점을 주관적이고 비극적으로 인식하고 있던 시기다. 이는 브레히트의 '소격 효과'에서 전형적으로 나타나듯, 가상과 실재 사이의 간극을 표출하려는 형식적 시도들 속에서 분명히 드러난다. 재현이 결코 쉽사리 초월될 수 없다는 사실에 대한 이런 '포스트 칸트주의적' 인식을 통해 '실재에의 격정'은 단순하고 즉각적인 행동으로서가 아니라 재현되거나 허구화된 현실에서 실재를 뽑아내는 하나의 과정으로 스스로를 규정한다. 가상 역시 마찬가지다. 진리는 [표면 아래] 깊숙한 곳에서 찾아낼 수 있다는 19세기적 사유를 불신하는 가상은 '실재에의 격정'으로 하여금 표면들에 집중하게 만든다. 따라서 20세기의 광신은 헤겔이 이미 예견했듯이 의심과 정화淨化의 형식을 취한다. 이는 광신이 재현을 초월하기 때문이 아니라, 광신이 재현을 끊임없이 부정할 수밖에 없기 때문이다. 바디우가 설명하듯,

> 우연적 절대성 속에서 드러나는 실재는 가상을 의심할 수 없을 정도로 충분히 실재적이지는 않다. 실재에의 격정 역시 필연적으로 의심이다. 그 어떤 것도 실재가 실재라고 주장할 수 없으며, 오직 허구의 체계 속에서 실재의 역할을 하는 것만이 있다. 혁명적 혹은 절대적 정치라는 모든 주관적 범주들 — '신념', '헌신', '덕', '계급적 위치', '당에 대한 복종', '혁명적 열정' 등 — 은 실재라 간주되는 그 범주 자체가 사실은 가상일 뿐이라는 의심에 의해 오염되어 있다. 따라서 범주와 그 지시물 사이의 상관관계는 언제나 공공연히 숙청肅淸, 곧 정화되어야만 하는 것이다.[81]

81 Badiou, *The Century*, 52-3.

20세기의 광신은 실재를 항시적으로 오인誤認하게 만드는 재현이나 가상과 비극적으로 얽혀 있다. 계몽주의 시대에 비판받았던 종교적 광신과 달리, 또 반전체주의 정치심리학이 기계적으로 주장하는 것과는 달리, 20세기의 광신은 확신을 가진 광신이 아니다. 이는 우리가 지식을 상정할 수 있거나 영감을 끌어낼 수 있는 초월적이고 신성한 '현실'과는 달리 20세기 아방가르드의 '실재'는 판단을 가능케 하는 내재적 기준들이 부재하기 때문이다. 따라서 "형식적 기준이 실재를 가상으로부터 분별해 내지 못할 때 우리는 의심의 영역 속에 있게 된다." 역설적으로 이런 상황은 현대적 호전성이 가진 고독 공포증적autophobic이고 자가 소화적인autophagic 성격을 설명해 주는데, 왜냐하면 신념이 가장 진실해 보이는 곳에서 의심은 우리에게 속임수와 오류를 찾으라고 명령하기 때문이다. 이런 종류의 부정은 파괴적 니힐리즘을 수반하게 된다. 정화하려는 의심의 손길 너머에 있는 유일한 것은 무, 곧 죽음이기 때문이다.

이런 식의 판단은 이상의, 그리고 그 이상으로 인해 발생한 수많은 시체들의, 거대한 무덤으로 20세기를 바라보는 지배적 시선을 강화하는 것처럼 보일 수도 있다. 그러나 바디우는 우리가 철학적으로 가장 도전적이고 정치적으로 활기차게 광신이라는 문제에 개입할 수 있다는 자세를 견지하면서, 그[지배적 시선] 대신 내재적으로 진행해 가는 방식, 곧 암울하고 공포스러운 것으로 보이는 이 광신이라는 격정을 내부에서부터 분할하는 방식을 선택한다. 따라서 그는 '실재에의 격정'이 가진 두 개의 측면을 구분한다. 첫째는 헤겔의 절대 자유라는 특징을 가지는 파괴를 향한 격정이다. 진정한 정체성 ─ 계급, 덕, 평등 등 ─ 을 담지하는 실재를 갈구하는 이 격정은 오로지 가상에 맞서는 투쟁 속에서만 가능한 그런 격정이다. 둘째는 바디우가 "감산적"subtractive 격정이라고 부르는 것으로, 말레비치Kazimr Malevich의 그림인 〈흰색 위의 흰색〉White on White을 모델로 하여 "절대적이면서도 최소화한 차이, 장소와 그 장소에서 발생하는 것 사이의 차이, 장소place와 발생taking-place 사이의 차이"[82]로서 실재와 가상 사이의 간극을 만들어 내는 것이다. 파괴에서 감산으로 가는, 혹은 바디우가 파괴에서 형식화로의 길로 여기기도 하는 이 여정은 정치적 처방으로는 약간 수수께끼 같은 것이긴 하다. 그럼에도 "제한된 행위"를 정당 없는 정치로 여기는 바디우의 지적은 바로 이런 여정으로 가는 노력이라고 할 수 있다. 그러나 실재에 대한 비파괴적 충실성을 규명하려는 시도는 또한 광신 문제와 밀접히 연관된 또 하나의 주제, 곧 '새로움'에 관한 질문을 건드린다. 만약 "실재에의 격정이 언제나 새로움을 향한 격정"이라면,[83] 이는 근본적 새로움이 단순한 개량과는 반대로 언제나 재현과 매개에 일종의 균열을 일으키는 것이자, 모든 사건들이 단순한 조합이나 변주나 반복으로 귀결되고야 마는 유한한 조건을 뛰어넘는 것이기 때문이다. 광신자들이 주로 위험한 혁신가들로 묘사되었다는 점에 비추어 볼 때, 바디우의 작업들 다수는 근본적 혹은 호전적 새로움과 철학적 사유 사이를 다시 연결시키려는 시도로 볼 수 있다.

광신에 대한 이와 같은 내재적 비판이 실재를 놓치지 않으면서도 동시에 정화라는 순전히 파괴적인 형식을 피할 수 있는 한 가지 방식은, 광신에 대한 정치적·철학적 탐구에서 언제나 빠지지 않았던 개념인 적대와 당파성을 우리가 어떻게 이해하는지를 다시 사유하는 일이기도 하다. '실재에의 격정'의 구성 요소들 중에는 바디우가 반변증법적인 둘, 혹은 종합 없는 적대의 원리라고 부르는 것이 20세기 내내 존재하고 있다. 그 파괴적인 변형태 속에서, 이 원리는 그 어떤 전투적 주체성도 넘어서면서 그것과 맞서는 "또 다른 우리"로서의 적의 현존을 수반한다. 실재를 파악하고 생산하려는 투쟁 속에서

<hr>

82 Ibid., 56.

83 Ibid., 56.

만약 상대편이 이미 자기 충족적이고 스스로 구성된 주체인 경우, 유일하게 가능한 결과는 갈등과 파괴가 된다.

바디우가 말하는 감산적 또는 형식화하는 여정이라는 것은 이와는 달리, 형식(또는 원칙)이 주체와 관련된 것인 반면 그 상대자 혹은 외부는 형식화를 필요로 하는 일종의 무형적인 것이라는 생각에 기반하고 있다. 바디우가 쓰고 있듯, 이는 "무관심한 이들이 정당으로 결집해야만 한다, 좌파는 우파를 고립시키기 위해 중도와 결합해야 한다, 예술적 아방가르드는 모든 이들이 이해할 수 있는 방식으로 발화해야 한다"[84]는 주장들이 전개되는 상황을 의미한다. "형식화를 통해서 형식화와 파괴 사이의 갈등을 해결"해야 한다는 것이 이에 대한 바디우의 권고다.[85] 즉, 왈저가 논쟁을 장려하는 자유주의agonistic liberalism라는 열렬한 신념을 옹호함으로써 정치적 열정을 금지하려는 자유주의자들을 넘어서려고 했다면, 바디우는 매개와 재현의 요구를 받아들이지 않는, 그러면서도 진리와 실재를 오직 끊임없는 정화를 통해서 얻으려는 정치가 수반하는 의심과 파괴라는 파국적 기제의 먹잇감이 되지도 않는 어떤 절대적 신념의 형식을 사유하기 위해 '실재에의 격정'이라는 20세기의 광신을 끌어들인다. 격정의 정치에 대한 이처럼 분명한 옹호론들을 보완하기 위해 나는 이제 페터 슬로터다이크라는 사상가를 살펴보려 한다. 그는 최근까지 특별히 격정이라는 프리즘을 통해, 좀 더 구체적으로는 분노와 열의라는 정념들을 통해 20세기의 정치적 난제들 및 그가 탈공산주의적 상황이라고 부르는 21세기의 전망들을 고찰해 왔다. 이 주제들이 광신 연구와 관련되어 있다는 점은 명백하다.

---

84 Ibid., 109.

85 Ibid., 110.

『분노와 시간』*Zorn und Zeit*과『신의 열의』*God's Zeal* 같은 책에서 보이는 슬로터다이크의 기획은 '실재에의 격정'을 건져내어 이를 옹호하는『세기』와는 정치적·방법론적으로 완전히 상이하다. 20세기를 추동했던 정신들을 치욕의 구렁텅이에서 건져 '부활시킬' 조건들에 대한 바디우의 탐구, 또는 이를 회복시키기 위한 개입이야말로 이 독일인 에세이 작가가 공격하려는 주요 대상 가운데 하나다. 이를 위해 그는『역사의 종언』*The End of History and the Last Man*에서의 프랜시스 후쿠야마의 주장, 곧 자부심이나 용맹이라는 전투적 격정들을 일컫는 그리스 용어인 티모스_{thymos}의 관점에서 볼 때 정치적 변혁이라는 지평은 자유주의를 끝으로 닫혔다는 논지를 최근 들어 다시 끌어들이고 있다. 우리가 "탈공산주의적 상황에 대한 도덕적이고 심리 정치학적 해석"[86]이 무엇인지 윤곽을 그리기 위해서는 이와 같은 기획에서 슬로터다이크의 가장 명백한 선임자였던 이를 잠시 살펴볼 필요가 있다.

후쿠야마는 적수가 사라진 미국의 상황에 최적인 시대적 비전을 창출하기 위해 알렉상드르 코제브_{Alexandre Kojève}의 헤겔주의 해석을 이용하는 노력을 하던 중, 주류 정치 이론에 인정을 향한 욕망이라는 역사적 힘을 사유하는 시도가 결여되어 있다는 점을 적극 활용했다. 처음에는 플라톤의『국가』*Republic*, 다음으로는 헤겔의 주인과 노예의 변증법을 해석하는 과정에서, 후쿠야마는 지금껏 정치적 행위를 추동하는 데 있어 비도구적 열정의 역할을 도외시해

---

86 Sloterdijk, *Zorn und Zeit*, 61.

왔던 현실주의적·합리주의적 정치 행위 이론에 이 주요한 보충물[인정을 향한 욕망]을 삽입했다. 예컨대, 후쿠야마에게 플라톤의 티모스는 "정의에 대한 인간의 고유한 감각을 구성하는 것으로, 이는 사심 없음selflessness, 이상주의, 도덕성, 자기희생, 용기, 명예 등과 같은 모든 고귀한 덕목들을 가능케 하는 심리적 본거지이다."[87] 그러나, 플라톤 자신이 언급한 것처럼, 티모스는 또한 매우 양가적 성향이기도 해서 (의분義憤, indignations[88] *이 그러하듯이) 사심 없음은 자존감self-regard, 심지어는 이기심과 결합되어 있고, 놀라운 용기는 정당화하기 힘든 분노를 동반한다. 열정에 대한 칸트와 에머슨의 의견과 유사하게, 후쿠야마는 티모스 없는 위대함은 가능하지 않고, 자신의 존엄성과 자신이 속한 집단에 대한 질투 넘치는 애정 없이는 정의를 위한 어떤 투쟁도 발생할 수 없었을 것이라고 말한다. 마찬가지로 이런 플라톤적 '기개'spiritedness 역시 어두운 면을 가지며 티모스의 양면을 이룬다. 우월 욕망megalothymia과 대등 욕망isothymia이 그것이다.

각각 우월하게 인정받고 싶어 하는 것(우월 욕망)와 대등하게 인정받고 싶어 하는 것(대등 욕망)를 일컫는 이 티모스적 욕망들은 지금까지 대개 사회적 악으로 여겨졌다. 잠재적으로 능력 지배 사회와 존중 욕구에 대한 적절한 요구이면서 동시에 자본주의적 성취욕을 추동하는 힘이기도 한 우월 욕망은 정치적으로는 지배하고 칭송받으려는 욕망, 장악함과 동시에 예찬과 축복을 갈구하는 바람, 곧 마키아벨리적 군주가 가진 동기로 해석된다. 제국주의는 우월 욕망의 한 사례이고, 귀족정 역시 마찬가지다. 여기서 전통적 자유주의를

---

87 Fukuyama, *The End of History and the Last Man*, 171[264쪽].

88 * 부당함에 대한 분노는 '정의'라는 고귀한 덕목과 '분노'라는 (고귀하지 않다고 여겨졌던) 열정이 함께 표출되는 것이다.

반反티모스적인 것으로, 즉 열정에 반대하는 것으로 보는 후쿠야마의 시각 ― 그는 자유주의가 영국 내전English Civil War[89] *이라는 종교적·정치적 광신에 대항해 발생했다고 주장한다 ― 은 왈저의 고찰과도 공명한다. 대등 욕망과 관련해 『역사의 종언』의 분석은 덜 꼼꼼하다. 대등 욕망은 귀족정의 위계적 가치에 반발해서 발생한 자유주의 투쟁의 효과이자, 궁극적으로는 평등한 대접을 받기 원하는 고유한 요구로 그려진다. 따라서 대등 욕망은 종종 격렬하기도 하지만 수축적[90] *열정에 가깝다. 그러나 한편으로 대등 욕망은 평등을 달성하기 위한 수평적 열정으로 스스로를 표출한다.

"집에서 편하게 앉아 광신적이지 않은 자신의 넓은 마음에 스스로 박수를 보내는, 현대식 교육을 받은"[91] 이들 ― 즉, '최후의 인간' ― 을 탄생시킨 자유주의에 대해 '티모스'가 제기할 수 있는 위험을 고찰하면서, 후쿠야마는 위와 아래에서 올 수 있는 위험을 저울질한다.

> 자유민주주의는 결국 우월 욕망으로 인해, 혹은 평등하게 인정받고 싶다는 광신적 욕망인 대등 욕망의 과잉으로 인해 내적으로 전복될 수 있다. 궁극적으로 민주주의에 더 큰 위협이 되는 것은 대등 욕망이라는 게 내 생각이다. 모든 곳에서 불평등한 처우를 없애려고 광신적으로 덤벼드는 고삐 풀린 대등 욕망에 빠진 문명은 자연 자체가 부과하는 한계에 빠른 속도로 맞닥뜨리게 된다.[92]

---

89 * 찰스 1세의 전제정치에 반대해, 청교도를 중심으로 한 의회파와 찰스 1세를 옹호하는 왕당파 간에 일어난 내전(1642~46)이다. 1649년 국왕은 처형되고 크롬웰 독재의 공화제가 성립되었다. 그 범위를 1646~48년까지 포함시키는 경우도 있다.

90 * 우월 욕망이 자신을 남 위에 위치시키는 '팽창적' 열정이라면, 대등 욕망은 남들을 자신과 대등한 위치로 끌어내리는 '수축적' 열정이다.

91 Ibid., 307[450쪽].

탈정치화된 대등 욕망과 우월 욕망을 혼합한, 만연되어 있는 마취제와도 같은 자유주의-자본주의는 광신적이라 정의되는 평등을 향한 열정과 대비된다. 후쿠야마는 이 평등을 향한 열정을 (인간의) 자연적 본성 — 불평등한 개인적 재능 및 사라지지 않는 본능과 같은 의미로서의 자연적 본성 — 으로 인해 실패한 체제인 공산주의에 연결시킨다.

우리의 논의와 관련해, 자연과 역사[93] ● 사이의 관계가 특히 흥미롭다. 광신적 대등 욕망이 공산주의 이후에 우월한 위치를 재탈환한 자연에 의해 제지되는 데 반해, 후쿠야마는 "어느 정도의 우월 욕망은 삶 자체를 위해 필수적인 전제 조건이라고 보았던 니체의 믿음은 전적으로 옳았다"고 주장한다.[94] 바로 이것, 즉 평등을 향한 열정은 자연에 반하는 것이라는 주장이야말로 반광신 및 반평등주의 담론의 핵심 논지이다. 후쿠야마에게 비타협적인 평등주의에 대한 이런 '자연적' 비판은 격정의 역사적 기능에 대한 설명과 결합되어 있다. 『역사의 종언』에서 단순히 사적이거나 심리적, 혹은 상업적 형태가 아닌 정치적 형태의 우월 욕망과 대등 욕망은 근대화와 역사를 가능케 했던 진정한 동인動因으로 묘사된다. 더욱이, 열정을 역사적 덕목으로 보았던 흄의 해석을 환기시키는 방식으로 후쿠야마는 심지어 불미스럽고 편협해 보이는 식으로 드러나는 티모스마저도 진보적인 역사적 역할을 담당한다고 주장한다.

---

92 Ibid., 314[460-61쪽].

93 ● 여기서 '자연'은 '원래 그런 상태, 본능과 본성의 상태'를 말하며, '역사'는 '목적과 이상을 가지고 인간이 만들어 가는 상태'를 의미한다. 역사는 그래서 인공적이며, 자연적이지 않다. 인간은 원래 불평등할 수밖에 없다는 것이 '자연'이라면, '역사'는 평등을 지향하는 성격을 가진다. 후쿠야마는 니체를 따라 평등에 대한 열정을 '반자연적'으로, 우월함을 위한 인정 투쟁을 '자연적'으로 보고 있다.

94 Ibid., 315[461쪽].

"귀족적 지배자의 인정 욕망이라는 티모스적 격정이 역사의 진보를 촉발했고, 수 세기에 걸친 전쟁과 갈등을 통해 역사를 끌어간 것도 종교적 광신과 민족주의라는 티모스적 격정이었다."[95] 이와는 반대로, 역사의 종언은 티모스가 가진 정치적·역사적 역량이 명백히 소진될 때 시작된다. 물론 자존감과 인정 욕망은 인간 본성의 일부이기에 사라지지는 않을 것이다. 하지만 후쿠야마의 판단에 의하면 그것이 자유주의 질서의 경계를 넘어서는 능력을 가질 가능성은 거의 없다.

그렇다면 [역사적 역량을 소진한] 티모스를 어떻게 할 것인가? 역사 너머에는 아마도 인간 본성과 그것이 가진 감정적 경향을 관리하고 제어하는 사육적 지평, 탈역사적 (혹은 심지어 탈인간적) 지평이 놓여 있는 것처럼 보인다. 즉, 역사를 형성하는 열정과 광신을 넘어선, '자연 자체' 혹은 '삶 자체'의 정치 — 위대함이나 기획이 거세된 인간 동물을 위한 생명 정치 또는 동물원 정치zoo-politics — 말이다. 어떤 면에서 이는 티모스에 대한 플라톤의 관심[우려] 속에 들어 있는 근본적인 통찰로 후쿠야마가 간주했던 것, 곧 "정당한 정치 질서는 티모스를 사육하고 길들일 필요가 있다"[96]는 생각으로 우리를 회귀시키는 셈이다. 따라서 정치는 티모스에 대해 격정을 적절하게 분배하고 정확하게 배치하는 계산이라는, 임상적이고 실행적인 관계를 맺게 된다. [정치라는 이름의] 티모스 배출구는 "공동체를 갈가리 찢을지도 모르는 과잉 에너지를 [안전하게] 흘려보내는 접지선"[97] 기능을 하는 것이다.

후쿠야마의 유명한 책을 열심히 쟁기질하고 있는 슬로터다이크의 최근

---

95 Ibid., 214[321쪽].

96 Ibid., 183[280쪽].

97 Ibid., 315[462쪽].

작업은 바로 이와 같은 탈정치적 지평을 공유하고 있다. 슬로터다이크 역시 호전적 격정이 전 지구적 자본주의에 패배했다는 점을 시인해야 할 뿐만 아니라, 비록 상습적으로 재발하는 종교적 광신으로 인해 불안해하긴 하지만 어쨌든 완료된 자유주의completed liberalism의 특징으로 알려진 무관심에 만족해야 한다고 생각하는 우리 시대 역사의 지적 임상의臨床醫 무리에 속해 있다. 후 쿠야마보다 20년 늦게 도착해 좌파에 경도된 비판 이론가 집단에 대해 도발적인 글을 쓰는 슬로터다이크의 광신의 정치에 대한 책들은 이미 죽은 것으로 여겨지는 공산주의라는 말에 끊임없이 혹독한 체벌을 가한다는 점에서 눈에 띈다. 그는 반공산주의적 시각이 스스로를 검열하며 여전히 반파시즘이라는 담론적 위장을 쳐야 하는 상황에 분노한다. "네 번째 유일신교" 혹은 "두 번째 가톨릭교"[공산주의-옮긴이][98]를 비판하는 슬로터다이크의 열변은 호메로스의 『일리아드』*Iliad* 이래로 서구 역사 — 곧 공산주의가 정점이자 쇠락을 체화하고 있는 그 역사 — 를 분노를 중심으로 설명하려는 의도를 반영한다. 또한 그의 열변은 호전적 격정의 계보학을 그림으로써, 그 격정이 오늘날 종교적으로 재발하고 있으며 세속적인 취약성을 가지고 있음을 우리에게 깨우쳐 주려 한다. 이렇게 말하긴 했지만, 분노의 근본주의 정치학에 집착하는 이들, 즉 학계 주변을 어슬렁거리는 이른바 "좌파 파시스트들"에 대한 슬로터다이크의 혹평에는 뭔가 특별한 데가 있다.[99] 그럼에도 불구하고, 슬로터다이크의

---

98 Peter Sloterdijk, *God's Zeal: The Battle of the Three Monotheisms*, Cambridge: Polity, 2009, 40[82쪽]; Sloterdijk, *Zorn und Zeit*, 333.

99 이 점은 지젝이 적절히 언급하고 있다. 지젝은 슬로터다이크의 "연대의 깃발 아래 숨겨진 약자들의 시기심과 복수를 향한 갈망을 찾아내려는 집착 강박적 충동"이 실제로는 "그들 자신의 부정적 시기심과 분노, 즉 보편적 해방이라는 입장에 대한 시기심에 의해 지탱되고 있"는 것은 아닌지 궁금해 한다. Žižek, *Violence*, 165[268쪽]를 보라.

노력이 가지는 순수하게 정치적인 성격이 우리를 어떤 심오한 차원으로 안내해 주는 것은 아니다. '좌파 파시스트'에 대한 그의 피곤할 정도로 무례한 조롱이 『공산주의 흑서』*The Black Book of Communism*[100] 의 충분히 소화되지 않은 비판의 물량 공세와 막상막하라는 점(이는 실패한 소비에트 실험에 대한 후쿠야마의 좀 더 폭넓은 사유와 대비를 이룬다), 군나르 하인손Gunnar Heinsohn의 매우 미심쩍은 '인구 유물론'[101]에 흥미를 보인다는 점, 사회민주주의의 전통적 목표가 그 내용이 불분명한 심리 의미론적·생명 정치적 관리라는 기획과 접목되어야 한다는 제안 등을 논외로 한다고 해도, 슬로터다이크의 정치학은 — 고전적 정치 이론의 관점으로 바라볼 때 — 매우 막연할 뿐이다.

그도 그럴 것이 슬로터다이크는 엄밀한 의미의 정치학 분야를 버리고 문화 이론, 심리 정치학, 심리 의미론을 택하는 데 주저함이 없기 때문이다. 오늘날 소위 뜨고 있는 이 연구 분야들은, 근대성을 모더니즘적으로 이해하도록 우리를 함정에 빠뜨리고, 새로움과 해방이라는 명령에 묶여 있으며, 정동적 배치 및 문화와 종교의 역동성을 다룰 수도 없는 일종의 정치 이론들을 대체한다는 의미를 갖고 있다. 그의 결론에서 흘러나오는 것처럼 슬로터다이크의 불만은 설명을 뛰어넘어 규범적이다. 그는 심리학, 생물학, 문화 이론, 철학을 니체적으로 결합하는 새로운 방식을 통할 때만 우리가 정치를 "문명화하는 것", 곧 『신의 열의』와 『분노와 시간』의 결론 제목을 인용하자면 "열의 이후"의 그리고 "분노를 뛰어넘은" 정치로 나아갈 수 있을 것이라고 주장한

---

100 프랑스 역사학자 슈테판 쿠르트와Stéphane Courtois가 편집한 책으로 공산주의 체제하의 학살, 고문, 추방 등 다양한 억압의 역사를 기술하고 있다. 원제는 *Le Livre noir du communisme: Crimes, terreur, répression*이다.

101 Göran Therbon, "Nato's Demographer", *New Left Review*, 56(2009)를 보라.

다. 니체에게서 영감을 얻은 게 분명한, 보편성이라는 질병에 대한 진단을 제시하는 슬로터다이크의 최근 저작들은 "고전적" 광신 비판으로 읽힐 수 있다. 『분노와 시간』과 『신의 열의』는 관념을 향한 열정이 가진 절충적 서사와 현상학만을 제공하는 것이 아니라 관념의 정치와 보편 원리라는 극단주의를 끝장내라고 우리에게 명하고 있다. "보편주의 투사들"이라든가 "광기 어린 행동주의적 또는 열광하는 팽창주의적" 선교 충동이라고 쓸 때, 슬로터다이크는 관념의 정치에 대한 버크식 비판을 지속하고 있는 것이다. 그는 보편주의가 "만약 자신들의 목표를 절대화하려는 열성파들의 욕구를 제어하는 비판적인 기구를 결여하고 있다면, 통제 불능의 상태로 남게 될 것"이라고 주장하는데, 왜냐하면 그와 같은 절대화는 급속히 "선한 자들의 파시즘"으로 변해 갈 것이기 때문이다.[102] 그런데 분노와 열의라는 이 광신적 정서들은 도대체 보편주의와 어떻게 연결되어 있는가? 이 질문에 대답하기 위해서는 슬로터다이크의 티모스 설명이 자신의 모델인 후쿠야마의 설명으로부터 어떻게 빗나갔는지, 또 정치적 격정에 대한 그의 전반적 관점이 왈저나 바디우와 얼마나 동떨어져 있는지를 살펴보는 게 유용하다.

슬로터다이크는 티모스와 연동된 정치를 요청하는 후쿠야마를 더욱 확장시킨다. 슬로터다이크는 티모스적 정신분석과는 달리, 분노가 아니라 사랑에 기반을 두면서 정치적 정동을 신경증으로 다루는 에로스적 정신분석의 한계를 강조한다. 그는 겸손이라는 기독교-민주주의적 에토스의 핵심에 자리 잡고 있는 자기 긍정과 가치 평가의 결여를 비판한다. 하지만 슬로터다이크의 접근법은 정치적 격정의 존재론과 역사성이라는 두 관점에서 볼 때 국무부

---

102 Sloterdijk, *God's Zeal*, 3, 67[21-22쪽, 124쪽].

철학자[103] *의 접근법과는 확연히 다르다. 후쿠야마가 자신의 티모스 연구를 현실주의 전통의 정치 이론화 작업을 위한 보완물로 여기고, 왈저와 마찬가지로 전통적인 철학과 크게 보아 일치하는 방식으로 격정의 특징을 묘사하는 반면, 슬로터다이크 — 문화 이론에 대한 그의 생각은, 정동과 힘을 중심으로 유심론적 사회과학을 만들려는 가브리엘 타르드식의 19세기 말 시도를 꼭 닮았다 — 는 티모스라는 개념에 자연주의적 굴절을 가한다.[104] 그는 "정치적 행동은 야망의 중심부들 사이의 긴장 차로 인해 유발된다"고 주장하면서, 정치 이론은 집합체를 그 내부에 티모스적 스트레스와 긴장을 가진 "자부심-집단"으로 다뤄야 한다고 말한다. 아울러 다양한 자기 긍정의 힘들이 존재하며, 이는 다시 집단의 티모스적 추동력을 일관되게 유지시켜 주는 상징적 차원에 의해 결정된다고 주장한다. 궁극적으로 야망의 형태에 의해 결정되는 권력투쟁을 이해하는 데 있어서 "정치 집단에서 정동의 방향을 결정하는 원리"인 수사법이 핵심에 놓이게 된다. 인정recognition과 같은 포스트 칸트주의적 주체 이해가 "티모스적 긴장의 중심부들 사이의 갈등과 상호작용"이라는 생각에 기반을 둔 문화 물리학에 의해 밀려나게 되는 현상 역시 중요하다. 정동의 관리로서의 정치 개념 — 이것은 이미 후쿠야마에게서 드러나고, 타르드가 주창한 믿음과 욕망의 미시사회학에서 전조를 보였다 — 은 슬로터다이크에 와서

---

103 * 후쿠야마는 1980년대에 미 국무부에서 일한 적이 있다.

104 『분노와 시간』과 『신의 열의』 모두에서 슬로터다이크의 주장의 주된 원천은 하이너 뮐먼의 "스트레스"Stress 개념을 중심으로 한 "문화 과학과 진화 이론의 결합을 위한 급진적이고 논쟁적인 새 패러다임"이다. "광포한 전사가 가진 열정의 영역에 속한" 격정과 분노의 형태는 전사가 압도적인 에너지와 자신을 동일시하면서 동시에 그 에너지의 기원을 초월적인 것으로 오인하게 만든다. "심리 생물학적 설명이 필요한 내재적 메커니즘을 가진 …… 이 열정주의자들의 자연 종교"에 대한 고찰은 God's Zeal, 7-9[26-27쪽]를 보라.

"도덕적 야망이 아로새겨져 있는 체계"로서의 문화를 다루는 일종의 과학적 기획을 구상할 수 있다는 제안과 결합된다. 그리고 이 도덕적 야망을 위해서는 "자부심, 야망, 정복 의지, 분노 성향, 정의감과 같은 티모스 자원들을 상승시킴으로써 가동되는 행위자의 자기 자극"이 필요해진다.[105] 심리 생물학적·사회생물학적 주제에 대한 이런 의존은 슬로터다이크의 서술 및 정치적 처방에서 핵심적인 의견, 즉 의기소침한 자본주의와 철저히 고립되어 있으되 서로 대립하는 티모스 중심부들이 조합되어 있는 현재의 포스트공산주의적 상황에서 필요한 것은 역사의 종언 후에 따르는 문명화 과정 같은 것이라는 생각을 통해 설명할 수 있다.

"인간 동물원"human zoo의 정치에 대한 이와 같은 사유의 근거를 마련하기 위해, 슬로터다이크는 이질적으로 보이는 두 개의 담론을 융합하고 있다.[106] 하나는 정치적 격정을 측정 가능한 축적과 증대의 대상으로 보는 유사 계량적pseudo-quantitative 접근으로 일종의 정치적 수리학水理學 또는 에너지학이고,[107]

---

[105] Sloterdijk, *Zorn und Zeit*, 38.

[106] Peter Sloterdijk, "Rules for the Human Zoo: A Response to the *Letter on Humanism*", *Environment and Planning D: Society and Space*, 27, 1(2009). 1999년에 발표되었던 이 논문은 격렬한 논쟁을 불러일으켰고, 결국 종족 개량과 선택이라는 파시즘 개념을 가지고 장난치고 있다고 그를 비판하는 하버마스주의자 등과 슬로터다이크가 맞붙게 되었다. Andrew Fisher, "Flirting with Fascism", *Radical Philosophy*, 99(2000)을 보라.

[107] 나는 '수리학'이라는 용어를 가브리엘 타르드가 군중과 공중에 대한 그의 책에서 소개한 방식에 따라 신중하게 사용한다. 타르드에 따르면 군중과 공중은 유기체와는 전혀 다르다는 점에서 유사한데, 이들은 "누가 지휘하는지가 불분명한 물줄기"처럼 전개된다. 이로부터 타르드는 "의견의 흐름", "사회적 강물"같은 표현을 쓰게 되는 것이다. Tarde, *L'opinion et la foule*, 32, n. 1.을 보라. 문화에 대한 에너지학적 읽기라는 니체의 테마는 분노를 "에너지의 해방과 전이라는 강렬한 형식"으로 정의하는 데서 명백히 드러난다. Sloterdijk, *Zorn und Zeit*, 89-90.

다른 하나는 과거의 유일신 종교가 탄생시킨 정치적 기획물 — 즉, 공산주의 — 을 세속화하는 독특한 서사이다. 이 두 담론의 접합점에서, '티모스'를 근대화의 동인으로 파악했던 후쿠야마의 설명과는 중요한 차이를 보이는 방식으로 정치적 격정과 역사성 사이의 관계가 펼쳐진다. 슬로터다이크에게 격렬한 정동이 스스로를 실현하는 것이 '서양' 문화를 형성했던 — 자신 및 자신의 행동과 일체화된 분노의 '매개체'이자 '저장소'로서의 전사상戰士像을 가진 호메로스식 영웅주의를 서술하는 슬로터다이크의 방식이 보여 주듯 — 요인이라면, 서양사를 시작할 수 있게 한 진정한 요인은 인간이 격정에 사로잡혀 있는 상황에서 격정이 인간에게 지배당하는 상황으로의 변천 과정, 곧 "정동의 세속화"이다. 다시 말해, 행동과 느낌 이면에는 행위자, 곧 주체가 있다는 니체식 '사용자 환상'user illusion[108] 이 시작된 것이다.

자신의 정동으로부터 거리를 두고, 망설임의 시간을 즐길 수 있는 주체의 발전이 여기에서 생겨난다(호메로스식 영웅주의 서사에서 등장하는 분노는 즉각적이고 반성찰적이다). 그러나 이런 주체화의 출현이 분노의 역할을 '문명화해 없애 버리'지는 않는다. 문명화의 과정, 그 기나긴 **중간 계급화**embourgeoisement를 위한 노력이 그렇게나 쉽게 성공을 거두지는 않는 것이다. 실제로 슬로터다이크는 혁명적 주체성이란 어떤 의미에서 전사들을 "세계의 분노 저장소"로 변모시키는 것, 곧 고대적 분노 역학의 근대화와 같은 것으로 여긴다. 이 "저장소의 심리학"이 단지 주체에만 한정된 것은 아니다. 『분노와 시간』의 핵심 개

---

108 뇌과학에서 '사용자 환상'이란 인간의 의식적 경험은 실제로 발생한 것의 완벽한 반영이라기보다는 뇌에 의해 무의식적으로 만들어지는 가상simulation이라는 것이다. 여기서 토스카노는 인간이 자신의 열정을 통제하는 과정으로서의 감정의 세속화라는 것이 마치 의식[감정] 뒤에는 실제 사건[주체]이 있다고 믿는 '사용자 환상'과 같다고 말하고 있다.

넘, 곧 정동과 역사 사이의 긴밀한 연결 고리는, 느낌feeling을 담는 또 하나의 그릇으로서의 "분노 은행"bank of rage이다. 분노 은행은 주체 바깥에 놓인 격정들이 머무는 집으로, 티모스의 다양한 차원들(자부심, 화, 원한 등)이 발산되는 것을 지연시키는 역할을 한다. 슬로터다이크에 따르면, 심리 정치학적 항목으로 이해되는 은행은 "국지적 격분의 역량과 산포된 증오의 기획들이 예치되어 있는 포괄적인 중개 기관을 의미하며, 다른 진짜 은행과 마찬가지로 예금을 저장하고 가치화하는 중재자 역할을 수행한다."[109] 정치사는 생산, 순환, 분배라는 형식을 갖는 역사, 무엇보다도 티모스적 힘을 축적하는 형식으로서의 역사가 되며, 여기서 '은행'은 고대인들이 상상할 수 없었던 역사적 기간과 지리적 범위로 감정을 확산시킨다(아마도 공산주의 인터내셔널은 대표적 사례가 될 것이다). 세속화라는 개념 역시 다른 의미를 가지게 되는데, 슬로터다이크에 따르면 후에 아나키스트와 공산주의 운동을 통해 불경스런 항목으로 변하게 되는 분노 은행업은 원래 일신교의 발명품이기 때문이다. 신에서 당에 이르기까지 서양의 정치사는 분노 예금, 즉 티모스 자본 관리의 역사이고, 엄밀한 니체적 관점에서 원한의 역사라고 말할 수 있으며, 더 구체적으로는, 대중의 고통스런 수치, 복수에의 열망, 종교 엘리트와 그 뒤를 이은 혁명 엘리트의 위엄 관리로서의 역사이다.[110] 종교와 혁명은 "실패자들의 영매靈媒"라는 개념으로, 곧 티모스 자본의 명민한 관리자들의 안내 아래서 묵시록적 보복을 갈구하는 이들의 연기된 오만[111] 으로 설명된다.[112] 마르크스, 레닌, 마오에 대

---

109 Sloterdijk, *Zorn und Zeit*, 99.

110 슬로터다이크의 책에 대한 날카로운 개관을 담은 Žižek, *Violence*, 157-60[256-260쪽]을 보라.

111 ● 실패자들의 '오만'(혁명, 봉기)은 당장 충족되는 것이 아니라 분노 은행을 통해 잠시 '연기'되어 있다. 은행의 예금은 오래 둘수록 이자가 쌓인다.

한 슬로터다이크의 심리 정치학적 판결이 가진 팸플릿식 투박함은 차치하고라도, 『분노와 시간』은 역사적 공산주의에 대한 정치-종교적 접근법으로의 광범위한 회귀, 즉 뒤에서 다룰 기나긴 철학적 냉전 시기로의 회귀라는 경향에 속해 있다. 무엇보다도, 슬로터다이크의 심리 정치학적 에세이는 정치적 정동을 일종의 본질로 설정하고, 다양한 상징 질서나 공적 조직을 그 본질의 운반자 혹은 매개체로 설명하는 방식의 약점을 전형적으로 드러낸다. 유사 자연주의적 심리학과 세속화에 대한 탈정치적 이론이 결합된 슬로터다이크의 글은 어떤 광범위한 경향을 징후적으로 나타낸다. 실제로 그의 작업은 과거부터 최근까지의 반광신주의 수사학 주제들을 요약한 것으로 볼 수 있으며, 그의 작업이 개념적인 기여에서는 한계를 가짐에도 불구하고 내가 그를 여기서 다루는 것도 바로 이런 맥락에서다.

광신에 대한 슬로터다이크의 동시대적 비판과 20세기를 "원한의 전쟁 경제"로 바라보는 그의 시각, 그리고 "탈역사적 감극화 정치"[113]*를 위한 그의 제안 아래에 놓여 있는 것은 ― 이는 후쿠야마도 마찬가지인데 ― 자연, 즉 위계에 대한 니체적 의존이다. 평등에의 격정을 의미하는 대등 욕망은 언제나 우월 욕망적 지배욕에 의해 추동된다. 대등 욕망은 또한 존재론적으로도

---

[112] 분노와 열정을 설명하기 위해 자본이라는 경제적 관념을 은유적으로 사용하는 것은 공산주의에 대한 또 하나의 정신병리학적 소책자를 통해 예견된 일이다. Jules Monnerot, *Sociologie du communisme*, Paris: Gallimard, 1949, 308을 보라. 모네로의 책은 본서의 6장에서 논의할 것이다.

[113] * '탈역사' 혹은 '포스트역사'란 헤겔식의 근대적 역사 서사가 이미 종결된 것으로 역사를 파악하는 시선을 말한다. 특히, 베를린 장벽의 소멸과 소련의 몰락으로 인해, 오늘날 좌우의 대결이나 이데올로기적 갈등 자체가 의미를 상실했다고 보는 관점으로 후쿠야마의 '역사의 종언'론이 대표적이다. 헤겔식의 근대적 역사 서사를 자유의 완성을 향한 변증법적 대립의 '이야기'라는 점에서 '극적인 것' 또는 '극화'dramatization라고 본다면, 탈역사적 관점에서는 이 '극화'의 서사를 경감, 즉 '감극화'de-dramatization하려고 한다.

실패하게 되는데, 자연에서는 유리한 장소가 희귀하고, 슬로터다이크가 말하듯 맨 앞줄만 있는 극장이라는 관념은 판타지에 불과[114]하기 때문이다. 불평등은 운명이다. 적극적인 자유주의적 생기론자로서, 슬로터다이크는 위계와 차이를 관리하는 데 있어 가장 고통 없고 문명화된 메커니즘을 옹호한다. 그의 철학적 헌신과 정치적 직관에 미루어 볼 때, 그는 보편화하는 정치적 관념[115]을 티모스와 원한이라는 더욱 심오한 정동적 힘을 위한 매개체 이상으로는 다룰 수 없어 보인다. 정치적 주체화와 사회적 불안정의 동인인 열의와 원한에 대한 그의 해결책은 명백히 니체에 기반을 두고 있다. "새로운 종교적 혼란으로 요동치고 있는 21세기의 출발점에서 볼 때, 지상에 충실히 머물러 있으라는, 그리고 저세상에 관한 허구적인 이야기를 지껄이는 자들은 의사에게 보내 버리라는, 그[니체의 경고는 19세기 말보다 지금 더욱더 적실하다."[116] 그러나 우리는 어떻게 "묵시록의 지휘자들을 중성화"[117]할 수 있을 것인가? 우리가 살펴보았듯 광신 비판의 몇몇 핵심적 요소들을 재생산(세속화, 정치 종교, 정치 심리학, 급진적 보편주의를 향한 의심)하고 있는 슬로터다이크는 바로 이 지점에서 치료와 개발이라는, 광신 비판자들이 사용하는 몇몇 관습적인 진단법과 연결된다.

---

114 원래부터 '유리한 장소'는 희귀하다. 어떤 이가 유리한 장소를 차지하게 되었다면 그것은 그가 자신의 능력으로 쟁취한 것이다. 또한, 모든 극장은 맨 앞줄부터 맨 뒷줄까지 설계되어 있다. 즉, 자연과 마찬가지로 사회 자체에 위계나 불평등이 없을 수는 없으며, 대등 욕망은 일종의 판타지라는 것이다.

115 이 개념에 대해서는 서론에 잘 드러나 있다. 토스카노는 이 책 전체에서 '광신'을 보편화와 관념이라는 시각에서 바라보고 있다.

116 Sloterdijk, *God's Zeal*, 158[271-272쪽].

117 Ibid., 159[273-274쪽].

다른 곳과 마찬가지로 여기[광신 비판]서도, 명백해 보이는 슬로터다이크의 독창성은 실은 반보편주의적 사유 전통에서 수많은 요소를 끌어와 절충해 재조합하는 데서 발생하는 효과일 뿐이다. 그의 탈역사적 감극화 정치는 안정 치료법의 형태를 취하고 있지만, 놀랍게도 니체의 반기독교적이고 긍정적인 치료법이 가진 단점들을 지적한다. 니체의 해결책은 "최후의 터널로 들어가는 입구에 도열해 서있는 수백만 명의 사람들 중 대부분이 자살 직전의 병리적 징후가 아닌 …… 비축된 분노가 유사 종교적인 방식을 통해 해소된 것 같은 징후를 나타내고 있"는[118] — 이 문장은 도발하기 위해서 쓰였으나, 단순히 희미한 슈펭글러식 분위기[119]*만을 환기할 뿐이다 — 현재의 위기 상황에서는 거의 소용이 없다는 것이다. 정치적·종교적 광신은 자본주의, 식민주의, 제국주의의 리버럴한 지도자들이 광신을 다루기 위해 항상 해왔던 방식에 살짝 덧칠을 하면 해결될 수 있다. 즉, 만약 우리의 종말론이 전 지구적 생명 정치에 관한 문제로 되돌아온 '사회적 문제'에 불과하다면 필요한 것은 인구학과 개발주의라는 옛 전통을 갱신하면 된다는 것이다. 한편에는 군나르 하인손 — 과 팔레스타인인을 '인구학적 문제'로 보는 이스라엘 주류의 관념 — 을 따라 제3세계, 특히 중동 지역 국가들의 '비대해진 청년층'의 광신화 효과에 맞서 강력한 경계를. 다른 한편에는, 근대화 이론가인 로스토W. W. Rostow의 영혼을 불러내서는 "빈곤, 분노, 그리고 잘못된 엘리트들의 모략의 결과, 과거에는 접근 불가능했던 그 나라들에게 생산과 부의 분배에 관한 비밀도 수출하는 최신

---

118 Ibid., 158-9[272쪽].

119 * 오스발트 슈펭글러Oswald Spengler는 20세기 초의 독일 역사가이자 철학자로 『서구의 몰락』 Der Untergang des Abendlandes(1923)이라는 책을 남겼다. "최후의 터널"이라는 슬로터다이크의 표현은 명백히 슈펭글러식 '몰락'의 분위기를 불러일으킨다.

판 개발 정치학"[120]을. 자유주의적 서양이 가진 은혜로운 근대화의 힘에 대한 이 놀라운 자신감이 비판 이론, 혹은 심지어 '도발적' 이론으로 받아들여진다는 점은 당황스럽다. 그러나 광신 비판의 많은 수사들이 보편적 평등주의라는 관념적 정치에 대한 적대와 탈역사에 대한 전 지구적 협치governance — 이 협치의 주요한 목적은 통제할 수 없는 정치적 분노를 일정량의 자립[121]•이 첨가된 순종적인 상업적 욕망으로 전환시키는 것이다 — 로 변한 정치 담론을 이상하게 결합시키면서 우리의 정치적이고 공적인 담론 속에 틀어 박혀 있는 이 형국 또한 징후적이다.

---

120 Ibid., 159[273쪽].

121 • '스스로 돕기'라는 이 자립의 이데올로기는 자기 계발self-development과 함께 대표적인 신자유주의 덕목이다.

2장

천년왕국운동의 정신과
근대 정치의 탄생

주의하라, 내가 내 말을 너희의 입 속에 넣었도다.

내가 너희를 사람들과 제국들 위로 들어 올렸으니

그것들을 뿌리 뽑고, 부수고, 흩트리고, 뒤엎은 후 새로 건설하고 심으라.

왕과 제후와 사제에 맞서며 인민을 보호하는 철벽이 세워졌노라.

싸워라. 승리는 놀라울 것이고, 힘 있고 사악한 폭군들은 몰락할 것이다.

_____토마스 뮌처, 『영주들을 향한 설교』

종교적 언어를 사용했던 마지막 혁명적 계급투쟁인 천년왕국운동은 …… 이미 근대적

혁명의 경향을 띠고 있지만 **혁명이 오직 역사적인 것이라는 의식**은 여전히 결여되어 있다.

천년왕국파는 혁명이 자신들에 의해 실행되었다는 점을 인지하지 못했기에 실패할 수밖에

없었다.

_____기 드보르, 『스펙터클의 사회』

지상에 신의 왕국을 실현하려는 혁명적 욕망은

진보적 문명에서 변치 않는 지점이자 근대사의 출발점이다.

_____프리드리히 슐레겔, 『아테나움 단편』

광신을 과거 회귀로, 즉 문화적·정치적 발전을 아직 완전히 이루지 못한 징표로 다루는 일 — 이는 [현재 우리가] 세속주의, 진화, 계몽주의라는 깃발 아래 있다는 것인데 — 은 흔하다. 마크 릴라는 정치와 신학 사이의 "장대한 분리"의 지성사에 관한 자신의 책 서두에서 불길한 어조로 다음과 같이 말하고 있다. "우리는 광신이 끝장났다고 …… 간주했다. 오판을 한 것이다."[1] 이런 생각 속에는 앞에서 묘사했던 역설들 중 하나, 곧 광신을 반역사적이면서 동시에 초역사적으로 파악하는 역설이 드러나 있다. 심지어 어떤 섭리와도 같은 목적론이 종교적·정치적·정서적 미성숙에서 우리를 구원할 것이라고 믿지 않는 사상가들조차도 광신을 역사의 올바른 결을 거스르는 것이자, 동시에 서양사 — 오늘날 당파주의와 신념의 손아귀로부터 우리의 정치적 감수성을 해방시킨 것으로 받아들여지는 — 의 궁극적 유산이자

---

1 Mark Lilla, *The Stillborn God: Religion, Politics and the Modern West*, New York: Vintage, 2008, 3[6쪽].

완성이 될 탈역사적 안정성을 부정하는 것으로 여긴다. '종교적인 것의 귀환'
이라는 말 뒤에는 광신에서 관용으로, 종교적 절대주의에서 시민적 세속주의
로의 다소 일관된 여정을 통해 힘겹게 얻어 낸 성과들이 부식되고 있다는 느
낌이 존재한다. 이런 맥락에서 광신이라는 개념을 활용하는 일은, 광신이 문
명화 과정에 대한 거부이자, 동시에 이미 종언된 것으로 알려진 대립의 역사
의 재등장이기도 하다는 점에서, 양면적인 속성을 가진다. 광신 담론을 깊이
살펴보는 일은 우리가 이해하는 정치가 시간의 흐름에 따라 어떻게 변해 왔
는지에 대해, 더 정확히는 우리가 정치적으로 올바른 것이라고 생각하는 것
과 그렇지 않은 것(가령 신념의 과잉, 이치에 맞는 프로그램의 결여) 사이의 진정한
차이점을 정의하는 데 많은 도움을 줄 수 있다. 이번 장에서 나는 시간에 의
해, 그리고 시간을 거슬러 규정되는 한 현상에 대한 역사적이고 정치적인 고
찰들을 검토함으로써 광신의 시간을 탐구해 보려 한다. 천년왕국운동이라는
현상이 그것이다.

시대착오와 사회주의 전략

비참과 억압이라는 세속의 역사가 끝나기를 기대하면서 이런저런 지상의 천
국('천년왕국')을 건설하려 했던 정치 운동들은 광신이라는 경멸적 이름의 꼬
리표가 예비된 일 순위 후보들일 것이다. 일반적으로 천년왕국운동은 정치를
제도적 매개와 숙의의 층위에 놓여 있는 것으로 보면서 거부할 뿐만 아니라,
정치 질서의 옹호자들을 악독한 적들('적그리스도')로 여기는 경향이 있다. 이
에 더해 천년왕국운동에는 확연한 몽상적 요소가 담겨 있다. 유한한 지각知覺
에 머무르기를 광신적으로 거부하고, 존재나 신에 대한 통찰을 공공연히 과

시하면서, 이들은 새 하늘과 새 땅에 대한 증표들을 열광적으로 찾아 헤맨다. 몰락에 앞서 세상을 등지고 물러나려 하든 혹은 세상의 종말을 밀어붙이려고 하든 어떤 형태이든 간에 천년왕국운동은 질서의 시간 — 반복되는 순환의 질서, 불변하는 고정적 질서, 혹은 축적되는 발전의 질서 — 으로서의 정치적 시간과 결별하려 한다는 특징을 보인다. 그러나 정치의 시간성을 사유하기 위한 바로 그 좌표들을 부정하는 것처럼 보이는 이 현상이 광신과 천년왕국 운동에서 그치는 것이 아니라면 어떨까? 정치적 새로움과 혁신에 관한 우리 자신의 감각도 어떤 방식으로든 종말의 가능성에 의해 자극되고 매료된 이런 운동에 얽혀 있는 것이라면 어떨까? 이 질문들을 고찰함에 있어 나는 20세기 의 근본주의 및 마르크스주의 사상과, 실패로 인한 비난으로 인해 광신에 적 대적인 담론이 발생하는 데 결정적 역할을 했던 운동인 16세기 초의 독일농 민전쟁 간의 조우를 탐구하는 데 이 장의 일부를 할애하려 한다. 하지만 광신 논쟁의 전범[독일농민전쟁] 속으로 파고들기 전에, 정치적 시대착오 및 새로움 에 대한 근대적인 정치가 묵시록적이고 광신적인 열망과 어떤 방식으로든 연 결되어 있다는 반직관적 견해를 한층 깊게 살펴보는 것이 중요하다. 이를 위 해서는 약 반세기 전에 있었던 한 중요한 사회과학 논쟁을 간략히 우회해 갈 필요가 있다.

단순히 중세 연구자들의 관심사일 것이라는 추측과는 반대로, 많은 20세 기 사상들에게 천년왕국운동 연구는 정치적 긴급함과 얽혀 있는 문제였다. 묵시록의 정치학에 대한 풍부한 관심을 보여 주는 특별한 하나의 사례는 1956년 맨체스터 대학교에서 에릭 홉스봄, 피터 워슬리Peter Worsley, 노먼 콘이 참여해 열렸던 세미나에서 찾을 수 있다. 이 세미나야말로 인류학, 역사학, 사회학, 종교학을 가로지르면서 천년왕국운동의 사회적·정치적 차원들을 심 도 있게 되짚었던 순간이었고, 이는 세미나 직후에 이 학자들이 출간했던 책 — 홉스봄의 『반란의 원초적 형태』Primitive Rebels: Studies in the Archaic Forms of Social

Movement in the 19th and 20th Centuries(1959), 워슬리의 『나팔소리 울리면』*The Trumpet Shall Sound: A Study of 'Cargo' Cults in Melanesia*(1957), 그리고 노먼 콘의 『천년왕국운동사』(1957) — 을 통해 증명된다. 두 명의 마르크스주의적 사회학자들(홉스봄과 워슬리)과 한 명의 반공산주의적 자유주의자(콘)를 함께 불러 모았던 이 세미나와 그 결과물는 시간, 역사, 광신이라는 주제와 씨름하려는 연구자들에게는 여전히 필수적인 참조 대상이다. 요약해서 말하자면, 홉스봄의 텍스트는 천년왕국운동이라는 원초적 시간과 혁명이라는 전환적 시간 사이의 사회-역사적 관계를 천착하고, 워슬리는 [멜라네시아] 토착 문화에 가해진 신비로운 자본주의 경제의 파국적 충격과 그것이 촉발한 특유의 근대성을 탐구하며, 콘은 중세 유럽의 묵시록적 운동의 역사 속에서 20세기 전체주의를 배태시킨 이데올로기적·사회학적 전조前兆를 본다. 천년왕국운동에 대한 이들의 평가는 각자의 정치적 입장을 따른다. 홉스봄과 워슬리가 천년왕국운동이라는 봉기를 혁명적 리얼리즘의 (비록 실패했으나) 고귀한 선구자로 파악한다면, 콘은 이를 뿌리 뽑힌 '지식인들'과 오합지졸 민중의 연합이 실제적 사회 진보를 달성하기 불가능한 상황 속에서 개혁보다는 대재난을 선호함으로써 정치체제 자체를 총체적으로 부정해 버리는 길을 선택함에 따라 발생한 파괴적 산물로 규정한다. 세 명의 학자에게 공통적인 것은, 자본주의와 조우한 충격과 관련된 천년왕국운동의 근대성에 대한 다소 분명한 인식이다. 천년왕국운동의 시대착오성 — 사라진 에덴동산의 약속에 대한 준거 혹은 완전히 시간을 벗어나 버리려는 갈망 — 은 경제 발전과 그에 따른 정치적 변환들(유럽에서의 국민국가 형성의 맥락에서든 제국주의-식민주의적 정복의 맥락에서든)이라는 '지금'과 불가피하게 얽혀 있으며, 신화적 과거를 향한 향수, 폭력적일 만큼 새로운 현재와의 만남, 그리고 회복된 미래에 대한 열망이 불안정하게 결합되는 상황으로 나아간다. 사회현상으로서의 천년왕국운동이 가진 시간적 비결정성temporal indeterminacy은 그것이 일종의 "위기 제의"crisis cult[2]로, 즉 "자신들을 완전히 망가

뜨린 진정한 사회적 대격변"[3]에 대해 식민화되고 종속된, 또는 '뒤쳐진' 사회들이 내놓는 정치-종교적 응답으로 작동한다는 생각으로 요약될 수 있다. 혼란을 가져오는 충격에 대해 단순히 기존의 문화와 전통을 지키는 것 이상의 반응을 보이는 한, 천년왕국운동식의 위기 제의는 언제나 스스로의 시간적 상상력을 통해 새로운 시간성을 부과하는 혁신적 방식을 포함하게 된다.[4]

역사적·정치적 시간이라는 문제는, 맨체스터 대학교 세미나에서 발표했다가 후에 그의 첫 번째 책(『반란의 원초적 형태』)으로 출판되었던 홉스봄의 기고문에서 핵심적 위치를 차지한다. 홉스봄이 탐구하는 근대적 천년왕국운동[5]•이 가진 시간성은 사회학적·지리학적 결정 요소들에 의해 좌우된다. 그가 관심을 쏟는 주요 대상은 (이탈리아의 시칠리아나 스페인의 안달루시아 등) 유럽 변방의 가난한 지역에 거주하면서 자본주의 근대화가 만들어 낸 수탈과 격변으로 고통 받던 빈농들이다. 이런 천년왕국운동은 일종의 반동형성reaction-formation[6]•으로 등장하며, 그 원초적 특성은 정치적 조건 속에서 이해되어야만 한다. 즉,

2 Weston La Barre, "Materials for a History of Studies of Crisis Cults: A Bibliographic Essay", *Current Anthropology*, 12:1(1971)을 보라.

3 Michael Löwy, "From Captain Swing to Pancho Villa. Instances of Peasant Resistance in the Historiography of Eric Hobsbawm", *Diogenes*, 48:189(2000), 3.

4 Vittorio Lanternari, *The Religions of the Oppressed: A Study of Modern Messianic Cults*, trans. L. Sergio, New York: Mentor, 1965, 253-4를 보라.

5• 홉스봄은 이탈리아나 스페인의 농민운동에서 중세 천년왕국운동의 '원초적'인 형태를 발견하면서, 겉으로는 매우 구식으로 보이는 농민운동이 실은 근대적이고 심지어 현실적인 정치 행위라고 주장한다. 따라서 본문에서 말하는 '운동'은 중세의 천년왕국운동이 아니라 이탈리아와 스페인의 농민운동을 지시하고 있다는 점을 기억하고 읽어야 한다.

6• 반동형성이란 사회적·도덕적으로 좋지 않은 욕구나 원망을 억제하기 위해 이 욕구와는 반대 방향의 독단적 행동을 취하는 무의식적 행위를 의미하는 정신분석 용어이다.

천년왕국운동에서 근거를 찾아 세를 결집함으로써 자본주의가 만든 격변에 대응하는 빈농들은, 자본주의라는 짐승의 뱃속에서 자라난 성숙하고 다양한 반자본주의 운동(가령 노동운동)을 규정짓는 조직적 연대와 정치적 파괴력을 아직은 만들어 낼 수가 없는 것이다. 그럼에도 불구하고 홉스봄은 이 빈농들이 세계의 전체 대중 속에서 다수를 점하고 있다는 점에 주목하면서, 자신의 책이 주제로 삼는 이들은 "세상에 대한 자신들의 열망을 표현할 구체적인 언어를 아직은 찾지 못한, 혹은 이제야 찾기 시작한 전前정치적 인민들"이라는 유명한 말을 했다.[7] ['전정치적'에서의] '전'은 공간적 외부성과 주변성에 의해 결정되는데, 이 공간적 외부성과 주변성은 정치적 심리political mentality와 조직적 역량이라는 측면에서 볼 때 시간의 축을 과거로 되돌리는 것과 같다. 자신의 근대적 천년왕국운동 연구의 서문에서 홉스봄은 [이와 관련해] 귀담아들을 만한 진술을 하고 있다.

이 책에서 다루고 있는 대중은 결코 자본주의 세계에서 태어나지 않았다. 그 점에서 4세대에 걸친 노동조합운동의 전통을 지닌 타인 강변의 노동자와 다르다. 그들은 자본주의 세계에 처음으로 편입된 세대이며, 그 상황은 열악하기 그지없었다. 자본주의는 외부에서 그것도 암암리에 그들에게 접근했다. 그들은 그들에게 작용한 경제적 힘을 결코 알 수 없었고 통제할 수도 없었다. 또 정복·혁명·근본적인 법체계의 변동 등을 이해할 수 없었다. 그런 상황은 그들이 그런 변화를 돕고 있을 때조차 마찬가지였다. 그들은 결코 근대사회와 더불어, 혹은 그 속에서 성장하지 않았다. 시칠리아의 중산층 출신 강도들처럼 스스로 근대 세계에 뛰어든 예외적인 경우도 있기는 하나, 일반적으로 그들은 갑

---

7 Eric J. Hobsbawm, *Primitive Rebels: Studies in Archaic Forms of Social Movement in the 19th and 20th Centuries*, New York: Norton, 1965, 2[13쪽].

자기 현대에 편입된 것이다. 따라서 그들의 문제는 바로 이 근대적 상황, 그 삶과 투쟁에 적응하는 방식인 것이다. 이 적응 과정 혹은 적응에 실패하는 과정이 본서의 주제라고 할 수 있다.[8]

천년왕국식 운동들은 이 적응이라는 문제에 대해, 적어도 초반에는, 순수하게 부정적인 형식으로 응답한다. 그 운동이 "현존하는 사악한 세계에 대한 전면적인 거부, 그리고 더 나은 다른 세상에 대한 열정적 동경"에 의해 추동되는 한, 적응에 실패하는 것이야말로 운동의 존재이유인 것처럼 보인다. 기존에 존재하던 정전canon에서 추출되었거나 혹은 다양한 곳에서 끌어 모은 형태의 묵시록적 이데올로기로 충만한 이 운동들은, 기존의 정치체제에 대한 적대감으로 인해 "새로운 사회가 실현될 실질적 방식에 관한 근본적 불명료성"[9]의 영향을 받게 된다.

만약 정치가 계산된 목표를 고려하면서 수단을 조직하는 일이라면 이 운동들은 진정 전前정치적이다. 하지만 이는 원原정치적이라는 의미, 즉 연합과 투쟁을 통해 실제적인 정치적 역량을 발현시키는 급진적 잠재성을 품고 있다는 의미로 이해되어야만 할 것이다. 여기까지가 홉스봄의 연구가 가진 분석적 목적이라면, 스페인 남부에서의 아나키즘과 농민 급진주의의 결합 및 이탈리아 시칠리아의 농민운동과 파시fasci[10] *(무솔리니의 파시와 혼동하지 말 것)라

---

8 Ibid., 3[13-14쪽].

9 Ibid., 57-58[82쪽].

10 * 이탈리아어로 파시fasci는 파쇼fascio의 복수형으로, '꾸러미'를 뜻하며, 정치적으로 사용될 때는 비유적으로 '연맹', '집단'을 의미한다. 홉스봄이 다루는 1870년대 시칠리아의 노동자 운동은 '파시 시칠리아니'Fasci Siciliani라 불렸고, 제1차 세계대전까지 '파시'는 공산주의 혁명의 뉘앙스를 가졌다. 그러다 제1차 세계대전 이후 다양한 정치집단이 생겨나면서 '파시' 역시 그 집단들에 붙

불린 노동자 연맹이 사회주의 노동자 운동으로 흡수되는 과정을 추적하는 부분에서는 이 연구의 규범적인 목적[11] 또한 분명히 드러난다. 그러나 전정치적인 것은 초超정치적인 무언가를 의미하기도 한다. 문화적 파국과 수탈로서의 자본주의에 대한 '원초적' 반응인 세계 부정과 급진적 전환에 대한 희망은 묵시록의 언어와 기괴한 행동(도덕률 초월론, 집단 히스테리)에 호소하는 "비실용적이고 유토피아적인" 정치적 접근으로 전환될 수도 있는 것이다.

홉스봄의 흡인력 있는 테제에 따르면, 의적義賊과 같은 전정치적 집단행동과는 달리 천년왕국운동을 정치적으로 근대화할 수 있는 운동으로 만드는 것은 정확히 이 운동이 가진 총체적인 부정성과 "불가능한" 열망이다. 역설적으로 이 운동의 "합리적인 정치적 핵심"을 파악하기 어렵게 만드는 바로 그 광신이야말로 결국 그 운동의 합리적인 정치적 핵심 자체이다. 천년왕국운동의 유토피아주의는 독특한 정치적 현실주의이기도 하다. 천년왕국운동은 "거대한 혁명을 이뤄 내기 위해서는 없어서는 안 될, 초인간적인 노력을 끌어내는 데 필수적인 장치일 것"[12]이며, 무엇보다도 비정치적이었던 대중을 정치적 주체로 변환시킴으로써 [혁명의] 실천가들과 관찰자들 모두에게 세상이 진정 철저하게 변할 수 있다는 사실을 증명하는 운동이다. 천년왕국운동의 열망에 필수적인 "혁명주의"는 홉스봄이 "개량주의"로 규정하는 논쟁이나 반란의 형태들과는 차별화되는 어떤 근대적인 성격을 이 운동에 부여한다.[13] 하지만 반

는 명칭이 되는데, 베니토 무솔리니의 국가주의적 집단은 스스로를 '밀라노 파쇼'Milan Fascio라 부르면서 영향력을 획득했으며, 이후 국가를 장악하게 된다. '파시즘'이라는 말은 여기에서 기인한다. 따라서 시칠리아의 파시와 무솔리니의 파시를 혼동해서는 안 된다.

11 ● 운동의 변화 과정(아나키즘 및 사회주의 조직과의 결합)을 서술함으로써 이미 규정되고 정해진 어떤 과정으로 나아가야 한다고 말하고 있다는 의미에서 그렇다.

12 Ibid., 60-1[86쪽].

대로, 혁명주의는 애초에 문화적 위기를 촉발시켰던 자본주의 체제를 실제로 견인해 낼 수 있는 조직적 형태를 찾지 못할 경우에는 불행한 봉기revolt에 그 치고야 만다. 홉스봄 자신의 정치에 대한 시각은 여기서 명확해지는데, 그가 안달루시아의 농민 천년왕국운동과 아나키스트 운동의 연합을 노동운동으로 흡수된 시칠리아 파시와 비교하며 부정적으로 묘사하는 부분에서 잘 알 수 있다. 전자가 영웅적 봉기의 반복적 실패라는 관점에서 코드화되는 데서 멈 춘다면, 후자는 자본주의로부터 실제적인 개혁을 이끌어 낼 수 있는 혁명적 정치로 통합되는 운동을 의미한다.[14]

천년왕국운동 정치 모델에 대한 홉스봄의 비판은 인도에서 서발턴 연구 가 만들어지는 과정에서 중요한 역할을 했다. 라나지트 구하에 따르면, '전정 치적'이라는 개념은 인도에서 발생했던 농민 봉기의 논리와 부딪칠 뿐만 아 니라, 더 중요하게는 대영제국의 통치에 맞서서 매번 들고 일어났던 인민들 의 실천 의식과 정치적 주체성을 부정한다. 구하에 의하면, 농민 봉기들rebels 에서 발생했던 유형의 폭력이 증명하듯, 이 논리와 의식은 하층민들subalterns 과 제국주의 권력 간의 관계를 특징짓는 급진적 거리 두기와 억압을 체계적 으로 부정하는 정치학에 바탕을 두고 있다. "불타는 저택에서 나온 빛이 희미 해지고, 봉기의 실체가 눈에 익어 가기 시작할 무렵, [봉기에 참여한] 사람들은 이 봉기가 우연과는 얼마나 거리가 먼 것이었는지를 알게 되었다"고 구하는 쓴다.[15] 구하에게 "전정치적 인민"이라는 표현은 맹목적 행위 혹은 허위의식

---

13 개량주의와 혁명주의 사이의 차이에 대해서는 Ibid., 10-12, 63-4[22-26쪽, 90-91쪽]를 참조.

14 스페인 아나키즘에 대한 홉스봄의 평가를 명쾌하게 비판한 글로는 Löwy, "From Captain Swing to Pancho Villa"를 보라.

15 Ranajit Guha, *Elementary Aspects of Peasant Insurgency in Colonial India*, Durham, NC:

과 같은 상태를 암시하며, 이는 농민 폭동insurgencies에서 찾아낼 수 있는 명백한 특징("기본적 측면")에 대한 공정한 평가가 아니다. 더욱이 18세기 후반과 19세기에 인도에서의 경제적 착취가 직접적 폭력을 통해 이루어졌다는 점에서 볼 때, "농촌 대중이 벌인 전투적 운동 중에서 정치적이지 않은 것이란 하나도 없었다."[16] 그렇다면 문제는, 진보적인 노동운동과 민족운동의 역사에서 하층민들을 배제하고 그들을 무익한 저항들의 반복적 주기 중 하나로 귀속시켜 버릴 것이 아니라, 식민주의 기록의 왜곡된 거울을 통해서 그리고 그 거울을 거슬러 읽음으로써 비록 부정성(반식민주의)에 의해 규정됨에도 불구하고 여전히 정치적인 의식이 실재한다는 점을 드러내는 것이다.[17]

보다 최근에, 저널 『서발턴 연구』Subaltern Studies에서 구하와 함께 작업했던 디페시 차크라바르티는 서발턴 연구 집단이 정치적 경험의 형태들을 단일하고 연속적인 역사 발전, 즉 총체적이고 보편적 자본주의 역사 모델에 종속시키거나 합치시키려는 그 어떤 "역사주의"에도 반대해 왔음을 강조함으로써 서발턴 연구가 남긴 유산을 긍정한 바 있다. 차크라바르티는 모든 형태의 행동과 신념을 자본주의의 사소한 순간들로 만들면서 통일하고 흡수하려 노력하는 자본주의의 역사인 "역사 1"과 이 "역사 1"의 총체화 서사를 무수한 방식으로 끊임없이 방해하는 "역사 2들"의 셀 수 없는 다수성을 구분한다.[18] 그

Duke University Press, 1999, 20.

16 Guha, *Elementary Aspects*, 6[21쪽].

17 이 책의 1장에서 논의한 바 있는, 행정적으로 광신을 활용하는 일에 대한 구하의 분석은 이런 그의 생각이 잘 드러난 사례이다.

18 Dipesh Chakrabarty, *Provincializing Europe: Postcolonial Thought and Historical Difference*, Princeton: Princeton University Press, 2000, 3-23, 47-71.

는 정치적 주체성과 동인動因, agency이라는 범주를 사용하는 구하의 방식에 대해 약간의 동지애적 비판을 가하면서(구하는 신념에서 우러나온 봉기자들rebels의 주장을 자율적인 행위의 범주가 아닌 신적인 분노를 운반하는 단순한 통로로 분류한다는 것), 아울러 농민 봉기자들revolts의 부정적 의식이 정치권력의 특정한 형태 혹은 단계(제국주의의 "헤게모니 없는 지배")와 변증법적으로 맞물려 있다는 구하의 사회학적-역사적 주장에 의문을 표하기도 한다.

나는 지금까지 이 중대한 논쟁의 뼈대만 간추려 요약했다. 그럼에도, 정치에 대한 우리의 관념이 한편으로는 광범위한 '종교적' 정신 상태와, 다른 한편으로는 시간적 진보 및 역사적 발전이라는 형상들과 결합된 방식에 의해 어떻게 영향을 받는지를 파악하기에는 충분하다. 부분적으로는 제각기 다른 이유를 가지고 다양한 정치학적 용어를 사용하지만, (포스트 식민주의, 포스트 마르크스주의, 포스트구조주의, 포스트모더니즘 등의) 모든 '포스트' 이념들은 (그 외피가 자유주의적이든 사회주의적이든) 단일한 해방의 지평을 지향하는 정치에 반대하는 것과 마찬가지로, 외부 생활 세계를 실질적으로 포섭해 버린 자본주의의 총체화된 역사 개념에도 반대한다. 정치적인 것과 전정치적인 것, 그리고 천년왕국운동과 혁명에 대한 토의는 훨씬 넓은 지적 논쟁을 위한 중요한 프리즘이기도 하다. 즉, 홉스봄에 대한 구하와 차크라바르티의 비판이 보여 주는 것처럼 이는 마르크스주의 및 마르크스주의 역사 이론의 운명과 관련되어 있는 것이다.

이 책은 차크라바르티가 역사주의라고 부르는 것과 마르크스 및 마르크스주의가 맺는 관계의 복잡성, 또는 『유럽을 변방화하기』Provincializing Europe에서 차크라바르티가 규정하는 역사주의의 정확성을 논할 적절한 자리가 분명 아니다. 계급이나 민족에 관한 목적론들은 과거에 비해 오늘날엔 분명 설득력이 떨어질 뿐만 아니라, 언제나 [자체의] 아포리아와 모순으로 인해 성할 날이 없었다. 자본주의의 총체적 포섭력이 자신의 지배에 대한 수많은 예외들이 존재함을 주장하는 우리를 진정으로 용납할 것인가 하는 문제 역시 분명치 않다. 아마도 이 문제는 다른 방식으로 제기되어야만 할 것이다. 즉, 역사의 진보를 가정하는 우리의 지식을 논하는 인식론적 문제나 혹은 축적되는 역사의 범위 안팎에 무엇이 놓여 있는 것인지에 대한 존재론적 문제로 다룰 것이 아니라, 이 논쟁의 핵심으로 바로 돌진해 들어가서 정치적 용어로 이 쟁점을 재고해 보아야만 한다.

비록 "원초적" 반자본주의 형식들에 대한 역사 유물론적인 오만함이 아예 없다고 할 수는 없겠지만, 홉스봄이 쓰는 "전정치적"이라는 형용사는 더 나은 새 세상을 만들기 위한 효율성, 견고성, 그리고 역량이라는 견지에서 정치를 파악하고 있다. 오랜 시간 동안 변화를 추동하고 억압받는 자들의 희망과 에너지와 경험을 벼려 내기 위한 이 정치적 역량에 홉스봄이 부여한 고전적인 이름은 '조직'이다. 전정치적인 것은 혁명적 정치의 활력과 동력이 되는 근본적인 변화를 향한 "불가능한" 요구를 나타내는 진정한 이름이지만, 또한 모호한 목적과 분산된 수단으로 인해 '패배' 혹은 '소극성에의 회귀'로 받아들여질 수도 있다. 홉스봄은 이렇게 단언한다.

> 정치조직, 전략, 전술에 대한 올바른 생각 및 확실한 프로그램을 갖추지 않는다면 천년왕국운동은 불가피하게 몰락하고야 만다. …… 하지만 근대적 운동 방식과 결합할 때, 천년왕국운동은 그 열정, 새로운 세상에 대한 그 불타는 자신감, 가장 원초적이고 엇나간 형태이긴 해도 이 운동을 특징짓는 그 풍부한 감성을 잃지 않고도 정치적으로 효과적인 운동이 될 수 있다.[19]

---

19 Hobsbawm, *Primitive Rebels*, 106-7[148쪽].

조직에 대한 홉스봄의 이해가 당Party을 영속적이고 의미 있는 사회 변화를 가져올 유일하게 가능한 동력이자 매개체로 여기는 공산주의적 예외론에 의해 오염되었을지도 모르지만, 천년왕국 방식 혹은 '구시대적'archaic 형태의 정치운동에 대한 그의 입장을 지배하는 것은 역사철학이라기보다는 해방의 정치학이다. 여기서 시대착오에 대한 판단은 발전이라는 고정된 기준에 의해서가 아니라 착취당하는 자들이 적합한 길을 찾는 능력에 의해서, 자본주의의 역사적 헤게모니를 단지 '방해하는' 것이 아니라 그것을 변형시키고 궁극적으로는 무너뜨리는 일에 의해서 이루어진다.

　서발턴 연구자들이 정당하게 비판했던 역사주의와 목적론에 의지하지 않고서, 정치적·경제적으로 (그리고 강압적으로) 규정된 현실과 엇나가는 시대착오, 조직, 그리고 신념의 양식에 관한 문제를 붙잡고 있는 게 가능할까? 이에 대한 긍정적 응답의 중요한 토대는 아마도 에른스트 블로흐의 동시성synchronicity과 비동시성nonsynchronicity의 변증법에서 발견할 수 있을 것이다.[20] 나치가 정치권에 대한 최후의 일격을 준비하고 있을 무렵, 히틀러와 그의 돌격대가 사람들의 무의식 속에 뿌리박힌 낭만적 반자본주의라는 가치를 이용하는 현상에 무관심하던 '계몽' 공산주의의 한계를 절감하며 글을 썼던 블로흐는 나치즘의 발흥을 탐욕스럽고 사면초가에 빠진 부르주아지를 이용하는 계략에 불과한 것으로 한정짓는 견해를 극복할 파시즘 이론을 만들려 했다. 블로흐는 명백한 천년왕국 사상을 [나치개 정서적으로 전유하는 일에 대해 좌파

---

20 차크라바르티는 마르크스주의 전통 내부에서 역사주의에 반대하는 움직임들 중 하나로 블로흐의 비동시성 개념을 주목하지만, "불균등 발전"이라는 개념에 대해서는 부적합하다는 판단을 내린다. 앞으로 설명하겠지만, 이 판단은 성급한 것이었다. Chakrabarty, *Provincializing Europe*, 12, 261, n. 38.

가 정면으로 맞서야 할 의무가 있다고 생각했으며, 특히 자신이 언제나 참조했던 칼라브리아 출신의 12세기 수도사 조아키노Gioacchino da Fiore의 저작에서 기원한 반교권적 평등주의 이단파 교리를 왜곡해 만들어진 '제3제국'21 ● 이라는 명칭 자체에 대해서 반대했다. 이런 사상들을 단순히 냉소적이며 무지몽매한 신화로 치부하는 것은 이 "유산"이 가진 해방적 차원의 잠재성을 설명할 수단뿐만 아니라, 나치에게서 이 유산을 빼앗아 올 수단을 내버리는 것과 다를 바 없다는 것이다. 블로흐는 반동적이며 불안에 찌든 중간계급이 빈농들보다 더욱 퇴보해 있다는 점을 보여 주는 현상으로 신비주의의 확산을 들며 우려를 표하기도 한다.

마치 현재가 1500년대의 경제라도 되는 것처럼 사람들이 '이윤 노예제'Zinsknechtschaft 폐지 정책22 ● 에 신뢰를 보낸다. 오래전에 몰락한 것처럼 보였던 상부구조가 자세를 추슬러서는, 마치 중세 도시 풍경 전체를 옮겨 놓은 것처럼, 오늘날 세계에 여전히 우뚝 서있다. 여기에는 '노르딕 혈통 선술집'이 있고, 저기에는 '히틀러공의 성'이 있으며, 저 멀리에는 '독일제국교회'가 있는데, 이곳은 마치 독일 영웅들과 독일 역사의 고백록과도 같은 땅의 교회로서 심지어 도시에 사는 사람들까지 이곳에 와서 스스로를 독일 땅의

---

21 ● 조아키노는 성경을 통해 세속의 역사에 숨겨진 비밀을 파악하려고 했으며, 역사가 성경 및 삼위일체의 구성 요소와 일치한다고 주장했다. 이에 따르면, '성부의 시대'는 구약의 시대이며, 인간이 신(아버지)에 순종하던 때이다. 이어서 '성자의 시대'는 예수의 등장부터 1260년까지의 신약 시대이며, 인간(예수)이 신의 아들이 된 때이다. '성령의 시대'는 1260년 이후 임박한 마지막 역사의 시대로, 인간이 직접 신과 교통하면서 예수의 사랑이 온 세상에 퍼지는 때이다. 블로흐는 히틀러의 '제3제국'이 조아키노의 세 번째 시대 곧 마지막 성령의 시대를 왜곡하면서 만들어진 프로파간다라고 보았다.

22 ● 1920년에 발표된 나치의 25개조 강령 중 "불로소득과 이윤 노예제의 폐지"를 천명하고 있는 열한 번째 강령에 속해 있다.

과실로 느끼거나 땅을 거룩하게 숭배한다. …… 농민들도 여전히 가끔 마귀와 퇴마사를 믿고 있으나, 거대한 도시 거주 계층은 이들보다 훨씬 자주, 훨씬 열심히 귀신의 능력을 가진 유대인이라든가 새로 나온 발데르신Baldur[23]*의 존재를 믿는다. 농민들은 여전히 가끔 동물의 질병 및 자연의 힘과 비밀에 관한 선정적 책자인 소위 모세서 6권과 7권[24]*을 읽는다. 그러나 중간계급의 절반이 시온의 장로들Elders of Zion[25]*을 믿고, 유대인의 음모와 프리메이슨 상징의 편재성을 믿으며, 독일인의 피와 독일 땅에 전력電力이 있다고 믿는다.[26]

전간기 파시즘에 대한 많은 분석들과 마찬가지로, 블로흐는 농민, 지주, 프티부르주아지 등과 같이 프롤레타리아와 부르주아지의 계급투쟁 주변에서 사

23◦ 북유럽 신화에 등장하는 신. 오딘과 프릭의 아들로 빛과 평화의 신이다.

24◦ 18세기 혹은 19세기에 (독일에서) 등장한 마술서로 모세가 썼다는 설이 있어서 '모세 5경'에 이은 '모세서 6권과 7권'으로 불리나 신빙성은 없다. 이 책은 주로 기적, 마법, 부적 등에 관한 것으로 유럽, 미국, 카리브해, 서아프리카 등까지 널리 퍼지며 신비주의 의례를 확산시켰다.

25◦ '시온의 장로들'이란 반유대주의 텍스트인 『시온 장로들의 의정서』The Protocols of the elder of zion에 등장하는 표현으로, 전 세계의 유대인 지도자들을 의미한다. 이 책은 19세기에 시온의 장로들이 모여 유대인의 세계 지배를 획책하기 위한 계획을 세우는 논의 과정을 기록한 책이다. 20세기 초에 등장한 이 책은 전 유럽과 미국을 휩쓸며 반유대주의 음모론을 자극했고, 나치는 아예 학교에서 교육하기도 했다. 하지만 시온의 장로들의 실체도, 이들의 세계 지배를 위한 이 의정서도 모두 조작된 것이라는 의견이 지배적이다. 책은 1903년 러시아에서 처음 등장했다.

26 Ernst Bloch, "Nonsynchronism and the Obligation to Its Dialectics", trans. M. Ritter, *New German Critique*, 11(1977), 26(이 에세이는 블로흐의 『우리 시대의 유산』의 2부를 발췌한 것이다). 블로흐는 부르주아지와 프티부르주아지 다수는 일단 신비주의가 더 이상 유리하지 않게 되면 즉시 미몽에서 회복한다는 점에서 대개 "가짜로 동시대적"이라는 특징이 있다고 지적한다. 오늘날 이탈리아의 북부동맹Lega Nord 지지자들에게도 같은 얘기를 할 수 있을 것이다. 이들에게 파다니아 지역의 전통 놀이나 롱고바르드 지역의 유산은 편협한 정신과 탈세를 가리기 위한 키치적 장식물일 뿐이다.

회적으로 모호한 경계 부분을 구성하며 중요한 역할을 하는 중간 집단들에 집중한다. 생산의 사회적 관계가 결코 자본주의를 벗어나 본 적이 없는 나라에서 이들 집단을 단순히 원초적이라고 치부하는 것은 오류일 수 있다는 점을 염두에 두면서, 블로흐는 이들이 자신들의 (사회적 몰락이나 아노미에 대한) 공포와 (질서나 행복을 향한) 욕망에 관련된 문제에 맞닥뜨릴 때 어떻게 자본주의의 합리적 현재 — 주류 사회주의와 노동운동이 차지하고 있는 계몽적 공간 — 와 어긋나게 되는지를 밝혀내려 한다. 블로흐에게 1930년대 독일은 미몽에서 깨어난 시민, 노동자, 착취자들이 사는 나라가 아니다.[27] 위기가 "비동시적인 사람들"을 전면으로 불러냈고, 이루어지지 않은 희망들로 이루어진 과거의 잔여물들은 쉽사리 반동적 운동으로 규합되었던 것이다.[28]

어떤 의미에서 사회적인 동시에 심리적인 성격을 가진 정치적 현재는 자본주의적 모순이라는 적대적이고 미충족된 '지금'과 그 '지금'의 틈 속에 만연해 있는 미완의 과거들 사이에서 가위 눌려 있다. 집단적인 감정 효과는 "억눌린 분노"인데, 나치 및 이들을 후원하는 자본가들이 이것을 끄집어내어 더 악화시킬 수 있었던 반면, 거의 비합리적이라고 할 만큼 계몽적이고 합리주의적인 공산주의는 이 "억눌린 분노"에 다가설 수가 없었다. 따라서 "상류층 독점 자본가 계급이 …… 프롤레타리아의 현실에 맞서기 위해 고딕적 꿈을 활용"하는 형국이 된다.[29] 이제 비동시적인 것과 지적·정치적으로 어떻게 연

---

27 독일은 "고전적인 비동시성의 땅, 즉 과거의 경제적 존재와 의식이 제거할 수 없는 잔여물로 남은 땅"이다. Bloch, "Nonsynchronism and the Obligation to Its Dialectics", 29.

28 "시대착오적 야만과 회상은 오직 위기에 의해서 발생한다. 객관적으로 혁명적인 것이 객관적으로 뿐만 아니라 주관적으로도 반동적인 것, 즉 비동시적인 것과 일으키는 모순 간에 대한 대답 역시 위기이다." Ibid., 32.

29 Ibid., 27.

관을 맺을 것인가의 문제가 중요해진다. 낡은 유물은 사회적·경제적 진보에 의해 점점 파괴될 것이라는 진화론적 당위로 스스로를 위로해 보았자 소용이 없기 때문이다.

그렇다고 해서 블로흐가 원초적이든 진보적이든 모든 시간성이 동등한 가치를 갖는다는 상대주의적 해결책을 받아들인다고 말하는 것은 아니다. 실제로 그는 심지어 비합리적 신념에 대한 몇몇 구태의연한 오리엔탈리즘적 설명들에 의지하기도 한다. "내용은 순수하고, 그 외양은 이교도적인 조악함과 공포성을 환기하는, 이 새롭게 회복된 살아 있는 비동시성. 문명에 대항하는 이 악마적 형태의 혁명들은 과거에는 오직 동방, 특히 이슬람 세계에만 존재했다. 그들의 광신 역시 우리나라[독일]에서는 유일하게 백색 친위대Weisse Garde[30]에게만 도움을 주었다.……" 이는 광신과 의고주의擬古主義, 반동을 습관적으로 결합시키는 주장과 닮아 있다. 그러나 블로흐는 다음 문장을 덧붙임으로써 중요한 반전을 만들어 낸다. "…… 그리고 혁명이 살아 있는 '어제'를 전유해 새로 사용하지 못하는 한 이런 일은 계속될 것이다."[31]

30[ ] 백색 친위대는 독일혁명(1918~19) 당시 소련의 적군과 맞섰던 우파 친위대로, 프러시아 및 바바리아 병사들과 민병대인 자유군단Freikorps의 연합으로 이루어졌다. 후에 자유군단은 나치의 돌격대 역할을 한다.

31 Ibid., 27. 이슬람과 광신을 연결시키는 다소 진부한 행태는 블로흐의 『희망의 원리』에서도 찾을 수 있다. 이 책에서 블로흐는 이렇게 쓴다. "신앙의 한 요소로서의 광신은 모세에서 기원한 두 종교, 곧 기독교와 이슬람교에서만 발견된다. 황금소를 후려쳤던 모세는 호전적인 불관용(불을 땅에 던지러 왔으며 이 불이 이미 붙었기를 바란다고 했던 예수 역시 이 불관용을 거부하지 않았다)의 전형으로 남아 있다." 그리고 "특유의 열정적이면서도 전형적인 이슬람식 복종은 신의 뜻과 신의 투사에 대한 편집증의 결합을 우선적으로 전제하고 있다." Ernst Bloch, *The Principle of Hope*, Vol. 3, trans. N. Plaice, S. Plaice and P. Knight, Oxford: Basil Blackwell, 1986, 1275[5권, 2758쪽].

나치즘의 위협으로 인해 광신은 판타지와 동기부여를 둘러싼 정치적 투쟁의 영토 안으로 들어가게 된다. "국가사회주의 이론이 아니라 그것의 에너지, 즉 절망과 무지에서뿐만 아니라 유례없이 들끓는 신념의 힘에서 터져 나오는 그 광신적·종교적 영향력이 중요한 것이다."[32] 자본주의적 '지금'에 맞서기 위해 프롤레타리아의 정치적 전략은 필히 동시성에 기반을 두어야 하지만, 시간을 초월해 변치 않는 정의의 요구가 솟아나는 비동시성을 회복하고 구체화하는 것 또한 필요하다. 블로흐는 조직된 프롤레타리아의 동시적이고 확고한 부정성과 "어떤 시대에도 결코 충족되지 못하는" 저 "체제 전복적인 유토피아적" 긍정성이라는 두 가지 형태의 모순이 맺는 관계에 근거해 이 미완의 "주인 없는" 과업을 설명한다.[33]

블로흐에게 자본주의적 현재 속에서 작동하는 다층적이고 모순적인 시간성을 이해하고 드러낼 수 있는 실질적이고 이론적인 다차원 변증법을 발전시킨다는 것은 비동시성이 어떻게 이미 동시성을 보충하고 있는지, 따라서 구원을 향한 이 시원적始原的 열망이 어떻게 나치의 타락으로부터 벗어날 수 있는지 사유하는 것을 의미한다.[34] 비동시성을 변증법적으로 재탈환하지 않는다면 기껏해야 비동시적 의지는 일종의 미끼로나 쓰일 뿐인데, 왜냐하면 "자본은 자신의 확실한 현재적 모순들로부터 주의를 분산시키기 위해 비록 완전히 별개는 아닐지라도 비동시적으로 대립되는 것을 활용하며, 자본주의적 적대 속에서 변증법적으로 탄생할 미래를 현재와 분리시키면서 대항하기 위한

32 Bloch, *Heritage of Our Times*. Anson Rabinbach, "Unclaimed Heritage: Bloch's *Heritage of Our Times* and the Theory of Fascism", *New German Critique* 11(1977), 13-14에서 인용.

33 Bloch, "Nonsynchronism and the Obligation to its Dialectics", 34.

34 Ibid., 34-35.

수단으로 여전히 살아 있는 과거의 적대를 사용"하기 때문이다.[35] 단순히 사회적 총체성의 선형적 전개만을 고찰하는 사유 방식에 반대하면서 블로흐는 비동시적인 것("살아 있는 '어제'", 과거에서 온 "진정한 성운星雲")의 힘을 파악할 수 있는, 그리고 자본주의와 몽매주의 모두를 공격하는 데 이 힘을 사용할 수 있는 변증법을 요청한다. "적대와 전환이 가능한 비동시적 모순의 요소들, 즉 자본주의에 적대적이면서 자본주의 내에 머물 곳을 갖지 못한 것들을 외삽外揷하는 일, 그리고 그것들을 다른 맥락 속에서 작동할 수 있게 재구성하는 일이 우리의 과업이다."[36]

홉스봄이 그렇듯, 자본주의적 현재와 어긋난 운동과 욕망의 정치적 이중성에 대한 블로흐의 고찰은 동시성의 조직적 역량이 비동시성의 희망 및 에너지와 결합되어 있는 곳, 즉 정치적 헤게모니와 (프롤레타리아, 중간계급에서 빈민으로 전락한 비동시적 인민들, 그리고 빈농들 간의) 연대의 전망이라는 문제를 축으로 하여 이루어진다. 블로흐가 수행하는 이 '재정비'refitting는 그것이 이미 비참히 사라져 버린 문서들과 고통스러울 만큼 불가능한 소망에 관한 것임에도 불구하고 [홉스봄의 주장보다] 더 미래가 밝아 보인다. 블로흐는 천년왕국운동에 대한 홉스봄의 호의적인 분석이 가진 정치적 척도를 공유하고 있으면서도, 구하와 차크라바르티가 그 영국 역사가[홉스봄]를 비판하는 이유였던 진화론적 혹은 역사주의적 전제들은 피하고 있기 때문이다. 비록 밑그림을 그리는 데 불과하기는 하지만, '현재 속의 과거'past-in-the-present에 담긴 열린 유산, 정치적 중요성, 그리고 실현되지 않은 미래들을 향한 블로흐의 노력은 흔히

---

35 Ibid., 32. 나치가 만들어 낸 특별히 자본주의적인 조직 형태와 기술을 간과하는 블로흐의 파시즘 이론이 가진 한계에 대해서는 Rabinbach, "Unclaimed Heritage", 14를 보라.

36 Ibid., 36.

광신이라 낙인찍혔던 시대착오적 요소들에 정교하게 개입하려는 시도다. 이런 사유는 광신적 요소를 낡아빠진 것으로 분류해 버리지도, 그렇다고 환원 불가능한 반역사주의적 차이라는 이름으로 예찬하지도 않는다. 비동시적인 것, 즉 자본주의적 '지금'과 '어긋나는' 에너지, 열망, 요구가 갖는 심오한 이중성이라는 과제는 블로흐에게 있어 중차대한 정치적 긴급함을 요하는 것이었지 존재론적이거나 인식론적 근거에 바탕해 결정될 문제가 아니었다. 가장 유명한 광신자인 토마스 뮌처를 놓고 1920대에 블로흐가 루카치와 비평적 논쟁을 주고받았을 때도 이와 유사한 원칙이 그를 지배하고 있었다. 그러나 천년왕국운동에 대한 정치적 심문의 핵심 장소인 토마스 뮌처와 독일농민전쟁으로 깊이 들어가기 전에, 천년왕국운동이라는 문제가 가진 사회학적·인류학적 차원들을 살피기 위해 1956년 맨체스터 대학교의 세미나에서 홉스봄과 함께했던 다른 두 참가자(피터 워슬리와 노먼 콘)에게로 되돌아가 보자.

묵시록의 사회과학

전정치적 천년왕국식 운동에 대한 홉스봄의 연구가 전통적 빈농층이 자본주의라는 충격에 적응하는 과정에 집중하고, 구하의 비평이 비국가주의적 농민반란의 부정적인 정치의식에 주목한다면, 피터 워슬리의 『나팔소리 울리면』은 보다 강렬하고 비대칭적인 조우를 탐구한다. 20세기의 만개한 상품 문화가 멜라네시아의 원주민에게 끼친 영향이 그것이다. 워슬리의 공헌은 정치적·경제적 근대성에 대한 극도로 비합리적이고 우스꽝스럽기까지 한 종교적 대응으로 여겨지던 '화물' 숭배cargo cult — 신제품과 상품이 백인들의 변덕에 희생되지 않는 풍요로운 시대가 도래할 것이라는 메시아주의적 신념이 가상의 비행기와 활주로에 대한 제의로 표현된다──를 다루면서 이 현상이 가진 정치적 합리성을 재구성한 데서 찾을 수 있다.[37] 이런 숭배 현상을 야기했던 위기는 너무나 심각해 이탈리아의 인류학자 에르네스토 드 마르티노Ernesto De Martino가 만든 '문화적 묵시록'cultural apocalypses이라는 용어를 쓰기에 충분했다. 무한히 강력하고 총체적인 이해가 불가능한 사회체제가 도래함으로써 생활 세계와 살림살이뿐만 아니라 원주민들을 둘러싸고 있던 우주 전체가 갈기갈기 찢겨져 나갔던 것이다.

비토리오 란테르나리의 주장에 따르면 이런 숭배의 등장은 "자유와 구원"에 대한 이중의 요구라 할 수 있다. "타국에의 종속, 노예화, 재난으로부터의 자유, 그리고 전통문화의 파괴와 원주민 사회라는 역사적 실체의 소멸로부터의 구원"이 그것이다.[38] 이 숭배 제의가 가진 역량은 정치적일 뿐만 아니라 인식론적이다. 즉, 백인들의 완전히 신비로운 물질문화, 특히 무한해 보이는 천연자원의 불가해한 혼합물들이 갑자기 가치가 변하더니 유용한 상품이 되는 현상을 [원주민들은] 이 새로운 종교를 통해 나름의 방식으로 이해할 수 있었던 것이다. 화물 숭배는 자본주의라 불리는 저 낯선 사회적 형태를 인지할 수 있는 지도를 그리기 위해 감정적 차원에서 고안된 방식이라고도 할 수 있다. 백인들이 어떻게 상품들을 생산했는지 전혀 짐작할 수도 없다는 이유를 하나로

---

37 화물 숭배는 19세기 말(피지의 투카 운동이 1885년 유럽 열강들에 의해 진압되었을 때)에 최초로 기록되었고, 제2차 세계대전 기간 및 이후 수년간 절정에 이른 것으로 보인다. 워슬리는 (파푸아 뉴기니의 타로 숭배와 바일랄라 광기, 바누아투의 존 프럼 숭배 등) 확실한 화물 숭배 운동을 논의했고, 많은 문헌들이 이 화물 숭배 현상을 다루고 있다.

38 Vittorio Lanternari, *The Religions of the Oppressed: A Study of Modern Messianic Cults*, trans. L. Sergio, New York: Mentor, 1965, 239. 천년왕국식 운동에서의 구속救贖, 종교, 정치적 힘에 대해서는 Kenelm Burridge, *New Heaven, New Earth: A Study of Millenarian Activities*, Oxford: Basil Blackwell, 1971, 4-8.

들면서 화물에 대한 '권리'를 주장한 이 [멜라네시아] 섬 주민들에게 보이지 않았던 것이 시장의 사회적·기술적 차원뿐이었던 것은 아니다.[39] 화물 숭배를 통해서 이들이 진정 이해해 보려고 했던 그 불가해함의 정체는 자신들의 세계에 영향을 끼쳤던 그 항상적이고 예측 불가능하며 난폭한 변동들, 즉 "호황과 불황, 플랜테이션 농장의 폐쇄, 번성하는 것처럼 보이는 실험적 농장들을 비롯한 각종 민간·정부 사업들, 해가 지날수록 수익이 떨어지는 환금 작물을 원주민들더러 계속 생산하라는 압박"이었다. 제국주의가 가져온 충격이 낳은 위기에 대한 반응이자 위기를 몰고 다니는 자본주의 자체의 성격에 잘 대처하기 위한 방식으로 바라볼 때, 화물 숭배는 (그저 화려한 장관에 불과하다고 쉽게 조롱당하지만) 원주민들이 스스로 만들어 낸 합리성이라고 할 수 있다. 워슬리가 쓰고 있듯이, "숭배 제의에다 대고 '비합리적'이라는 딱지를 붙이는 것은 분명 논점을 회피하는 일이다. 실로 멜라네시아인이라면 이 숭배 제의에 흔히 붙여지는 '광기'라는 딱지를 낚아채어 우리에게 되돌려 주면서, 자신들이 가진 지식으로 우리[백인]들의 예측 불가능하고 비합리적인 사회를 매우 논리적으로 비판하고 해석해 내지 않았느냐고 충분히 되물을 법도 하다."[40]

화물 숭배에서 표출되는 의식과 소망을 변덕스런 경제 체제가 야기한 잔혹한 충격으로부터 토착 문화를 격리시키기 위해 행해지는 방어적 기제로 축소시켜서는 안 된다. [화물 숭배에서] 무역에 쓰이는 기호와 상징뿐만 아니라

39 "그들은 유럽 문명이 득세한 유일한 이유는 유럽인들이 가진 비밀스런 마법의 힘과 백인들에게 더 많이 주어진 '마나'[자연계에 내재하며 그곳에서 발현해 우주의 질서를 유지하는 초자연력]의 양 때문이라고 믿었다." Lanternari, *The Religions of the Oppressed*, 251.

40 Peter Worsely, *The Trumpet Shall Sound: A Study of 'Cargo' Cults in Melanesia*, 2nd ed, London: Paladin, 1970, 45-6.

백인들 자신의 위기 제의인 기독교적 요소들을 거의 패러디한 것처럼 똑같이 사용하는 현상 속에는 이제 [과거로] 돌아갈 수 없다는 인식이 담겨 있다. 문화적 묵시록에 의해 과거의 규칙이 무용지물이 된 상황에서 이 숭배 제의는 '무규칙'에서 '새로운 규칙'으로 나아가는 여정을 탐색한다. 즉, 원주민들은 새로운 국면을 열어 나갈 수밖에 없는 것이다. 홉스봄식으로 말하자면 이들은 개량적이 아니라 혁명적이다.[41] 위기로서의 자본주의capitalism-as-crisis와 조우한 원주민들은, 비록 과잉일지언정, 그에 대한 대응책(이는 곧 새로운 환경에 대한 적응이기도 한데)을 마련하기 위해 자신들의 생활 세계를 부정할 수밖에 없다. 경제 공동체들의 중간 세계intermundia 속에서 교역을 통해 자본주의가 발생했다는 마르크스의 말과 마찬가지로,[42]* 광신 역시 정치 집단들의 변경 지대에서 갈등의 산물이자 매개자로 그 모습을 드러낸다. 그렇다면 화물 숭배는 팔레스타인에서의 로마 제국주의에 대한 유대인의 대응을 모델로 삼아 토인비가 제시했던 결정적 조우가 빚어내는 두 형태, 즉 정복자 문화에 협력하고, 순응하며, 동화하는 '헤롯주의'와 정체성에 담을 쌓은 채 호전적인 민족주의로 나아가는 '열성주의' 중 그 어느 쪽과도 일치하지 않는 것처럼 보인다.[43] 위슬리가 연구한 멜라네시아의 운동은 명백한 동화同化와 기존의 정체성에 기반을 두지 않은 저항 형태가 결합된 것으로 보이며, 실제로 백인이 도착하기 전에 존재하던 사회제도 속의 관습 및 충성 대상 다수와 절연한다.

---

41 Lanternari, *The Religions of the Oppressed*, 252-3도 참조할 것.

42 * Karl Marx, *Capital: Volume 3*, trans. David Fernbach(London: Penguin, 1991), 733-44를 보라.

43 Arnold J. Toynbee, *A Study of History: Abridgment of Volumes VII-X* by D. C. Somervell, Oxford: Oxford University Press, 1988, 231-5[III권, 300-309쪽]. 토인비의 분류는 Domenico Losurdo, *Il linguaggio dell'impero. Lessico dell'ideologia americana*, Bari: Laterza, 2007, 47에서 참조함.

정치적으로 볼 때, 이런 천년왕국 혹은 메시아주의 운동은 사회적 대격변이라는 공통 경험과 반전反轉에 대한 희망을 통해 반작용적으로 결합된 집합체를 창조하기 위해 기존 사회집단들과 그 내부의 견고한 서열 사이의 오랜 경계를 해체하는 일일 수 있다. 이는 자신의 연구에서 워슬리가 "작고, 이질적이고, 협소하며, 고립된 사회 단위"의 사람들로 구성된 "국가 형성 이전의" 사회들, 그 결과 식민주의 권력에 의해 쉽게 정복당하는 사회들에서 나타나는 숭배 제의의 "통합 기능"이라고 부르는 것이다.

> 이 천년왕국식 숭배 제의의 주요한 목적은 이런 [집단 간 구분을 뛰어넘어 과거에 적대적이고 고립되어 있던 집단들을 새로운 단일체로 빚어내는 것이다. 서로 고립된 모든 단위들이 유럽인이라는 하나의 권위에 종속되어 있다는 사실이 이런 통합의 추진력을 만들어 낸 사회적 이유였다. 원주민들은 이전에는 부재하던 새로운 공통의 정치적 이해관계를 깨닫게 되자 새 단일체를 나타내 줄 수 있는 새로운 정치적 조직 형태를 창안해야만 했다. 천년왕국식 숭배 제의가 수행했던 것은 정확히 이 통합 기능이었다.[44]

따라서 백인들이 촉발했던 문화적 묵시록에 대한 원주민들의 대응은 정치적 묵시록 같은 방식으로 이루어지는데, 후자는 질서와 터부에 따라 과거에는 배제되었던 이들이 포함되는, 곧 "구분이 사라진"[45] 사회로의 승화, 혹은 사르

44 Worsley, *The Trumpet Shall Sound*, 235-6.

45 Malcolm Bull, *Seeing Things Hidden: Apocalypse, Vision and Totality*, London: Verso, 1999, 79 참조. 부분적으로『나팔소리 울리면』을 참고하면서 불은 말한다. "묵시록은 변증법적이고 혁명적이다. 구분이 사라진 시기에 잠깐 소멸되었던 대립들이 재복구되는 것이 아니라, 아예 새로운 판이 생기는 것이다. 구분은 사라지고, 이미 포함되어 있던 이들은 다시 포함되며, 과거보다 덜 배타적인 새로운 질서가 만들어진다."

트르에 기대자면 "주체적 단일체"를 위해 타자로서의 모든 관계가 녹아 버린 순간, 즉 '소외'("타자성에 대한 억압")에 대한 변증법적 대립물로서의 '묵시록'으로 이해할 수 있다.[46]

일단 우리가 강압적으로 이루어진 문화적 몰락에 대한 반응과 통합이 가지는 정치적 기능을 파악하게 되면, 일련의 반식민운동에 나타나는 묵시록적 차원은 갑자기 더욱 명료해진다. 제국주의가 유발한 생태-정치적 재난들과 노먼 콘이 적절하게 이름 붙인 "호전적 사회 천년왕국설"[47]의 발흥 사이의 상관관계를 추적하면서 마이크 데이비스는 홉스봄과 워슬리가 제기했던 주제로 되돌아가서는 제국주의와 그 파괴성에 대항하는 "천년왕국 혁명들"의 정치적 합리성을 주장했다. 중국 의화단 운동의 기원을 살피면서 데이비스는 단지 광신적 외국인 혐오증의 폭발뿐만 아니라, 지정학적 계산, 자본주의의 착취, 생태적 재난이 충격적으로 결합된 상황에 대한 반응을 읽어 낸다. 우리가 광신에 대한 인습적 편견을 넘어선다면, "의화단운동의 이해하기 힘든 원칙들이 제국주의에 대한 대중의 명민한 인식에 기반을 두고 있었"음을 볼 수 있게 된다.[48] 그런가 하면 데이비스는 브라질의 오지奧地, sertão에서 일어났던 19세기 후반의 유명한 카누두스 반란Canudos uprising을 자본주의의 생태학적 충격이라는 맥락 속에서 해석한다. 여기서 데이비스가 불러내는 이는 이 사건

---

46 Jean-Paul Sartre, *Cahiers pour une morale*, Paris: Gallimard, 1983, 430.

47 Norman Cohn, *The Pursuit of the Millennium*, 2nd ed, London: Mercury Books, 1962, xiv.

48 Mike Davis, *Late Victorian Holocausts*, London: Verso, 2001, 182[295쪽]. 아메리카 인디언들의 교령 춤Ghost Dance과 관련한 19세기 후반의 예언자 워보카의 선동이 기반을 두고 있는 "새로운 파국의 인식론"에 대한 데이비스의 설명도 참조할 것. Mike Davis, *Dead Cities*, New York: The New Press, 2003, "White People Are Only a Bad Dream……", 23-31. 데이비스는 어떻게 "모든 몰락한 이들이 마술적 부활을 꿈꾸는지"에 대해 쓰고 있다.

을 다룬 고전적 연대기이자 흔히 브라질 문학의 기반을 놓았다고 평가받는 『오지에서의 반란』*Rebellion in the Backlands*(1902)의 저자인 에우클리데스 다 쿠냐다. 데이비스는 그를 거만한 자유주의자라고 비판하기는 하지만, 다 쿠냐는 데이비스의 접근법을 선취했던 작가이기도 하다.

『오지에서의 반란』은 지질학적·생태적 맥락에서 카누두스에 천년왕국 공동체가 형성된 과정과 더불어 브라질 군대에 의해 카누두스의 공동체가 잔혹하게 진압된 사건을 다룬다. 이 반란 진압 작전에서 일종의 종군 기자 역할을 수행하면서 작전 중 벌어진 참상을 직접 목격했던 다 쿠냐는 카누두스 지역과 공동체 형성에 대한 서정적이면서도 학문적인 설명으로 이 책을 시작한다. 이 오지가 [그곳에 거주하는 이들에게 가하는] 지질학적 폭력geological violence은 카누두스의 지도자 안토니우 콘셀레이루와 그를 추종하는 빈민 공동체의 묵시록적 정치를 예비하고 준비하는 것처럼 보인다. 인간이 거주하기 오래전부터 이 오지는 "야만적일 만큼 황폐"하면서 동시에 "놀라울 정도로 풍요"로웠다. 이 표현은 다 쿠냐가 헤겔의 『역사철학』을 노골적으로 끌어들여서 이 오지가 있는 자리는 "그 독일 사상가의 도식 속에는 빠져 있다"고 말함으로써 표명했던 헤겔에 대한 안티테제였다.[49] 그러나 지질학적 환경에 의해 이미 결정된 것처럼 보였던 오지는 머지않아 인간이 정착함으로써 변모한다. 자연이 "일반적으로 사막을 만들어 내지는 않"기 때문에, [카누두스가] 메마른 오지로 "퇴화"한 현상은 "지질의 매개자"로서 인간을 파악할 필요가 있음을 보여 준다. 다 쿠냐는 "문명"의 파국적 힘에 대단히 민감하다. 그는 "진실인즉, 인간은 지구에 대해 자주 잔혹한 반응을 보였고, 특히 우리들은 긴 역사를 거치면

---

[49] Euclides da Cunha, *Rebellion in the Backlands*, trans. S. Putnam, Chicago: University of Chicago Press, 1944, 39-40. 이 절의 제목은 "헤겔이 언급하지 않은 지리적 범주"이다.

서 끔찍한 사막 제조자 역할을 떠맡아 왔"으며, 사막에는 "짓이겨져 폐허가된 수많은 죽은 도시들을 환기하는 모습"이 담겨 있다고 쓰고 있다.[50] 그의 공공연한 합리성, 그리고 『오지에서의 반란』을 통해 브라질을 천년왕국운동의 퇴행도 그 운동에 대한 야만적 진압도 아닌 다른 길로 전진하게 하려던 시도에도 불구하고, 다 쿠냐는 여전히 지질학적 폭력과 사회적 폭력을 잇는 고리 역할을 하는 예언자적 시인이다. 그의 실증주의적인 지리 결정론은 땅과 인간의 상호작용에 대한 놀라운 통찰로 변모한다. "인간의 순교는 여기서 더 거대하고 더 광범위한 고통, 즉 삶이라는 일반 경제를 에워싸고 있는 고통을 반영한다. 그 고통은 매우 오래된 지구의 순교에서 탄생한 것이다."[51] 천년왕국의 광신과 시대착오 사이의 관습화된 고리를 급진화하는 몸짓 속에서 다 쿠냐는 정치적 퇴행과 지질적 퇴행을 연결시킨다.[52]

지질학과 천년왕국운동의 결합은 시간학에 경사되어 있던 인류학을 반영하는 것이다. 인종적 편견에 철저하게 반대하지는 않는 다 쿠냐는 브라질을 인종적 혼합, 분리, 또는 정화의 견지에서 정치적 발전을 사유하기가 불가능한 땅으로 그리고 있다. 그는 "세 인종"("반투 니그로, 과라니 인디언, 백인")에 대한 "환상적인 메타 화학"[인종 간 통합]을 주장하는 이들을 비웃으면서, 결국은 "백인의 최종 승리" 또는 원주민 근거지의 증가 중 하나로 귀결될 거라 예상하기도 했다. 다 쿠냐에게 — 그는 이런 의미에서 카누두스의 천년왕국주의

<hr>

[50] Ibid., 43-4.

[51] Ibid., 49.

[52] 다 쿠냐의 전진과 퇴행 도식은 카누두스 운동의 실용적·생태적 측면을 보지 못하게 한다고 데이비스는 주장한다. "오지에서의 천년왕국운동은 불안정 상태에 빠진 환경에 대처하기 위한 실용적인 사회구조이기도 했다. …… 카누두스는 가뭄과 불황이라는 가혹한 혼돈에 대한 합리적 반응이었다." Davis, *Late Victorian Holocausts*, 189[305, 310쪽].

들의 묵시록적 반인종주의와 일종의 비밀스런 교감을 갖고 있다고 말할 수도 있을 텐데 — "생물학적 진화"는 "사회적 진화"를 전제로 하기에, 브라질에서 인종 간의 통합이란 불가능한 일이다. 비록 그가 인종적 실증주의racial positivism 라는 틀 안에 머물고 있기는 하지만 말이다. 그는 다음과 같은 일종의 실증주의적 예언을 남긴다. "우리에게는 미래에 역사적 인종을 형성할 운명이 예정되어 있다."[53]

그 미래란 완전히 문명화된 근대적 공화국이 아니라 천년왕국식의 평등한 왕국을 의미하는데, 이는 다 쿠냐가 "원시로의 회귀에 대한 놀라운 사례"라고 묘사한 오지의 지도자 콘셀레이루의 생각이기도 했다. "우리의 종족 지층ethnic stratification에 깊이 뿌리내린 층들이 안토니우 콘셀레이루와 같은 특별한 배사背斜를 쌓아 올려야만 했던 것은 자연스럽다"[54]와 같은 말 속에는 정치적 해부학이 인종적 지리학 속에 새겨져 있다. 이런 지질-생물학적 암반 위에다 쿠냐는 오지의 "인종적 메시아"라는 초상화를 우뚝 세우는데, 이는 우리가 카리스마적 광신이라고 부를 수 있는 전형적 사례다.[55] 다 쿠냐에게 통합과 응집을 이루기 위해 투쟁하는 민족의 한 징후였던 콘셀레이루는 단순한 개인이 아니라 브라질의 사회적 병리성이 요약된 집적체라고 할 만했다.

그[콘셀레이뤼의 삶을 들여다 볼 때, 과도한 주관주의로 인해 사물의 자연적 질서에 반

---

53 Da Cunha, *Rebellion in the Backlands*, 54.

54 Ibid., 117. 배사는 지층 내의 습곡으로, 가장 오래된 층이 밑바닥에 자리 잡고 있으며, 밀려 올라간 암층이 가장 높은 곳에 위치한다. 이에 관한 다 쿠냐의 나머지 설명까지를 참고하면, 이 은유는 정신적 과거 회귀를 지질학적 기원과 결합하는 역할을 한다.

55 Ibid., 136.

하는 반란을 일으킬 경향을 이미 가지고 있었던 이 거짓 사도는 어떤 의미로는 자기 자신의 광기 어린 방식을 준수하고 있었다. 그는 오해받은 존재가 아니었다. 인민들은 그를 자신들의 드높은 열망의 자연스런 대변자로 치켜세웠다. 인민들은 끝까지 그러했으니, 그들은 콘셀레이루의 광기에는 관심이 없었던 것이다. 그가 이성의 완벽한 상실을 낳게 되는 방향으로 계속 가로질러 갈 때면 이어서 환경이 그에게 작용했다. 그것은 그에게 보호막을 제공하고 일정 정도 그의 일탈을 교정했으며, 그가 자신의 가장 열광적인 상상 속에서도 어떤 견고한 논리를 세우고, 그의 환각 속에서도 일련의 질서를 드러내며, 그가 하는 모든 일에서 영속적인 일관성을 유지하도록 강제했다. 그는 자신의 열정을 통제하면서 언제나 보기 드문 자제심을 발휘했으며, 그 결과 민감한 오지인들은 그의 모든 말과 행동에서 평정심, 도덕적 고양, 그 옛날 믿음의 사도들이 보여줬던 지고의 인내심을 목격할 수 있었다. 실제로 그는 탄지와 리바의 망상증 개념을 적용할 수밖에 없을 정도로 매우 병약했다. 그의 관념적인 환각 속에서 종족에 관한 암시는 언제나 두드러졌다. 그는 매우 드문 과거 회귀성을 보여 주었다. 병적인 기질로 인해 그는 객관적 조건을 기분에 따라 해석했고, 그 결과 외부 세상에 대해 관계 맺는 방식을 변경했으며, 이는 근본적으로 원초적 인간형의 정신 상태로 퇴행하는 것으로 드러났다.[56]

비록 이런 인물은 가령 초기 기독교의 수도원 제도와 같은 과거의 사회 발전 단계에나 어울릴 법하지만, 다 쿠냐에게 콘셀레이루의 논리적 완고함과 환각적 자기기만은, 그것이 아무리 그를 둘러 싼 사회적 환경과 조화를 이루고 있다고 하더라도, 계통 발생적으로나 역사적으로 예전 시대에 속한 것처럼 보이는 특성들을 양산하는 브라질의 미완성된 문명을 상징하는 것이다. 이 예

---

56 Ibid., 118-19. [탄지와 리바에 관한] 출전은 1884년과 1886년 사이에 몇 차례로 나뉘어 출판되었던 E. Tanzi and G. Riva, "La paranoia, Contributo alla teoria delle degenerazioni psichiche", *Rivista Sperimentale di Freniatria*인 것이 거의 확실하다.

언자[콘셀레이류]는 집단적 증상이며, 궁극적으로 콘셀레이루는 [카누두스 반란의] 진정한 원인이 아니다. 그를 앞으로 떠밀어 "그의 정신이상을 표출하도록" 만든 것은 오지의 민중이 가진 열망이다.

> 민중은 자신들의 형상대로 그를 개조함으로써, 그를 만들어 냈다. 민중은 2천 년 전에나 가능했던 과오들 속으로 그를 밀어 넣음으로써 그의 삶을 측량할 수 없을 만큼 거대하게 만들었다. 사람들은 자신들이 가진 모호한 이상을 번역해 줄 누군가를, 천국의 신비스런 길로 자신들을 인도해 줄 누군가를 필요로 했다. 그리하여 괴물 같은 존재이지만 실은 자동인형에 불과한 저 복음 전도자가 떠올랐다. 대중을 뒤흔들었던 이 사람은 꼭두각시일 뿐이었다. 응달만큼이나 수동적으로 그는 대중을 움직였다. 그가 했던 모든 말은 결국 이질적인 세 인종들의 몽매주의를 압축해 놓은 것에 지나지 않았다. 그리고 그는 역사 속으로 내던져질 때까지 꾸준히 성장해 갔다.[57]

여기서도 다시, 광신을 몰역사적으로 보는 생각이 초역사적인 유사성[가령 2000년 전의 광신과 19세기말의 브라질을 비교하는 일을 정당화하기 위한 근거로 사용되고 있다. 다 쿠냐에게서 이 익숙한 반광신 담론의 수사법은 진보와 퇴행이라는 실증주의 이론을 통해 여과된다. 어느 순간에 그는 이렇게 단언한다. "역사는 스스로를 반복한다. 안토니우 콘셀레이루는 노골적인 영지주의자였다." 시대를 초월하는 동일성이야말로 광신이라는 암호를 푸는 열쇠다. 다 쿠냐는 특히 신학자 테르틸리아누스가 속해 있던 2세기 기독교 운동인 몬타누스파와 [콘셀레이루가] 동일하다고 단언한다.[58] 몬타누스파와 마찬가지로,

---

57 Ibid., 129.

58 Cohn, *The Pursuit of the Millennium*, 9.

콘셀레이루가 주도한 운동 역시 "세계의 에필로그"를 확신했던 과도한 천년왕국운동이라는 것이다. "동일한 교리체계, 동일한 이미지, 동일한 과잉형식, 거의 동일한 언어를 이보다 더 완벽하게 재탕하고 있는 집단을 발견할 수는 없다." 실증주의적인 맥락에서 다 쿠냐는 다음과 같이 첨언한다. "그것[카누두스 반란]은 사람들의 진화 단계를 눈부시게 보여 주는 사례다. 오지의 저 퇴화된 이들은 먼 과거의 신비론자들이 가졌던 측면을 판박이처럼 찍어 낸다. 콘셀레이루를 보면서 사람들은 수세기 전의 관점에 대한 놀라운 흔적을 발견하게 된다."[59]

유사성과 동일성은 뒤집어질 수도 있다. 노먼 콘의 작업 속에서 천년왕국운동은 단지 다른 시대를 통해 판별 가능한 사회-정치적 유형만을 의미하는 게 아니다. 그것은 또한 천년왕국을 세속화했다고 알려진 저 "전체주의" 정치운동이라는 "현재의 조건에 대한 오래된 전조"를 포함하고 있는 것이다.[60] 콘의 저작에 담긴 이런 요소들에 대해서는 정치 종교를 둘러싼 논쟁의 맥락을 다룰 때 되돌아가도록 하자. 일단 지금은 중세 북부 유럽[61]*의 천년왕국운동들에 대한 콘의 작업이 가진 사회학적 측면에 주목해 보려고 한다. 콘은 이 운동들이 천국을 지상에 건설해 세상을 바꾸려고 했던 시도와 천년왕국의 예언 및 기대를 결합하는 방식을 택했다는 점을 강조하면서 혁명적 광신을, 종교적 극단주의 혹은 이단이라는 기존의 형태뿐만 아니라 "개혁주의적" 농민투쟁으로 불리는 운동과도 차별화한다.[62] 천년왕국운동이 궁핍과 억압이 사

---

59 Da Cunha, *Rebellion in the Backlands*, 134.

60 Cohn, *The Pursuit of the Millennium*, xiv, 307-19.

61 * 여기서 북부 유럽은 우리가 흔히 생각하는 스칸디나비아 지역이 아니라 프랑스와 독일, 네덜란드, 체코 등을 의미한다.

회적 안정성에 의해 자연스러운 일이 되거나 관습으로 인해 중화되었을 법한 지역에서 발생하지 않았다는 점은 중요하다. 이 운동이 일어난 지리적 영역은 기술 및 경제적 변화, 생산의 급증, 사회적 동요, 새로운 결핍 등이 발생한 지역들과 일치한다. 엄밀한 의미의 자본주의는 아닐지라도, 적어도 상업의 영향으로 이 운동들이 생겨났던 것이다. 종말론은 더 이상 고대 유대교에서 그랬듯 "현재의 고통에 대한 미래의 보상"[63]이라는 정치적 패배의 맥락과 결합되지 않는다. 이제 종말론은 경제적 변화로 인해 관습과 위계가 요동치는 확장된 세계의 지평에서 나타나며, 거기에 언제나 동반되는 축출과 수탈의 상황이 만들어 내는 역동적인 요구들을 담게 된다. 콘에 따르면, 이런 변환의 고리들 속에 "잠재되어 있던 혁명적 종말론"[64]이 중세에 들어 솟구친 현상은 패배라기보다는 좌절된 욕망을 말해 준다. 다수가 상업의 팽창으로 인해 이득을 보았으나, 또한 "단지 해갈되지 않는 새로운 갈증만을 얻은 이들도 많았으며, 이전 세기에 꿈꿀 수 없었던 부의 스펙터클은 그들 내면의 쓰디쓴 좌절감을 자극했다."[65] 이 시샘에 가득 찬 진보의 희생자들은 누구였는가? 콘은, 정착한 농민들은 오직 이례적인 상황에서만 혁명적이 되는 것으로 간주하면서,[66] 대신 변형된 룸펜 프롤레타리아 이론을 택한다.

---

[62] Ibid., 307.

[63] Ibid., 3.

[64] Ibid., xv.

[65] Ibid., 28.

[66] "정착한 농민들이 천년왕국운동에 참여하게 되는 일은 매우 드물었다. 그리고 그런 일이 발생했을 때는 매우 다른 사회계층에서 발생한 거대한 운동에 사로잡히게 되었거나, 혹은 자신들의 전통적 생활 방식이 불가능해진 상황에 처하게 되었거나, 혹은 (이것이 가장 흔했는데) 이 두 이유가 결합되었을 때였다." Ibid., 24.

숙련 노동자와 비숙련 노동자, 땅이 없거나 있어도 살아가기에 턱없이 모자란 땅을 가진 농민, 거지와 유랑자, 실업자와 실업의 위험 속에 사는 자, 어떤 이유로든 확실하며 허락된 장소를 찾을 수 없었던 자 — 만성적인 좌절과 불안 상태에서 살아가는 이런 사람들이야말로 중세 사회에서 가장 충동적이고 불안정한 요인이었다. 뒤숭숭하거나, 놀랍거나, 자극적인 어떤 사건 — 반란이나 혁명, 십자군에 대한 설교, 왕의 궐위闕位 기간, 전염병이나 기근 같은 일들, 즉 사실상 사회적 삶의 평범한 일과를 어지럽히는 그 어떤 일 — 이라도 이들에게는 특히 난카로움으로 다가왔으며 유달리 폭력적인 반응을 불러일으켰다. 자신들이 처한 보편적인 곤경에 대처하기 위해 이들이 택한 방법은 놀랄 만큼 거룩하게 보이는 어떤 사람의 지도 아래서 복음 전도 집단을 형성하는 것이었다.[67]

다 쿠냐의 설명과 콘 사이의 유사성은 상당하다. 사회질서와 위계의 붕괴로 인해 떠다니던 잡다한 대중이 무력감, 불안, 욕망에 자극받아 천년왕국식 해결책을 갈구하게 된다는 설명이 그렇다. 콘의 마르크스주의적 표현법인 "과잉인구"[68]는 다 쿠냐의 연대기에서는 "모든 삶의 편안함을 자발적으로 포기하고 떠나 온 열렬한 신도에서부터 업적을 세울 새 땅을 찾아서 어깨에 나팔총을 메고 도착한 고독한 산적에 이르는, 가장 이질적인 요소로 구성된" "잡다한 인구"로 표현되었다. 워슬리가 천년왕국운동의 통합 기능이라고 이해했던 것을 다 쿠냐는 소름끼치는 대중화이자 무차별성으로 파악하고 있다. "오지의 마법 아래서 이 모든 요소들이 서로 결합해 하나의 단일하고 동질화된 공동체가 되었다. 그들은 조직도, 전문화된 기능도 갖지 않은 채로, 인체 내

67 Ibid., 30.

68 Ibid., 27. 마르크스가 이 용어를 사용하는 부분은 Marx, *Capital: Volume 1*, Chapter 25, Sections 3 and 4를 보라.

에 생기는 종양처럼 연속된 층들이 기계적으로 병렬화되는 방식으로, 진화하기보다는 지속적으로 몸집을 불려 가고 있었다."[69] 콘셀레이루의 추종자들이 오지로의 "이주" 후에 세운 "괴물 같은 **도시**|urbs"나 "사악한 **공동체**|civitas"에 대한 다 쿠냐의 공포스러운 묘사에서도 동일한 모티프가 나타난다. 다음은 천년왕국식 도시화에 대한 그의 설명이다.

> 그에 따라 정착지도 언덕을 넘어 확장되면서 아찔한 방식으로 성장했다. 세워진 집들은 극도로 조야했는데, 이 떠돌이 군중은 하루에 이런 집들을 열두 개도 넘게 올릴 수 있었다. 이 거대한 잡초 더미들이 모양새를 갖춰 감에 따라 이 거주지는 마치 입체 화법으로 그려내듯이 이곳을 피난처로 삼은 사회계층들이 가진 도덕적 특징들 및 외적 특성들을 반영하기 시작했다. 그것은 무시무시한 정신이상을 구체화한 형상이었으며, 함축된 의미가 명백한 살아 있는 자료이자 이들의 일탈 범죄의 직접적인 증거였다. 이 모든 일들이 광인들의 열정에 의해 닥치는 대로 이루어졌다.[70]

천년왕국운동은 무규범적인 차이와 소름끼치는 동질성의 결합으로 나타나고, 광기 어린 지도자(다 쿠냐는 콘셀레이루에 대해 "묵시록의 환상으로 미쳐 버린 광대"라고 쓰고 있다)와 그를 따르는 무정형의 광신적 추종자들이 묶이면서 이중으로 괴기 어린 외양을 띠게 된다. 이 점에 있어서 다 쿠냐는 아주 오래전에 유행했던 하나의 원형, 즉 독일농민전쟁이 만들어 냈던 종교적이고 논쟁적인 근본주의 지도자들의 모델을 따르고 있는 셈이다. 여기서 초점은 순회 설교자이자 정치 선동가였으며, 짧고 격렬했던 성직자의 삶을 통해 정치, 종교,

69 Da Cunha, *Rebellion in the Backlands*, 149.

70 Ibid., 144.

역사적 변화의 관계에 대한 20세기의 개념들에 핵심적 시료 역할을 담당했던 한 인물에게로 맞춰졌다. 그 인물의 이름은 토마스 뮌처다.

광란자들의 시간: 토마스 뮌처와 혁명의 빛

"주후 1525년 초, 지금껏 유례없이 거대한 평민들의 봉기가 독일 땅 전역에서 일어났다."[71] 오늘날 독일농민전쟁이라고 알려져 있는 이 사건에 대해 한 당대인은 이렇게 썼다. 300년 후에 마르크스는 이를 "독일 역사상 가장 급진적인 에피소드"라고 언급했다.[72] 강도 높은 경제적 변화와 독일 영주들이 요구하는 가혹한 세금에서 기인한 사회적 갈등이 신학적 급진주의와 융합되어 발생한 독일농민전쟁은 프랑스혁명 이전에 유럽에서 일어났던 가장 주목할 만한 민중 봉기였을 뿐만 아니라(이 봉기를 진압하는 과정에서 약 10만 명의 농민이 죽었다), 종교적 행동주의와 사회적 격변, 신학과 정치 사이의 결속 관계에 대한 모든 고찰에 있어서 중요한 참조점이 되었다.

이 광범위하고 혼종적인 봉기 속에 다른 달변의 지도자들이 존재함에도 불구하고, 농민전쟁의 상징적 인물은 에른스트 블로흐가 "혁명의 신학자"라고 불렀던 토마스 뮌처로 꼽힌다. 과장 없이 말하자면, 뮌처에 대한 태도는

---

[71] Johannes Stumpf, *Reformationschronik*. Peter Blickle, *From the Communal Reformation to the Revolution of the Common Man*, trans. B. Kümin, Leiden: Brill, 1998, 94에서 재인용.

[72] Karl Marx, "On the Jewish Question", in *Early Writings*, trans. R. Livingstone and G. Benton, London: Penguin, 1992, 252.

갈려 있다. 저자들의 정치적 성향에 따라 거의 예외 없이 비뚤어져 있는 그에 대한 지적 초상과 서술들 속에서, (일부 편지에서 스스로를 칭하는 표현에 따르면) 이 "신을 버린 자들에 맞서는 신의 종"은 지금까지 위험한 광신자 아니면 영웅적인 혁명의 선각자로 그려졌다.

묵시록적 재난 속에서 신의 도시를 무너뜨려 인간의 도시로 만드는 데 열중하는, 사회의 질서정연한 재생산에 대한 극도의 위협으로서의 '광란자'Schwärmer 혹은 광신자 개념은 비텐베르크의 개신교 수사들이 뮌처에 대해 보였던 초기 반응들, 그중에서도 특히 그와 과거에 이야기를 나눴던 루터와 멜란히톤에게로 거슬러 올라간다. 점점 심해지는 뮌처의 공공연한 정치적 선동 및 이와 관련해 루터의 핵심적 설교 교의들(무엇보다 지상의 권력에 복종하는 일에 대한 바울식 옹호)에 대한 그의 거부로 인해 1523년경 둘 사이의 관계가 깨어진 후, 루터는 자신의 개혁안을 뮌처의 전복적 활동들과 차별화하는 일과 자신의 문 앞까지 밀려올 수 있을 반권위주의적이고 우상파괴적인 물결을 진압하는 일에 혈안이 되어서는 저 "알슈테트의 사탄"[뮌체]을 광신적이고, 반역적이며, 선동적이라고 호되게 비난한다. 『반란의 기운과 관련하여 작센의 영주들께 드리는 편지』Letter to the Princes of Saxony concerning the rebellious spirit(1524)에서 이 위대한 개혁가는 문자보다 영靈을 우위에 두는 뮌처의 교리와 그가 (올바르게) 알아차린 바, 거기에서 파생되는 혁명적 함의들에 대해 혹평하고 있다. 즉, 그것[뮌처의 설교]은 평민들로 하여금 "세속의 권위를 무너뜨리고 자신들을 세계의 주인으로 삼도록" 이끌 것이며, 그로 인해 권위를 전복시키는 게 아니라 권위로부터 스스로를 정화시키고자 교황의 권위에 맞서 싸우는 신앙을 더럽히게 된다는 것이다. 또한 저 "악독하고 피에 목마른 예언자" 뮌처는 칼로써 신앙을 강요하고 성경에서 폭력의 원리를 뽑아내는 데 골몰해 있지만, 복음은 세속의 일들에 반항적으로 간섭하는 것을 결코 정당화할 수 없다는 것이다.

하지만 가장 큰 악이자 구원의 장애물로서 정치적 봉기를 금지하면서 동시에 타락한 세상을 지배하는 권위를 정당화하는 루터는 폭력을 그 자체로 비판했던 것과는 한참 다르게 거짓 예언자 및 그를 따르는 잡다한 추종자들을 진압하는 데에 사용되는 폭력은 격찬하게 될 것이다. 프랑켄하우젠에서 반란 세력이 잔혹한 참패를 당하기 전인 1525년 5월에 작성되었다가 그 사건 이후에 출판되었던 한 소책자(『강도질과 살인을 일삼는 농민 패거리에 반대하며』 *Against the Robbing and Murdering Hordes of Peasants*)에서, 루터는 자신의 펜이 가진 커다란 힘을 영주들의 칼을 찬미하는 데 바쳤다. 수 세기가 지난 후 "광신자들"에 맞서는 수많은 고삐 풀린 폭력을 정당화하는 데 원형 역할을 하게 될 이 글에서 루터는 이렇게 쓰고 있다.

> [반란자들은] 그 누구든지 찌르고 때리고 죽이십시오. 만약 당신들이 그러는 사이에 죽는다면 잘된 일입니다! 그보다 더 축복받은 죽음은 없으니, 로마서 13장에 쓰인 신의 말씀과 계명을 지키면서 죽는 것이고, 지옥과 마귀의 손아귀에 있는 이웃들[반란자들]을 구출함으로써 그들에게 봉사하는 것이기 때문입니다. …… 만약 이것이 너무 가혹하다 생각하는 사람이 있다면, 반란은 용납될 수 없다는 것, 그리고 세계의 파멸이 매 시간마다 다가오고 있다는 점을 그에게 상기시키십시오.[73]

뮌처의 많은 비판자들 중 지금껏 루터의 저주만큼 악랄했던 사람은 없었지만, 뮌처를 광신자로 보는 시각은 널리 퍼져 있다. 뮌처가 비텐베르크에 머물던 시기에 그와 친분을 맺었던 필리프 멜란히톤은 후에 익명으로 출판된 『튀링기아 반란 주동자 토마스 뮌처의 역사에 대한 매우 유익한 책』*History of Thomas*

---

[73] E. G. Rupp and Benjamin Drewery(eds.), *Martin Luther, Documents of Modern History*, London: Edward Arnold, 1970, 126.

*Müntzer, the author of the Thuringian revolt, very profitable reading*을 통해 이 "폭도들"과 그들이 따르는 귀신들린 거짓 예언자에 가해진 잔혹한 진압을 정당화한다.[74] 아리스토텔레스의 『정치학』*Politics*에 관한 주해(1529)에서 멜란히톤은 뮌처와 그의 동지들처럼 복음서에 기반을 두고 사유재산을 비난하면서 "문명사회"의 원리를 폐기하려는 이들을 "광신적인 사람들"이라고 몰아붙임으로써 정치학 이론에서 광신자들에 대한 개념을 규정했다.[75]

두 도시의 분리(인간의 도시와 신의 도시)라는 아우구스티누스의 사상 및 정치적 권위와 영적 권위를 구별하는 루터식 교리에 반대하면서, 뮌처는 인간의 내적 또는 영적 질서의 변화(이는 요하네스 타울러 같은 기독교 신비주의자를 읽으면서 그가 만들어 낸 신비주의적 주제다)가 외부적[사회] 질서의 변화와 분리될 수 없는 것이라고 본다. 뮌처에게 있어서 이 문제는 "개인을 신, 자신, 교회, 세속 권력에, 또 세속 권력을 신과 인민에게 각각 결합시키는 관계들을 진정 변화시키는 일 중 하나"였다. "의식의 혁명이 정치적·사회적 혁명인 것"은 이 때문이다.[76] 뮌처가 자신의 의도를 설파한 중요한 저작인 『영주들을 향한 설교』*Sermon to the Princes*에서 명백히 드러나듯, 이 혁명은 그 핵심 틀에서 "완전하고 최종적인 개혁"인 묵시록의 테마와 분리될 수 없다. 설교 전체에서 뮌처는 세속의 권위는 두려움의 대상이어야 하며 그에 대항한 반란이 획책되어서는 안 된다는 생각 자체를 거부한다. 만약 그 지배가 부당할 경우, 특히 평민을 착취하는 데 연루된 권위일 경우는 더 말할 것도 없다. 『변론과 반박』*Vindication*

74 Hans-Jürgen Goertz, *Thomas Müntzer: Apocalyptic, Mystic and Revolutionary*, Edinburgh: T&T Clark, 1993, 11.

75 Colas, *Civil Society and Fanaticism*, 8, 43.

76 Goertz, *Thomas Müntzer*, 204-5.

*and Refutation*에서 뮌처가 "물질적이고 아늑하게 사는 비텐베르크의 살덩이"(즉, 루터)에게 응수하며 말하듯, 루터가 비난하는 만스펠트의 광부들이나 다른 평민들이 참가한 이 봉기는 쓸데없는 욕망에 관한 것이 아니고 "죄를 엄벌하는 열쇠와 칼을 휘두르는 권력은 공동체 전체의 손 안에 있다"는 믿음에 관한 것이다. 뮌처는 덧붙인다. "이 문제에 대해 공정한 판단을 내리고자 하는 이는 봉기를 사랑해서도 안 되고, 또 합당한 저항에 반대해서도 안 된다."[77] 성경에 기반을 둔 신랄한 비판과 정치적 에너지라는 그의 글의 특징을 전형적으로 보여 주는 다음 구절에서 루터식의 세속 권력 정당화에 대한 비판은 영주들의 "칼"(과 루터의 신학)이 조장하는 경제적 억압에 대한 공격과 결합된다.

모든 피조물이 자신의 재산이라는 우리 군주들과 영주들의 주장 말고 도대체 어디에서 이 모든 고리대업, 절도, 강도와 같은 악이 솟아 나오겠는가? 물의 고기도, 공중의 새도, 땅 위의 식물들도 모두 그들에게만 속해 있어야 하다니! 설상가상으로, 그들은 가난한 자들에게 명하는 하나님의 계명까지 옆에 두고 있다. 하나님이 우리에게 도둑질하지 말라고 명하셨다는 것이다. 그러나 이 계명은 그들에게는 해당되지 않는다. 그들은 모두에게 폭력을 휘두르고, 가난한 농장 일꾼과 상인과 숨 쉬는 모든 이들을 매질하고 강탈하지만, 이들 중 한 명이 가장 사소한 죄라도 저지를라 치면 목을 매달아 버린다. 그러면 거짓말쟁이 박사[루터]는 '아멘'으로 응답한다. 가난한 이들을 자신의 적으로 만든 것은 영주들 자신이다. 그들이 반란의 원인을 제거하기를 거부하는데 어떻게 이런 사태가 궁극적으로 발생하지 않을 수 있단 말인가? 이렇게 말한다고 해서 내가 이 반란의 주동자가 된다면, 할 수 없지 않은가![78]

---

77 Peter Matheson(ed.), *The Collected Works of Thomas Müntzer*, Edinburgh: T&T Clark, 1988, 341.

78 Ibid., 335.

'광란자'라는 뮌처의 명성은 민중 선동의 산물만은 아니다. 그것은 또한 사람을 끌어당기는 폭력에 대한 번득이는 수사에서 나타나듯 그의 구속받지 않는 독설이 가진 활력에서도 기인한다(그렇다고 해서 목가적인 편지에서 성경에 대한 해석, 꿈의 해석에서 전례식문에 이르는 그의 글 전체를 맹목적으로 판단해서는 안 될 것이지만 말이다). 엥겔스가 언급하듯 "그는 지배계급에 대한 증오의 불길을 끊임없이 부채질했다. 마치 종교적이고 민족주의적인 무아지경이 구약 선지자들의 입 속에 불어넣은 것과 같은 강력한 표현들을 사용하며 그는 가장 사나운 열정들에 박차를 가했다."[79] 그러나 뮌처의 수사법이 가진 분노는 종말론의 전형적 무기고에 새로운 활력을 불어넣었다. 그의 주적이라고 할 만했던 에른스트 폰 만스펠트 백작에게 보낸 편지를 보자. "우리에게 말해 보아라, 이 비열하고 열등한 벌레 같은 놈아. 하나님이 자신의 소중한 피로 회복시킨 사람들 위에 누가 너더러 영주랍시고 군림하도록 허락했느냐?"[80] 혹은 성직자들이 "하나님의 말씀을 비틀어서 만든 새로운 논리로 당신들에게 똥을 쌀 것"이라고 평민들에게 했던 경고도 마찬가지다.[81] 그의 훈계는 우의적인 표현("살아 계신 하나님께서 이후에 나로 하여금 붉은 양귀비와 푸른 선용초를 자르게 하시려고 그의 낫을 내 안에서 날카롭게 하신다."[82])에서부터 알슈테트의 인민들에게 보낸 다음 편지에서 보이는 것처럼 열광적인 표현까지 아우르고 있다.

그것을 향해 가세요, 가세요, 아직 불길이 뜨거울 동안에! 당신의 칼이 차가워지도록 두

---

79 Friedrich Engels, *The Peasant War in Germany*, trans. M. J. Olgin, London: George Allen & Unwin, 1927, 137.

80 *The Collected Works of Thomas Müntzer*, 155.

81 Ibid., 340.

82 Ibid., 54.

지 말고, 흐느적거리며 늘어지게 하지 마세요! 니므롯[83]*의 모루 위에서 열심히 망치질을 하여 그들의 성탑을 땅 아래로 무너뜨리세요! 그들이 살아 있는 한 여러분은 그들에 대한 공포에서 벗어날 수가 없습니다. 그들이 여러분을 지배하는 한 여러분에게 하나님에 대해 어떤 것도 말할 수가 없습니다. 그것을 향해 가세요, 가세요, 아직 날이 밝아 있는 동안에![84]

그의 적들(루터, "신을 버린 자들", 성직자들, 영주들 등)은 "버림받은 타락자들", "가는 똥을 싸는 놈들", "접시 핥는 것들", "광대 같고 불알처럼 생긴 박사들", "두꺼비가 낳은 놈들", "창녀 올라타는 놈들" 같이 화려한 장관을 이루며 등장하는 욕설의 대상이 되었다.[85] 뮌처가 직접 쓴 글들도 불충분하다는 듯이, 그리고 [뮌처의] 광신적 신성모독과 거짓 예언에 대한 정죄를 증명이라도 하겠다는 듯이, 멜란히톤의 『튀링기아 반란 주동자 토마스 뮌처의 역사에 대한 매우 유익한 책』에는 뮌처의 입에서 나온 다음과 같은 열변까지 실려 있다. "내 요구대로 신이 따르지 않는다면 나는 신에게 똥을 싸겠다." 표상으로서나 현실 속에서나, 뮌처에게 분변학糞便學과 종말론 사이의 거리는 결코 멀지 않다.

초상화(괴르츠의 훌륭한 전기에 따르면, 뮌처의 초상화는 관찰에 의한 것이 아니라 이단자의 관상학에 의거해 만들어진 것이다)에서뿐만 아니라 연극과 연대기를 통해 전해지는 광신자로서의 뮌처의 이미지는 20세기에 이르기까지도 여전히 그 매혹을 발산하고 있다. 그래서인지 역사가 G. R. 엘턴은 "마땅히 그래야 하는 바를 지키지 않는 모든 것들에 대해 맹렬한 증오로 가득 차 있고, 대학

---

83 * 창세기 10장 8-9절에 등장하는 인물로, "세상의 첫 용사"이자 "용감한 사냥꾼"으로 소개된다.

84 Ibid., 142.

85 Goertz, *Thomas Müntzer*, 79.

교육을 받았으며, 모든 혁명에서 익숙하게 나타나는 이상주의자류인 젊은이"
라는 기억할 만한 묘사로 뮌처를 소개하고 있다. 나아가 엘턴은 그를 "초기
종교개혁 시대의 악마적 천재"라고 부르고 나서, 루터와 멜란히톤이 만들어
낸 전통과 완벽히 일치하는 방식으로, 뮌처가 "건설적인 혁명가라기보다는
억제되지 않는 광신자이자 폭력에 호소하는 설교에서 나타나듯 위험천만한
미치광이"라고 결론짓는다.[86] 그러나 광신자로서의 뮌처에 대한 가장 영향력
있는 묘사는 "정치 종교"라는 굉장히 강력한 개념에 무게를 실으면서 독일농
민전쟁이라는 머나먼 과거와 현재의 정치적 절박성 사이를 간단히 연결시키
기를 제안하는 텍스트인 콘의 『천년왕국운동사』에서 발견할 수 있다. 콘에
게 "뮌처는 종말론적 판타지에 사로잡힌 '가짜 예언자'propheta[87]●로서, 사회적
불만을 이용해 그런 판타지를 현실로 바꾸려 한 사람이었다."[88] 정치적 광신
을 비판하기 위한 필요에서 나온 것이기는 하나, 이 혁명의 신학자에 대한 콘
의 서술은 다음 문장에서 나타나듯 종종 거의 영화 같은 효과를 거두기도 한
다. "신을 두려워하지 않는 이들에게 임박한 파멸에 대한 기대에 항상 사로잡
혀 있던 뮌처는, 무장 봉기대의 맨 앞에서 붉은 십자가와 서슬이 시퍼런 칼을
앞세우고 행진했다."[89]

　　이런 콘의 평가는 쇠퇴해 가던 중세의 전자본주의적 공산주의와 팽창해

[86] G. R. Elton, *Reformation Europe 1517-1559*, London: Collins, 1963, 91-4.

[87] ● 예언자를 뜻하는 영어 'prophet'과 같은 의미이나, 콘은 중세 천년왕국운동을 이끌었던 수많
은 지도자들이 실은 일종의 사기꾼이었다고 말하면서 이 단어를 사용한다.

[88] Cohn, *Pursuit of the Millennium*, 271[342쪽]. 바로 이어지는 다음 문장에서 콘의 논쟁적 의도
는 분명히 드러난다. "아마도 마르크스주의자들이 뮌처를 자신들의 선구자로 주장하게 된 것은
궁극적으로 정확한 본능 탓일 것이다."

[89] Ibid., 263-4[333쪽].

가던 자본주의 경제의 수탈과 혼란에 저항하는 계급투쟁 사이의 어딘가에 위치해 있던, 평등주의적이고 혁명적 정치의 영웅적 선구자로 뮌처를 받아들였던 공산주의 및 마르크스주의 전통을 의도적으로 역전시키는 것이다. 뮌처를 동시대 혁명들의 맹렬한 선구자로 바라보는 이 전통은 그의 신학적·성경적 독창성이나 설교와 책에서 나타나는 묵시록적이고 신비주의적인 경향을 전반적으로 경시하면서 그 대신 빈농과 평민들의 불만을 선명히 드러내고 궁극적으로는 인민 봉기를 조직하는 그의 능력에 초점을 맞추었다. 토마스 뮌처의 부활은 혁명적 투쟁이 솟구쳐 오르던 때와 흔히 일치했다. 따라서 스트뢰벨이 쓴 뮌처에 대한 최초의 제대로 된 전기는 프랑스혁명 직후에 등장했고[1795년],『농민 봉기 통사』General History of the Peasants' Revolt라는 영향력 있는 책을 썼던 짐머만은 1840년대 독일의 급진적 민주주의 투쟁을 겪으며 뮌처를 찾아 읽던 청년 헤겔주의자였다. 최초의 마르크스주의 역사서임에 틀림없는 중요한 저서인『독일농민전쟁』The Peasant War in Germany(1850)에서 엥겔스는 1848년 혁명의 패배를 되돌아보면서, 비록 동시대적이지는 않더라도 적절한 혁명의 표상을 되살려 내기 위해 뮌처에게로 향했다. 뮌처는 1917~23년의 독일혁명 패배와 더불어 에른스트 블로흐의『토마스 뮌처: 혁명의 신학자』Thomas Müntzer: Theologian of the Revolution라는 책으로 되돌아왔고, 1925년 아이슬레벤Eisleben에서 '붉은 뮌처의 날'을 맞아 베르타 라스크Berta Lask가 올린 선전극과 같이 좀 더 대중적인 형태로 등장하기도 했다.[90] 대단히 냉담한 콘의 책이 나왔음에도 불구하고[1962년], 1968년 5월 혁명 안팎에서 주도적 역할을 했던 상황주의자들조차 뮌처와 그의 이단적 운동을 통해 뮌처라는 이름이 혁명적 현재를 위

---

[90] 뮌처의 귀환에 대해서는 Goertz, *Thomas Müntzer*, 12-19를 참조하라.

한 원천과 연결되어 있다는 점을 발견했다. 이 모든 운동들은 뮌처가 처형 직전 고문 속에서 했던 유명한 다음 말 속에서 새로운 생명을 얻게 된 '광신적' 공산주의의 원칙을 찾아냈다.

> 상황이 요구하게 될 때, 모든 것은 공통의 소유여야 하고omnia sunt communia 각자에 대한 분배는 필요에 따라 이루어져야 한다. 이를 거부하는 어떤 영주, 백작, 귀족이 있다면 처음에는 경고가 주어질 것이고, 그래도 듣지 않으면 목을 치거나 교수대에 매달아야 할 것이다.[91]

1848년의 패배 이후에 사회 변화의 객관적·주관적 장애물에 대해 성찰하고 특히 독일의 혁명적 유산을 긍정하는 과정에서 쓰인 엥겔스의 강력한 텍스트는 예나 지금이나 혁명의 아이콘(평등주의적 우상파괴자이자 뮌처가 "생명 없이 딱딱한 것들"이라고 부른 것에 맞선 전투의 표상)으로서 뮌처를 재발굴할 수 있는 모태로 남아 있다. 엥겔스는 뮌처를 중요하게 다룸으로써 농민전쟁에 대한 단순한 평가를 넘어서 마르크스주의자들이 봉기revolts를 이해하는 방식을 완전히 뒤바꿨다. 즉, 세계에 대한 종교적 개념화 속에서 봉기의 상징과 정당성을 발견하도록 한 것이다. 엥겔스의 비판적 역사 해석은 다음의 몇 가지 핵심 교의에 바탕을 두고 있다. 즉, 뮌처는 계급 및 계급 정치적 지향을 대변하는 인물이고, 묵시록 신학은 시대를 앞서 나간 정치적 기획이 가진 역사적으로 불가피한 한계였으며, 정신이 이상한 민중 선동가라는 이미지와는 반대로 뮌처는 영민한 혁명운동가이자 전략가라는 것이다. 엥겔스는 기존 질서의 수호자로 이루어진 "보수적 가톨릭 집단"(제국 권력, 일부 영주와 귀족 등), "시민적 온건

---

91 *The Collective Works of Thomas Müntzer*, 437.

루터파 개혁 집단"(하급 귀족, 시민, 주변부 영주들), 그리고 뮌처가 가장 유창한 대변자로 참여했던 하층민과 농민으로 이루어진 "혁명적 집단"이라는 3단 도식도 제시하는데, 그 안에서 세 개의 집단은 서로 대립하는 관계다. "교회의 원칙들이 동시에 정치적 원리이기도 했던"[92] 시기에 신학은 사회-정치적 갈등이 규정됨과 동시에 격화되는 영역으로 기능했던 것이다.

1525년의 '전쟁'이라는 명칭에서 우리가 추측하는 것과는 달리, 엥겔스에게 핵심적 계급, 즉 "기존의 공식적 사회 밖에 서있던 유일한 계급"은 농민이라기보다는 하층민(뮌처가 조직하고자 노력했던 만스펠트의 광부들과 빈곤한 거주민들)이다. 엥겔스를 논쟁의 목표로 삼고 있는 콘의 이후 해석과는 반대로, [엥겔스가 해석한] 농민반란의 사회학은 단지 경제적 팽창에서 '패배자'가 된, 좌절하고 이질적이고 무정형적인 대중에 기반을 두고 있는 게 아니라, 기존 질서의 밖에 놓인 부정적 외부성이 순수한 묵시록적 회합만이 아닌 끈질긴 정치적 단합으로 바뀔 수도 있다는 점을 보여 주는 일종의 원형적 프롤레타리아의 형성에 관한 생각에 기반을 두고 있다. 엥겔스의 시각에서 볼 때, 끊임없는 뮌처의 조직 활동(후기의 무장 투쟁뿐만 아니라 설교, 편지, 계속되는 순회, 도망, 선동까지)은 이 "계급"의 단결을 촉진시키는 것, 즉 이질적인 하층민들 사이의 연대를 만들어 내는 일과 아울러 하층민과 농민 사이에 더 광범위한 혁명 "집단"을 구축하는 것을 목표로 하고 있었다. 가령 알슈테트에서의 "선택 받은 자의 동맹"League of the Elect이나 뮐하우젠에서의 "영원한 회합"Eternal Council과 혁명적 코뮌 같은 정치 조직들은 바로 이런 목표를 가지고 있었다는 것이다.[93]

---

[92] Engels, *The Peasant War in Germany*, 52.

[93] 1897년 저서 『중유럽에서의 공산주의』*Communism in Central Europe*에서 뮌처를 다룬 카우츠키의 공헌은 이런 조직 활동이 현대 공산주의와 연결되는 지점들을 추적했다는 데 있다.

뮌처의 설교와 농민들의 요구가 가진 신학적 차원에 대해서 엥겔스는 이 것이 기저에 놓인 계급투쟁을 위한 가리개, 깃발, 혹은 가면이라고 쓰고 있 다.[94] 비록 이런 해석이야말로 종교와 이데올로기에 대해 마르크스주의 이론 이 이용하는 대들보이기도 하지만, 이런 해석을 위해 제시되는 이유들이 중 요하다. 즉, 종교적 의식 뒤에 사회적 강제가 있었다는 것이다. 뮌처의 집단 인 "하층민들"은 쇠락하는 봉건주의의 "증상"이자 "근대적 부르주아 사회의 첫 번째 전조"였기 때문에 이런 전환적 상황에 억지로 끌려다니는 과정에서 묵시록 이데올로기를 향해 몸을 던지게 되었다는 것이다. 엥겔스에게 있어 이 하층민들이 증상이자 동시에 전조였다는 사실은

> 왜 당시 하층민들의 저항이 봉건주의와 특권적 중간계급에만 그치지 않았는지를, 왜 그
> 들이 비록 이루어지지는 못했지만 당시에 비로소 싹만 틔우기 시작했던 근대적 부르주
> 아 사회를 넘어섰는지, 왜 이 절대적으로 가진 것 없는 집단이 계급 분할에 기초한 모든
> 사회에 보편적인 제도, 시각, 상식에 의문을 제기했는지를 [설명해 준다]. 고대 기독교
> 의 천년왕국적 몽상은 이런 점에서 매우 유용한 시작점이 된다. 다른 한편, 현재뿐만 아
> 니라 미래까지도 넘어서 나아가려는 시도는 맹렬히 광신적이지 않을 도리가 없다. 최초
> 로 이를 현실에 적용했을 때, 이 시도는 자연스럽게 지배적인 조건들이 설정한 좁은 한
> 계 안으로 빠져들 수밖에 없었다.[95]

천년왕국식 운동의 정치학에 관한 논쟁의 기초를 놓았던 엥겔스의 설명 속에 서 광신의 문제는 시간이라는 주제와 밀접히 얽혀 있다. 사회적 관계와 이데

---

[94] Engels, *The Peasant War in Germany*, 51.

[95] Ibid., 56.

올로기가 어떤 의미에서는 서로 결합되어 있는 세속화된 자본주의의 입장에서 볼 때, 16세기 독일은 신학과 종교적 이단의 언어가 생산적 힘과 사회적 관계들의 중대한 발전이라는 현상과 서로 어긋나 있는 세상처럼 보인다. 독일농민전쟁은 시대착오적 저항이었으나, [자본주의의] 원시적 축적에 의해 폐기될 운명이었던 관습과 관계를 유지하려는 시도에 불과했다는 단순한 의미에서 시대착오적이었던 것은 아니다. 권력의 정당화와 저항에의 요청 사이에서 찢겨졌던 기독교 담론의 상반되는 활용과 아울러 잔여물인 동시에 선구자이기도 했던 농민전쟁의 참여자들이라는 역사적·사회학적 이중성이 의미하는 것은 물리적인 차원에서는 실패할 운명이었던 하층민들의 영웅적 봉기가 그들의 퇴행성이 아니라 조숙함에서 기인했다는 점이다. 엥겔스에게, (초기 기독교의 이상주의적 보고寶庫에서 길어 올린) 농민반란의 원초적인 공산주의적 천년왕국주의와 실현가능한 공산주의의 미래 사이에는 단락短絡이 존재한다. 엄격한 역사·철학적 개념들과는 상반되게, 엥겔스는 뮌처의 설교를 억압받는 자들의 요구에 대한 표현이라든가 그들의 불만을 취합하는 것으로 단순화하는 대신 "하층민들 사이에서 막 발현되기 시작했던 프롤레타리아적 요소의 해방 조건을 선취한 한 천재의 선견지명"으로 바라봄으로써 뮌처의 예언자적 성격을 진지하게 받아들인다.[96] 천년왕국운동은 여러 세기가 지나서야 실질적 가능성이 될 수밖에 없었던 계급 없는 사회, 국가 없는 사회에 대한 열망의 [시대착오적] 투사投射가 만들어 낸 형식인 것이다.

그러나 이 시대착오는 현재의 상황에서는 이루어질 수 없는 과업들에 대해 단호한 태도를 보였던 지도자들의 쓰라린 운명을 뮌처 역시 겪었다는 것

---

96 Ibid., 66.

을 의미한다. "그는 자신이 딜레마에 처해 있음을 깨달을 수밖에 없었다. 그가 할 수 있는 일은 지금껏 해왔던 그의 모든 행동들, 그의 모든 원칙들, 그리고 그가 이끄는 집단의 현재 이해관계와는 반대편에 있었고, 그가 해야만 하는 일은 달성될 수가 없었다."[97] 파국적인 밀어붙이기fuite en avant 아니면 개혁적 후퇴만이 시기를 얻지 못한 혁명가에게 남은 유일한 선택인 것처럼 보인다. 종교적 환상과 해방의 실재적 전망 사이의 이 균열 속에서, 자본주의 역사의 간계는 마치 "기독교인들 사이의 희미한 평등"이 "법 앞에서의 평등"으로 변환되었듯 "환상을 통한 공산주의의 예비가 현실에서는 근대적 부르주아 상태의 예비로 변모했다"는 것을 의미했다.[98] 뮐하우젠에서의 뮌처의 짧은 통치 경험에 대해 쓰면서 엥겔스는 "[뮌처개 자신의 환상 속에서 그렸던 사회적 전환은 기존의 경제적 조건들에 거의 기반을 두지 않았는데, 후재당대의 경제적 조건들는 그가 꿈꿨던 사회체제와는 완전히 정반대의 사회체제를 준비하고 있었다"고 언급한다. 뮌처의 제도적 실험들은 "실제로는 이후 시기의 부르주아 사회를 때 이르게 확립하려는 미약하고 무의식적인 시도를 결코 뛰어넘지 못했다."[99] 뮌처라는 인물 속에 결정화된 농민전쟁, 곧 달성하지 못한 해방이라는 강력한 유산이자 불가피한 실패의 비극은 프랑켄하우젠에서 참패한 하층 민중들에게 오직 "몽상"뿐이었던 것이 구체적으로 실현될 때만 헛되지 않게 될 수 있다.

뮌처의 공산주의적 천년왕국운동의 시대착오가 가진 긍정적이고 예견적인 차원은 이 위대한 열정주의자에 대한 가장 의미심장한 재평가이자 좌절된

97 Ibid., 135.

98 Ibid. 56.

99 Ibid., 136-7.

독일 혁명 중에 저술된 책인 블로흐의 『토마스 뮌처: 혁명의 신학자』의 핵심이다. 이 책에서 블로흐는 저 호전적 설교자의 삶과 저작에 수렴된 묵시록 신학, 신비주의적 영성, 혁명적 정치학을 올바르게 평가하기 위해 노력하고 있다. 혁명적 시대착오의 긍정적 차원에 집중하는 블로흐는 1525년의 평민 혁명에서의 신학적 자극을 사회경제적 미성숙의 단순한 지표로 평가하지 않는다. 반대로 그는 이를 종교-정치적 상부구조가 나중에야 성숙되는 경제적 기초보다 우선할 수 있다는 사실을 증명해 주는 상황들 중 하나로 묘사한다. 블로흐는 이 반란을 필연적인 실패들의 쓰레기더미로 즉시 내던지는 대신 뮌처의 시대착오가 가지는 예견적 성격을 강조하고 싶어 한다. 성령의 우월성과 고통의 필수성에 대한 강조, 신자는 자신을 비우고 세상에서 멀어져야 한다는 명령뿐만 아니라 다가올 천년왕국 속에서 신성시될 인간에 대한 강조에 이르기까지, 블로흐는 뮌처의 신학을 역사적 필연성에 대한 가면이 아닌 정치적 선동을 위한 추진력으로 바라본다.

블로흐는 (조숙한) 정치적 내용과 (불모의) 종교적 형식 사이의 분리를 받아들이기보다는 하나가 다른 하나를 위한 도구 역할을 하지 않는 신학과 혁명 간의 역설적 결합을 발견한다. 루터가 세속의 권위를 정당화하는 과정에서 묵시록의 전망을 사용한 반면, 뮌처에게 묵시록의 전망은 (『영주들을 향한 설교』에서 묵시록적 〈다니엘서〉에 대한 매혹적이고 환각적인 해석을 내리는 데서 드러나듯이) 평등한 이들의 공동체를 위한 투쟁을 촉진하고 강화하기 위한 전폭적인 근거들을 제공한다. 그런 공동체에서 신에 대한 두려움은 권력에 대한 두려움에 의해 방해받지 않을 것이고, 가난한 자들과 심지어 "이교도들"까지도 "신을 버린 자들"로부터 강탈당하는 고통을 겪지 않으면서 기독교인의 삶을 받아들일 수 있을 것이다.[100]

종교적 동인에 대해 관대한 입장을 유지하며, 역사적 유물론의 일부 고전적 교의들을 전복시키는, 블로흐의 이단적 마르크스주의는 그의 정치적 동지들을 화나게 만들 수밖에 없었다. 『역사와 계급의식』*History and Class Consciousness* 의 이론적 핵심을 형성하게 되는 1923년의 중요한 에세이인 "물화와 프롤레타리아의 의식"에서 루카치는 프롤레타리아 정치의 전개 속에서 정치적 주체성의 전자본주의적·종교적 형식이 차지하는 위치에 중점을 두면서 블로흐에 대해 통렬하면서도 완고한 비판을 가했다.[101] 많은 측면에서 블로흐의 "아나키즘-볼셰비키주의적"[102] 유토피아주의에 대한 루카치의 비판은 초월적, 종교적, 혹은 메시아적 급진주의에 맞서는 전형적인 변증법적 논증으로 남아 있다. 루카치의 비판은 광신을 둘러싼 논쟁이 부분적으로 효과적 반자본주의 정치학의 의미에 관한 논쟁으로 읽힐 수 있는지를 보여 주는 한 방식이기도 하다.

루카치의 마르크스주의로의 전향轉向은 자신의 비극적이고 유토피아적인 과거 성향과 철저히 결별하는 것을 의미했고, 이후 그는 이전의 그 어떤 혁명적인 계급과도 완전히 다른 역사적 주체로서 프롤레타리아 계급의 실질적이고 인식론적인 유일성을 주장하게 되었다.[103] 루카치에게 있어서, "부르주아

---

100 톰마소 라 로카는 "신을 버린 자들"이 평민들의 종교를 가로막고 서있는 성직자 및 정치권력을 표적으로 삼는 사회학적이고 논쟁적인 범주라고 주장한다. Tommaso La Rocca, *Es Ist Zeit. Apocalisse e storia : studio su Thomas Müntzer*(1490~1525), Bologna: Cappelli, 1988, 32-6을 참조하라.

101 블로흐와 루카치의 친밀한 우정과 후기의 논쟁에 대해서는 Michael Löwy, "Interview with Ernst Bloch", *New German Critique* 9, 1976과 *Georg Lukács: From Romanticism to Bolshevism*, trans. P. Camiller, London: NLB, 1979, 52-6을 참조하라.

102 Michael Löwy, *Redemption and Utopia: Jewish Libertarian Thought in Central Europe : A Study in Elective Affinity*, trans. H. Heaney, London: Athlone Press, 1992, 143.

103 "따라서 프롤레타리아의 자기 이해는 동시에 사회의 본질에 대한 객관적 이해이기도 하다." 역으로, 자신의 객관적인 사회적 위치로 인해 프롤레타리아는 유일한 주체적 가능성의 담지자이기도 하다. 인간 상품으로서 프롤레타리아는 주관적 객관이며, 오직 이들만이 변증법적으로 역사를 변화시킬 역량을 가졌다. Georg Lukács, "Reification and the Consciousness of the Proletariat",

적 사유의 자가당착들", 즉 사람들 사이의 사회적 관계를 사물들 사이의 계산적·추상적 관계로 환원하는 물화의 치명적 효과를 비판적으로 파악하고 실질적으로 종결지을 수 없는 사유의 난국 속에 머무는 입장은, 모조리 비판받아야 마땅하다. 루카치의 에세이["물화와 프롤레타리아의 의식"] 전부는 그가 제사로도 쓰고 있는 1843년의 『헤겔 법철학 비판 서문』*Introduction to the Critique of Hegel's Philosophy of Right*에 등장하는 마르크스의 다음 언명에 대한 발굴 작업이라고 말할 수도 있다. "급진적이 된다는 것은 문제의 뿌리까지 간다는 것이다. 하지만 인간에게 그 뿌리는 인간 자신이다." 루카치에게 있어서, 인간성이라는 일반적 개념에 묶여 있으면서, 상품에 대한 마르크스의 분석을 파악하는 데는 실패한 모든 정치적·철학적 급진주의는 역효과만을 낳을 뿐이다.[104]

이렇게 볼 때 블로흐의 『토마스 뮌처』는 당연한 표적이다. 볼셰비키 혁명에 대한 열렬한 충성을 맹세하고 있음에도 불구하고, 블로흐의 책은 그가 힘주어 '우비퀘'*Ubique*, 곧 "편재성"이라고 불렀던 초역사적·초정치적·메타 종교적 요소를 찾기 위해 애쓰고 있다. 뮌처가 물고를 튼 것은 사회경제적 변증법이나 정치적 전략에 의해서 고갈되거나 포획되지 않는 유토피아적 자극*impetus*이다. [루카치의] 블로흐 비판은 마르크스주의 내에서의 인간주의의 운명에 대한 루카치의 처방 한가운데에, 말하자면 정치적-인식론적 "프롤레타리아 관점"을 채택하고 강화하는 혁명적 이론과 연결되어 있다. 루카치는 마치 그 자신의 초기 낭만적 반자본주의(자본주의를 비인간화의 원동력으로 판단해 그에 저항

in *History and Class Consciousness*, trans. R. Livingstone, Cambridge, MA: The MIT Press, 1971, 149[273쪽].

104 루카치에게, "상품-구조라는 수수께끼에 대한 해결책 속에서 발견될 수 없는 해결책이란 없다." Lukács, *History and Class Consciousness*, 83[179쪽].

하는) 성향의 연장처럼 보일 수도 있었을 그것[블로흐의 유토피아론]을 교정하듯, 신화의 인간주의, 곧 물화된 부르주아적 개념성과 인간주의가 병약하게 타협하는 행위를 일소하려 한다. 만약 인간주의가 진정 물화의 구조를 탈구시키려 한다면, 인간주의의 반변증법적 직접성이 극복되어야만 한다. 따라서 "만약 존재의 직접적 형식의 원인을 계급의식에 돌리려고 시도한다면 신화로 타락하는 일을 피할 수 없으니, 그 결과는 신비주의적인 종種 의식이 될 것이며 …… 그것이 개인의 의식과 맺는 관계 및 의식에 끼치는 영향은 전적으로 불가해한 것이 된다."[105]

여기서 등장하는 그림은 두 개의 인간주의 사이의 전투다. 첫 번째 그림은 루카치가 "고전 철학"이라 부르는 것에 바탕을 두고 있으며, 자본주의적 비인간화로부터 윤리적이고 인지적으로 회복되기 위해 인간성의 초월론적·초역사적 핵심을 탐구하는 것이다. 두 번째 그림인 프롤레타리아 계급의 혁명적 인간주의는 "인간은 모든 (사회적인) 것들의 척도가 된다"고 주장하기 위해 프로타고라스의 금언을 재발견하는데, 이것은 "물신적 사물"이 "인간 사이에서 발생한 과정들" 속으로 용해되고 "인간 사이의 구체적 관계들 속에서 객관화"될 때 가능해진다.[106] 이 혁명적 인간주의의 형식화는 해야만 하는 것과 현재 그런 것 사이, 낭만적 주체성의 쇠락하는 급진성과 자본주의적 사물-세계의 비인간적 메커니즘 사이의 이을 수 없는 균열을 상정하고 있던 루카치 초기의 윤리적 이원론에서 분리되는 가장 명백한 행위를 구성한다. 『역사와 계급의식』에 따르면, 자본주의는 물화 과정 자체가 만들어 낸 작인作因, agent에 의

<hr />

105 Ibid., 173[305쪽].

106 Ibid., 185.

해 오직 그 내부에서 폭발할 수밖에 없다. 역으로, 자본주의적 관계 아래 사회적 삶이 완전히 포섭될 때에야, "이 대상화 속에서, 모든 사회적 형식들의 이 합리화와 물화 속에서 …… 인간이 서로 맺는 관계로부터 어떻게 사회가 구성되는지 우리가 최초로 명확히 보게 될" 때에야 비로소 혁명적 인간주의가 발흥할 수 있다.[107]

블로흐의 『토마스 뮌처』에 대한 루카치의 혹독한 평가는 혁명적인 마르크스주의적 인간주의를 규정하려는 그의 시도 중 일부이다. 루카치가 인간의 소망들을 '신의 도시'로 떠넘기면서 '인간의 도시'에는 아무런 상흔도 남기지 않은 채 방치한 기독교 이원론의 역사적 등가물이라고 묘사하는 유토피아주의자들 중 블로흐는 본보기가 될 만한 주요한 공산주의자다. 루카치가 보기에 블로흐는 뮌처와 마찬가지로 초월적인 인간화를 비인간화되어 버린 세계와, 유토피아적인 것을 구체적인 것과 병치시키는 무능한 신학으로부터 벗어날 수가 없다. 정적주의quietism[108]*적이고 굴종적인 기독교 존재론의 등가물인 이 유토피아주의를 루카치는 두 가지 부류로 나누는데(또 하나의 폐쇄된 이원성인 이 두 부류는 더 심한 모순을 만들어 낸다), 하나는 묵시록적 종말을 통해서만 경험적 현실이 변화될 수 있다는 현실 인식이고, 다른 하나는 성자의 형상을 통해서만(성자처럼 됨으로써만) 인간성을 지켜 낼 수 있다는 급진적 내면화 경향이다. 이 두 부류 모두에서 변화란 그저 [변화처럼 보이는] 가상일 뿐이다.

뮌처의 기획이 가진 실천적이고 전략적인 성격을 대수롭지 않게 다루

---

107 Ibid., 176.

108 * 상황을 바꾸려 하지 않고 묵묵히 그대로 받아들이는 삶의 자세. 기독교에서 인간의 자발적·능동적인 의지를 최대로 억제하고, 초인적인 신의 힘에 전적으로 의지하려는 수동적 사상을 뜻한다. 17세기 가톨릭의 신비주의 일파이며, 후에 프로테스탄트의 경건주의로 계승되었다.

는[109] 루카치는 독일농민전쟁에서의 신학의 역할에 대한 엥겔스의 판단을 확장한다. 그는 이 전쟁을 단지 불명확한 사회적 요구들을 위한 시대착오적 "깃발"이나 "가면"으로서가 아니라, 하나의 장애물이자 빗나간 방향 전환으로 다루고 있다. "(명백히 객관적이고 혁명적인 의미의) 진정한 행동은 종교적 유토피아와는 완전히 별개로 발생한다. 종교적 유토피아는 그 어떤 실질적 의미에서도 행동을 이끌어 내지 못했을 뿐만 아니라, 행동의 실현을 위한 구체적인 대상이나 구체적인 제안을 전혀 제시할 수 없다." 게다가 루카치는 인간의 내적 본질과 경험적 조건 사이의 이원성(이 둘은 서로 결합되어 있으나 예정론이나 천년왕국설 등의 역사신학에 의해 매개되지는 않는다)을 베버의 테제를 변형시켜 "자본주의의 기본적 이데올로기 구조"로 표현하고 있다. 따라서 "(영국과 미국에서) 자본주의를 위한 이데올로기를 가장 순수한 형태로 공급했던 것이 이 [기독교 유토피아] 분파의 혁명적인 종교성이었다는 점은 우연이 아니다." 요컨대, 우리가 역사적 유물론의 "순전히 경제적일 뿐인" 차원에 대해 유토피아적 불꽃을 보충하려 했던 블로흐의 시도를 눈여겨보든지, 혹은 "그 이론[혁명적 기독교 유토피아주의]의 종교적·유토피아적 전제들이 뮌처의 행동에 구체적으로 작용하는 방식"[110]을 보든지 간에, 부르주아적 사유를 극복하지 못하는 무능력이라는 동일한 증상을, 원칙과 실천, 영과 문자, 영적인 것과 경제적인 것 사이의 동일한 비합리적 간극hiatus irrationalis을 발견하게 된다. 루카치에게 있어서는

---

109 블로흐의 『토마스 뮌처』에 대한 루카치의 대응에 대한 비판적 언급은 La Rocca, *Es Ist Zeit*, 191-5를 참조하라. 라 로카의 저작은 내가 알기로 『역사와 계급의식』에 등장하는 이 의미심장한 구절을 구체적으로 다루고 있는 유일한 텍스트이다.

110 Lukács, *History and Class Consciousness*, 192[331쪽. 토스카노는 강조 표시를 하지 않았으나 루카치의 원문에는 '구체적으로 작용하는'에 강조 표시가 되어 있다.

"현실 전체를 전복시킬 수 있는 아르키메데스적 받침점인" 프롤레타리아 계급만이 이 간극을 봉합할 수 있을 뿐만 아니라 "인간의 실제적이고 구체적인 삶을 …… 재구성"함으로써 유토피아적인 것과 경제적인 것 사이의 물화된 이원성을 폐기하는 "진정한 사회혁명"을 선포할 수 있다.[111]

　　세상을 격렬히 초월하려 하지만 세상의 물질적 구조를 뒤집기엔 무력하다는 점에서 혁명 신학과 부르주아 사유의 이율배반들을 연결시키는 루카치의 비판은 종교적·유토피아적 과잉에 대한 블로흐의 논의가 가진 특수성을 호도한다. 베버의 종교 사회학에 대한 블로흐의 고찰을 살펴보라. 브뤼메르 18일의 혁명이라는 역사적 가면[112]● 에 대한 마르크스의 설명에 기대기도 하는『토마스 뮌처』의 주요 구절에서 블로흐는 "도덕적·심리적 콤플렉스"의 상대적 자율성을 주장한다. 이 콤플렉스가 없이는 독일농민전쟁 같은 현상의 출현을 이해하기는 불가능할 뿐만 아니라, 집단의 혁명적 행동에 없어서는 안 될 자극인 "이 무질서한 인간의 역사에 대한, 반늑대anti-wolf[113]● 와 궁극적인 형제애의 왕국이라는 빛나는 꿈에 대한 가장 심오한 내용"을 포착할 수도 없다는 것이다. 블로흐에 대한 제임슨의 통찰력 있는 언급을 인용하자면,

---

111 Ibid., 193[332쪽]. "이미 경제학과 정치학 사이의 기계적 분리는, 사회를 총체적으로 포괄하는 진정 효과적인 행동은 그 무엇이라도 불가능하게 만들고 있다"(195).

112● 브뤼메르 18일(1799년 11월 9일)은 군인 나폴레옹이 프랑스 총재정부를 해체시킨 쿠데타가 시작된 날이다. 하지만 이 쿠데타는 '혁명이라는 역사적 가면'을 쓰고 등장한다. 마르크스는 이 사건을 분석한『루이 보나파르트의 브뤼메르 18일』에서 '진실과 실체를 가리기 위해 앞세우는 허수아비'라는 의미로 수차례 '가면'mask이라는 단어를 사용하고 있다.

113● 민중을 향해 설교할 때 토마스 뮌처는 비유와 은유를 많이 사용했는데, 그중 하나가 '진정한 기독교인들은 늑대 무리 속에 있는 양'이라는 비유였다. 여기서 '늑대'는 평등이라는 신의 질서를 거스르는 자들, 곧 인민을 핍박하고 착취하는 성직자와 영주 등 권력자를 가리킨다.

종교의 힘을 덜 구속적이고 더 명상적인 순수한 예술 행위와 구별짓는 특징은, 천년왕국이나 천년지복의 개념 속에서 뭉쳐진 절대적 신앙과 집단적 참여의 결속에 있다. 이 쌍둥이 개념 중 후자[집단적 참여]를 통해 종교는 이론적으로 유일한 진리와 같은 것이 존재할 수 있는 철학과 구별된다. 뮌처의 신학에서 신학적 교리의 진리 계수는 집단의 필요에 의해, 즉 다중의 믿음과 승인에 의해 측정된다. 따라서 철학적 개념과는 달리 신학적 개념은 그 구조 안에 이미 교회나 신자 집단을 포함하고 있으며, 그로써 순전한 이론 수준이 아닌 원[原]정치적 수준 위에 놓여 있는 것이다.[114]

『헤겔 법철학 비판 서문』에서 마르크스가 다룬 독일의 잠재적인 혁명적 시대착오[115]라는 주제를 어느 정도 환기하면서, 블로흐는 (엥겔스, 카우츠키, 그리고 당연히 루카치와는 달리) 1525년의 평민 혁명을 추동한 신학적 자극을 사회-경제적 미성숙의 지표로 바라보지 않는다. 이는 『역사와 계급의식』에 대한 블로흐의 서평인 "현실성과 유토피아"에서도 증명된다. 이 서평에서 블로흐는 루카치의 훌륭한 업적을 칭찬하긴 하지만, 혁명, 전환, 인간화의 과정들을 "거의 완전히 사회학적으로 균질한 것"으로 다루는 루카치의 작업은 총체성의 "복률적"polyrhythmic[116]● 성격을 무시하면서, 물화의 산물 가운데 하나인 영역들(가령, 경제학과 종교) 사이의 엄격하고 비변증법적인 분리를 재생산하고 있는 셈이라고 비판한다.[117]

---

114 Fredric Jameson, *Marxism and Form*, Princeton: Princeton University Press, 1971, 156-7[162쪽].

115 Alberto Toscano, "*Ad Hominem*: Antinomies of Radical Philosophy", *Filosofski Vestnik* XXIX, 2(2008)을 참조하라.

116 ● 음악에서 복률polyrhythm은 동시에 진행되는 두 개 이상의 리듬을 의미한다.

117 Ernst Bloch, "Aktualität und Utopie. Zu Lukács' *Geschichte und Klassenbewusstsein*", in Philosophische Aufsätze, Frankfurt: Suhrkamp Verlag, 1969. 블로흐의 서평에 대해서는 John

루카치에게서 뚜렷이 나타나는 계급의 균질성과 혁명의 동시성_{synchronicity}에 반대하는 블로흐에게 독일농민전쟁은 "상부구조는 나중에야 비로소 성숙한 모습을 드러내는 경제보다 …… 흔히 앞서 있다"는 사실의 증거가 된다.[118] 우리는 여기서 사회적 전환과 역사적 시간 사이의 관계에 관한 본질이 천년왕국운동에 대한 이해의 차이를 낳는 최우선적 원인 가운데 하나로 어떻게 작동하는지를, 그리고 천년왕국운동이 무신론적 반자본주의에 물려준 유산이 있다면 무엇인지를 볼 수 있다. 루카치는 마르크스가 제안한 시대착오의 긍정적 활용, 그리고 블로흐가 극단적으로 형식화한 혁명적 현재를 위한 뮌처의 복구와 반복은, 농민들의 반란이라는 혁명적 유토피아주의란 삶의 진정한 재구조화가 "객관적으로 불가능"했던 상황이 낳은 부산물에 불과했다고 주장하며 거부한다.[119] 러시아혁명을 참조할 때의 논조가 말해 주듯, 블로흐는 신학적-유토피아적 충동_{impulse}과 자본주의 내에서 사회적으로 고착되어 있고, 뒤처져 있으며 주변적인 장소 사이의 연결 고리를 잠재적으로 혁명에

Flores, "Proletarian Meditations: Georg Lukács' Politics of Knowledge", *Diacritics*, 2: 3, 1972; Andrew Arato and Paul Breines, *The Young Lukács and the Origins of Western Marxism*, London: Pluto Press, 1979, 184-6; Anson Rabinbach, "Unclaimed Heritage: Bloch's *Heritage of Our Times* and the Theory of Fascism", 17-19를 참조하라. 서평에서 블로흐는 [루카치가 말했던] 아르키메데스적 받침점이라는 비유를 끄집어내긴 하지만, 애석하게 여기는 방식으로 말할 뿐이다. "왜 우리는 비현실적일 만큼 억압적인 이 세상을 뒤집어엎을 아르키메데스적 받침점을 가지고 있지 않을까?"

118 Ernst Bloch, *Thomas Müntzer, als Theologe der Revolution*, 2nd ed., Leipzig: Reclam, 1989[1962], 51.

119 Lukács, *History and Class Consciousness*, 193[332쪽]. 반면 블로흐에게 뮌처의 비극적 패배는 결코 역사적 필연성으로 현실화해서도 안 되며, '돈키호테'일 뿐이라는 식으로 다루어져서도 안 된다.

유리한 지점으로 파악했다. 마찬가지로, 독일농민전쟁의 사회적 기반에 관한 몇몇 언급을 통해 러시아 촌락공동체mir에 관한 마르크스의 유명한 편지 초고들 중 하나에서 드러난 선형적이고 발전론적인 역사철학 비판을 반복하고 있다. 한 편지에서 마르크스가 동의하면서 인용하는 미국 인류학자 루이스 H. 모건의 말은 다음과 같다. "현대사회가 향하고 있는 새로운 체제는 고대의 우월한 사회적 형태가 부활한 꼴이 될 것이다."[120]

블로흐는 모든 비사회적 혹은 반사회적 내용물들을 역사적 변증법에서 축출해 그것[역사적 변증법]을 균질화하는 것을 거부한다. 이는 내면과 외면, 하늘과 세속, 신학과 정치, 유토피아와 경험이라는 이원성들 ─ 루카치는 바로 이 이원성들이야말로 전 프롤레타리아적 정치를 무능함으로 축소시키는 모순이라고 인식했다 ─ 을 다루는 그의 태도에까지 이어진다. 블로흐가 농민반란의 긴장과 잠재성을 표상하는 뮌처에게서 본 것은, 역사적으로 결정된 모순이나 신학적 가상과 정치적 취약함 사이의 비합리적 균열이라기보다는, 이렇게 분리disjunctions로 여겨지는 극단들 사이의 단락short-circuit 혹은 이접적 종합이다. 천년왕국적 기독교의 "절대적 자연권"(평등으로서의 신정神政)[121]을 사회적 힘과 정치적 형태에 대한 전략적 이해(광부들과의 연대와 '선민 연맹'League of the Elect 결성)와 연결시킴으로써, 블로흐의 뮌처는 "현실 수준에서의 가장 효과적인 것과 초현실 수준에서의 가장 효과적인 것을" 결합하고 "이 둘 모두를 동일한 혁

---

120 Karl Marx, "The 'First' Draft", in Teodor Shanin(ed.), *Late Marx and the Russian Road*, New York: Monthly Review Press, 1983, 107.

121 세속 권력에 묶인 타락한 기독교인들의 상대적 자연권에 관한 토마스파 및 루터파의 교리와 급진적 종교개혁 세력의 전복적인 절대적 자연권 교리 간의 차이에 대해서는 Ernst Bloch, *Natural Law and Human Dignity*, trans. D. J. Schmidt, Cambridge, MA: The MIT Press, 1987, 29-30[63-64쪽]을 참조하라.

명의 가장 높은 곳에 올려놓는다."[122] 아마 다른 무엇보다도 이런 설명이야말로 유토피아적 내용을 역사의 도정 위에 혁명적으로(따라서 실질적으로) 기입하려는 블로흐의 이상을 포착하고 있는 게 분명한데, 이는 1524~26년의 반란들을 기술한 더욱 최근의 몇몇 작업들과 확실한 대비를 이룬다.

독일농민전쟁에 관한 최고의 학자 중 하나이자 '농민전쟁'Peasants' War을 대신할 '평민 혁명'Revolution of the Common Man이라는 명칭의 제안자이기도 한 페터 블리클레에게 신학적 효능과 정치적 효능은 분명 함께 가는 것이다. "구체적인 경제적·사회적 요구들은 '하나님의 말씀'과 '복음'이라는 든든한 연결 고리 속에서 배치"되며, 이 두 연결 고리는 "당대 종교개혁 신학의 약호"였다.[123] 특정한 성경 구절들(가령, 〈사도행전〉 5장 29절 "사람보다 하나님에 순종하는 것이 마땅하니라" 등)에 대한 참조를 기반으로 한 시정是正의 주장은 정당성을 확보했을 뿐만 아니라, 성경 구절을 통해 농민 공동체 및 회합을 "긍정적 저항"[124]의 집단 형태로 만들자는 요구를 끌어냄으로써 도시 길드들의 분산된 저항을 통합시켰다. 천년왕국운동의 통합 기능에 관한 워슬리의 언급을 되새겨 보면, 기독교 원리의 급진적 활용이 가지는 효능은, 이질적 집단들 간의 연대를 가능케 하는 승강구 역할을 하는 데 있기도 했다. "그것[기독교 원리의 급진적 활

122 Bloch, *Thomas Müntzer*, 93-4.

123 Peter Blickle, "Social Protest and Reformation Theology", in *Religion, Politics, and Social Protest: Three Studies on Early Modern Germany*, K. von Greyerz(ed.), Boston: Allen & Unwin, 1984, 4.

124 "긍정적 저항은 복음을 통해 경제적·사회적 필요로부터 더 공정하고 더 정의로운 사회적·정치적 질서[의 요구]로 나아간다. 부정적 저항은 복음을 통해 사회적·정치적 질서로부터 역사의 바깥을 향해 나아간다." Blickle, "Social Protest and Reformation Theology", 4. 전자에 속했는지 혹은 후자에 속했는지에 따라 뮌처에 대한 해석도 달라진다.

윙은 수도원과 정통 성직자에 맞서는 대항의 전위이자, 도시 및 시골에서 반교권주의의 기반을 제공한다. 그런가 하면, 올바른 종교적 교의가 무엇인지를 결정하고, 성직자를 뽑고, 십일조를 배분하는 등의 권리에 대한 요구에서 잘 나타나듯 공동체의 자율성을 요구하는 일을 정당화한다. 그리고 궁극적으로는 사회적·정치적 질서의 기준을 만들어 간다."[125] 게다가, 종교적 완고함은 정치적 혁신의 조건이기도 했다. "미하엘 가이스마이르, 발타자르 후브마이어, 토마스 뮌처, 한스 헤르고트 등 [급진적 종교개혁 내의] 몇몇 놀라운 운동들은 복음의 요구와 신법의 내용에 대한 절대적 확신을 표현함으로써만, 또 혁명의 목표를 기존의 사회·정치제도에 맞도록 순화시키기를 철저히 거부함으로써만, 이전의 경험에서 제기된 한계를 피해 갈 수 있었다."[126]

유토피아적이면서 현실주의적인, 이 한 쌍의 효능에 대한 입장은 블로흐의 마르크스 독해에서도 지배적으로 드러난다. 블로흐에 따르면, "신비론적 민주주의"로의 초역사적 충동을 현실화할 수 있는 내재적 수단을 냉정하게 검토함으로써 중추적 공헌을 한 마르크스는, 유토피아적 환상에 사망 선고를 한 이가 아니라 천년왕국적 공산주의라는 비밀스런 혈통의 진정한 후계자다. 블로흐는 "그[마르크스]의 목적은 현실 세계의 지혜를 따라 펼치는 치열한 투쟁을 통해 합리적 사회주의가 요구하는 에덴동산의 질서[유토피아]를 이 세계에 부여하는 것이다. 사회주의는 대단히 천년왕국적임에도 불구하고 지금껏 너무나 목가적인 방식으로, 일종의 저 너머에 있는 것인 양 여겨져 왔다"[127]

125 Ibid., 8.

126 Peter Blickle, *The Revolution of 1525: The German Peasants' War from a New Perspective*, trans. T. A. Brady, Jr. and H. C. E. Middlefort, Baltimore: Johns Hopkins, 1985, 146.

127 Bloch, *Thomas Müntzer*, 89. 또한 "Karl Marx, Death, and the Apocalypse: Or, the Ways in

고 쓰고 있다. 혹은 『유토피아의 정신』*Spirit of Utopia*에서 블로흐가 놀라운 비유법으로 표현한 대로, 마치 형사가 어느 정도 범죄자를 모방해야만 하는 것과 같은 의미에서만 마르크스는 자본주의와 동질적이다. 『역사와 계급의식』에서 루카치가 정치적인 것을 경제와 분리하는 몰이해를 범했다고 평가 절하한 바 있는, 사회주의혁명과 계획에 대한 블로흐의 시각 역시 일종의 합리적 천년왕국운동을 통해 사유를 진척시키려는 이런 시도에서 나온 것이다.

신학적 초월성과 정치적 내재성immanence 사이의 이율배반적 관계에 대한 관심을 루카치와 공유하는 블로흐는, 『토마스 뮌처』의 많은 부분을 루터의 세속 권력에 대한 굴종 및 신비주의적 내면성interiority에 대한 부정을 해부하고 혹평하는 데 할애한다. 루터의 궁극적인 마니교주의[이원론]Manicheanism**128** ● 는 "정적인 것[불변적인 것]으로 계속 유지될 뿐이며, [세속에서의] 긴장을 누그러뜨리려는, 최소한 천국에서라도 신의 왕국을 재건하려는 그 어떤 요구도 내놓지 않는다."**129** 반면 뮌처가 표상하는 것은, 경험적인 것과 유토피아적인 것 사이

This World by Which the Inward Can Become Outward and the Outward Like the Inward", in *Spirit of Utopia*, trans. A. A. Nassar, Stanford: Stanford University Press, 2000도 참조하라. 여기서 블로흐는 "마르크스는 모든 단순하고, 잘못되고, 한가하고, 관념적인 열정, 즉 자코뱅주의에 불과한 사회주의의 기획들은 완전히 추방했다"(236)고 쓰고 있다. 기독교적 · 유토피아적 내용물에 대한 마르크스의 소위 "세속화"를 도발적으로 다루는 블로흐의 글로는 "Karl Marx and Humanity: Stuff of Hope", in *The Principle of Hope*, Vol. 3, trnas. N. Plaice, S. Plaice and P. Knight, Oxford: Basil Blackwell, 1986[『희망의 원리 5』, "55 카를 마르크스와 인간성"(2955~)]을 보라.

128 ● 3세기 페르시아에서 '빛의 사도'라 불렸던 마니가 창안한 종교로, 빛 · 선과 어둠 · 악이라는 이원론을 특징으로 한다. 이로 인해 '마니교'라는 단어는 비유적으로 '흑백론, 이원론에 사로잡힌 사유'를 의미한다.

129 Bloch, *Thomas Müntzer*, 136.

의 (아마도 해소 불가능할) 이율배반antinomy을 극복하는 일이 아니라, 다른 방식으로 그 둘을 절합함으로써 사회적 필요와 영적 충동 모두를 정당히 대하는 일이다. 더욱 놀랍게도 블로흐의 뮌처는 착취적 질서가 부과한 물질적 짐과 영적 방해물로부터 신도들을 해방시키기 위해 혁명적 집단행동에 뒤따르는 혹독한 요구와 위험을 감수한다. 단순히 고통을 경감시키려는 인간주의적 노력으로부터 놀라운 방향 전환을 시도한 뮌처의 신학적 반란은 신도들이 받는 속된 경제적 고통을 덜어 줌으로써 그들이 마침내 기독교도의 고통(과 속죄)을 받아들이는 데만 신경 쓸 수 있게 만드는 것이다. 블로흐에 따르면, 뮌처가 "[민중의] 굽은 등을 곧게 펴주는 것은 이들이 진정한 짐을 질 수 있게 돕기 위해서이다. 만약 피조물인 민중의 삶이 너무 비참해진 나머지 신보다도 다른 피조물들을 더 두려워하게 된다면, 그것은 자신들의 주인 역시 신의 피조물이자 신의 통제를 받는다는 사실에 비춰볼 때 전적으로 잘못된 일이다."[130]

급진적일 뿐만 아니라 경제적으로 과잉인 유토피아적 충동을 해방시키는 것으로 공산주의를 이해하는 이 시각은 비슷한 시기[131] •에 블로흐가 국가를 다루던 방식에서도 명백히 나타난다. 『유토피아의 정신』에서 그는 국가에 대해 "순전히 행정적인 국제어"로 무장한, "비본질적인 것을 통제하기 위한 거대한 도구적 조직"이자, 유일한 "명분 …… 이라고는 자신의 조직 체계를 단순화하고 매끄럽게 작동시키는 것이며, 비논리적인 삶의 한가운데에 파고들어와 있는 그것의 완전히 도구적인 유일한 논리는 비상 상태의 논리"라고 쓰고 있다.[132] 따라서 루카치의 부정적인 평가를 바로잡자면, 블로흐에게 진

---

130 Ibid., 178.

131 • 『토마스 뮌처』가 1921년에, 『유토피아의 정신』은 3년 전인 1918년에 발간되었다.

132 Bloch, *Spirit of Utopia*, 240.

정 중요한 과제는 경제로부터 정치를 구별 짓는 것이 아니라, 유토피아적인 것을 과잉시켜 경험적인 것을 넘어서려는(물론 이 둘을 철저히 분리시키는 것은 아니지만) 것이다. (블로흐의 표현에 의하면 "권총을 손에 쥔 정언명령"인) 급진적 투쟁과 폭력은 그 자체를 위해서가 아니라 통약 불가능한 "메타 정치적" 목표를 이루기 위한 주춧돌로서 필요하다. 혹은 블로흐의 효과적 알레고리를 빌면 "메시아는 모든 손님들이 식탁에 둘러앉았을 때에만 올 수 있다."[133] 루카치의 반대가 의도하려는 바와는 반대로, 블로흐는 단순히 천년왕국의 직접성과 경제적 매개성을 나란히 놓는 것이 아니라, 세속의 관계들(계급투쟁, 기획, 물질적 필요 등)을 작동시킴으로써 만들어 낼 수 있는 직접적이고 비소외적인 경험이라는 유토피아적 형태들을 사유하는 것이다.[134]

블로흐와 루카치 간의 대립은 엥겔스가 '토마스 뮌처'라는 이름 아래 제기했던 정치적·역사 서술적 문제가 가진 풍부함과 복잡성을 보여 준다. 종교적 신념에 의해 촉발된 정치적 행동이 혁명으로 간주될 수 있는지, 그리고 진정한 사회변혁이 실패 혹은 부적절함의 고통을 감수하고라도 자본주의의 적정 시기에 맞게 조정될 필요가 있는지의 질문에 답하는 데 있어 시대착오와 역사적 필요, 현실주의와 유토피아주의, 신학과 경제학은 모두 중요하다. 천년왕국주의에 대한 마르크스주의의 태도가 유발하는 문제들은 급진적 사유의

---

133 Ibid., 240.

134 아도르노는 블로흐의 사유가 지닌 이런 측면을 잘 포착해 냈다. "블로흐의 스승의 말마따나, 천국과 매개되지 않는 지상 사이에 직접적인 것이 없는 것과 같이 직접성의 순간을 포함하는 매개의 개념 없이는 어떤 것도 매개될 수 없다. 블로흐의 파토스는 지칠 줄 모르게 그 순간을 지향하고 있다." Theodor W. Adorno, "The Handle, the Pot and Early Experience", in *Notes to Literature,* Vol. 2, R. Tiedemann(ed.), trans. S. Weber Nicholsen, New York: Columbia University Press, 1992, 219.

전개 과정에 지속적으로 영향을 끼친다. 최근 알랭 바디우는 사건을 향하는 영원한 진리 생산event-bound production of eternal truths이라는 그의 이론을, 순전한 철학적 사유와 양립할 수 있는 것은 오직 비타협적 평등의 정치학뿐이라는 사실에 따라 초역사적이고 규제적 원리로 이해되는 공산주의의 개념 혹은 가설에 연결시키려 했다. 바디우에게 있어서 특정한 역사적 운동, 당, 혹은 실천이라기보다 하나의 이상인 공산주의는 다음과 같은 생각을 포괄한다. 즉, 평등은 머나먼 사회적 목표가 아니라 즉각 실현되어야 할 정치적 행동의 일반 원칙이라는 점, 정치는 국가 없이도 혹은 국가를 넘어서 존재할 수 있다는 주장, 지식 노동과 육체노동 사이의 오래된 구별 및 다기능 노동자의 생산에 반대하는 투쟁 등이 그것이다.[135] 공산주의라는 생각에 대한 바디우의 재주장은 그의 공저 『이데올로기에 대하여』De l'idéologie에서 처음 소개된 "공산주의의 불변항들"이라는 개념과 단단히 맞물려 있다.

공산주의 개념에 대한 바디우의 최초 정식화는 엥겔스의 『독일농민전쟁』을 재해석하는 과정에서 만들어졌다. 바디우와 발메가 이 텍스트, 그중에서도 특히 뮌처를 다루는 내용에 주목한 것은 자본주의에 홀려 착취당하는 자신들의 상황을 깨닫지 못하는 주체로 대중을 상정함으로써 이들에게 은혜라도 베푸는 것 같은 태도로 마르크스주의 이데올로기 개념을 이용하는 엘리트주의자들을 논파하기 위해서였다. [엘리트주의자들의 주장과는] 반대로, 착취당하는 이들은 누가, 어떤 방식으로 자신들을 착취하는지 언제나 알고 있었다.[136] 오히려 이들의 문제는 자신들의 이데올로기적 투쟁이 영원히 적의 영

---

135 Alain Badiou, "The Communist Hypothesis", *New Left Review*, 49(2008), 그리고 Alain Badiou, *L'hypothèse communiste*, Paris: Lignes, 2009에 수록된 다양한 글들을 참조하라.

136 Alain Badiou and François Balmès, *De l'idéologie*, Paris: Maspéro, 1976, 16. 엥겔스에 기대

토에서 발생하고 있다는 것이다. 즉각적이고 구체적인 평등을 요구하는 이들의 봉기는 따라서 "재현 불가능한", 순전한 "예외"이다.[137] 반제국주의 반란 insurgencies에 대한 구하의 고찰과 마찬가지로, 저항에 대한 접근 역시 지배 이데올로기라는 왜곡된 거울을 통해 부정적인 방식으로 이루어져야 한다. 자신의 목소리가 들리게 할 수 있으려면 저항은 자기 적수의 어휘를 끌어올 수밖에 없으며, 뮌처의 경우에 신학이 그런 어휘였다. 하지만 저항은 착취자들의 사유와 실천에 단순히 기생하지 않는 긍정적 자율성을 가진다. 이 자율성은 이른바 반란의 자연 발생적 이데올로기이기도 하다. 바디우와 발메는 이렇게 쓴다. "착취당하는 계급(노예, 농민, 프롤레타리아)의 위대하고 끊임없는 대중 봉기는 모두 평등주의, 반사유재산, 반국가 형식들에서 자신들의 이데올로기적 표현을 발견하며, 이것이야말로 공산주의 프로그램의 골자를 구성한다. 우리가 공산주의의 불변항들이라고 부르는 것은 반란의 생산자들이 취하는 이런 일반적 입장의 구성 요소들이다."[138] 뮌처에 대한 엥겔스의 통찰이 가진 유산을 구성하는 시대착오 혹은 비동시성은 어떻게 보아야 할까? 바디우와 발메는 이 문제 역시 고민하고 있는데, 이들은 형식, 내용, 역사라는 관점에서 그 반란을 분석함으로써 이에 답한다.

지배 이데올로기에 묶인 채로 남아 있는 그 교리적 형식을 놓고 볼 때, 반란은 기껏해야 이단에 불과하며, 제 아무리 과격하다 해도 이 형식은 언제나

고 있기는 하지만, 저자들은 "하층민들"에 대한 그의 계급 분석을 비판한다. 바디우와 발메에게, 뮌처와 그 동지들의 투쟁은 "천년왕국 공동체의 잔여적 지속이나 프롤레타리아의 웅알거림을 반영하는 것이 아니다. …… 그것[뮌처의 투쟁]은 농민 봉기를 반영하면서 이를 통합하는 공산주의 유형의 이데올로기다"(64).

137 Ibid., 41.

138 Ibid., 66-7.

지배적 재현 체계 내에 속해 있다. 하지만, "즉각적인 대중적 내용"을 가졌다는 측면에서 모든 순전한 반란은 공산주의의 불변항들을 예시한다. 루카치와 블로흐 간의 대립이 발생했던 장소이기도 한 역사적 차원에서, 이 불변항들은 경제적 발전과 정치적 전략이라는 시간성에 의해 영향을 받게 된다. 여기서 바디우와 발메는 "대중의 이데올로기적 저항은 그 역사적 현실 (즉, 저항의 계급적 효능) 속에서 그 순간의 혁명적 계급이 가진 사상의 승리와 우세를 필연적으로 예기하게 된다"[139]고 서술함으로써 일종의 법칙을 제시한다. 이는 뮌처의 천년왕국식 평등주의가 부르주아의 법적 평등 개념을 위한 길을 닦았다는 엥겔스의 우울한 인식에 대한 이들의 주해이기도 하다. 공산주의의 불변항들이라는 깃발 아래에서 반란의 자율성과 불멸성을 긍정하면서 바디우와 발메는, 비록 훨씬 덜 낭만적인 방식을 쓰고 있긴 하지만, 평민 유토피아의 편재성Ubique에 대한 블로흐의 찬가에 공명하고 있는 것처럼 보인다. 그러나 궁극적으로 그들은 엥겔스에게서 나타나고 루카치에 의해 개작된 고전적 논제, 즉 단순한 반란의 역사가 아닌, 결정적으로 혁명적인 역사 속에서는 오직 프롤레타리아만이 형식과 내용의 조정 및 동기화를 가능케 할 수 있다는 주장에 동의 서명을 하고 있다. 그들이 다른 곳에서 "논리적 힘"이라 부르는 이 프롤레타리아만이 "자신의 이름으로 역사를 만들어 낼 수 있"고 따라서 패배의 시간을 승리의 시간으로 전환시키면서, 지금껏 좌절되었던 불변의 생각(공산주의)을 실현할 수 있다.[140] 바디우는 그의 이후 저작에서 이런 이해의 도식은 버리지만, 평등주의적 불변항과 그가 공산주의의 가설이라 부르는 것의

---

139 Ibid., 69-70.

140 Ibid., 74.

타당성, 곧 지배 없는 정치, 지배에 맞서는 정치가 가능하다는 생각은 유지한다. 이 과정에서 바디우는 엥겔스가 최초로 윤곽을 그린 범주로부터 그가 초기에 끌어냈던 이데올로기와 동시성의 문제들을 폐기한 것으로 보인다. 어떤 이들은 그가 천년왕국 및 광신이라는 문제가 가진 핵심적 차원, 즉 기존 사회에 대한 총체적 반대라는 주장마저도 폐기한 것은 아닌지 궁금해 할 수도 있으리라. 이제 이 문제로 들어가 보자.

천년왕국의 근대성

뮌처의 혁명 신학에 대한 사회적 사유에 지속적으로 매료되어 있음을 입증했던 블로흐의 천년왕국 마르크스주의는 또 하나의 중요한 성찰을 자극했다. 헝가리의 사회학자(이자 루카치의 옛 친구)인 카를 만하임의 작업이 그것이다. 지식사회학에 관한 만하임의 영향력 있는 저서 『이데올로기와 유토피아』 *Ideology and Utopia*에서 블로흐의 뮌처 서술을 구체적 원형으로 한 천년왕국적 광신 혹은 천년왕국설은 유토피아의 패러다임 혹은 영도degree zero로 제시된다. 만하임은 유토피아의 영도란 "현실의 상태와 일치하지 않는 마음 상태[의식]"이자, 어떤 식으로든 실현되기 위해 애쓰는 마음 상태라고 정의한다. 만하임에게 이런 유토피아는 기존의 역사-사회적 질서에 대해 변혁적 효과를 발휘하는, "존재 초월적인" 생각들이다.[141]

---

[141] Karl Mannheim, *Ideology and Utopia*, London: Routledge, 1936, 173, 185[403, 426쪽]를 참조하라.

만하임은 네 가지 유형의 유토피아를 제시하는데, 곧 천년왕국주의 유토피아, 자유주의 유토피아, 보수주의 유토피아, 사회주의-공산주의 유토피아가 그것이다. 앞의 둘은 일종의 미결정성 혹은 우발성(천년왕국주의의 경우는 광신적이고 결단주의적이며, 자유주의는 규제적이고 숙의적이다)을,[142] 뒤의 둘은 결정성(보수주의의 경우는 행동하지 않고, 사회주의-공산주의는 변혁적이다)을 특징으로 한다. 블로흐와 루카치 사이의 논쟁에서 정치적 행동과 주관성의 적시성 혹은 동시성이라는 문제가 자본주의 발전의 필요성과 혁명적 변화의 가능성이라는 논제에 연결되고, 또 뮌처의 반란이 필연적으로 패배하게 된다는 루카치의 주장과 결합하게 되는 것처럼, 여기서 유토피아의 다양성은 정치의 양식이라는 관점에서 규정된다. 이런 측면에서 실용주의적 자유주의와 유사하고 보수주의나 단계적 사회주의가 가진 결정론적 차원과는 대립되는 천년왕국주의는 우발성을 원리로 삼는다. 만하임에게 유토피아는 사회적 시간을 다른 방식으로 경험하게 될 때 자격을 갖는데, 천년왕국주의의 시간성은 카이로스kairos의 시간, 즉 "영원에 습격당하는 순간"이자 결단에 좌우되는 영원의 시간이다.[143] 천년왕국주의는 만하임이 "절대적 현재성"[144]이라고 부르는 것, 곧 "시간 내부의 마디가 부재한"no inner articulation of time[145] * 때의 구체적인 정서

---

[142] 자유주의와 천년왕국주의 사이의 대립에 대해서는 ibid., 203-4[458-461쪽]를 보라.

[143] Michael Löwy, "Utopie et chiliasme: Karl Mannheim(1890~1947) comme sociologue des religions", in Erwann Dianteill and Michael Löwy, *Sociologies et religion. Approches dissidentes*, Paris: PUF, 2005, 30.

[144] Mannheim, *Ideology and Utopia*, 193[441쪽].

[145] * 'articulation'은 '마디', '관절'을 의미하는데, 사실 마디나 관절은 분리되어 있는 두 부분을 상정하고 있다. 따라서 '시간 내부의 마디가 부재하다'는 말은 '분리되지 않은 시간', '절대적 현재에 귀속된 시간'을 의미한다.

적·인지적 상태에 의해 특징지어진다. 만하임이 바쿠닌이라는 인물을 통해 명확히 환생했다고 판단했던 이 천년왕국 유토피아에 있어서 총체적 혁명은 "즉각적 현재에 관한 유일하게 창조적인 원칙"이다.[146]

(세상에서 진정한 탈출을 감행하라고 요구하는 지점에 이르기까지) 절대적이고 비타협적인 방식으로 낡은 질서와 맞서 싸우는 한, 천년왕국주의는 만하임의 도식 속에서 유토피아의 가장 순수한 형태이다. 천년왕국주의의 발흥과 영향은 매우 중요하다.

> 우리의 문제의식에 비춰 볼 때, 근대사의 결정적인 전환점은 '천년왕국주의'가 사회의 억압받는 계층의 적극적 요구와 결합되었던 그 순간이었다. 지상 천년왕국의 여명에 대한 그 생각은 언제나 혁명적 경향성을 담고 있었고, 교회는 할 수 있는 모든 수단을 다해 상황에 따라 초월적인 이 사상을 마비시키기 위해 최선을 다했다.[147]

"천년왕국주의와 사회혁명이 구조적으로 결합되었던"[148] 이 결정적 지점이야말로 만하임에게 근대 정치의 탄생을 알리는 신호가 된다. "만약 우리가 현실을 있는 그대로 받아들이는 운명론적 접근과 반대로, 어떤 실제적인 목표를 성취하는 데 모든 사회계층이 다소간 의식적으로 참여하는 것을 정치로 이해한다면" 말이다.[149] 뮌처와 그의 추종자들의 천년왕국운동은 엄밀한 의미에서 최초의 반체제운동이다.

---

146 Ibid., 196[445쪽].

147 Ibid., 190[435-436쪽].

148 Ibid., 190[436쪽].

149 Ibid., 191[437쪽].

근대 혁명의 특징 중 하나는 …… 특정한 압제자에 맞서는 식의 통상적인 반란이 아니라, 기존의 전체 사회질서에 대항해 철저하고 체계적인 방식으로 격변을 일으키려 한다는 점이다.[150]

천년왕국주의를 이데올로기보다는 유토피아로, 즉 기존 질서의 재생산을 돕기보다는 그것을 탈구시키는 운동으로 읽게 함으로써, 만하임은 우리가 광신을 단순한 시대착오 혹은 순전히 부정적인 의미만을 가지는, 발전 과정의 사회적 병리로 바라보는 시각에서 멀어질 수 있도록 돕기도 한다.

유토피아는 "이데올로기가 아니다. 다시 말해 기존의 역사적 현실을 자신의 관념에 맞게 변화시키려는 대항 행위를 통해 결국 성공하는 한, 또 그 기준에서 볼 때 유토피아는 이데올로기가 아니다."[151] 더욱이, 억압받는 자들의 정치적 운동 속에 꿋꿋이 뿌리를 박고 있을 뿐만 아니라 결단, 기대, 정치 행동이 갖는 구체적 시간성을 사회에 도입했던 천년왕국주의는, 천년왕국운동을 비난했던 사람들이 대개 주장하는 것과는 달리, 결코 반재현적anti-representational 광란의 일종으로 축소될 수 없다. 광신에 대한 논의 속에 세워진 "경멸의 전통"[152]과는 반대로, 우리는 정치적 심리의 변화와 이 같은 심리 변화의 담지자들인 사회계층 혹은 집단 사이의 상관관계를 주목함으로써 홉스봄과 워슬리의 천년왕국운동 해석의 전조가 되었던 만하임의 접근을 환영해야 할 것 같다. 『이데올로기와 유토피아』에서의 "사회학적 조사의 대상은 유토피아의 다양한 형태들과 기존 질서를 변혁하려는 사회계층 사이의 상관관계이다."[153]

---

150 Ibid., 195, n. 2[445쪽].

151 Ibid., 176[409쪽].

152 Olson, "The Freshness of Fanaticism"을 참조하라.

하지만 만하임에게 이 변혁은 사상의 수준에서 간단히 발생하는 게 아니다 (이것을 그는 자유주의-인도주의적 편견이라고 비판한다). 오히려 변혁은 반드시 비재현적non-representational일 필요는 없는 반재현적인 활력, 충동, 그리고 정서를 필요로 하는 것이다.

그렇다면 만하임은 어떤 의미에서는 천년왕국운동의 정치적·조직적 형태들을 실질적으로 파헤치지는 않으면서 16세기 천년왕국주의의 사회학적 차원과 관념적 차원을(즉, 평민, 농민과 천년왕국운동을) 연결하는 경향을 보임으로써, 블로흐에게서 이미 나타났고 정도는 덜하지만 그전에 엥겔스에게서도 드러났던 문제를 악화시키는 셈이다. 뮌처라는 상징적이고 우상파괴적 인물을 다른 지도자들, 가령, 1526년의 『티롤 지방의 영토 규약』Territorial Constitution for the Tyrol을 통해 반란 농민들이 "신을 버린 자들"에 대한 수사적 공격을 유지하면서도 공통의 소유권에 기초한 농지개혁과 경제계획에 대한 자세한 청사진을 고안해 낼 능력이 충분히 있었음을 보여 주었던 스위스의 혁명가 미하엘 가이스마이르Michael Gaismair 같은 이들보다 더 선호하는 현상은 부분적으로 이런 단점을 설명해 준다.[154] 뮌처를 해방의 요구에 대한 결정체이자 매개자로 여기는 엥겔스와 블로흐 같은 이들이 대개 이런 단점을 피해 가기는 하지만, 뮌처라는 인물에 매혹되는 일은 1525년의 전쟁과 일반적인 농민반란들을 철저히 조사해 보면 드러나는 정치적·이론적 문제들을 끈질기게 부정하는 결과를 낳을 수 있다. 시간이라는 문제를 놓고 볼 때 특히 그렇다. 만하임은 이렇게 쓴다.

---

153 Löwy, "Utopie et chiliasme", 25.

154 Tom Scott and Bob Scribner(eds), *The German Peasants' War: A History in Documents*, Amherst, NY: Humanity Books, 1991, 265-9.

하나의 경험이 가진 순서, 질서, 평가를 결정하는 것은 유토피아적 요소, 즉 지배적 희망의 성격이다. 이 희망은 우리가 시간을 경험하는 방식까지도 틀 싯는 조직화의 원리다. 사건이 질서화되는 형식, 그리고 사건을 자연스럽게 관찰하는 과정에서 개인이 시간의 흐름에 부여하는 무의식적으로 강력한 리듬은 유토피아 속에서 즉각적으로 인지되는 그림으로, 또는 적어도 곧바로 이해되는 의미 집합으로 나타난다.[155]

천년왕국운동을 다루는 사회 이론들이 비동시성에 의해 갈라진 퇴행과 예비의 복잡한 결합이라고 말하는 정치적 시간은 여기서 유토피아의 고정적이고 가시적 시간에 종속된다. 종교적이라고 불린 이 운동이 만들어 낸 구체적 조직, 처방, 구성 과정을 경시한다는 것은 사상, 종교와 사회적 저항 사이의 연관성이 일종의 역사주의와 같은 견고한 동인과 너무나 깔끔하게 조화를 이루게 된다는 것을 의미한다. 이런 맥락에서 만하임은 "모든 시대는 실현되지 않고 충족되지 않은 경향들 속에 압축된 형태로 담겨 그 시대의 필요를 대변하는 사상과 가치들이 (각기 다른 사회집단들을 통해) 떠오르도록 만든다"고 주장한다.[156] 잠재된 요구와 사회적 표현 사이의 상호 관계라는 이 개념에는 뭔가 너무나 깔끔한 데가 있으며, 그것은 천년왕국운동과 우발성 사이의 고리를 약화시키고 탈정치화시킨다. 그럼에도 불구하고, 유토피아와 이데올로기 간의 명확한 차이가 갈등에서 나온다는 만하임의 주장 속에는 정치의 문제가 자리 잡고 있다.

유토피아적인 것이 무엇인지를 결정하는 것은 언제나, 기존 질서와 완벽히 조화를 이룬

---

155 Mannheim, *Ideology and Utopia*, 188.

156 Ibid., 179.

지배 집단이다. 반면, 현존하는 질서와 갈등하는 상승 집단은 이데올로기적인 것이 무엇인지를 결정한다.[157]

천년왕국 정치의 신학적 입장에만 집중하는 데 반대하면서 천년왕국 정치에 대한 정동적 해석을 택하는 만하임은 농민전쟁 동안 정치의 영성화spiritualization 속에서 중요했던 것은 사상이 아니라 "황홀하고 흥청대는 활력"이라고, 또 천년왕국주의에 존재하는 사상과 경험 사이의 긍정적인 비대칭 속에서 중심은 후자에 있다고 주장한다. 그가 말하듯이 "천년왕국주의의 핵심 특징은 자신의 표상과 상징에서 언제나 스스로를 분리시키는 경향에 있다."[158] 천년왕국 운동은 신학적 형식에 의해서가 아니라 정동적 내용물에 의해, 기존의 사회적 질서 속에 담겨 있는 부정과 초월을 추동하는 변혁적인 집단적 활력에 의해 규정된다.

　이 부정과 초월이 가장 극단적인 형태의(시간을 찰나의 순간에 집중시키고 지배 질서의 모든 측면에 맞서는 것처럼 보이는) 유토피아뿐만 아니라 가장 근대적인 것을 만들어 낸다. 1장에서 우리가 만났던 광신의 역설들이 여기서 한층 강화되는바, 순간을 긍정함으로써 이루어지는 시간에 대한 신학적 부정은 혁명을 가능케 하는 시간의 정치적 중요성을 알리고, 근대성은 과거 회귀의 모습으로 도착하며, 빼앗긴 자들의 반란은 새로이 개조된 세상을 향해 신호를 보낸다. 세상을 뒤집어엎으려는 광신의 갈망은 비합리주의적 지표인 것처럼 보이지만(비판자들은 그 속에서 패배한 원한, 곧 병리적 행동의 격증을 발견한다), 만하임에 따르면 혁명 안에는 부정적인 합리성이 존재하니, 곧 "특정한 압제자에

---

157 Ibid., 183.

158 Ibid., 193.

맞서는 식의 통상적인 반란이 아니라, 기존의 전체 사회질서에 대항해 철저하고 체계적인 방식으로 격변을 일으키려 한다는 점"에서 그렇다.[159] 유토피아의 유형들 중 천년왕국주의는 강력하고 가장 눈에 띄는 근대적 적수로 자유주의를 두고 있으며, 블로흐의 저작이 말해 주듯 단순한 결정론과는 거리가 있는 사회주의-공산주의 유토피아들로부터 쉽사리 분리되지도 않는다. 비타협적 적대와 초월적 신념으로 이루어지고, 빼앗긴 자들에 의해 지탱되는 혁명적 유토피아는 점진적이고 예측 가능한 변화라는 부르주아 유토피아에 맞서 싸운다. 천년왕국주의와 자유주의 모두는 결정론을 거부한다. 하지만 자유주의에 있어 우발성은 실용적으로 제어되어야 할 것에 불과한 데 반해, 천년왕국주의에 있어 우발성은 결단이자 급진적 전복으로 강화되어야 하는 것, 즉 카이로스이다.

그러나 자유주의적 정치사상의 황금시대를 다룰 다음 장에서, 우리는 광신과 그 사촌인 열정에 관한 한, 계몽주의가 무조건적 신념과 계시적 진리라는 개념으로부터 자신을 완전히 구별 짓기가 굉장히 어렵다는 것을, 나아가 계몽주의에는 자주 광신이라는 낙인이 찍히곤 했다는 사실을 보게 될 것이다.

---

159 Ibid., 195, n. 2[445쪽].

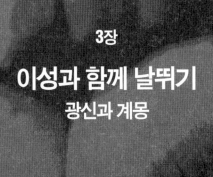

3장

이성과 함께 날뛰기
광신과 계몽

사유 영역에서의 가장 위대한 파괴자인 칸트는

로베스피에르를 월등히 능가하는 테러리스트다.

_____하인리히 하이네, 『독일 종교와 철학의 역사에 대하여』

우리 각자는 서로에게 신비교도이자 계몽철학자다.

_____자크 데리다, "철학에서 새로 떠오른 묵시록적 경향에 대하여"

종교적 비이성이 정치를 침식하는 것에 맞서서 계몽주의를 부활시킬 것을 주장하는 최근의 움직임들은 이데올로기적 기원과 그들이 제시하는 대안에 있어서 매우 다양하게 나뉘기는 하지만, 광신을 합리성과 사회적 평화에 대한 전 지구적 위협으로 파악한다는 점에서는 일치하는 것 같다. 전문가들과 정치가들 사이에 만연한 "소박한 계몽주의"[1]는 이성, 자유주의, 인도주의 등의 "서양적 가치들"을 구성하는 어렵게 얻은 성취들을 "우리"가 확고히 지켜야 한다고 말한다. 비판적 이론가들도 "종교적 광신에 맞서 가차 없는 공격을 할 필요성이 남아 있다"[2]는 데 동의하고 있다. 그러나 '계몽주의 재장전'에 대한 많은 비판자들이 이미 지적한 바 있듯이, 이런 요청들 가운데 다수는 천박하고, 방향을 잘못 잡았거나, 위선적이다. 이들이 불러내는 계몽

---

1 Dan Hind, *The Threat to Reason*, London: Verso, 2007, 24-6, 51-5.

2 Stephen Eric Bronner, *Reclaiming the Enlightenment: Towards a Politics of Radical Engagement*, New York: Columbia University Press, 2004, 14.

주의는 기묘하게 구성되어 있다. 즉, 최근의 많은 역사 연구들이 밝혀낸 것과는 반대로, 이들의 계몽주의는 정치적 긴장, 지리적 특이성specificity, 철학적 차이가 모두 제거된 통일적이고 균질한 것으로 제시된다. 또한 현재의 자유주의-민주주의 신념과 계몽주의의 특정 입장들(가령, 노예제와 가부장제의 옹호, 무신론 비판, 자연적 위계와 권위의 정당화) 사이의 불협화음은 관습과 사상의 진보에 의해 철저히 극복된 과거의 우발적인 역사적 맥락일 뿐이라고 호도되거나, 혹은 간단히 비본질적인 것으로 치부된다.

계몽주의 벗어나기

이렇게 단순하고 표준화된 계몽주의의 성격은 이미 기존 질서의 기저가 되어 있는 요소들의 집합(어디에서나 들을 수 있는 김빠진 표현을 인용하자면 "우리가 공유하는 가치들")에 의해 과거로까지 소급 적용되며, [이 계몽주의는] 내부의 과거 회귀 경향과 외부의 적들에 의해 위협받고 있다고 알려져 있다. 광신에 맞서 수행되는 현재의 이데올로기 선전전의 독특한 흐름은 '우리'가 진정 계몽되었다는 의기양양한 신념에서, 그리고 이에 수반해 계몽주의는 만들어지고enacted 진전되고 반복되는 것이라기보다는 보존되어야 하는 것이라는 생각에서 유래한다. 계몽주의가 우리의 문명을 규정하는 문화적 유산(정확히는 '가치') 같은 것이라는 생각이 특이나 널리 퍼져 있다. 현재의 정치적 전경 속에서 프랑스의 '뤼미에르'Lumières나 독일의 '아우프클레룽'Aufklärung[3]•에서 유래한 해방적•합리적인 통찰력들이 많은 부분에서 체계적으로 거부되고 있다는 점을 지적하는 것은 아마도 불필요한 일일지 모르겠다. 만약 우리가 진정 계몽주의를 하나의 기획으로 부를 수 있다면, 그 기획의 대부분은 단지 미완성일 뿐만 아니라 아예 무시되고, 묻히고, 혹은 왜곡되어 왔다. 아마도 더 적절한 시각은, 계몽주의를 패권적 정치·경제 질서와 동일시함으로써(혹은 적어도 후자를 해방된 이성에 기초한 세계상에 가장 근접한 것으로 다룸으로써),[4] 우리 시대의 논평자들은 오늘날 많은 학자들이 복수의 계몽주의[5]라고 부르는 것 내의 다양한 분파들에서 탄생한 급진적 혹은 해방적 잠재성에 대한 배신이라고 할 수 있는 두 개의 상호 연관된 흐름과 연계되어 왔다고 보는 것이리라. 첫째, 수사적 책략과 열광적 애착의 대상으로서의 계몽주의에 대한 현재의 호소는 합리성의 문화화(수많은 비판적 학자들이 때로는 무차별적이기도 했을망정 정당하게 비판했던 '서양'과 이성의 해방을 동일시했던 행태)와 공모 관계에 있다. 둘째, 이 시대의 많은 계몽주의 주창자들은 계몽주의를 보존할 것을 주장함으로써 그것이

3 • 이 두 단어는 모두 '계몽주의'를 뜻한다. 영어의 'Enlightenment'와 같이 프랑스어와 독일어 표현 역시 '밝히다'는 의미를 가지고 있다.

4 원래의 초월적 이상에 근접했다는 점을 언급함으로써 경험적 자유주의를 무죄 방면하는 행위 속에 담긴 이데올로기적 책략은 페리 앤더슨이 가차 없이 해부한 바 있다. Perry Anderson, "Arms and Rights", in *Spectrum*, London: Verso, 2005. 국제법의 철학적 기초에 대한 보비오, 하버마스, 롤스 등의 접근법에 대고 앤더슨이 한 말을 '계몽주의'에 대한 광범위한 프로파간다식 사용법에도 똑같이 돌려줄 수 있을 것이다. "치욕적인 현실을 가리키는 비평에 맞서서 …… 이상은 그런 경험적 결함들로 때 묻지 않은 규범적 기준에 의해 지탱될 수 있다. 공허한 유토피아라는 비판에 맞서서 세상의 작동 방식은 유토피아로 향해 가는 더욱 희망찬 순례로 재현될 수 있다. 보편적 도덕성을 통한 표면적 정당화와 섭리의 역사에 대한 은밀한 호소 사이의 이 왕복운동이 빚어내는 결과는 의심할 여지가 없으니, 곧 미 제국을 인류 진보를 대신하는 기호로 삼기 위한 허가증을 얻는 것이다"(165)[253쪽].

5 급진 계몽주의와 온건 계몽주의의 차이에 대해서는 Jonathan I. Israel, *Enlightenment Contested: Philosophy, Modernity, and the Emancipation of Man 1670~1752*, Oxford: Oxford University Press, 2006와 "Enlightenment! Which Enlightenment?", *Journal of the History of Ideas*, 67:3(2006)을 참조하라. 전혀 다른 맥락이긴 하지만 J. G. A. Pocock, "Enthusiasm: The Antiself of Enlightenment", in *Enthusiasm and Enlightenment in Europe, 1650-1850*도 참조하라.

가지고 있는 비판적 역량을 고갈시켜 버리고 만다. 이는 마치 우리가 이성과 해방이 함의하는 바를 이미 알고 있고, 따라서 무지에 맞서는 오래된 투쟁을 재개하기 위해 재무장하기만 하면 된다는 말과 다를 바 없다. 따라서 지키고 보호해야 할 소중한 재산이라는 계몽주의의 상像을 위해 계몽주의적 비판이 갖고 있는 급진적 유산들을 대표하는 대담성, 규율, 그리고 위험 등은 사라져야만 하는 꼴이다.

여기서 망각된 것은 스스로의 편견을 경계하고 비합리적으로 영속되는 권위와 결탁하지 않도록 주의하는 비판적 사유의 이념이다. 우리에게 남겨진 것은 수세에 몰린 용감한 소수파의 일원이라고 스스로를 포장하면서도 실은 강한 자들의 편에서 싸우고 있는 데서 기인하는 이데올로기적 편안함이다. 이런 연출 기법(어느 정도 완결된 기획[계몽주의의 수호자들로 하여금 자신의 낡은 적들이라는 유령 및 역류물과 대적하게 만드는) 속에서 계몽주의와 푸코가 "현재의 존재론"이라고 불렀던 것에 대한 질문 사이의 연결 고리는 말소되어 버린다. 푸코가 계몽에 대한 칸트의 사유 ─ 즉, 명백한 현실태actuality, 어떤 구체적 권위, 항상 의문시되어야만 하는 "우리" 등에 관련된[6] ─ 를 철학이 속한 현재의 문제적 (그리고 정치적) 위치에 대한 철학 스스로의 성찰을 시작하는 것으로 보았던 반면, (정치적) 종교의 귀환에 대항하는 보루로 기능하게 될 계몽주의로의 귀환이라는 현재의 유행은 계몽에 대한 칸트적·포스트-칸트적 의미의 비판과는 동떨어진 위치에서 발생하고 있다. "불복종 행위로서의 사유와 상상에 대한 취향"으로서의, 적들과 전투를 벌이는 "사명"이라기보다는 위험한 모험으로서의 계몽주의는, 우리가 문명 간 혹은 신앙 체계 간의 가상 충돌이

---

6 Michel Foucault, "What is Revolution?", in *The Politics of Truth*, Los Angeles: Semiotext(e), 2007, 85.

라는 값싼 영웅주의로 힘을 얻은 나머지 아무런 위험부담이나 성찰 없이 자신들의 역할이 단지 그 계몽주의*the Enlightenment*[현대의 계몽주의 옹호자들이 말하는 어떤 유일하고 정통적인 계몽주의라는 잘 규정된 재산을 방어하는 것에 불과하다고 생각하는 계몽주의의 지대 수입자들과 입씨름하는 사이에 사라져 버린다.[7] 많은 이들이 단지 공격적인 목소리와 과장된 자세를 통해 관객 몰이를 하는 이 이데올로기적 무언극 속에서, 우리가 17~18세기 유럽에서 최초로 나타났던 이성과 비이성, 자유와 복종, 지식과 무지 사이의 투쟁의 반복 혹은 지속을 현재 경험하고 있다는 광범한 믿음을 지탱해 주는 것은 광신의 관념임에 거의 틀림없다. 과거의 지적 해방운동들이 가진 많은 중요한 유산들을 시야에서 지우는 것은 제쳐 두고라도, 계몽주의의 열혈 지지자들과 비이성적 광신자 무리들 사이의 가상적인 이데올로기 세계대전은 정치적 단순화라는 허위 형식을 만들어 낸다. 이런 가짜 이해야말로 종교 정치학과 전 지구적 갈등의 문제에 대해 우리를 무지한 상태로 묶어 두는 것이다.

광신의 정의

나는 계몽주의(만약 포콕이나 이스라엘 같은 역사학자들의 주장을 따른다면 계몽주의들)를 그것의 적수, 대조물, 혹은 '반자신'antiself으로 보일 수 있는 것들의 프리즘을 통해 접근하려 한다. 우리의 관심은 용어 그 자체가 아니라 한 개념의 논

---

7 Isabelle Stengers, *Au temps des catastrophes*, 139-51을 참조하라.

쟁적이고 관념적인 변천이기에 나는 광신뿐만 아니라 열정 혹은 고양exaltation 등도 살펴볼 것인데, 이를 통해 이성과 이성의 타자들 사이의 대립이 작동하는 언어적·의미론적 맥락이 드러날 것이다. 일차원적인 계몽주의가 수많은 정치적 수사에서 사용되는 오늘날과 같은 상황에서, 계몽주의 사유의 분명한 상징이자 기념비로 여겨지는 저작에서 시작하는 게 좋을 것 같다. 디드로와 달랑베르가 편집한 『백과전서 혹은 과학·예술·기술에 관한 체계적 사전』 *Encyclopédie, ou dictionnaire raisonné des sciences, des arts et des métiers*[이하 『백과전서』]이 그것이다. 『백과전서』 중 루소의 친구이자 미래에 지롱드당원이 되는 인물인 알렉상드르 들레르[8]가 집필한 '광신' 항목은 지적인 상식에 비추어 언뜻 그 계몽주의가 가지고 있는 의견들을 요약한 것으로 보인다. 하지만 다소간 불규칙하게 쓰인 이 항목 속에서 우리는 뜻밖의 몇몇 내용들과 만나기도 한다.

항목의 첫 시작에서부터 들레르의 산문체와 그가 쓰는 대상의 성격 사이에는 흥미로운 울림이 명백히 존재한다. 그의 문체를 지배하는 것은 끝없어 보이는 목록, 일종의 병렬이다. 광신의 핵심은 분석이나 직관을 통해서가 아니라 역사, 소문, 이야기를 결합하면서 광신의 발현 양상을 극화劇化함으로써 파악될 수 있다. 따라서 들레르는 수없이 많은 열광자zealots와 헌신자들이 자신들의 특유한 절대 진리를 위해 명백히 부조리하고 상호 모순적인(옷을 벗거나 베일로 감추는, 몸을 떨거나 명상에 빠진, 폭력적이거나 수동적인) 의식들을 수행하고 있는 광대한 만신전pantheon 내의 의도된 무아지경이라는 무대배경에서부터 논의를 시작한다. 이런 광신자들이 [만신전 밖의] 더 넓은 세계로 풀려남에 따라, 들레르의 서술은 미신과 분파주의, 유사 종교적 무지와 정치적 갈등을

---

8 들레르의 삶과 작품에 대해서는 Franco Venturi, "Un enciclopedista: Alexandre Deleyre", *Rivista Storica Italiana*, LXXVII: IV(1965)를 보라.

함께 엮어 낸다. 『백과전서』가 견지하는 관용의 기획은 차이 속에서 단조로 움을 만들어 내는 이런 서술 기법에 의해 전달되는데, 이런 서술은 이성이나 합리적 종교와는 상반되는 단일성을 구축하는 데 기여한다. 계몽의 또 다른 강력한 적수인 미신에서 기원한 광신은 이제 변화무쌍하면서 동시에 단일한 것, 대립하는 분파들을 만들어 내면서도 본질적으로 동일한 논리에 의해 추동되는 것으로 서술된다. 광신은 행동으로 나타나는 미신인 것이다. 그러나 이 목록은, 특히나 전 세계에 걸쳐 광신자들이 실천하는 많은 공포와 잔혹함을 전시하며 즐거워하는 순간 완연히 교육학적인 기능을 수행하기도 한다. 즉, 독자는 피로와 혐오에 의해, 비이성이 낳은 무수히 추악한 얼굴들에 의해 교화되는 것이다. 천 개의 제단을 가진 이 [광신의] 만신전 속의 기괴하고 모순된 의식들은 광신의 활동이 어느 곳에서나 동일하다는("모든 나라와 모든 시간에 걸쳐") 생각을 절실히 불러일으킨다. 들레르가 유럽 중심주의로부터 자유로운 것은 아니지만(이는 민족에 관한 편견을 반복하고, 기독교가 가진 합리적인 본질을 옹호하는 데서 명백히 드러난다), 광신의 보편적 해악은 그의 설명 속에 균형 및 일반적 비교의 원칙을 도입하게 만든다. 가령 종교재판이나 십자군의 만행을 파헤칠 뿐만 아니라, '가서 제압하라'allez et forcez는 가공할 박멸의 모토 아래서 "신세계의 발견은 우리 세계마저도 폐허로 만드는 것을 앞당겼다"고 쓰면서 제국주의라는 광신에 대한 단호한 비판을 소개하기도 하는 부분에서 이를 잘 볼 수 있다. 마치 부메랑 효과와도 같이, 후자[광신적 제국주의]는 역시 제국 간의 전쟁으로 귀결되며,[9] 이는 아렌트가 20세기에 대중화시키게 될 생각

---

[9] 들레르는 일종의 정치적 광신의 유형학이라 할 만한 것을 가정한다. 이슬람이 그렇듯 정치가 종교와 결합되어 있는 곳에서 광신은 정복에의 열망으로 외화된다는 것이다. 반면, 기독교가 그렇듯 정치와 종교 사이에 어느 정도 분리가 있는 곳에서 광신은 내부 살육전으로 변모한다.

보다 한참 앞서 있는 것이다. 바로 이것이 광신의 **진보**가 이끄는 지점이라고 들레르는 쓴다. 결국 광신의 편재란 — 이후 볼테르가 자신의 저작에서 사용하게 될 표현에 따르면 — 모든 역사가 광신의 역사임을 의미하는 것이다.

홍미롭게도 들레르의 백과전서 항목은 [광신의] 원인들에 대해서는 불가지론을 견지하고 있다. 그의 서술의 근본이 되는 것은 열광에 대한 인류학이다. "인류의 첫 번째 느낌"인 공포crainte는 광신자들을 홍분시키는 역할을 함으로써 인간이 "인간 아닌 모든 것으로 구성된 괴물"임을 증명한다. 그러나 그의 접근 방식은 묘사적이고 규범적이지, 해석적이지는 않다. 들레르는 어떤 결론을 내리지 않은 채 다수의 상호 비교가 불가능한 원인들(배고픔 또는 야비함, 강제력 또는 공포, 정치 또는 미신)을 제시하고 있음에도 불구하고, 다음과 같은 결론을 내린다. "피를 흘림으로써 신을 만족시킨다는 생각이 어디서 기원했든지 간에, 일단 제단 위에서 피가 흘러내리기 시작하면 멈출 수 없었다는 사실은 분명하다." 비록 정확한 방아쇠가 무언지 밝히지는 않고 있지만, 이 말 이후에는 어떤 주요한 특징들이 등장한다. 대중들을 "전면적 현기증"으로 끌고 들어가는 광신은 모방, 소통, 선동과 연관된 "인민의 광기"이며, 광신은 "전쟁을 성스럽게" 만들어 "가장 혐오스런 재앙조차 종교적 행위로 여겨질" 정도이고, 광신은 오늘날 근본주의와 연계될 만큼 축자적逐字的 경향을 가지고 있으며,**10** "학살을 통해 하늘을 진정시키려" 하는 "신성화된 불의"이다. 결국 그는 원인에 대한 설명으로 방향을 바꾸긴 하지만, 많은 동시대인들과 마찬가지로 기능론으로 기울고 만다. 자기 학대와 무의미한 잔혹함으로 이루어진 암울한 목록 다음에, 그는 광신자들이 이렇게 된 유일한 원인은 "어떤 알 수

---

10 "종교의 격언을 문자 그대로 해석하고 그 문자를 엄격하게 따르는 이 광신자들 모두를 우리는 과도한outrés 영혼들이라고 부를 수 있다."

없는 폐해로 인해 이성과 삶의 자연적 경계 밖으로 나가 버린 과도한 상상력"일 것이라고 쓰고 있다.

"그렇다면 광신은 무엇인가?" 들레르는 묻는다. "그것은 성스런 것을 매도하고 종교를 상상력의 변덕과 격정의 방종에 복속시키는 허위의식의 효과다." 이후에 광신에 대한 칸트의 설명 속에서 우리가 만나게 될 용어인 우울 Melancholy은 이 정치-종교적 질병의 핵심적 심리 지표들 중 하나이다. "최초이자 가장 흔한 [증상]은 깊은 명상으로 야기된 음산한 우울이다. 일련의 원칙들을 오랫동안 꿈꾸다 보면 결국 그로부터 가장 가공할 만한 결과들이 발생하게 되어 있다."11 '광신' 항목의 시작 부분에서 등장하는, 잔혹하고 기괴한 의례들의 상상적 민족학이 관용적이고 이성적인 정치제도의 외부에 위치한 적들이라면, 들레르의 항목은 또한 광신의 내재적인 측면을 지적하고 있기도 하다. 아마도 광신은 단순한 합리성의 결여 혹은 비이성인 게 아니라, 고삐 풀린 이성이자 자연을 벗어난 이성이기도 하다. 광신을 그토록 위험한 힘으로 만드는 것은 미신이 진정한 종교와 근접해 있듯이 광신이 정당한 확신에 근접해 있기 때문이라고 그가 언급할 때도 바로 그 내재적 측면을 강하게 제기하고 있는 것이다. "광신은 마음은 정의로우나 정신이 잘못된, 원칙은 잘못 짚었으나 결과는 올바르게justes 파악하고 있는 이들 사이에서만 지배적이라는 점에 주목하라." 광신은 진실 주위를 돌고, 진실과 섞여 있으며, 현실성이 순전히 결여되고 합리성이 사라진 설득력으로 진실을 독려한다. "거짓과 진실의 혼합은 완전한 무지보다 더욱 사악하다"는 들레르의 주장도 여기서 나

---

11 비록 "광신의 증상은 그것이 영향을 미치는 성향들만큼이나 다르"다고 말하면서, 들레르는 (가령 요세푸스의 『유대 전쟁사』Jewish War 등이 서술하는) 유대 저항운동사를 참고해 점액질의 완고한 열광자와 광기의 담즙질 시카리sicari[암살자]사이에 엄청난 차이가 있음을 시사한다.

온다. 실로 광신을 기괴하게 치장하는 최초의 요소는 아무래도 그 배타주의와 당파성이지만, 들레르는 입법 목적에 부합하지도 않는 지역과 사람들에게까지 자신들의 법을 확장하려고 하는 입법자들처럼 광신 역시 보편성 과잉의 효과라고 보는 많은 논평자들에 합류한다. 들레르는 애초에 "활동하는 미신"으로 광신을 정의했지만, 미신과 열정 사이를 구별하는 흄을 따라서 미신은 인간을 예속해 가치를 떨어뜨리는 반면 미신의 자식 격인 광신은 그 모든 공포에도 불구하고 인간을 고양시킨다는 점에 주목한다.

그러나 『백과전서』의 실용적 경향으로 인해 들레르는 서사, 묘사, 현상학에만 머무를 수는 없다. 광신은 "치료"를 요하는 것이다. [광신의] 병폐와 광기에 관한 언급들로 볼 때, 냉수욕, 방혈放血, 병실 감금 등과 같이 좀 더 심각한 환자들을 위한 치료법이 제시된다는 점은 놀랍지 않다. 속담 속의 히드라처럼 광신자들은 어떤 공격을 받아도 재생되기 때문에 단순한 추방은 효과가 없다. 따라서 들레르의 표현에 따르면 최악의 광신자들은 이들이 장작처럼 타다 꺼져 버릴 수 있도록 감금시키기만 하면 된다. 섀프츠베리의 영향력 있는 『열정에 관한 편지』*Letter on Enthusiasm*가 하듯이 조롱을 퍼붓는 방식 역시 검토된다. 그러나 아마도 이후의 혁명 참여를 예견하고 있었던 들레르에게 진정한 치료는 정치에서 찾을 수 있는 것이었다. 종교 전쟁의 그늘 아래서 사회적 동종 요법을 위한 계몽주의적 기획은 무엇보다 평화와 질서에 관심을 갖고 있었고, 이 때문에 들레르는 (비록 곧바로 떨쳐 버리기는 하지만) 심지어 종교 재판식의 정치제도가 정체를 안정화하고 살육의 폭력을 방지할 수 있는지의 가능성을 검토해 보려 하기도 한다. "박해는 저항을 낳고, 저항은 박해를 촉진"하기에, 궁극적으로 권력은 온화하고 평화적일 필요가 있다. 국가는 철학적 정신에 의해 발전되어야만 하는 것이다. 그러나 자신들의 파괴를 정당화하기 위해 엉뚱하게도 신의 권위를 요청하는 광신자들을 파문해 줄 것을 반광신적인 신에게 바라는 긴 기도가 지나고 항목의 결론 부분에 이르자, 들레르는 정치와 광신 사이의 고리에 의미심장한 변화를 가한다. 광신적 신념의 잔혹한 과도함을 묘사하고 진단해 왔던 그는 사회나 정체에 활력과 대의를 불어넣을 수 있는 유일한 방법으로 "애국자의 광신", 즉 "난로 제의"cult of the hearths[12]를 호소한다. 우리가 앞으로 칸트에게서 보게 될 단어들을 사용해 가며 프랑스 백과사전 집필자는 이 과도한 열광, 민족주의적이라고 볼 수도 있는 이 세속적인 형태의 정열적 귀속감이 없이는 어떤 위대함도 생겨날 수 없다고 단언하고 있다.

광신의 본질에 대한 평가에서 나타나는 이 명백한 비일관성 속에 『백과전서』기획이 가지는 몇몇 균열과 긴장이 담겨 있다 할 수 있다. 들레르가 고착화시킨 광신에 대한 시각 중 많은 부분이 볼테르에 의해 복제되지만(그는 자신의 『철학사전』중 '광신'에 관한 글의 첫 부분에서 『백과전서』항목을 단순히 요약한다), "시민적 광신"에 호소하는 루소에 대한 들레르의 공감, 그리고 교육학적 교양소설 『에밀』4권 중 '한 사보이인 신부의 신앙고백'에 나오는 저 "위대한 격정"에 대한 루소의 모호한 옹호로 거슬러 올라가는 이 정치적 광신 형식에 대한 찬동은 『캉디드』Candide의 저자[볼테르]에게는 이질적인 것이었다. 들레르와 루소에게서 광신의 어떤 부분은 회복될 여지가 있는 것으로 보이는 반면, 볼테르에게는 그런 게 없다. 그는 관리할 수 있는 정치적 광신이라는 생각 자체를 거부했는데, 바로 이 때문에 루소와의 날 선 논쟁이 발생했다. 실제로 그가 모든 열광적인 정치적 신념을 평화와 안정에 유해한 것으로 인식했다는 점에 비추어 보면, 그의 사유를 넓게는 반反정치적이라고 특징지을 수 있다.

---

12 ● 한국의 '아랫목'이 그렇듯 서양에서 '난로'는 대개 가정의 화목을 의미한다. 국가는 곧 '커다란 가정'이다. 국가의 화평을 위해 로마인들은 공공의 난로를 상징하는 난로의 여신 베스타Vesta를 숭배하는 '난로 제의'를 벌였다.

볼테르는 "끔찍한 정치"l'affreuse politique의 소멸에 희망을 건다.[13] 초기 송시인 『광신에 관하여』Sur le fanatisme(1732)에서부터 희곡 『광신, 혹은 예언자 마호메트』Fanaticism, or Mahomet the Prophet(1741)와 『관용론』Treatise on Tolerance(1765)에 이르는 볼테르의 전 작품에서 매우 결정적인 광신과 관용 사이의 대립은 병적인 호전성과 무관심의 덕 사이의 대립으로도 구조화된다. 폭력적 분파의 등장 및 비합리적 신념의 전파를 막으면서 사회적 평화를 유지하기. 이것이 "종교의 정신으로 모든 신적·인간적 관습들을 위반하는" 방식이라고 규정되는 "역사"를 가진 광신에 대면한 볼테르의 목표이다. 비록 종교 자체를 적대시하지는 않았지만(무신론자들 역시 정치적 안정의 적이다), 볼테르가 염려한 것은 파괴적 흥분을 쉽게 부추기거나, 미신과 광신, 군중의 종교적 열광과 당파성, 처형과 맹목적 교조주의 간의 혐오스러운 결합 등 추악함l'infâme으로 변모하기 쉬운 특성을 가진 종교의 휘발성이다. 후에 그는 『앙리아드』La Henriade에서 광신에 대해 종교를 수호하기 위해 무장했으되 그것을 내부에서부터 파괴하는 데 열중해 있는, 종교의 변질된 자식이라고 쓴다. 마호메트에 대한 희곡에 등장하는 비극적 주인공 세이드[14] °는 예언자에 의해 광신화된 이후, 한편으로는 종교적 의무와 사회적 의무 사이의 근접성을, 다른 한편으로는 광신의 폭력성을 강조한다. "내 의무와 내 민족에 대한 사랑, / 내 존중심과 내 종교, / 인간에게서 가장 존경스러운 모든 것이 / 내게 가장 혐오스러운 것을 수행

13 Raymond Trousson, "Tolérance et fanatisme selon Voltaire et Rousseau", in *Rousseau and l'Infâme: Religion, Toleration, and Fanaticism in the Age of Enlightenment*, J. T. Scott and O. Mostefai(eds), Amsterdam: Rodopi, 2008, 33에서 재인용.

14 ° 볼테르의 희곡 『광신, 혹은 예언자 마호메트』에 등장하는 광신자 주인공 이름으로, 이 희곡의 영향을 받아 프랑스어에서 "séide"는 광신자, 맹신자를 뜻하는 보통명사가 된다.

하라 자극했도다."[15]

[광신에 대한] 볼테르의 더욱 악화된 견해에 따르면, 서로 싸우는 열성파와 분파주의자 도당들이 그 심연에서 유일하게 공유하는 요소가 있으니, 곧 관용적 철학자philosophe를 향한 증오가 그것이다. 『철학사전』의 '광신' 항목 말미에 그의 신랄한 묘사가 실린 것은 이 때문이다.

키가 70피트[약 20미터]나 되는 한 거인이 존재한다는 보고서가 어떤 이에 의해 널리 퍼진다. 이후 학자들은 곧 그의 머리카락 색깔, 엄지의 굵기, 손톱의 크기를 두고 토의하기 시작하더니, 그 주제를 놓고 소리 지르고, 작당하고, 심지어 서로 싸운다. 거인의 엄지가 직경 15라인[약 3.2센티미터]에 불과할 뿐이라고 단언하는 이들은 직경이 1피트라고 주장하는 이들을 불태운다. 지나가던 한 나그네가 조심스럽게 지켜보더니 묻는다. "그런데 신사분들, 당신들이 논쟁하는 그 거인이 진짜 존재하나요?" 모든 논쟁자들이 한목소리로 외치길, "끔찍한 의심이로다!" "신성모독이로다! 어리석구나!" 이 불쌍한 나그네를 돌로 쳐 죽일 시간을 갖기 위해 짧은 휴전이 이루어진다. 그리고는 그 끔찍한 행사를 정식으로 거행하고 나서 그들은 손톱과 엄지라는 영원한 주제를 놓고 싸움을 재개한다.[16]

들레르에서도 마찬가지로 나타나듯이, 모든 분파가 "자신들의 눈을 동일한 안대로 가리고 있"다는 점에서 이는 더없이 단조로운 역사이다.[17] 그것은 또

15 Voltaire, *Le Fanatisme, ou Mahomet le prophète*, Paris: Flammarion, 2004, 200.

16 Voltaire, *Philosophical Dictionary*(1764), in *The Works of Voltaire: A Contemporary Version*, Vol. 5, including a critique and biography by J. Morley, notes by T. Smollett, trans. William F. Fleming, New York: E. R. DuMont, 1901, 30. 더 쉽게 구할 수 있는 『철학사전』 '휴대용' 판본도 있다.

17 이 기본적인 동질성은 1757년 12월에 볼테르가 달랑베르에게 보낸 한 편지 속에서 분변학적으

바이러스 같은 역사이기도 하다. "오늘 우리는 광신을 암울하고 잔혹한 종교적 광기로 이해하고 있다. 그것은 천연두처럼 감염되는 정신병이다. 이 질병은 책보다는 집회와 연설을 통해 훨씬 잘 전해진다." 하지만 치료법에 대한 볼테르의 관점은 결정적으로 더욱 비관적이다. 법이나 반광신화된 종교는 "영혼의 전염병"을 막을 수 없으며, "냉혈 광신도"와 직면하게 될 때 특히 그렇다. 절망 속에서 볼테르는 이렇게 외친다. "인간보다는 신에 복종하겠다고 말하는 사람, 그래서 결국 천국을 위해서는 당신의 목을 따는 게 마땅하다 믿는 사람에게 당신은 뭐라 대답할 수 있겠는가?" 일단 광신이 뇌를 부패시키면, 치료는 거의 불가능한 것이다. 심지어 뉴턴 같은 이들까지 쉽게 묵시록을 믿었다는 점에서, 인류는 분명 가련한 종種임에 분명하다.[18] 오직 철학의 점진적 전파만이 광신의 전염 효과를 상쇄할 가능성을 갖고 있다. 『관용론』은 다음과 같이 단언하고 있다. "철학, 종교의 자매인 철학만이 미신에 의해 그토록 오랫동안 피를 묻혔던 손을 무장해제시켰다. 그로써 취기에서 깨어난 인간의 정신은 광신에 지배되어 자신이 행해 왔던 과잉에 경악을 금치 못했다."[19] 그러나 정신의 점진적 계몽이 군대와 폭력의 힘을 통해 광신을 억누르고 관용을 집행하는 등의 엄밀한 정치적 치료법의 가능성을 배제하지는 않는다. "관용을 누리기 위해서 사람들은 광신을 멈추어야만 한다"[20]고 해도, 만약 사람

로 전환되기도 한다. "교황주의 광신자들, 칼뱅주의 광신자들 모두가 부패한 피에 흠뻑 젖은 동일한 똥으로 만들어졌다네." Trousson, "Tolérance et fanatisme selon Voltaire et Rousseau", 35-6에서 재인용.

[18] Voltaire, *Philosophical Dictionary*, 29.

[19] Voltaire, *Traité sur la Tolérance*, Paris: Gallimard, 1975, 31[57쪽].

[20] Ibid., 98.

들이 이를 거부하면 어떻게 할까? 달랑베르에게 쓴 1767년의 편지에서 볼테르는 카타리나 2세가 "소총 끝에 달린 총검으로 관용을 가르치기 위해 4만 명의 러시아 군을 [폴란드로]" 보낸 일을 언급하며 기뻐하고 있다.[21]

기존의 관념을 깨는 이런 구절들은 우리가 광신에 대한 18세기 철학 담론을 더욱 정치적인 관점으로 바라보도록 이끈다. 즉, 이 담론들은 해방과 퇴행, 평등과 복속subjection 간의 투쟁으로 쉽사리 재해석될 수 없는 것이다. 볼테르는 종교 박해의 잔혹하고 어리석은 성격에 경악하면서도 이와 더불어 사회적 평안과 질서 그리고 안정(위의 러시아 군대에 관한 구절이 보여 주듯 때때로 이는 정의에 대한 여타의 고려를 압도한다)에 대해서도 근본적으로 관심이 있었다. "계몽된 절대군주"에 대한 그의 지지에서뿐만 아니라 오토만 제국의 칼리프와 중화 제국의 권위주의 통치를 관용의 모범으로 삼아 호의적으로 제시하는 데서 이런 점은 매우 분명히 드러난다. 정치, 형이상학적 관념, 그리고 말할 것도 없이 무신론에 대한 그의 혐오—"덜 떨어진 자들이 정치, 쿠데타, 통치술이라 부르는 이런 범죄 항목들"[22] 속에서 작동하는 권력자들의 철학—는 사회의 분열과 폭력을 가져오는 원인들을 금하려는 동일한 욕망에 바탕을 두고 있다. 영국에서 하나의 종교는 독재를 낳고, 둘은 내전을 부르지만, 서른 개는 평화를 가져온다는 그의 재치 있는 경구를 따라, 우리는 다원주의에 대한 볼테르의 예찬을 이런 측면에서 고찰해 볼 수 있다. 이런 다원주의는 대내적 폭력이나 분파적 폭력에 맞서는 진정제로 장려될 종교적(그리고 정치적) 무관심이라는 형태를 취할 수도 있다.

---

21 Trousson, "Tolérance et fanatisme selon Voltaire et Rousseau"에서 재인용.

22 Trousson, "Tolérance et fanatisme selon Voltaire et Rousseau", 39, n. 69에서 재인용.

들레르와 마찬가지로 정치체를 활성화하고 통합하는 데 필요한 범위에서 광신을 수용하는 루소가 반감을 가진 것은 바로 이 무관심이다.[23] 실제로 광신이라는 화두를 두고 발생한 루소와 볼테르 사이의 대립은, 이 문제가 사회적 유대의 특성이라는 관점에서 어느 정도까지 최대한 다뤄질 수 있는지를 보여 준다. 볼테르가 믿음을 둘러싼 폭력적 갈등으로부터의 평화롭고 철학적인 이탈을 꿈꾼다면, 루소는 오직 이해관계가 군림하는 영역을 더욱 확장하기 위해 격정을 소산消散시키는 교의가 갖는 무기력할 뿐만 아니라 정치적으로 쇠약한 효과를 두려워한다. 그러나 격정에 초점을 맞추는 루소의 방식은 또한 그가 때때로 광신을, 지나친 완고함으로 인해 스스로의 폭력적 방식에 따른 앙갚음을 불러올 수밖에 없는 것으로 취급한다는 점을 의미하기도 한다.[24] 광신을 둘러싼 논쟁들의 이런 정치적 차원으로 초점을 바꾸게 되면 반계몽으로서의 광신이라든가 반광신으로서의 계몽이라는 단순한 수사를 용납하지 않는 어떤 복잡성이 생겨나게 된다. 그뿐만 아니라, 이런 초점의 변화를 통해 우리는 공격적인 종교 이데올로기의 치료법들, 격정의 역할, 그리고 마지막으로 중요하게도, 종교적 전쟁, 무지, 미신이라는 질병을 끝장낼 수 있는 정치의 정체에 대해 루소파와 볼테르파 사이에 발생했던 격렬한 의견 대립은

---

23 Zev Trachtenberg, "Civic Fanaticism and the Dynamics of Pity", in *Rousseau and l'Infâme*를 참조하라. 이 글은 특히 동정심, 일체감, 그리고 외국인 혐오 성향을 취할 수도 있는 시민적 광신 사이의 관계에 관심을 갖고 있다. 트락텐버그는 루소가 품었던, "인민이 시민이 되기 위해 이들은 반드시 시민적 광신자들로 개조되어야 한다는 (진술되지 않은) 믿음"(205)에 대해 쓰는가 하면, 루소가 『사회계약론』*Social Contract*의 초기 판본들에서 나온 그 용어[시민적 광신]를 편집하면서까지 이런 광신이 일으키는 부정적 파문과 싸우던 방식을 추적한다.

24 Trousson, "Tolérance et fanatisme selon Voltaire et Rousseau", 49. 루소가 광신 개념을 미신 및 기만과 연관된 인식론적 문제로 여기면서 반대했던 데 대한 논의로는 Christopher Kelly, "Pious Cruelty: Rousseau on Voltaire's Mahomet", in *Rousseau and l'Infâme*를 참조하라.

(특정한 유형의) 광신이라는 공통의 적 앞에서도 결코 막을 수는 없는 일이었다는 점을 성찰해 볼 수 있다.

이들이 마호메트라는 인물을 각각 정치인과 '광신자'로 취급하는 데에도 중요한 차이들이 담겨 있다. 볼테르의 1741년 희곡인 『광신, 혹은 예언자 마호메트』에서 마호메트는 주로 정복욕 및 그의 젊고 열렬한 추종자들을 "광신화"하려는 단순한 욕망에 의해 추동되는 조종자(프리드리히 2세에게 보내는 편지에서 볼테르가 쓴 표현에 따르면 "무장한 위선자")[25]로 그려진다. 이 비극에서 광신자는 세이드인데, 그는 마호메트와 부하인 오마르에 의해 조종되어 자신의 진짜 아버지인 메카의 셰이크(족장) 조피르를 의도치 않게 살해하고, 자신의 친누이이자 마호메트의 관심의 대상인 팔미라와는 거의 근친상간을 범할 지경에까지 이른다. 광신에 대한 계몽주의의 탈신화화는 여기서 광신의 심리적·정치적 활용 뒤에 숨은 비열한 동기들과 살인적인 경건함 뒤에 숨은 벌거벗은 권력을 드러내는 형식을 취한다. 그러나 이 고전적인 테마 옆에는 볼테르의 (反)정치적 사유 역시 자리 잡고 있다. 이 비극이 호소하는 것은 어떤 다른, 더 나은 정치체제가 아니다. 오히려, 그것은 마호메트의 계략의 희생자인 셰이크 조피르가 상징하는 바, 선동적인 혁신가가 만들어 내는 격변에 맞서 관습과 의식에 기초해 세워진 안정적 질서를 방어하는 것("나의 신, 나의 법, 나의 나라")으로 제시된다. 볼테르의 희곡에도 극화되어 있듯이, 광신에 대한 반대는 불안정하고 흥분에 찬 새로움에 대한 반대로, 그와 같은 새로움은 결과적으로 가장 비열한 동기들에 바탕을 둔 것으로 그려진다. 하지만 그 대안

---

25 크리스토퍼 켈리가 "경건한 잔인함"에서 지적하듯이, 프리드리히 대왕의 에세이 『안티-마키아벨리』 Anti-Machiavel를 편집했던 볼테르의 역할은 마호메트에 관한 희곡에서 광신의 교묘한 속임수를 비판한 것과 밀접히 연관되어 있을 가능성이 있다.

은 해방이 아니라 관습의 평온함이다. 들레르 역시 광신의 상징으로서 마호 메트라는 수사를 반복하지만, 그는 마호메트를 광신자로 보는 이들과 볼테르 처럼 그를 위선적인 "광신 전도사"로 취급하는 이들 사이에서, 마호메트는 양 쪽 모두라고 대답하며 다음과 같은 판단을 내린다. 즉, 광신이 자연스럽게 번 성하는 시기인 청년기에는 광신자였으나, 위선 및 더욱 냉혹한 마키아벨리적 계략이 들어서는 노년기에는 사기꾼이었다는 것이다. 이런 시각에 따르면 마 호메트도 한때는 젊은 세이드였다.

볼테르에 대한 루소의 도전은 더욱 가혹했다. 루소의 입장에서 볼 때, "광 신의 감정적 토대를 놓치는 이는 그 누구라도 광신의 잠재력과 반이성적 저 항을 과소평가할 수밖에 없다."[26] 볼테르류의 사람들은, 평등 및 해방과 연계 될 가능성을 가진 정치까지 포함해, 정치에서 격정이 수행하는 역할을 이해 할 수도 없다. 나아가, 마호메트의 정치적·종교적 신념은 볼테르식의 계획적 악당과는 다른 그의 면모를 드러내 준다. 볼테르는 마호메트를 지상에서의 자신의 목표를 위해 "경건한 잔혹함과 거룩한 살인"을 냉소적으로 요구하는 기만적인 현실주의자이자 위선자, 즉 "그의 순전히 정치적인 목적을 위해 종 교를 이용하는 무장한 마키아벨리적 예언자"[27]로 제시하는 데 반해, (묘사적 수준에서보다 규범적 수준에서 볼테르와 훨씬 이견을 보이는) 루소는 마호메트를 시 민적 종교의 설립을 통해 자신의 정치적 공동체에 힘과 연대를 선사했던 창 립자로 그린다. "오만한 철학이나 당파적인 정신에 눈먼 이들이 [마호메트나 모 세에게서] 오직 운 좋은 사기꾼의 모습만을 본다면, 진정한 정치가는 그들이

26 Ibid., 181.
27 Ibid., 178.

만든 제도 속에 깃든, 영원한 장치들을 두루 살피는 이 위대하고 강력한 천재를 감탄하며 바라본다."[28] 따라서 루소와 볼테르 사이의 이 대비는 시민적 격정과 교화된 무관심이 서로 맞서는 인류학적이거나 방법론적인 대비일 뿐만 아니라, 광신을 놓고 갈라진 평가들 이면에 존재하는 정치와 종교 간의 관계에 대한 상이한 이해들을 드러내기도 한다. 이런 맥락에서 광신은 단순히 사회적이고 영적인 질병이 아니며, 사회계약의 본질 자체에 영향을 끼치는 어떤 것이다. 계몽주의에 출몰하는 딜레마 중에는 광신을 외부의 적으로 여겨 맞서 싸워야 할 것인지, 혹은 무조건적이고 열광적인 애착(이것이 없다면 가장 합리적인 정체政體마저도 허약한 정서적 토대에 의지하게 될 것으로 보인다)을 통해 광신에 대한 면역력을 획득해야 할 것인지에 대한 질문이 있다. 우리가 이제 살펴 볼 열정을 둘러싼 정치적·철학적 논쟁은 이 질문을 중심으로 전개된다.

열정의 양가성

철학과 정치에서 광신이 거의 보편적인 불명예를 안고 있는 데 반해, 광신과 깊게 운명을 공유하고 있는 열정enthousiasme, Enthusiasmus, Begeisterung 개념은 훨씬 덜 보편적인 역사를 가지고 있다. 이 개념이 마케팅, 경영, 그리고 일상생활의 언어 속에 현재 퍼져 있는 방식을 보라("좀 더 열정적인 모습을 보여 줄래?"). 광신이 벨로나 여신과 그녀의 '파눔'(사원)에서 벌어지는 피투성이 의식에서 유래

---

28 *The Social Contract*, Book IV, Chapter 8을 보라[Book II, Chapter 7의 오기로 보인다. 번역본으로는 62쪽].

한다면, 그리스어 '엔토우시아스모스'Enthousiasmous는 "델포이 신전에서 혼령을 가득 채우다"[29]라는 표현에서 드러나듯 신성함을 주입하거나 흡입하는 것을 뜻한다. 『파이드로스』Phaedrus와 『이온』에서 상술되고 르네상스 사상가들이 재론했던 플라톤의 시적 영감론은 열정을 일종의 창조적 혼란으로 의미화하는 심오하고 광범위한 전통을 확립했다. 15세기에 플라톤 해석자 마실리오 피치노는 플라톤적 열정에 대한 영향력 있는 해석을 주조해 냈다. "감각을 통해 가능한 한 신성한 아름다움과 조화를 포착하려고 노력하는 영혼은 신성한 흥분에 사로잡혀 황홀경에 빠진다. 플라톤이 형용할 수 없는 욕망이라고 부르는 천상의 사랑은 우리로 하여금 신성한 아름다움을 인식하도록 추동한다. 아름다운 육체를 보는 것은 신성한 아름다움을 향한 불타는 욕망을 불러일으키고, 따라서 영감을 받은 이들은 신성한 광기의 상태에 빠져든다."[30] 심지어 비방의 용어가 되는 상황에서도, 열정은 고귀한 초월성이라는, 선함, 진실함, 아름다움으로 인도하는 운반체(그것이 아무리 뜬금없거나 위험하다고 해도)라는 흔적을 결코 완전히 잃어버리지는 않는 것 같다. 우리가 칸트와 관련해 보게 되겠지만, 열정은 또한 명백히 긍정적인 정치적 역량을 가진 용어가 된다.

하지만 열정 역시 비난받았던 역사를 가지고 있다. 최근 일련의 지성사 학자들의 전문적 연구에 따르면,[31] 17~18세기경, 특히 잉글랜드에서 열정에 대

---

29 J. G. A. Pocock, "Enthusiasm: The Antiself of Enlightenment", in *Enthusiasm and Enlightenment in Europe*, 9.

30 Margot and Rudolf Wittkower, *Born Under Saturn*, 98. 『백과전서』의 열광 패러다임이 이후에 신성한 흥분에서 이성으로 변화하게 되는 것에 대해서는 Mary D. Sheriff, "Passionate Spectators: On Enthusiasm, Nymphomania, and the Imagined Tableau", in *Enthusiasm and Enlightenment in Europe*, 53-5를 참조하라.

31 이미 언급한 바 있는 *Enthusiasm and Enlightenment in Europe, 1650~1850*에 실린 에세이들,

한 광범위하고 다양한 비판이 전개되었다. 특히, 17세기와 18세기 초의 초기 계몽주의 시기 — 이 연구들에서 철학적 체계화, 종교적 분파주의, 신학적 의문, 정치적 투쟁, 과학적 발전이 결합된 복잡한 힘의 장力場, force-field으로 서술되는 시기 — 에 열정은 뿌리 깊고 중대한 이데올로기적 대립이 펼쳐지는 변화무쌍하고 논쟁적인 용어였다. 이 매혹적인 역사를 탐구하는 것은 너무 멀리 나아가는 일일 터이나, 광신을 둘러싼 논쟁의 정치적 중요성이 어떻게 변화하는지에 대한 우리의 탐구와 공명하는 열정에 대한 비판의 몇몇 측면들을 숙고해 보는 일은 의미가 있다.

잉글랜드에서 일어난, 열정에 대한 계몽주의의 논박이 전개되는 방식을 이해할 수 있는 한 가지 방법은 신학계 내부의 비난 — 종교적 권위와 제도라는 매개 없이 신과 직접 대화하는 척하는 이단자들에 대해 가해진 — 으로부터 묵시록의 (정치적) 신학에 대한 비판, 나아가 프랑스혁명에 대한 반발 속에서 정점에 오른 혼란스런 정치형태에 대한 완전히 세속화된 진단에 이르기까지의 여정을 통하는 것이다. 하지만 뮌처에 관한 논의가 이미 암시하고 있듯이, 이처럼 상대적으로 선형적인 서사는 16세기와 17세기에 독일과 잉글랜드에 영향을 주었던 종교적 격동들이 이미 지니고 있던 정치적 성격에 의해 상쇄된다. 실제로, 종교-정치적 질서를 위협하는 적으로 여겨진 열정주의자(와 광신도)에 대한 공포로 인해 급진적 종교개혁과 반체제적 독일 재세례파를 위험한 신념의 대표적 상징으로 보는 많은 문헌이 생겨났다. 따라서 예컨

Michael Heyd, '*Be Sober and Reasonable*': *The Critique of Enthusiasm in the Seventeenth and Early Eighteenth Centuries*, Leiden: Brill, 1995, 그리고 Frederick C. Beiser, *The Sovereignty of Reason: The Defense of Rationality in the Early English Enlightenment*, Princeton: Princeton University Press, 1996을 참조하라.

대 정보 전달식 제목을 단 프리드리히 슈판하임Friedrich Spanheim의 1646년 텍스트인 『독일의 재앙을 통해 잉글랜드가 얻을 교훈, 혹은 독일과 저지대 국가들에서의 재세례파의 기원·발전·신조·명칭·분파에 관한 역사적 서술』*Englands Warning by Germanies Woe: or An Historicall Narration, of the Originall, Progresse, Tenets, Names and Severall Sects of the Anabaptists, in Germany and the Low Countries*에서 우리는 국가의 안정과 기독교의 적통을 전복하려 위협하는 정치화된 종교 집단들에 대한 다음과 같은 신상 묘사를 들을 수 있다.

이 분파들이 어떤 이름으로 불리고 어떤 이유로 그 이름들이 주어졌는지 명확하지는 않다. 그들의 이름은 일반적이거나 구체적이다. 일반적인 이름으로는 재세례파, 세례반대파, 열정주의자, 광신도, 자유사상파 등이 있다. …… 마찬가지로 그들은 비밀과 신성한 영감을 받기 위해서 빠지는 **열정, 황홀경**, 또 이와 유사한 행위들 때문에 열정주의자라고 불리는 것처럼 보인다. 또 이를 위해 그들은 성경의 해석이나 신앙의 요체나 인생의 특정한 행동 방향에 있어 자신들의 몽상을 위해 마련된 장소를 가지고 있을 뿐만 아니라, (적어도 그들 중 일부는) 거기에 제어할 수 없는 권위를 부여한다. 바로 이 때문에 그들에게는 **광신도**fanaticks[파나티코룸fanaticorum]라는 이름이 붙게 된다.[32]

재세례파, 열정주의자, '광신도' ―기존의 정치·종교 제도를 초월해 "제어할

---

32 Heyd, '*Be Sober and Reasonable*'; 20(Heyd, 40도 볼 것)에서 재인용. 헤이드는 열정의 경멸적 활용이 사실 재세례파에 맞선 이후의 논쟁들에서 등장했다고 주장한다. 재세례파의 비방자들 중 하나는 이들을 "무아지경에 **빠진** 열정주의자Enthusiastae Extatici와 황홀한 형제Verzückten Bruder"(12)로 불렀다. 17세기 급진적 종교운동에 파고든 재세례파에 대한 또 다른 언급의 예로는 Richard Blome, *The Fanatick History, or, An Exact Relation and Account of the Old Anabaptists and New Quakers*(1660)가 있다.

수 없는 권위"에 접근할 수 있다는 자부심으로 인해 이들은 모두 체제를 위협한다. 16세기에 뮌처와 농민 '광란자'Schwärmer에 맞서 논쟁을 펼쳤던 루터와 멜란히톤에서부터 이어진 길을 따라서, 분열적이고 율법 초월적인 분파들에 대한 이 프로테스탄트교 내부의 공격에는 이교도에 대한 거부와 더불어 정치적 위협에 대한 긴급한 경고가 결합되어 있다. 이런 공격은 17세기 중반 이후부터는, 메릭 카소봉Meric Casaubon의 『열정론』Treatise Concerning Enthusiasm, 헨리 모어Henry More의 『열정의 정복』Enthusiasmus Triumphatus, 그리고 이후 섀프츠베리의 『열정에 관한 편지』 같은 텍스트들에 나타나듯, 대의나 불변의 본질을 좇는 열정을 기능 부전의 생리학이나 과잉 자극된 상상력에서 기인한 망상으로 설명하는 방식에 길을 터주게 된다.[33] 신학적 비난에서 열정에 대한 계몽적 진단으로 변모함에 따라 [열정이 발생하는] 원인에 대한 논의가 변화하긴 했지만, 계시를 받았다는 주장이 [기존의] 권위에 미친 영향에 대한 걱정은 남는다. 순수한 종교적 관심에서부터 그 범주[열정]의 인식론적·정치적 활용에 이르는 그 여정과 더불어, 우리는 이 용어가 거의 무한정 확장되고 있음을 목격하게 되는데, 이는 많은 논평자들이 주목했던 부분이다. 포콕의 통찰력 있는 설명

---

[33] 열정적이고 광신적인 행동에 대한 이런 근본적으로 몰역사적이고 단순한 임상적 관점은 후기 독일 계몽주의 시기에도 두드러졌다. "임상의는 정신생리학적 본질주의를 전제하고 있었다. 비록 첫눈에는 다르게 보이긴 해도, 16세기의 재세례파와 1790년대 초의 파리 군중(혹은 고대의 신플라톤주의자들과 1780년대의 최면술사들)은 동일한 원동력이 발현된 사례였다. 새로운 질병의 발생은 인간 본성이 인식·정서 에너지의 자연적 협력을 뒤흔드는 근절 불가능한 어두운 측면과 비합리적 충동을 가지고 있다는 점을 증명해 주었다. 이런 관점 아래서는 '광란'이라는 단어로 한데 묶인 현상들 사이의 근본적 차이들을 분류할 필요도 없고, 이 차이들이 특정한 역사적 맥락과 관련해 어떻게 설명되어야 하는지 물을 필요도 없다." Anthony J. La Vopa, "The Philosopher and the *Schwärmer*: On the Career of a German Epithet from Luther to Kant", in *Enthusiasm and Enlightenment in Europe*, 89.

에 따르면,

> 열정은 모든 체계에 대한 적용 가능성을 향한 여행을 떠나는데, 그 속에서 정신은 자신
> 이 해석하는 우주와 영적으로나 물질적으로나 동일한 실체로 이루어져 있다고 제시된
> 다. 따라서 정신은 우주의 사유가 되고, 자신[정신]과 그 대상의 동일성으로부터 도출된
> 권위를 획득한다. …… [열정이 의미하는 것은] 정신이 자신 안에 있는 생각과 동일하다
> 는 점이고, 이는 다시 현실의 실체와 상통하거나 동일한 것으로 규정된다.

흄은 이런 현상을 "자기도취적 정신의 자기 신격화"라고 불렀다.[34] 이 확장된 변형태들이 정치적으로 활용된다는 점은 명백하다. 열정이라는 범주 아래로 포괄된 것은 단지 계시적 주장이나 개인적 영감만이 아니었다. 사유의 주체와 사유 사이의 근본적 동일성에 토대를 둔 철학들(유물론, 범신론 등) 역시 그러했다. 따라서 재세례파 내의 분파들뿐만 아니라 영국 내전 시기(1642~51)의 반권위주의적 급진 사상 전통들에 만연해 있던 '대중적 합리주의' 역시 열정이라는 이름으로 기소되었다.[35] 개인적 계시를 받았다는 무분별한 주장에 대한 신학적 비난은 현실에 대한 직접적 인식을 주장하는 행위, 국가 기관의 종교적·정치적·인식론적 독점과 직접 갈등을 빚게 된 범신론적 원칙이나 자

---

34 Pocock, "Enthusiasm: The Antiself of Enlightenment", 14, 26. 이 입장은 다시 "합리적 메시아주의"(26)로 나아갈 가능성이 있으며, 포콕이 계몽주의의 독특한 수호자라고 불렀던 버크는 이런 방식의 입장에 대적하려 했다.

35 Christopher Hill, *The World Turned Upside Down: Radical Ideas During the English Revolution*, London: Penguin, 1975, 209, 229. 열정에 대한 비판은 국가 기관과 전문가 계급의 과학 및 의학 독점을 타파하려 했던 대중적 과학 형식들을 겨누기도 했다. 비공식적으로 과학을 행하는 이들은 "의학 광신도"(295)로 폄하되었다.

연권 원칙을 내세우는 사상가들의 주장 등에 대한 비판으로 변형 가능하게 된다. 이런 시각에서 보면, 열정에 대한 비판은 종교적 계시에 맞서는 계몽주의의 이성이라는 서사보다 훨씬 복잡하다.

흥미롭게도 역사가들은 정확히 이 지점에서 갈라진다. 예컨대 프레드릭 바이저는 열정이라는 문제를 (종교적이거나 정치적인 문제가 아니라) 무엇보다도 인식론적 문제라고 여기고, 열정에 대한 비판을 계몽주의적 합리성이 발전하는 과정에서 나타나는 본질적 차원으로 파악한다. 바이저에게 열정 비판은 근대적 방식via moderne의 산물이자 "합리주의 신학에 대한 유명론적 비판36●이 일관되게 전개된 것"이다.37 모든 "열정주의자가 신앙의 규칙[규범]rule of faith에 있어 자연적이고 담론적인 이성을 거부했던"38 반면, 열정 비판자들은 자연적 인과성과 정당한 증거라는 기준을 향했다. 이와 같은 열정에 대한 비판의 전형은 로크의 『인간 오성론』Essay Concerning Human Understanding(1690)에서 찾을 수 있는데, 이 책은 진리를 진정 사랑하는 이들은 "어떤 주장도 그것이 기반하고 있는 증거가 보증하는 것보다 더 큰 확신을 가지고" 환대하지 않는다고 논박한다.39 증거를 넘어선 곳에 있는 것은 병적인 관심과 애호inclination 속에서 발

---

36 ● 중세 후기 신학의 '보편 논쟁'에서 실재론자들realists은 보편적인 개념이 실재하고, 구체적인 사물과 현상은 이에 종속되는 것, 나아가 허상에 불과하다고 주장했으며, 유명론자들nominalists은 구체적인 사물과 현상이 먼저 존재하는 것이며, 추상적인 개념은 실재하는 것이 아닌 '이름'에 불과할 뿐이라고 주장했다. 실재론은 나중에 관념주의, 합리주의로 발전했고, 유명론은 경험주의, 유물론으로 발전했다.

37 Beiser, *The Sovereignty of Reason*, 187.

38 Ibid., 194.

39 John Locke, *An Essay Concerning Human Understanding*, in *The Works of John Locke in Nine Volumes*, Vol. 2, London: Rivingston, 1824, 272[881쪽].

생하는 "잉여물"surplussage일 뿐, 진정한 애정philia은 아니다. 계시를 받았다는 주장은 신성한 영감이 실제로 발생했다는 것을 증명하는 어떤 기준도 내놓을 수 없다. 또한 "계시의 길을 열어 주기 위해 이성을 제거하는 이는 그 둘 모두의 빛을 끄는 것이고, 마치 망원경으로도 보이지 않는 별의 미미한 빛을 더 잘 받아들이기 위해 눈을 감으라고 설득하는 것과도 같다."[40] 내면의 성향inclination이 가진 힘과 그것을 고귀한 외부 대상에 투사하는 행위의 결합은 열정을 인간사의 강력한 원동력으로 만들었지만, 그 열정의 구조는 결국 원형적이다(심지어 자기애적이라고도 할 수 있다). 열정은 "[사람들로 하여금] 다음과 같은 원을 끊임없이 순환하도록 이끄는 도깨비불ignis fatuus이다. 즉, 확고히 믿기 때문에 계시가 되고, 계시이기 때문에 믿는다."[41] 그것은 또한 게으름의 형태이기도 한데, 열정은 가정된 진리에 대한 증거를 찾고 제시해야 하는 수고를 면제해 주기 때문이다.[42] 로크의 논증 속에서 열정은 정치적·종교적 분파주의, 신학, 합리주의 형이상학을 비롯해 감각적 증거라는 엄격한 기준에 미달하는 모든 형태의 사유를 망라할 수 있는 포괄적인 지위와 유연한 확장성을 획득한다.[43]

---

40 Ibid., 273[883쪽].

41 Ibid., 277[887쪽].

42 계시에 반대하는 이런 주제의 작업은 칸트에게도 나타난다. 그에게는 인지적 노력을 회피하는 일이야말로 게으르고, 근거 없고, 반사회적인 '광란자'가 가진 "특성"을 보여 주는 표지이다. Immanuel Kant, "On a Newly Arisen Superior Tone in Philosophy"(1796), in *Raising the Tone of Philosophy: Late Essays by Immanuel Kant, Transformative Critique by Jacques Derrida*, P. Fenves(ed.), Baltimore: Johns Hopkins, 1993, 53을 보라. 여가와 출판문화의 확장과 관련해서, 1790년대의 '광란'에 대해 "명백히 근대적인 노동과 소비의 담론을 적용"하는 것에 대한 명료한 언급은 La Vopa, "The Philosopher and the *Schwärmer*"를 참조하라.

43 열정에 대한 계몽주의적 공격을 다루는 포콕에게 로크는 그 전형적 사례다. "아테네와 예루살

열정에서 나온 비논리적 주장들에 대해 경험적 토대를 갖춘 이성이 맞선
다는 이 깔끔한 이미지는 우리가 그 속에 담긴 문화적·정치적 맥락을 고려하
는 순간 복잡해진다. 열정주의자라고 낙인찍힌 수많은 행동들 뒤에서, 우리
는 (정치적·종교적·철학적) 권위에 대한 의심을 발견할 수 있다. "열혈 분파주
의자, 천년왕국주의자, 예언자들, 그리고 교회의 기존 질서에 반대하는 다른
급진적 집단과 개인들"뿐만 아니라, "철학적" 또는 "명상적" 열정에 빠진 죄를
지은 플라톤주의자들, 실험철학자들, 심지어 데카르트 같은 합리주의자들까
지를 모두 묶을 수 있는 것은 바로 이와 같은 의심을 통해서다.[44] 마이클 헤이
드에 따르면, 열정에 대한 비판은 부상하는 계몽주의와, 종교적 영감 및 합리
주의 신학이라는 퇴행적 형식 사이의 단순한 전투라기보다 성경, 인문주의
학습, 아리스토텔레스주의 학풍, 갈레노스식 의학[45]•에 기초한 질서가 위기
(즉, 정치 질서에 대한 초월론적 정당화의 제도적·상징적 위기)를 맞으면서 생겨난 산
물로 이해되어야 한다. 이 위기 속에서 튀어나온, 광범위한 측면에서 열정에

렘, 철학과 유신론의 결합을 경험주의 철학, 사교성의 도덕, 인식되기보다 추론될 수 있는 신으로
대체하기 원했던 계몽주의자들." Pocock, "Enthusiasm: The Antiself of Enlightenment", 23.

44 Heyd, 'Be Sober and Reasonable', 4. 『놀라운 방법론』Admiranda Methoda에서 보에티우스(마르
틴 슈크)Voetius(Martin Schoock)는 데카르트의 철학적 방법론이 "회의주의뿐만 아니라 열정, 무신론,
광란으로 곧장 이어진다"고 주장한다(113). 카소봉 역시 데카르트가 감각의 증거를 회피하는 태
도를 보인다는 이유로 이 프랑스 철학자를 열정주의자라고 보았다. 1696년에 쓴 『과학 방법론』
The Method to Science에서 서전트John Sergeant는 데카르트의 '내면의 빛' 개념을 "종교적 광신도들의
방법론"과 동일한 것으로 파악했다(129).

45• 갈레노스Aelius Galenus는 2세기 중엽 페르가몬 출신의 그리스계 로마 의사이자 철학자로, 해부
학, 생리학, 병리학, 신경학 등에서 뛰어난 업적을 세웠다. 갈레노스는 특히 히포크라테스에게서
영향을 받아 '체액론'humorism을 정립하여 중세 유럽 의학의 틀을 잡았고, 특히 동물 해부와 혈액순
환계 분야에서 17세기까지도 영향을 끼쳤다. 그럼에도 불구하고, 갈레노스의 체액론은 '피'로 인
체 전체를 설명한다는 면에서 어쩔 수 없이 운명론적이고 체념론적인 성격을 갖는다.

대한 비판에 의존하고 있던 새로운 생리학적·과학적·철학적 표현들은 "모두 사회적·정치적 질서의 방어를 위해 연합했다."[46] 이는 종교적이든 정치적이든 간에 아무런 매개도 없이 진리에 도달했다고 떠벌이는 이들, 곧 베버식 도식을 쓰자면 제도보다는 카리스마에 기대는 이들의 과도하고 방종한 주장에 맞서 정치적 질서를 수호하기 원했기 때문이다.

또한 열정에 대한 비판은 그것이 노린 목표들보다 훨씬 단일화되어 있었고, 따라서 "열정을 명확히 규정된 운동으로 보았을 뿐만 아니라, 열정에 대한 명확한 정의를 모색하려 했던 잘못된 역사적 실천"으로 볼 수도 있다.[47] 반열정주의자가 자주적이고 해방적인 합리성의 편에 확고히 서있는 반면 그들의 적은 계시에 기초한 퇴행의 편에 서있다는 회고적 시각은 어떤 방식으로든 유지되기 어렵다. 우리는 흔히 계시를 받았다는 주장이 절대 군주와 신정주의적 성직자들의 부당한 특권을 옹호하는 것이고, 이를 비판하는 이들은 본질적으로 반권위주의자라고 생각하는 경향이 있지만, 문제는 그렇게 간단하지 않다. 17세기 급진 사상에 관한 연구들이 보여 주듯, 계시를 받았다는 주장이나 대중 및 범신론적 합리주의에 기댄 주장들은 정치적·종교적 권위들에 대한 강력한 도전을 북돋울 수 있었다. 실제로 계몽주의와 열정에 관한 탁월한 논문집의 편집자들은 이렇게 말한다. "열정 비판은 수많은 이름의 이질적 기획들로 착수되었다. 열정은 종교적 과잉의 다양한 형태로, 그리고 초합리성, 고립된 자기 성찰, 대중의 쏠림 현상 등과 같은 좀 더 세속적인 외피를 입고 기존의 권위와 질서를 위협하는 것으로 여겨졌다."[48] 만약 계몽의 과

---

[46] Lawrence E. Klein and Anthony J. La Vopa, "Introduction", in *Enthusiasm and Enlightenment in Europe*, 2.

[47] Heyd, '*Be Sober and Reasonable*', 5.

정이 (인지적으로는) 규칙을 따르고 (정치적으로는) 법을 준수하는, 외부적으로 존중하도록 강요된 법을 자율적으로 자신에게 주입하는 속박된 자아를 형성하는 일을 포함하고 있다면, 계몽의 열정적인 "반자아"는 바로 "속박되지 않고, 자기 소모적이며, 타율적"이라는 점에서 계몽에 대한 위협이었다.[49]

17세기와 18세기를 거치며, 근대성과 합리성이라는 일련의 관념은 변형 가능한 '열정'을 자신의 대립쌍으로 하여 스스로를 구성했다. 그러나 오늘의 관점에서 계시적 진리에 대한 거부가 세속적 이성이 거둔 가장 주요한 승리 가운데 하나로 보이긴 하지만,[50] 당시의 권위가 겪었던 지적·정치적 위기에서 이성이 수행한 역할은 결코 명확하지 않다. "열정에 관한 담론은 계급 혹은 젠더 혹은 인지 양식 혹은 종교적 소속 등에 입각해 [권위에 대항하는 세력을] 주변화하고 따라서 침묵시키는 데 반복적으로 이용되었다. 그것은 위협적이라고 인식된 힘의 형태들에 맞서 권위를 확립하는 데 사용되었다."[51] 초자연적인 것에 기대거나 합리주의-범신론적으로 자연 구조를 인식하는 방식은 평등주의적이고 전복적인 운동에 강력한 도움을 줄 수 있었던 데 반해, 감각적 증거를 통해 진리를 단속하는 것은 기존 권위에 봉사하는 용도로 사용될 수 있었다. 마찬가지로, 열정은 세속화 과정을 추동하거나, 종교의 초월적 권위를 회복시킬 수도 있었다.[52] 데카르트와 스피노자의 합리주의, 그리고 그들이

---

48 Klein and La Vopa, "Introduction", 1.

49 Ibid., 4.

50 이것이 마크 릴라의 『사산된 신』*The Stillborn God*의 기본 논지다.

51 Klein and La Vopa, "Introduction", 5. 같은 책에 실린 Jan Goldstein, "Enthusiasm or Imagination? Eighteenth-Century Smear Words in Comparative National Context", 29와 Heyd, "*Be Sober and Reasonable*', 26(기독교 권위의 매개에 반대하는 열광) 및 170(열정주의적 프랑스 예언자들의 "평등 원칙"에 대한 공격) 역시 참조하라.

촉진했던 수학화된 학문이 열정적이라고 조롱당할 수 있었던 것과는 달리, 열정 반대자들은 '계몽주의'와 연관 짓기에는 매우 힘든 아리스토텔레스 심리학이나 체액 이론에 기초했다고 할 수 있다.

종교적 분파주의와 형이상학적 합리주의에 대한 초기의 공격이 평등주의 정치의 거부로 변모함에 따라,[53] 열정은 사실상 "통제하기 힘든 포장지"인 것으로 판명되었는데, 이는 계몽의 옹호자들 자신도 매개 없이 현실에 접근한다는 비난을 받을 수 있었기 때문이다. "이런저런 방식을 통해 열정의 역逆으로 구성된 근대성이 안정적이지도 단일하지도 않은" 것은 바로 이 때문이다.[54] 계몽의 사유는 자신의 명백한 적수와 더불어 불안하면서도 양가적인 관계를 맺고 있었다. 그것은 자신이 액막이하려 노력했던 사유 형태들에 의지했으며, 종종 자신의 적수를 다른 곳도 아닌 이성 내에서 발견하기도 한다는 사실을 알게 되었다. 포콕의 말처럼 "애초부터 계몽주의자들은 그들이 몰두하던 기획의 외부뿐만 아니라 내부에서까지 출현하는 지적 광신의 가능성을

---

52 "세속화 물결에 대한 역류들은 이것이었으니 …… 때때로 열정주의자들은 과거로부터 승계된 종교적 개념들의 지배를 깨부수면서 급진적인 전선을 형성했지만, 그렇지 않을 때, 아마도 이것이 더욱 전형적일 텐데, 이 열정주의자들은 합리적 종교가 숙청하려고 했던 '영성'이라는 가장 구속받지 않은 영역에 사로잡혀 있었다." John H. Zammito, *Kant, Herder and the Birth of Anthropology*, Chicago: University of Chicago Press, 2002, 191. 이런 양면성은 합리화와 세속화 과정으로서의 계몽주의라는 깔끔한 이미지를 뒤흔든다.

53 "'민주주의자' 및 여타 정치적 급진파들에 대한 혁명 시기 동안의 공격은 이전 시기의 두 수사학적 공격을 되풀이한 것이었으니, 하나는 분파주의적 반대파에 대한 것이었고, 다른 하나는 철학적 체계 건설자에 대한 것이었다." Klein and La Vopa, "Introduction", 5. 하지만 분파주의적 반대파(가령, 독일의 핀처나 잉글랜드의 랜터파)에 대한 공격이 **이미** 정치적 급진주의에 대한 공격이었음은 반드시 지적하고 넘어가야 한다.

54 Klein and La Vopa, "Introduction", 3.

인지하고 있었던 것이다."[55] 가차 없이 엄밀하게 칸트가 파헤쳤던 것은 바로 이 이성의 광신이다.

광신자 칸트

전체를 개괄하는 어떤 입장에서 볼 때, 만약 계몽주의를 권위의 초월적 근원에서 나오는 종교적이고 정치적인 특권에 맞서 내재성이라는 세속적 권리를 주장하는 것이라고 특징지을 수 있다면, 칸트의 철학 ― 인식론적이고 우주론적이며 도덕적이고 정치적인 계기들의 복합적 통일성으로 파악되는 ― 은 내재성의 한계를 정하는 일이다. 칸트의 철학은 그 한계의 위반을 막으려는 비판적 경계심에 의해 지배되는데, 이는 한계가 없이는 비판이 오만함이나 미신으로 퇴행해 버리게 될 것이기 때문이다. 칸트는 초월성이라는 질병으로 이해된 광신에 대한 편견과 더불어, 아직껏 경험해 보지 못한 것에 대해서도 이성은 법을 제정할 수 있다는 망상을 계몽주의로부터 물려받는다. 칸트에게 있어서도 역시 세속의 경험을 넘어선 영역에 대해 인식한다는 것은 불가능하다. 그러나 초감각적 인식이라는 문제에 대한 그의 해결책은 매우 양면적이다. 한편으로 그는 미신, 독단, 종교적 헌신이 가진 사회적 분열 효과에 맞서는 급진적 계몽주의의 투쟁을 지속한다. 하지만 다른 한편으로, 이성의 한계와 신앙의 실용적 측면에 대한 칸트의 옹호 사이의 연관을 고려할 때, 그는 종교 전체

---

55 Pocock, "Enthusiasm: The Antiself of Enlightenment", 7.

를 축출하려 하는 유물론적 계몽주의의 환원주의적 목표들에 대해서는 무척이나 신중하다. 더욱이 니체의 렌즈를 통해 바라본다면 확실히 칸트에게는 "초월성의 전략"이라고 할 만한 것이 있으니, 실천이성, 즉 보편적으로 구속력이 있는 추상적인 도덕 지침이라는 모습으로, 어떤 의미에서는 인간관계와 자연 관계라는 영역을 넘어선 곳에 있는 권위를 귀환시키는 것이다.

유럽 철학 전체에 큰 영향을 끼친 칸트의 사유에 담긴 내재성과 초월성의 특정한 배치를 통해 우리는 광신의 문제에 대한 그의 접근을 탐구할 방향 지침을 얻을 수 있다. 실제로, 광신이 이성 외부에 있는 행위와 신앙 형태들(종교적 분파주의, 문화적 의고주의, 정치적 당파주의 등)을 의미한다고 여기는 계몽주의 담론과는 반대로, 칸트에게 광신은 인간 합리성 자체에 내재되어 있는 것이다. 비이성에 대한 경계는 더 이상 적절한 정치적 배치나 사회적 치료, 세속주의의 확립이나 광기의 통제와 같은 단순한 문제가 아니다. 그것[비이성에 대한 경계]은 초월적이거나 불합리한 이성의 활용으로부터 내재적이고 합리적인 이성의 활용을 분리할 것을 요청하는, 이성 자체의 작동과 역량에 있어 본질적인 것이다. 그러나 이와 같은 광신의 수용introjection은, 말하자면 칸트가 광신의 양가성과 대면하도록 강요됨을 의미한다. 즉, 보편 가능하다는 이유로 그가 정치적으로 또 도덕적으로 고귀하게 여기는 행위들의 형태와 관념적 격정으로서의 광신 사이의 걱정스런 근사성近似性 말이다. 이는 그가 '열정'Enthusiasmus과 '광란'Schwärmerei[56]을 구분하려고 노력하는 데서 특히 명확하

---

56 ● '광란'으로 번역할 수 있는 독일어 'Schwärmerei'는 현대 독일어에서 '광신'을 뜻하는 'Fanaticismus' 와 거의 같은 의미이다. 칸트와 토스카노 역시 'Schwärmerei'를 통해 '광신'을 의미하고 있다. 다만, 이 책에서는 '광신'fanaticism이라는 단어와의 구별을 위해 Schwärmerei를 '광란'으로 일관되게 번역하기로 하니 이 점을 유념하기 바란다.

게 드러나는데,[57] 이 개념쌍은 다른 어떤 것보다 당대의 반광신 담론 근원에 놓여 있던 사건인 프랑스혁명에 대한 칸트 자신의 옹호라는 관점에서 특히 의미심장하다. 칸트가 이성 속으로 '결합'incorporation된 광신 혹은 광신이라는 예방접종을 통한 이성의 면역력 강화라고 할 수 있는 방식을 통해 계몽 담론의 유산을 떠맡아 이를 변환시켰다는 점에서, 광신은 어떤 의미에서는 칸트 비판 철학의 기원에 있어 핵심적이다. 그러나 프랑스혁명에 의해 선포된 계몽주의의 극적인 정치화와 더불어, 칸트의 사유는 평등주의적이고 보편주의적 정치를 광신적이라고 비하하는 입장과 대면하게 된다.[58] 1793년의 '이론-실천 논쟁'에서처럼 함축적인 방식으로든, 아니면 거의 1세기 이후 니체의 논박에서처럼 명확한 방식으로든 간에, 칸트주의는 삶을 추상적이고 초월적인 정의의 원칙에 종속시키는 '도덕적 광신'으로 낙인찍혀 있다. 따라서 광신의 계몽주의 적수들마저도 광신의 존재를 알아차리지 못하는 곳에서까지 그것을 찾아내는 칸트 철학이 광신에 맞서는 한결같은 투쟁을 대표한다고 할지라

---

57 '열정'과 '광란'을 명확히 구분하기 위해 독일어 철학 용어를 정리하려고 시도했던 이는 칸트뿐만이 아니다. 1775년에 크리스토프 마르틴 빌란트는 이 용어들에 '고정된 의미'를 부여함으로써 이들을 단순한 '욕설'로 쓰지 않도록 하기 위해 노력했다. 이후에 '대중 철학자' 크리스티안 가르베 Christian Garve는 망상에 빠진 '광란'(이 용어는 다시 종교적·정치적 변형태로 나뉜다)과 창조적 영감으로서의 '열정'을 구분하려 했다. 열정/광란을 둘러싼 '의미론적 위기'와 그 해결을 위한 시도에 대해서는 La Vopa, "The Philosopher and the *Schwärmer*: On the Career of a German Epithet from Luther to Kant", 86를 참조하라.

58 종교적 권위와 양립하는 계몽주의를 극단적·광신적·혁명적 계몽주의로부터 구분해 내려는 시도에 대해서는 Friedrich Karl von Moser, "True and False Political Enlightenment"(1792), in *What is Enlightenment? Eighteenth-Century Answers and Twentieth-Century Questions*, J. Schmidt(ed.), Berkeley: University of California Press, 1996을 보라. 이 에세이에서 광신은 몽매주의의 소산이 아니라 빛[계몽]의 과잉으로 그려진다. 모제르는 "모든 제대로 된 경찰 규정은 불에 잘 타는 장소에 활활 타는 횃불을 들이는 것을 금지하고 있다"(213)는 점을 독자에게 상기 시킨다.

도, 니체 자신이 신랄하게 주목했듯이 칸트가 "그 어떤 세기보다 열정의 세기라 칭해지는 그의 세기의 적자"였다는 점 역시 옳다.[59]

1760년대 중반 무렵 칸트의 사유에서 광란, 즉 '슈베르머라이'에 관한 질문이 등장했을 때, 그것은 프랑스의 들레르와 볼테르 혹은 잉글랜드의 모어와 이후의 섀프츠베리 같은 이들이 몰두하던 정치-종교적 항목register에 우선적으로 속하지 않았으며, 오히려 칸트가 애초부터 씨름하고 있던 영매mediums, 광기madness, 우울melancholia 같은 주제들과 묶여 있었다. 그러나 여기에는 그가 후에 도덕적·정치적 주장으로 명확히 재탄생시킨 하나의 근본적 관심사가 이미 들어 있으니, 곧 '필요 불가결한 열정을 어떻게 해로운 광신으로부터 분리해 낼 수 있는가?'하는 질문이 그것이다. 좀 더 확장시킨다면, '계몽의 기획에 어떻게 정동을 포함시킬 수 있는가?' 체액 이론과 근대 정신병리학의 교차점에 있는 칸트의 『머리의 질병에 관한 에세이』Essay on the Illnesses of the Head는 정확히 '열정'과 '광란'의 구별이라는 관점에서 이 문제를 제기하는데, 이 구별이야말로 1781년의 『순수이성비판』Critique of Pure Reason을 분수령으로 하는 칸트 작업의 두 시기인 소위 비판-이전 시기와 비판 시기를 관통하는 상수이다. 매우 존경했던 루소를 참조하며 칸트는 이렇게 쓰고 있다.

그 자체로 선한 도덕 감정에서 이처럼 모호하게 등장하는 판타지Phantasterei는 열정Enthusiasmus이고, 이 세상의 어떤 위대한 것도 열정 없이는 이루어지지 않았다. 광신자(몽상가, 광란자)에 오면 사안은 완전히 달라진다. 하늘의 힘[신]과 더불어 즉각적 영감을 교류하고 대단한 친밀함을 공유한다는 이 후자는 사실상 광인이다. 인간 본성에 있

59 Friedrich Nietzsche, *Daybreak: Thoughts on the Prejudices of Morality*, trans. R. J. Hollingdale, Cambridge: Cambridge University Press, 1982, "Preface(1886)", 3[5쪽].

어 이보다 더 위험한 망상은 없다.

『머리의 질병에 관한 에세이』와 같은 해에 출간된 『아름다움과 숭고함의 감정에 대한 고찰』*Observations on the Feeling of the Beautiful and the Sublime*의 한 주석에서 칸트는 이렇게 선언한다.

> 광신은 언제나 열정과 구분되어야만 한다. 전자는 자신이 더 고차원적인 세계와 즉각적이고 특별한 교감을 나눈다고 믿는 것인 반면, 후자는 그 어떤 것과도 초자연적인 교감을 나눈다는 환각 없이, 적정한 정도를 넘어선 애국적 덕, 우정, 종교 원칙 등과 같은 원리들에 의해 불타오르는 정신 상태를 의미한다.[60]

물론 계몽주의가 최초로 움트기 시작할 때부터 계시를 받았다는 주장과 영감은 비판적·논쟁적 점검의 대상이었다. 잉글랜드의 경우, 이는 열정의 관점에서 흔히 다루어졌는데, 이 단어가 어원학적으로 정확한 의미에서 신의 방문을 받거나 신에 의해 영감을 받은 상태를 뜻한다는 점에서 그렇다. 대신 칸트

---

[60] Immanuel Kant, *Observations on the Feeling of the Beautiful and the Sublime*, trans. J. T. Goldthwait, Berkeley: University of California Press, 2003, 108[150쪽]. 자유에 기초한 열정과 병적인 광란 사이의 차이에 대해서는 Peter Fenves, *A Peculiar Fate: Metaphysics and World-History in Kant*, Ithaca: Cornell University Press, 1991, 243, n. 42를 보라(펜브스는 1754년 에세이인 "물리적으로 고찰한 지구의 노화에 관한 질문"에서 기후-지리학적 관점을 통해 칸트가 매우 이른 시기부터 열정에 대해 논의했음에 주목하고 있다). 칸트는 광신과 미신을 구분하기도 했으며, 이 책의 서론에서 언급했던 흄의 주장, 즉 둘 중 미신이 이성에 더욱 위협적이라는 점에 동의하고 있는 것으로 보인다. 칸트에 따르면 독일인들과 프랑스인들에게 광신은 "이 민족의 기질에 속해 있는 고귀한 감정의 부자연스러운 기형적 발육과도 같은 것이고 …… 초반에는 폭력적이긴 해도 전체적으로는 미신적 경향보다 훨씬 덜 유해하다." 광신은 이후에 '식고', 결국 '정돈'되지만, 미신은 자신의 희생자를 망상과 미성숙 상태라는 함정에 빠트린다(108-9).

는 비신학적 용어에 의존한다. 비록 초월성을 감각적으로 경험했다고 생각하는 망상에 빠졌을 뿐만 아니라, 벌떼처럼 몰려들어 혼란을 유발하는 것 말고는 하는 게 없는 이들을 가리키기 위해 루터 자신이 '광란자'Schwärmer라는 논쟁적인 용어를 도입했음에도 불구하고 말이다. 칸트가 원리에 의해서 불타오르는 열정주의자가 광신자와 어떻게 "완전히 다른지"를 다양한 방식으로 그려 나갈 것이지만, 이 두 입장 사이에 경계를 짓는 일이 극도로 어렵다는 것은 명백하다. 칸트에 따르면 열정과 광신은 공히 자신의 가장 경외스러운 미적·인지적·실천적 행위들을 통해 인간의 생각에 영향을 미치는 경향이 있고, 그 위험성에 대한 칸트의 비판은 그들[열정과 광신]의 도착된perverted 고귀함을 인식하는 일이기도 하다. 우리가 우울에 대한 칸트의 집착을 '모호한ambiguous 격정'으로 여겨야만 하는 것은 바로 이런 의미에서다.

모니크 다비드-메나르가 '순수이성 속의 광기'에 관한 그녀의 연구에서 언급하고 있듯이, "현실을 경시하기 때문에, 열정에 빠진 우울증자[칸트]는 도덕성의 챔피언이 될 수 있다."[61] 원칙에 따라 영위한 삶의 미적 숭고함을 탐구하던 중 칸트는 『아름다움과 숭고함의 감정에 대한 고찰』을 통해 도덕적 인간의 성질이 악화하면서 어떻게 "진지함이 낙담으로, 헌신이 광신으로, 자유에 대한 사랑이 열정으로 기울어 가는지"에 대해 쓴다.[62] 이 구절에서 우리는 이미 열정과 정치 사이의 친근성affinity에 대한 암시뿐만 아니라 광신과 그릇된 내향성 사이의 연관에 관한 실마리를 발견하게 된다. 숭고한 감정이 부지불식간에 정신적 질병으로 변모해 가는 것을 막기 위해 칸트의 비판적 경계警戒

61 Monique David-Ménard, *La folie dans la raison pure. Kant lecteur de Swedenborg*, Paris: Vrin, 1990, 119.

62 Kant, *Observations on the Feeling of the Beautiful and the Sublime*, 66[38쪽].

는 자연히 내면을 향하게 된다. 하지만 경계가 자기관찰로 전환하지는 않는다. 인간학에 관한 강좌에서 그가 언급하듯이, 내면의 지각을 축적해 "자기 관찰자로서의 일기"를 만드는 일은 "쉽게 광란과 '광기'Wahnsinn로 이끈다." 자신에 대한 이런 "엿듣기"는 칸트에게 있어 특히 위험한데, 왜냐하면 그것이 사유의 원칙들과 우리의 재현 능력이 가진 성찰성을 내면적 감각의 통제 불가능한 유동성에 종속시키고, 우리가 진정 합리적으로 관찰할 수 있는 유일한 경험, 즉 외부의 경험을 경시하게 만들기 때문이다. 요컨대 칸트에게 그런 광신적 자기관찰은 "우리의 뜻과는 상관없이 어디서 오는지도 모르게 우리 안으로 유입되는 가상의 고차원적 영감과 힘으로 생겨나는 정신의 혼돈을 거쳐, 광명주의Illuminati[63]* 혹은 심지어 테러리즘으로 향하는 가장 직접적인 길"이다.[64] 자신에게 넘쳐 나는 그런 과도한 집중은 경험을 통한 우회로로, 그리고 가장 중요하게는 "재현의 대상을 자신의 통제하에 둠으로써 얻어지는 사유의 능력과 정신의 권위라는 자유"를 의미하는 관념의 활용으로 상쇄되어야 한다.[65]

비판적 감시와 관념의 성질에 대한 이런 질문은 가장 놀라운 칸트의 저작들 중 하나에 등장하는데, 이 속에서 우리는 광신에 관한 질문이 정신 병리

---

63 * 1776년에 독일의 바바리아 지방에서 결성된 비밀결사체로, 그 이름이 의미하듯 급진적인 '계몽주의자들'로 구성되어 있었으며, 괴테와 헤르더 등도 그 일원으로 알려져 있다.

64 Immanuel Kant, *Anthropology from a Pragmatic Point of View*, R. B. Louden(ed.), Cambridge: Cambridge University Press, 2006, 21-2[26-28쪽]. Immanuel Kant, "Some Remarks on Ludwig Heinrich Jakob's *Examination of Mendelssohn's Morning Hours*", in *Anthropology, History and Education*, R. B. Louden(ed.), Cambridge: Cambridge University Press, 2007, 190 역시 참조하라.

65 Kant, *Anthropology*, 20[25쪽].

학, 초자연적 현상, 형이상학이라는 각기 분리된 것으로 보이는 영역들을 관통하며 펼쳐져 있음을 알게 된다. 친구 및 지인들의 권유에 의해 썼다고 알려져 있고 칸트답지 않게 풍자, 고백, 일화로 가득 차 있으나 그 철학적 중요성만은 과소평가할 수 없는 1766년의 『형이상학자의 꿈에 비추어 본 시령자視靈者의 꿈』*Dreams of a Spirit-Seer Elucidated by Dreams of Metaphysics*을 통해, 칸트는 라이프니츠적인 합리주의적 형이상학의 주장(혹은 꿈)과 당시 8권으로 된 『천국의 신비』*Arcana Coelestia*를 펴낸 에마뉘엘 스베덴보리Emmanuel Swedenborg의 명상 장사 speculative hucksterism 사이의 위험한 유사성이라는 문제와 맞붙는다.

비록 칸트가 시작부터 신성 로마[교황]의 "영성 영역 착취권"을 신랄하게 비판하면서 종교적 권위에 대해 언급하긴 하지만, 실제로 이 책의 핵심은 칸트가 그때까지 옹호했던 논증 형식과 심령론 현상(칸트는 심령론에 유혹을 받고 있다고 고백하고, 이 때문에 그것을 더 잘 극복할 수 있게 되었다고 말한다) 간의 논증 불가능성에 있다. 우리는 『형이상학자의 꿈에 비추어 본 시령자의 꿈』에서 다음과 같은 구절을 본다. "우매와 오성 사이의 경계는 너무나 불분명해서 다른 지역을 간헐적으로 넘나들지 않은 채 한 지역에서만 오랫동안 이동할 수는 없다."[66] 언어학적 분석, 생리학, 형이상학이 결합된 칸트의 논증에 담긴 세세한 부분들로 여기서 지체하지는 않겠다. 칸트의 모순적인conflicted 광신 비

---

[66] Immanuel Kant, "Dreams of a Spirit-Seer Elucidated by Dreams of Metaphysics", in *Theoretical Philosophy 1755-1770*, trans. and ed. D. Walford with R. Meerbote, Cambridge: Cambridge University Press, 1992, 343. 스베덴보리의 '광란'(번역자들에 의해 '열정'으로 번역되어 있음)이 "감각에 제시된 세상의 진정한 모습"을 단순히 관념의 상징으로 여기는 데서 기원한다고 주장한 *Anthropology*, 85[108쪽]도 참조하라. 칸트는 이를 상징의 계몽적 활용과 대비하고 있는데, 후자는 마치 우리가 교회 예배식이라는 '껍질'과 종교의 보편적 내용을 구분하는 것처럼 합리적이거나 지성적인 것과 상징 간의 차이를 견지하고 있다.

판을 점검하는 우리에게 중요한 것은 스베덴보리의 추레한 환상들에 그토록 관심을 갖는 데 대해 그가 제시하는 이유다. 물론 저 스웨덴의 예언자는 외부 세계에 대한 우리의 경험에 질서를 부여하는 원리들 자체를 넘어서는 대표적인 '광란자'이다. 그의 사상은 이성의 조광躁狂, Wahnwitz일 뿐만 아니라, "감각 일반의 체계적인 망상이다."[67] 감각적 망상은 내면의 감각을 외부 세계에 잘못 투사하는 것을 포함한다. 여기서 칸트는 지각적 의미, 좀 더 넓게는 인식적 의미에서, 수렴점point of convergence, 즉 우리가 외부의 경험을 다룰 때 대상 속에 위치하고 우리가 "상상의 이미지"를 다룰 때는 우리 자신 안에 위치하는 표상의 '상상적 초점'focus imaginarius에 대해 이야기하고 있다. "자신의 상상이 낳은 대상에 불과한 것을 실제로 자신 앞에 현존한다고 여기면서 자신의 외부에 위치시키는" 사람은 '정신착란'의 희생자이다.[68]

그러나 스베덴보리의 감각적 망상은 체계적이다. 또한 자신이 관심 있는 것은 스베덴보리의 사변speculation이라기보다는 저 유명한 영매[스베덴보리]의 환각이라는 칸트의 주장에도 불구하고, 1766년의 텍스트가 단지 영과의 접촉이라는 "광신적 직관"이 아닌 "우주의 관념적 구성"으로서의 '광란'에 몰두하고 있다는 점은 명백하다. "형이상학적 관념론과 정신착란의 차이"가 가진 합리적으로 논증 불가능한 성질은 칸트가 후에 『순수이성비판』을 쓰도록 이끈다. 이 책에서 펼쳐지는 경험의 주관적 구성에 대한 탐구 — 칸트의 '코페르니쿠스적 혁명' — 는 "지식을 향한 독단적·광신적 의지"에 맞서는 투쟁을 새로운 토대 위에 올려놓게 된다. 그러나 이미 『형이상학자의 꿈에 비추어

---

67 Kant, "Dreams of a Spirit-Seer", 347.

68 Ibid., 333.

본 시령자의 꿈』에서 칸트의 광신에 대한 대응은 머리의 질병에 관한 연구와 같은 단순히 생리학적이고 진단적인 것이 더 이상 아니며, 오히려 "인간 이성의 한계"에 관한 문제이자, "다른 세상의 신비로부터 우리의 눈을 가리는 구름을 치울 수 있을 만큼 [인간 이성을] 높이 날아오르게 만드는 날개"를 우리가 부여받지 않았음을 인식하는 문제로 제시된다.[69] 이 이성의 한계는 [칸트에게] 도덕적이면서도 세계 정치적인 성격을 지닌 중대한 관심사라는 관점에서만 이해될 수 있다. 칸트는 비록 우리가 영에 대해 의견을 가질 수는 있어도 지식을 가질 수는 없다고 판결을 내리고 있지만, 터무니없는 영적 체계이긴 해도 매혹적인 스베덴보리의 작업에서 "미래에의 희망"을 가리키는 지침을 탐지해낸다. 이 희망은 결함투성이지만, 칸트가 끝내 포기하기를 거부한 합리적인 성향이기도 하다.

그러나 스베덴보리에 대한 개입은 더 중요한 메타 정치적 차원을 포함하고 있다. 정신의 공동체라는 생각으로 우리를 이끄는 것은 "보편적 인간 이해에 대한 의존"이자 도덕적 "책무"를 탄생시키는 "우리 자신이 아닌 타자들의 의지"에 대한 의존이다. 명백히 루소적인 용어를 사용해 칸트는 "가장 깊숙한 동기에서 우리는 일반 의지에 의존한다"고 쓴다. "이 땅에 사는 인간의 도덕적 환경과 물리적 환경 사이의 모순 속에서 대개 당황스러울 정도로 돋보이는 …… 저 변칙들"을 몰아낼 "정신의 즉각적 공동체"라는 개념에 어떻게 매혹되지 않을 수 있겠는가?[70] '광란자'는 단순히 감각적 망상의 수준에서 작동하고 있는 게 아니다. 형이상학자의 꿈처럼 시령자의 꿈은 우리의 ─ 도덕적이고

69 Ibid., 354, 359.

70 Ibid., 322-3.

정치적인 — 꿈에 입각해 있다. 세계 속에서의 우리의 행위와 미래에 대한 우리의 예측의 기반으로 비물질적 실체나 원리를 향하는 일은 단순히 "게으른 철학"[71]의 결과물이 아니며, "하나의 거대한 공화국" 안에서 살아 있거나 죽은 모든 타자들과 소통하려는 우리 이성의 필요가 만들어 낸 효과이다.[72]

칸트의 비판철학을 이끄는 주제들, 곧 인간 이성의 한계, 사변의 제한, 도덕적 믿음의 기초 등은 감각적·인지적·도덕-철학적 현상으로 이해된 광신의 모티프를 따라 등장한다. 과도한 사변의 경향을 다소 부수적인 생리학이나 머리의 질병으로서가 아닌 이성의 내재적 성향으로 다루어 위엄을 고취함으로써, 세 편의 비판서는 이 기획을 연장하게 될 것이다. "초월적 변증법" 내의 초월적 환상에 대한 연구를 통해 우리는, 다비드-메나르의 유용한 평가를 따르자면 말 그대로의 광기로부터 "이성의 광기"로 나아가게 된다. 총체성을 인식하기 위해, 절대적인 것을 사유하기 위해 이성의 이율배반적 충동에 관심을 두기 때문에 이 광기는 어떤 의미로는 결코 치료할 수 없는 것이다.

광신 문제에 대한 칸트의 개입은 철학적·미학적·정치학적 영역들 사이에서 밀접히 상호 연관된 방식으로 펼쳐진다. 1786년, 스피노자의 범신론과 그 잠재적인 반종교적 결론을 둘러싸고 벌어진 뜨거운 논쟁[73]에 자극받아 칸트는 "사유에서 방향 찾기란 무엇인가?"Was heisst: Sich im Denken orientiren?라는 에세이를 썼다. 이 에세이에서 그는, 자신의 철학을 존재와 필연에 관한 통찰을 줄

---

[71] Ibid., 318.

[72] Ibid., 328.

[73] 소위 '범신론 논쟁'Pantheismusstreit 혹은 '스피노자 논쟁'Spinozismusstreit에 대해서는 Frederick C. Beiser, *The Fate of Reason: German Philosophy from Kant to Fichte*, Cambridge, MA: Harvard University Press, 1987, 44-126을 참조하라.

수 있는 스피노자식의 광신적 사상이라는 이유로 거부당한 철학으로 제시하려 했다. 또한 그는 철학자 야코비Friedrich Heinrich Jacobi로 대표되는, 신앙과 이성 사이에 쐐기를 박아 구분하려는 반스피노자적 입장으로부터도 자신을 구별짓고 싶어 했다. 대신 칸트는 자신의 걸작 『순수이성비판』이 인간 이해의 한계를 정함으로써 "완벽하게 교조주의의 날개를 자른다"고, 즉 그 책은 감각에 의지하지 않고도 통찰이 가능하다고 주장하며 "광신으로 직행"하는 스피노자식 합리주의에 치명적 공격을 가하고 있다고 주장했다.[74]

칸트에 따르면, 이성은 교조주의적이고 존재론적인 광신의 위협에 맞서 스스로 면역성을 갖출 수 있다. 이는 탐구 방법론으로서 비판이 가진 주요한 목표들 중 하나이다. 그러나 직접 서술되지는 않았어도 칸트가 명백히 말하고 있는 바, 이성 자체의 광신화 경향에 맞선 싸움 역시 정치적 측면을 갖는다. 그 스스로도 고통받았던 검열이라는 상황을 가리키면서, 칸트는 이성의 자기 법제화야말로 광신적 입장이 가진 전복적이거나 무신론적 영향에 대해 취해질 국가의 억압을 미리 피해 갈 수 있는 유일한 방법이라고 묘사한다.[75] 자율성은 권위와 타율성에 대한 해독제로 등장한다. 칸트는 이렇게 쓴다.

74 Immanuel Kant, "What Does it Mean to Orient Oneself in Thinking?", *Religion and Rational Theology,* trnas. and ed. A. W. Wood and G. Di Giovanni, Cambridge: Cambridge University Press, 1996, 15. 인용문에서 나는 '광란'에 대한 우드와 디 지오바니의 번역어인 "열정"을 "광신"으로 수정했다.

75 종교에 관한 글을 둘러싼 칸트의 싸움, 특히 프리드리히 빌헬름 2세의 성무聖務 담당 장관이자 장미 십자회원이던 요한 크리스토프 뵐너의 영향 아래서 그가 받았던 압력에 대해서는 앞의 책에 앨런 W. 우드가 쓴 서문을 참조하라.

사유에서의 자유란 이성을, 스스로에게 부여한 법을 제외한 그 어떤 법 아래에도 종속시키지 않는 것을 의미한다. 그 반대는 (천재가 그렇듯, 법의 한계 아래서 가능한 것보다 더 멀리 보기 위해) 이성을 무법적으로 활용하는 것이다. 자연스런 귀결인즉, 만약 스스로에게 부여한 법에 자신을 종속시키지 않으면 다른 곳에서 주어진 법의 멍에 아래 고개를 숙여야 한다. 어떤 법도 없다면 아무것도, 심지어 무의미마저도, 오랫동안 자신의 경기를 진행할 수가 없기 때문이다.[76]

스스로에게 법을 적용하기를 거부함으로써 자신의 필요로부터 독립적이길 원하는 이성을 특징짓는 것이 불신이다. 이것[이성의 자기 법제화]은 궁극적으로 도덕을 위해 무한한 절대자의 존재를 가정하기 위해 필요하다. 따라서 자율은 자기 감시인 만큼이나 자기 통치self-rule인 것이다. "이성의 불신"은 결국 "자유 절대주의libertinism, 즉 어떤 권위도 인정하지 않는다는 원칙"으로 나아간다. 칸트에 따르면, "바로 이때 권위가 경기 속으로 들어오기 시작한다." 그리하여 "만약 이성의 법으로부터 독립한 채 나아가려 한다면, 사유에서의 자유는 끝내 자신을 파괴하고야 만다." 이성의 법에 대한 호출을 통해 우리는 칸트가 파악하는 바, 실체에 대한 교조주의적 혹은 존재론적 사유(스피노자주의)와 합리적 신앙 영역에 대한 무신론적 혹은 자유 절대주의적 공격 간에 맺어진 변증법적 유대를 알게 된다. 더욱이 '불가능하기에 나는 믿는다'credo quia absurdum는 식의, 존재론적 합리주의에 맞서는 비합리적 믿음으로 스피노자주의를 파괴하려고 하는 이들 역시 무법성의 선조로 묘사된다.[77]

---

76 Kant, "What Does it Mean to Orient Oneself in Thinking?", 16.
77 스피노자주의의 광신적 성격에 대해서는 Kant, "Some Remarks on Ludwig Heinrich Jakob's *Examination of Mendelssohn's Morning Hours*", in *Religion and Rational Theology*, 178과 피터 펜브스가 칸트의 수기 원고인 『반성』*Reflexionen*을 번역한 "On Philosophical Exaltation", in

1790년대에 칸트는 광신과 열정 간의 차이를 다시 변경하면서 열정의 정동에 주목함으로써 광란 문제로 회귀한다. 칸트는 "충동적이고 무계획적"인 성질인 격정을 "집요하고 신중한" 격정과 구분한다. 그리하여, 분노는 정동이고, 증오는 격정이다.[78] 비록 일종의 정의로운 무감함apathy(헤르더와 같은 비판자들에게 그것은 차가운 이종異種이기는 해도 여전히 광신과 같은 것이다)을 선호하긴 하지만, 칸트는 정동을 병리적이지만 의미 있는 보충물로, 즉 "이성이 필요한 힘을 획득할 때까지" 자연이 우리에게 섭리로 부여한 것으로 규정한다. 열정은 도덕적·정치적 원칙들을 의지에 "생기를 불어넣는" 사례들에 연결시킴으로써 이끌어 낼 수 있다. 달리 말하면, 병적인 정동이 되는 것을 피하기 위해 정동의 근거로 이성이 참조되어야만 하는 것이다.[79] 정동은 효과로 남아야지 근거여서는 안 된다.

광신과 열정의 구분은 『판단력 비판』Critique of Judgment에도 등장하는데, 아름다움과 숭고의 감정에 대한 초월적 탐구를 보여 주고 있는 이 책은 보편적 원칙들을 심화하는 역할을 할 무법적인 자극들에 대한 처방 역시 포함하고 있다. 정동은 이성의 자기 절제에는 해로움에도 불구하고 감각적인 것을 넘어선 곳에 있는 도덕(과 정치) 원칙의 숭고한 경험의 징조가 될 수 있는, 또 우

Raising the Tone of Philosophy, 103("고양"은 "만물의 분리된 존재"를 제거하는 데서 기원한다)과 105("최고 수준의 고양"으로서의 스피노자주의)도 참조하라. 이 두 텍스트는 칸트의 '방향성'Orientation 에세이 시기의 산물이다. "고양"이라는 용어는 펜브스가 'Schwärmerei'를 번역한 것인데, 그 이유에 대한 개요는 Raising the Tone of Philosophy, x-xii 역자의 말에 나와 있다.

[78] Immanuel Kant, Critique of Judgment, trans. W. S. Pluhar, New York: Hackett, 1987, 132, n. 39[286쪽]. Kant, Anthropology, 149[189쪽]와 "정동"에 관한 매우 통찰력 있는 항목이 들어 있는 Howard Caygill, A Kant Dictionary, Oxford: Blackwell, 1995, 56-9도 참조하라.

[79] Kant, Anthropology, 152[192쪽].

리가 지각의 고통스런 실패 속에서 부정적으로 조우하는 급작스럽고 돌발적인 감정이다. 여기서 칸트는 열정을 다음과 같이 정의한다.

> 정동과 함께하는 좋음의 이념은 **열정**이라고 일컫는다. 이런 마음의 상태는, 그것이 없으면 아무런 위대한 것도 이루어질 수 없다고 사람들이 보통 내세우는 정도에서 숭고한 것처럼 보인다. 그러나 모든 정동은 맹목적이다. …… 왜냐하면 정동은 그에 따라 자기를 규정하기 위한 그 원칙들에 대해 자유롭게 숙고하는 것을 불가능하게 만드는 그런 마음의 운동이니 말이다. 그러므로 정동은 어떤 방식으로도 이성의 흡족을 얻을 수 없다. 그럼에도 불구하고 열정은 미감적으로는 숭고하다. 왜냐하면 열정은 감관의 표상들에 의한 추동보다 훨씬 더 강력하게 그리고 지속적으로 작용하는 활기를 마음에 불어넣어 주는 이념들에 의한 힘들의 긴장이기 때문이다.[80]

『학부들의 논쟁』*The Conflict of the Faculties*에서 칸트가 정치적 중요성을 부여하게 되는 것은 바로 열정의 이런 미감적-정동적 성질이다. 이 텍스트에 따르면 프랑스혁명을 초래한 것은 행동 자체가 아니라, 행동이 멀리 떨어져 있는 무관심한 관객들에게 불러일으킨 격정이다. 정동은 인류가 진정 스스로의 발전의 매개자가 될 수 있다는, 역사에 인간의 진보라는 것이 있다는 징표 역할을 했던 것이다. 혁명에 공감하는 이들의 정동이 가진 공적인 성격과 보편성은 "인류의 성격을 총체적이고도 즉각적으로 현시한다. 정동의 공평무사함으로 인해, 최소한 기질적으로, 인류의 도덕적 성격, 즉 사람들로 하여금 더 나은 것으로 향하는 진보를 희망케 할 뿐만 아니라 현재에 충분한 역량을 가진 한 그

---

80 Kant, *Critique of Judgment*, 132[286쪽]. 칸트가 열정의 '위대함'에 대해 전前비판적[3대 비판서를 쓰기 전] 언급으로 어떻게 회귀하고 있는지 주목하라.

자체로 이미 진보인 성격"[이 드러난다].[81]

여기에서 열정과 광신 사이의 차이는 거리와 공평무사의 관점에서 표상되는 반면, 『판단력 비판』에서 핵심에 놓인 차이는 보기sight 혹은 통찰의 성격이다. 주지하다시피 칸트는 열정을 (헤브라이의) 우상파괴주의에 비추어 고찰한다. 우상파괴주의는 우상을 금지함으로써 무한성의 부정적 현시를 허용하는데, 이것은 무한성의 감각적 시선으로까지 월경越境하지는 않으나, 대신 정확히 그 기준이 우리의 사유 방식이라는 점에서, 또 감각을 넘어선 (보이지 않는) 관념의 우월성에 있다는 점에서 숭고하다. 스베덴보리에 대한 이전의 고찰과 사유에서의 방향성에 대한 에세이에서도 그렇듯, 칸트에게 광신은 내면의 상상을 외부의 감각으로 착각하거나 주관적 신념을 객관적 지식으로 오해하는 것이다. 광신은 단순히 생리적 착란 증세가 아니라, 이성의 요구와 이 요구가 경험 속에서 즉각 실현될 수 있는 환상 간의 결합을 포함한다. 칸트는 열정에 대해 이렇게 쓰고 있다. "도덕성의 이런 순수한, 영혼을 고양시키는, 순전히 부정적인 현시는 광신 — 이것은 감성의 모든 한계를 뛰어넘어 무엇인가를 보려는, 다시 말해 원칙들에 따라서 꿈꾸(즉, 이성을 가지고 미친 듯이 날뛰)고자 하는 망상이다 — 의 위험을 초래하지 않는다. 왜냐하면, 바로 이 경우에는 현시가 순전히 부정적이기 때문이다. 무릇 자유 이념의 불가해성[탐구 불가능성]은 모든 적극적인 현시의 길을 전적으로 차단한다."[82]

1793년 텍스트인 "'이론에서는 맞을지 몰라도 실천에 적용하지는 못한다'는 속담에 대하여"(이하 "속담에 대하여")에서 칸트가 광신의 문제를 다시 다루

---

81 Immanuel Kant, "An old question: Is the human race constantly progressing?", in *The Conflict of the Faculties*, in *Religion and Rational Theology*, 302.

82 Kant, *Critique of Judgment*, 135[290쪽].

는 것은 정확히 이 자유 이념과 관련해서다. '방향성' 논문처럼 "속담에 대하여" 역시 논쟁 과정에서 등장한다. 이 글은 프리드리히 폰 겐츠가 버크의 『프랑스혁명에 관한 성찰』Reflections on the Revolution in France을 독일어로 번역하면서 촉발된 논쟁에 개입하고 있다.[83] 우리의 탐구와 관련해서 중요한 것은 칸트의 세부적 논증보다는 이 에세이가 담고 있는 어떤 몸짓이다. 정치와 관습을 관념 원칙에 종속시키는 것을 광신 혹은 나아가 테러리즘의 본질 자체로 보는 반혁명적 입장에 대항해, 칸트는 조심스러우면서도 단호하게 이론의 권리를 옹호하는 데 참여한다. 광란의 감관적 망상과 사변적 미신에 맞서 싸웠던 칸트는 이제 자신이 은근히 광신자로 비난받고 있다는 사실을 알게 된다.[84] 신중함에 싸여 있는 것처럼 보이긴 해도, 칸트의 대응은 강력한 것이었다. 도메니코 로수르도를 인용하자면, 1793년 에세이에서 칸트는 "'실천'이나 '행복'에 대한 요청이 기존 질서의 유지에 대한 요청이라는 점을 밝힌다. …… 이론의 거부는 급진적 변화를 위한 어떤 기획 ─ 기존의 사회-정치체제를 초월한다는 이유로 공허하고 추상적이라고 평가되거나, 혹은 무자비한 투쟁을 통해서라도 새로운 사회-정치체제를 구체적으로 실현하자는 주장으로 인해 파괴적이고 소름끼친다고 비난받는 기획 ─ 도 거부하는 일이라는 것이다."[85]

---

83 La Vopa, "The Philosopher and the *Schwärmer*", 103; Domenico Losurdo, *Autocensura e compromesso nel pensiero politico di Kant*, Naples: Bibliopolis, 2007, 152-65. 또한 Hannah Arendt, "Friedrich von Gentz"(1932), in *Essays in Understanding 1930-1954: Formation, Exile and Totalitarianism*, New York: Schocken, 1994, 50-56도 참조하라. 광신 개념의 활용에서 일어난 변화들과 반혁명적 사유의 관계에 대해서는 Conze and Reinhart, "Fanatismus"를 참조하라.

84 "칸트의 비판철학은 광신 담론에 새로운 종류의 임상적 정밀함을 제공했으나, 철학적 해독제야말로 실로 새로운 형태의 질병은 아닌가에 관한 점증하는 의심 역시 확인해 주었다." La Vopa, "The Philosopher and the *Schwärmer*", 91.

프랑스혁명의 "전염적"이고 "무신론적"인 광신에 대한 반응, 특히 추상과 형이상학으로 이에 참여했던 맥락에서 볼 때, 오늘날 매우 일반적인, 정치적 온건론자로서의 칸트의 이미지는 유지되기 어려워지고 있다. 어떻게 칸트가 혁명가이자 일종의 과격주의자로 비쳤는지를 알기 위해서는, [칸트에 대해] "쾨니히스베르크의 위대한 중국인"das Königsberger Chinesentum이라는 조롱조의 표현을 만들어 낸 니체의 유명한 공격을 바라보는 것만으로도 충분하다.[86] 참된 것과 좋은 것을 갈등과 대립과는 상관없는 탈육적脫肉的 원칙으로 보는 시각에 대한 니체의 계보학적 전쟁 중 많은 부분이 실제로 계몽주의의, 특히 볼테르의 '광신'le fanatisme 비판을 독자적으로 계승하는 데 기초하고 있다. 하지만 니체는 광신을 일차적으로 종교적 분파주의나 미신의 관점에서 이해하는 게 아니라, 소크라테스와 플라톤에서부터 이미 탐지할 수 있는 이성의 광신으로 이해한다.[87] 플라톤 강의에서 철학의 폭압적 성향에 대해 말하며 니체가 언급했듯, "진리를 소유하고 있다는 신념이 그를 광신자로 만든다."[88] 도덕적·정치적·인식론적 확실성 — 그는 이 모든 것이 환상 뒤에 진짜 세계, 분명한 세계가 있다는 동일한 허무주의적 믿음에 기반을 두고 있다고 여긴다 — 을 무

85 Losurdo, *Autocensura e compromesso*, 161.

86 Friedrich Nietzsche, *The Antichrist*, trans. R. J. Hollingdale, London: Penguin, 1990, §11, 134[225쪽].

87 Demenico Losurdo, *Nietzsche, il ribelle aristocratico. Biografia intellettuale e bilancio critico*, Toronto: Bollati Boringhieri, 2002, 82를 보라.

88 M. Brown(ed.) *Plato's Meno*, New York: Bobbs-Merrill, 1971, 102에서 인용. Losurdo, *Nietzsche*, 83도 참조하라. 철학의 "폭압적 성향"에 대해서는 Friedrich Nietzsche, *Human, All Too Human*, Stanford: Stanford University Press, 1995[1878], §261, "The tyrants of the spirit", 176-9[257-261쪽]를 보라.

시하는 특유의 화법으로 니체는 지적인 삶의 두 가지 형태를 병치시킨다. "신념의 인간" 대 자유로운 사유를 펼치는 활기찬 회의주의자가 그것이다.

"신념은 감옥이다"라고 니체는 쓴다. 어떤 관념에 대해 의무적인 충성을 다하면서 "어떤 무조건적인 예와 아니오"를 요구하는 이들은 단순한 도구가 되기 위해 자신들의 주권을 내팽개치는, 고차원적 의지에 속한 가냘픈 노예이다. 신념의 인간은 수행적 모순performative contradiction의 먹잇감이다. "신념의 인간이 가진 중추는 신념이다. 많은 것들을 보지 않으려 하고, 어떤 것에서도 공정하지 않으며, 속속들이 당파적이고, 모든 가치를 엄격하고 필연적인 시각에서 바라보기 — 이것만이 그런 인간이 존재할 수 있는 유일한 조건이다. 그러나 그는 바로 이런 이유로 진실한 인간의, 진리의 반대항antithesis이자 적대자가 되는 것이다." [신념의 인간이] 그런 모순을 인식하는 것은 "즉각적 파멸"을 의미하게 될 것이다. 니체에게 있어 진정 위대한 지성을 추동하는 힘은 믿음이 아니라, 어떤 하나의 주어진 진리에 대한 헌신에 묶이지 않은 채 가치를 제출하고 파괴할 자유를 표현하는 거대한 정열이다.

여기서 알 수 있는 것은 정동의 표현과 진리의 표현 사이의 대비다. 니체적인 자유정신이 마음대로 진리를 받아들이고 폐기할 수 있는 역량에 자부심을 가지고 있는 반면, 신념의 인간 — 위의 인용문이 말하듯 당파적 인간이기도 한 — 이 가진 격정은 그의 믿음과 분리될 수 없다. 니체에게 후자가 광신자인 것은 이 때문이다. 니체가 뽑아낸 역사적 사례들은 그에게도 광신이 정치-종교적 현상임을 보여 준다. "그의 관점이 가진 병적인 조건은 사보나롤라, 루터, 루소, 로베스피에르, 생시몽 같이 확신에 찬 인간을 광신자로, 강하고 해방된 정신의 반대항으로 만든다. 그러나 이 병든 정신들, 이 개념의 간질 환자들의 과장된 태도는 거대한 대중을 감화시킨다 — 광신자들은 한 폭의 그림과 같으며, 인간은 이성에 귀 기울이기보다는 몸짓을 보고 싶어 한다.……"[89] 이런 논쟁적(이고 정신병리학적)인 광신 개념 전개는 계몽주의에 대한 니체의 전술적인, 즉 비합리적 신념과 비현실적 집착에 대한 [계몽주의적] 비판을 되풀이하면서 진리나 보편성에 관한 어떤 단일한 주장에도 저항하는, 입장을 드러내 준다.

광신을 치욕의 용어로 다루는 니체의 정치적 의도는 칸트에 대한 그의 비판에서 특히 명백하다. 동시대의 많은 논평자들과는 달리 — 하지만 칸트의 철학에서 "프랑스혁명에 대한 독일식 이론"[90]을 간파했던 마르크스와 마찬가지로 — 니체는 칸트를 구체제 전복의 진정한 지지자로 여긴다. 니체는 저 초월적 철학자[칸트]의 육체에서 이탈한, 삶을 부정하는 도덕 원리를 프랑스혁명의 보편화 충동과 분리될 수 없는 것 — 수평주의적인 "'평등한 인간'의 미신"을 장착한 "기독교의 딸이자 연장"이며, "최후의 거대한 노예 반란"의 첫 번째 막 — 으로 묘사한다.[91] 니체에게 있어 기독교와 인간의 권리Rights of Man 혁명은 모두 민족·집단·개인 간의, 다양한 의지와 확신들 간의 구체적 차이들을 추상화시킨 의무와 덕 개념에 기반을 두고 있다.

89 Nietzsche, *The Antichrist*, §54, 185[298-99쪽].

90 Karl Marx, "The Philosophical Manifesto of the Historical School of Law"(1842). François Furet, *Marx and the French Revolution*, trans. D. Kan Furet, Chicago: University of Chicago Press, 1988, 100에서 인용.

91 Friedrich Nietzsche, *The Will to Power*, W. Kaufmann(ed.), trans. W. Kaufmann and R. J. Hollingdale, New York: Vintage, 1968, §864, 461; *The Will to Power*, §184, 111; *Beyond Good and Evil*, trans. W. Kaufmann, New York: Vintage, 1989, §46, 61. 프랑스의 정치 혁명과 독일의 철학 혁명 사이의 유비, 공명, 유사성(뿐만 아니라 격차와 분리성)은 19세기 전반기 독일의 지적 논쟁의 큰 축이었다. 예컨대 하이네는 1830년대에 프랑스 대중에게 다음과 같이 말했다. "당신들이 물질세계에서 하듯 우리도 관념세계에서 봉기를 일으킵니다. 바스티유 습격이 당신들을 흥분하게 만드는 것처럼 우리도 오래된 독단론을 무너뜨리며 흥분합니다." Heinrich Heine, *On the History of Religion and Philosophy in Germany*, T. Pinkard(ed.), trans. H. Pollack-Milgate, 2007, 88. 이 주제에 대한 주요한 정리로는 Stathis Kouvelakis, *Philosophy and Revolution: From Kant to Marx*, trans. G. M. Goshgarian, London: Verso, 2003.

보편적 기준의 추앙은 "치명적으로 위험"한데, 그것은 궁극적으로 삶의 소모로, 긍정의 전제 조건인 본능적이고 자연적 즐거움 자체의 억압으로 나아가기 때문이다. 목표와 동기에서 현저한 차이를 보이긴 하지만, 니체는 여기서 버크의 『프랑스혁명에 관한 성찰』을 주요 원칙으로 하는 반혁명적·반광신적 전통과 매우 유사한 궤적을 따르고 있다. [이 둘의] 표적은 여전히 정치와 도덕에서 일종의 자연을 인위적으로 부정하는 것으로 이해된 관념의 역할인데, 여기서 자연은 위계·차이·지배 등과 동의어로 쓰인다. 가치판단 행위의 체화이자, 힘을 향한 의지들 사이의 투쟁으로서의 삶에 대한 차등적 긍정은 "프랑스적 광신"의 우세에 의해 정치적 수준에서 중성화, 즉 평등화된다는 것이다.[92] 마찬가지로, 칸트의 도덕 사유의 핵심인 보편적 정언명령이라는 개념은 "관념이라는 이름의 몰록 신[93] * 에게 바치는 제물"[94]에 값한다.

프랑스혁명에 대한 헌신은 칸트적 도덕에 내재한 위험의 증거가 된다.

칸트는 프랑스혁명 속에서 국가가 무기적 형태에서 유기적 형태로 변환되는 것을 보지 못했던가? 그는 인류의 도덕적 성향이 아니고는 달리 설명할 수 없는 사건, 그리하여 '선함을 갈구하는 인간의 경향'이 완전히 **증명**될 수 있었던 사건이 있었는지를 자문하지 않았던가? 칸트의 대답은 이렇다. '혁명은 그런 것이다.' 모든 곳에서 과오를 범하는 본능, 반자연성으로서의 본능, 철학이라는 독일식 **퇴폐** ─ 그것이 칸트다![95]

---

92 Nietzsche, *Daybreak*, 3.

93 * 셈족이 섬기던 신으로, 아이를 불태워 제물로 바쳐야 했던 잔인함으로 유명하다.

94 Nietzsche, *The Antichrist*, §11, 134[225쪽].

95 Ibid., §11, 134[226쪽]. 『판단력 비판』과 『학부들의 논쟁』의 특정 구절들에 대한 암시가 명백히 드러나 있다.

다른 곳에서 니체는 프랑스혁명에 대한 칸트적 접근에 있어 매우 핵심적인 열정 개념에 대한 비판을 소묘하면서 이렇게 쓴다. "자세히 들여다보면 엄청난 과잉에 불과했던 저 소름끼치는 소극. 유럽 전역의 고귀하고 광란에 휩싸인 관객들이 너무도 오랫동안, 너무도 격정적으로 멀리서 그것에 대해 고찰했고, 그들 자신의 분노와 황홀경에 따라 그것을 해석했던 나머지 **텍스트는 결국 해석 아래로 사라져 버렸다.**" 니체의 핵심 범주인 해석은, 열정에 대한 칸트의 설명이 "텍스트"와 실제 역사적 진실에 대해 충실한지 질문할 뿐만 아니라 그것을 병리적인 시점에서 비롯된 현상("그들 **자신**의 분노와 황홀경")으로 전환시킴으로써, 칸트의 설명에서 보편성을 제거하기 위해 사용된다. 니체가 칸트의 용어인 열정Enthusiasmus을 사용하지 않고 있다는 점 역시 의미심장하다.

로베스피에르와 같이 그 역시 "도덕의 타란툴라[독거미]의 일종인 루소에게 물린" 나머지 "자신의 영혼 깊숙한 곳에 …… 도덕적 광신이라는 이념을 품고" 있었다는 점에 비추어 볼 때, 프랑스혁명에 대한 칸트의 깊은 공감과 호감은 니체에게 놀랄 만한 일이 아니다. 니체는 또한 칸트가 이른바 "증명 불가능한 세계, 논리적 '피안'을 설정함으로써, 자신의 혁명적 열정을 독일적인 독특한 방식으로 번역해야 했다고 언급했다.[96] 이런 이유로 프랑스의 평등주의 광신자들은 '해야 한다'고 말하는, "너는 할지어다"thou shalt 라고 말하는 광신재[칸트]에 의해 저 멀리에서 환영받았던 것이다.[97] 비록 니체는 "영국인들의 인식론적 회의주의를 독일인들을 위해 가능케" 만들었던 칸트의 능력을 인정하며 짐짓 겸손한 척하지만, 칸트에 대한 묘사에서는 가차 없다.

96 Nietzsche, *Daybreak*, 3[15쪽].

97 Nietzsche, *The Will to Power*, §888, 474; §940, 495.

칸트: 인간 본성에 대한 그의 심리학과 지식은 조악함. 거대한 역사적 가치[프랑스혁명]에 있어서는 딴 길로 샘. 루소풍의 도덕적 광신자. 가치에 있어서는 비밀스런 기독교인. 철저히 독단론자이면서도 이런 경향을 싫어하는 위엄을 갖춘 나머지 그 위에 군림하려고 할 뿐만 아니라, 회의주의에는 즉각적인 피로감을 나타냄. 세계주의적 취향과 고대적 아름다움에는 가장 희미한 숨결마저도 느끼지 못함.[98]

광신과는 불구대천의 원수지간인 칸트가 이렇게 자신의 입장과는 반대로 묘사되고 있으니, 이야말로 비방과 진단의 용어로서 광신이 가진 놀라운 유연성을 보여 주는 증거이다. 칸트 자신의 광신 도식과는 다르게, 니체가 칸트에게 두는 혐의는 신성한 영감에 대한 증명되지 않은 주장이나 영혼과의 교감이 아니며, (칸트가 스피노자에 대해 주장하듯) 이성을 그 적절한 영역 너머에까지 지나치게 확장시키는 일로 칸트가 유죄인 것도 아니다. 그보다 니체는 두 가지 측면에서 칸트를 공격하는데, 이 두 측면은 모두 니체가 그 기원에서는 기독교적이고 그 귀결은 허무주의라고 보았던 평등주의 정치철학에 대한 그의 광범위한 반응과 밀접히 연관되어 있다.

　칸트의 도덕적 광신은 두 측면에서 작동하는 은폐dissimulation[99]*에서 기인한다. 한편으로는, 특정한 가치판단이 초월적인 추상을 통해 상정됨으로써 삶의 즐겁고 긍정적인 차이를 괴멸시킨다는 점에서, 다른 한편으로는, 진리에 대한 칸트의 헌신은 "신념의 심리학"의 한 사례라는 점에서 볼 때 토대를 상실한다는 점에서 그렇다. 니체의 눈에 정언명령은 단지 "당파적 인간"에 대

---

98 Ibid., §101, 64. §382, 206도 참조하라.

99 * 정신분석에서 은폐란 환자가 정상인처럼 보이기 위해 자신의 질환을 숨기는 일을 말한다. 니체는 광신자 칸트가 이런 은폐를 작동시키고 있다고 본다.

한 설득에 불과한데도, 칸트는 도덕을 최상의 동기에, 궁극적으로는 신에 연결시킴으로써 이를 위선적으로 부정한다는 것이다.[100] 니체는 칸트가 『실천이성비판』*Critique of Practical Reason*에서 오직 의무에서가 아니라, 그 장점이나 고귀함으로 인해 훌륭히 여겨질 수 있다는 자만심에서 기인한 자연스런 성향 때문에 취하는 행위를 의미하기 위해 도입한 "도덕적 광신"이라는 용어를 칸트에게 되돌려 준다.[101] 어떤 의미에서 니체의 공격은 표적에서 빗나가 있지 않다. 광신적 행동으로부터 의무적 행동을 구분하기 위해 칸트가 사용한 그 표현은 당파적인 용어이기 때문이다. "[주체가] 매 시간 그렇게 있을 수 있는 그 도덕적 상태가 덕이다. 즉, [덕의] **투쟁** 속에서 드러나는 도덕적 성향이지, 의지의 성향에 있어 완벽한 **순수성**을 소유하고 있다는 환상 속에 담긴 **성스러움**이 아니다."[102] ("도덕적 완벽에 대한 상상적 꿈"에 빠져 있는) 고귀한 거룩함이나 용맹이 아닌, 추상적이고 보편적 법칙에 구속되어 있는 호전적 덕 — 이것이 칸트의 로베스피에르적 권고다. 저 프랑스혁명가의 삶이 그러하듯, 이 권고는 우리에게 "근대 유럽 정치의 탄생 과정에서 발생한 민주주의와 광신의 불편한 공존"을 환기시킨다.[103]

100 Nietzsche, *The Antichrist*, §55, 185-7[299-301쪽].

101 Immanuel Kant, *Critique of Practical Reason*, trans. W. S. Pluhar, 2002, 110[192쪽].

102 Ibid., 109[190쪽].

103 Ruth Scurr, *Fatal Purity: Robespierre and the French Revolution*, London: Vintage, 2007, 5.

한계가 남긴 유산

혁명적 덕virute의 정치를 위한 도덕적 광신자로서의 칸트에 대한 반발을 점검해 보는 일은 오늘날 윤리적이고 자유주의적인 세계주의의 수호자로서의 그의 온건한 이미지에 대한 일종의 교정책 역할을 할 수 있다. 칸트 자신의 "자기 검열과 타협", 그리고 그의 개입에 긴급성과 급진성을 부여했던 역사적 맥락에 대한 경시로 인해서,[104] 오늘날 우리는 1830년대에 하이네가 어떻게 칸트의 "파괴적인, 세계를 깨부수는 사유"에 대해 쓸 수 있었는지, 혹은 그의 프랑스 독자들에게 『순수이성비판』의 "사회적 중요성"을 일깨울 수 있었는지 이해하기 쉽지 않다.[105]

칸트 독자들은 무한성을 보는 망상 또는 (칸트가 "지성적 통찰"이라는 환각으로 파악했던) 초감각적인 것에 기초한 직접 행동으로 이해된 칸트의 광신 진단을 받아들이는 경향이 있다. 그러나 그들은 추상의 윤리-정치적 권리에 대한 칸트의 '광신적' 방어라든가, 이와 연관된 혁명적 열정에 대한 그의 설명과 대면하는 데는 종종 실패한다. 이런 현상으로 인해 유한성의 윤리를 정교화하는 데 칸트가 활용되는데, 이 유한성의 윤리란 세상사에 관한 이론적 지식에서 정치가 생겨날 수 있다는 가정에서 기인하는 프로메테우스적 자부심을 중성화하려는 목적을 가진다. 즉, 피해야만 하는 것은 "현실을 정면으로 거부하면서 개념에 과도하게 집착하는 …… 관념의 정치"가 가진 위험성이다.[106] 이

---

104 Losurdo, *Autocensura e compromesso*, 5-29을 보라.

105 Heine, *On the History of Religion and Philosophy in Germany*.

106 Simon Critchley, "Mystical Anarchism", *Critical Horizons*, 10:2(2009), 300.

런 시각에 의하면, "철학에서의 칸트 혁명은 한계에 관한 교훈이다."[107] 어떤 측면에서 보면, 이런 반응이 유별난 건 아니다. 우리가 살펴봤듯이 실제로 칸트 철학은 사변적 이성의 날개를 싹둑 잘라 내는 것을 목표로 하고 있다. 그러나 인간의 감각 경험이라는 한정적 요소들에 지식을 묶어 둠으로써 마치 사유를 제한하는 것처럼 보이는 이런 태도는 제한적이거나 유한하지 않은 도덕적(그리고 어떤 의미에서는 정치적) 원칙의 보편성에 대한 주장을 수반한다. 정치에 관한 자신의 글들에서 칸트가 도덕적·역사적 발전의 주체로서 인류를 중심에 놓는 일이 바로 그 사례에 해당한다.

프러시아의 구경꾼들로 하여금 프랑스혁명을 환영하게 만든 열정은 인류의 진보적 경향을 분명히 가리키는 지표이기에 칸트에게 중요하다. 혁명적 선에 수반한 그 정동은 그 자체로 칸트가, 한계 같은 것은 완전히 잊은 채로, "예언적 역사"라고 부르는 도식을 증명해 주는 표지이다. 진정한 열정, 즉 이상 ― 달리 말하면, 관념 ― 을 향한 열정은 지식을 생산하지 않는다. 하지만 그것은 인간 전체에 관한 진리를 파악하고 심화하는 것을 가능하게 한다. 혁명은 예측할 수 없는 사건이지만, 합당한 초월적 중요성을 가진 사건이다. 『학부들의 논쟁』에서 칸트가 쓰듯이, "인간 역사에서 그런 현상[혁명]은 결코 잊히지 않을 것인데, 왜냐하면 그것이 더 나은 것을 향한 인간 본성의 성향과 능력을 너무도 강력히 드러냈기 때문이다. 그것[성향과 능력]은 어떤 정치인도 지금껏 존재했던 사물의 과정[즉, 역사]에서 불러낼 수 없었으며, 오직 내면의 정의 원칙들Rechtsprincipien에 따라 인류 안에서 결합된 자연과 자유만이

---

107 Critchley, *Infinitely Demanding*, 1. 나는 크리츨리가 든 유한성의 정치에 대한 예시를 다음 글에서 비판한 바 있다. Alberto Toscano, "A Plea for Prometheus", *Critical Horizons*, 10:2(2009).

그것을 약속할 수 있었다."[108]

광신과 열정을 둘러싸고 있는 의미의 장 안에서 인류의 개념이 차지하는 위치는 의미심장하다. 1780년대 칸트의 수기 주해들 중 하나는 그 실마리를 제공해 준다. "미신적 종교는 이성을 지각의 망상에 종속시키는 원칙에 기초하고 있다. 광신 속에서 인간은 스스로를 인류 너머로 끌어올린다."[109] 광란자들은 영혼을 목격했다거나 지적 직관 등을 통해 초감각적인 것에 직접적이고 개인적으로 접근한다고 주장함으로써, 단지 간접적으로만 — 가령 혁명적 '예언' 등을 통해 — 드러날 수 있으며, 간단히 알 수 없는 인간의 보편성을 사실상 폐기한다. 모든 것에 대한 접근을 긍정하는 과정에서 인간은 사라진다. 인류에 대한 이런 부정적 현시顯示는 따라서 광신에 대한 체계적 비판의 근거로 사용되며, 열정을 숭고하게 만드는 데 기여한다. 그러나 우리가 살펴봤듯이 비물질적인 것에 대한 지식의 감각적 망상을 거부하는 일은 관념의 진리에 대한 긍정과 이론의 권리에 대한 옹호의 서곡이 되며, 정확히 이런 태도로 인해 겐츠에서 니체에 이르는 프랑스혁명의 비판자들은 칸트를 도덕적 광신자로 여겼던 것이다.

칸트에 대한 니체의 다양한 비판으로부터 등장하는 광신적 휴머니스트상像은 정치적 사유를 쇄신하기 위해 칸트의 열정 개념을 활용하려는 현대적 노력에 흥미로운 빛을 비춰 준다. 사후에 출판되어 엄청난 찬사를 받은 한나 아렌트의 칸트 정치철학 강의록은 이런 움직임에 지대한 역할을 했다. 아렌트는 정치의 토대로서의 공적 판단에 관한 이론을 정교화하기 위해 칸트에게

---

108 Kant, *The Conflict of the Faculties*, 304[독일어 원문에 따라 영어판 번역을 약간 수정했다].
109 "On Philosophical Exaltation", in *Raising the Tone of Philosophy*, 105. 나는 원문의 'Schwämerei'를 '고양'高揚 대신 '광신'으로 수정했다.

눈을 돌렸는데, 이 판단 이론은 관객spectator의 역할 및 그녀가 칸트의 '불문'unwritten[110]● 정치 원리로 제시했던 정치적 미학의 역할을 강조한다. 아렌트의 이론은 광신을 명백하게 다루고 있지는 않지만, 이성의 공적 활용에 참여하는 원거리 관객들onlookers의 공평무사하고 열정적인 판단과, 낡은 체제를 전복하고 새로운 체제를 세우는 과정에서 나타나는 어지러운 현실을 실제로 만들어 내는 잠재적 범죄로서의 격변을 병치시킴으로써 광신과 혁명 간의 관련성을 제안하고 있다고 할 수 있을 것이다. 혹은 아마 아렌트 사유의 전체적 기조에 더욱 맞닿아 있는 방식대로라면, 광신은 ─ 이는 어느 정도 같은 문제에 대한 니체의 진술과 완전히 동떨어져 있지 않은데 ─ 인류 그 자체의 정치가 가능할 수 있다는 긍정 속에서 발견할 수 있는 것이다.[111]

아렌트는 판단에 대한 칸트의 미학적aesthetic・정치적 원칙이 보편성의 원칙이 아니라, 그것이 이미 주어진 기준으로 포함할 수 없는 사례, 예시, 경우에 기초하고 있다는 점에서 특이성singularity을 일반성generality에 연결시키는 원칙이라는 것을 강조한다. 나아가 아렌트는 칸트의 종개념이 인류 혹은 종으로서 인간이 아니라, 인간의 복수성plurality이 핵심임을 보여 주는 것으로 파악한다. 판단이라는 정치적 질문은 따라서 이런 것이다. "왜 인류Man라기보다는 인간들men인가?"[112] 그렇다면, 종개념이 인류 개념으로 단순히 환원되는 게

---

110 ● 칸트가 직접 명시하지는 않았지만 그렇게 의미하고 있다는 뜻이다.

111 Hannah Arendt, *The Human Condition*, Chicago: University of Chicago Press, 1958, 116, 176을 보라. 아렌트는 종(또는 종적 존재Gattungswesen)을 역사의 주체로 전환시키려는 마르크스의 시도에 특히 비판적이다. 그것은 정치적 삶의 기본 조건 중 하나인 복수성을 흐리는 일이라고 여기기 때문이다.

112 Hannah Arendt, *Lectures on Kant's Political Philosophy*, R. Beiner(ed.), Chicago: University of Chicago Press, 1992, 40[89쪽].

아님이 분명하긴 — 칸트에게 종개념은 예언적 역사 속에서 자연의 인과성과 자유의 원칙 사이의 접점을 지시하는 것을 의미하기 때문에 — 하지만, 아렌트의 복수성 지향은 정치에서 관념에 대한 칸트의 옹호를 차단하게 된다. 정치에서의 판단이 인식 가능하고 고정된 기준에서 연역될 수 없다는 사실이 그것[판단]을 시행착오나 개인적 감수성의 문제로 전환시키는 것은 아니다. ("가장 개인적이고 주관적 의미로 보이는 것 속의 어떤 비주관적인 것"[113]에 대해 말할 때 아렌트가 명료하게 파악하고 있는) 판단의 비인격적 차원, 그리고 먼 곳에서의 갑작스런 해방의 사건을 반기는 감정의 비인격성은 칸트에게 있어서 '복수로서의 인간들'을 뛰어넘을 뿐만 아니라 그보다 상위에 있는 인류의 추상적 차원이 필수적이라는 점을 보여 준다. 초감각적인 것에 대한 자신들의 특권적 접근을 토대로 개별 인간에게 "더 우월한 목소리"를 받아들이라고 강요하는 광신이나 미신과는 반대로, 인류가 진정 존재함 — 적어도 경향 혹은 성향으로서 — 을 스스로 입증하는 지표인 열정은 복수성을 뛰어넘는다. 칸트의 종은 단지 인구도, 심지어 다중인 것만도 아니다. 유한성의 정치를 정초하기 위해, 관념적 정치의 전체주의적 일탈을 미리 막기 위한 목적으로 관념적 보편에 맞서 싸울 정치적 복수성을 내세우는 식의 기획에 칸트가 그토록 쉽게 등재될 수는 없다.

아렌트의 논지에 그렇게 중요한 역할을 담당하는 저 관찰자라는 수사는 무엇을 의미할까? 프러시아의 정치적 조건, 즉 "혁명과 그것을 관객의 위치에서 단순히 응시하는 사람 사이의 극복할 수 없는 거리"[114]를 표상하는 제도에

---

113 Ibid., 67[131쪽].

114 Kouvelakis, *Philosophy and Revolution*, 10. Losurdo, *Autocensura e compromesso*도 참조하라.

순응하기 위한 방책으로 칸트가 떠올렸음직한 특정한 정치적 이유들을 제쳐 놓자면, 우리는 이 관객을 정치적 광란에 대항하는 예방 수단으로 볼 수 있을 까? 현상의 공적 공간 속에서의 공동의 예측 불가능한 행위로 정치를 정의하는 아렌트는 자신의 강의에서 칸트가 "행위의 능력[기능]faculty 혹은 필요 중 어느 것도 알지 못한다"고 언급한다.[115] 어떤 면에서 이는 옳다. 집단적으로 역사적 행위를 하는 역량, 진보적 발전을 향한 경향성을 갖춘 종의 일원으로서의 자신에 대한 경험은 칸트에게서는 오직 간접적으로만, 즉 정치 투사의 행위를 통해서가 아닌, 아렌트가 세계 시민 혹은 세계주의자라는 칸트의 개념과 관련지어 세계 관객world spectator이라고 부른 방식을 통해서만 경험될 수 있다.[116] 그 관객의 태도, 즉 자신이 열광하는 바로 그 사건에서 주관적 차원을 제거함으로써 그것을 외부화하고 어떤 의미에서는 자연화하는 태도가 갖는 한계와 모순은 명백하다. 스타티스 쿠벨라키스는 이 한계와 모순을 잘 포착해 냈다.

'칸트식의' 입장은 그것이 자신을 주관적으로 현시하기 때문이 아니라 어떤 점에서 충분히 주관적이지 않기에 환상에 불과하다. 그 입장은 어떤 '객관적인' 격동이 중립적 차원, 말하자면 먼 곳의 전투라는 '스펙터클'을 향한 열정에 사로잡힌 주체의 생각 외부에 놓인 세계에서 발생할 수 있다고 주장하기 때문이다. 이런 관찰자적 의식은 주관적 행위가 속해 있는 일상적 결정의 네트워크라는 '언제나-이미' 있는 세계를 고려하지 않는다. 사건의 형식을 그 내용으로부터 분리함으로써, 이 의식은 먼 곳에 대한 열광과 세계

---

115 Arendt, *Lectures*, 19[55쪽]. 아렌트는 또한 "칸트는 행위를 오직 권력기관의 행동으로만 생각할 수 있을 뿐"이라고도 주장한다(60)[121쪽].

116 Ibid., 58[118쪽].

적 사안들에 대한 미화된 무관심 사이에서 동요하는 자신을 책망한다.[117]

연관된 다른 각도에서 보면, 아렌트가 "관객과 행위자(배우) 간의 충돌"[118]이라고 불렀던 것은 자신의 순결하고 초월적인 열정을 그것이 의지하고 있는 피범벅의 경험적 행위에 따른 전염으로부터 면역시키는 "페티시적 부인"으로 나타난다.[119] 칸트의 관객의 정치에 대한 이런저런 비판들에는 상당한 진실이 존재하지만, 이들 중 다수는 아렌트가 그렇듯 이 관객이 공평하다는 생각에 기대고 있다. 피타고라스의 비유를 통해 칸트의 판단의 정치에 대해 주석을 달면서, 아렌트는 이렇게 주장한다. "오직 관객만이 전체를 볼 수 있는 위치에 있다. 행위자는 극의 일부이기에 자신의 역할을 맡아야만 한다. 그는 정의상 한쪽에 치우쳐 있다. 관객은 정의상 불편부당하다. 그에게는 어떤 역할도 배당되지 않은 것이다."[120] 그러나 당파적 행위자를 한 편에 놓고 공평한, 즉 보편적인 관객을 다른 편에 놓는 이 "감각적인 것의 분배"는 칸트의 논지에 담긴 중요한 요소를 경시하는 것이다.[121] 이 관객들로 하여금 "정동을 통해 선에 참여"하도록[122] 함으로써 인류 진보의 상징 역할을 할 수 있게 한 것

---

117 Kouvelakis, *Philosophy and Revolution*, 10.

118 Arendt, *Lectures*, 58[118쪽].

119 Slavoj Žižek, *In Defense of Lost Causes*, London: Verso, 2008, 15[29-30쪽]. 여기서 지젝은 칸트적 태도가 어떤 폭력이 발생하는지를 분명히 알고 있으면서 소비에트 폭력혁명을 관찰하던 이들에게서 반복되었다고 보고 있다.

120 Arendt, *Lectures*, 55[113쪽].

121 다른 집단으로부터 빼앗은 것을 한 집단에게 주는, 행위자와 관객 사이의 구분이 가진 미학적이고 정치적인 한계에 대한 흥미로운 고찰로는 Jacques Rancière, *Le spectateur émancipé*, Paris: La Fabrique, 2008, 7-29.

122 Jeffrey Lomonaco, "Kant's Unselfish Partisans as Democratic Citizens", *Public Culture*, 17, 3(2005)를 보라. 나는 칸트의 이 "Theilnehumung am Guten mit Affekt"(정동을 통한 선에의 참

은 그들의 불편부당함이 아니라, 처형의 위험을 감수하면서도 혁명의 편에 선다는 바로 그 사실이다. 불편부당함이 아니라 당파성이 정치적 판단의 보편적 의미를 결정짓는다. 혁명적 사건으로부터 발생하는 공적인 위험과 어떤 잠재적인 개인적 보상의 결핍이 칸트에게 있어 진정한 보편성의 척도가 된다. 이들은 전체를 공평한 시각으로 판단하는 무형의 객관적 관객이 아니라, 열정적이지만 사심 없는 당파성을 체화한 이들이다.

문제를 더 복잡하게 만드는 것은 관객의 열정이 자기 종種이 행동할 수 있는 역량에 대한 열정이라는 점이다. 『학부들의 논쟁』이 말하고 있듯, "더 나은 것을 향한 스스로의 발전의 원인이 되는 인류, 그리고 (이것[발전]은 자유를 부여받은 자들의 행위가 되어야 하기 때문에) 이 발전의 주체로서의 인류를 향한 성향과 역량을 가리키는 사건으로서의 어떤 경험이 인류에게는 분명히 존재한다."[123] 아마도 정치적 신중함과 철학적 원칙 모두에서 기인했을 이유들로 인해 칸트에게는 아렌트가 지적하듯 실제로 정치적 행위에 관한 이론이 결여되어 있다. 저항권과의 씨름, 그리고 프랑스혁명의 정당성을 증명하려는 노력(그는 프랑스혁명을 반란이 아니라 입법적 행위라고 말한다)을 통해 나타나듯이, 정치적 행위 자체는 예외 상태와 내전에 속하는 게 아니라면 자유와 본성 사이의 간극 속에서 사라지는 것처럼 보인다. 그러나 역시 우리는 관객이 공적 당파성이라는 위험한 선택을 통해 '행위한다'고, 그의 열정이 향하는 곳은 집단적인 역사-정치적 행위자가 되려는 인류의 역량 자체라고 말할 수 있다.

여)라는 표현의 번역을 로모나코에게서 따왔는데, 그는 『학부들의 논쟁』에서 당파적 판단이 갖는 중요성을 올바로 강조한다. 민주적 시민의 관객적 속성을 되살리는 데 칸트를 등재시키려는 그의 시도는 설득력이 덜하다.

123 Kant, *The Conflict of the Faculties*, 301.

판단과 열정에 대한 칸트의 대응이 프랑스혁명이 표상했던 인류 진보의 너무나 추상적인 대서사를 무너뜨리기 위해 사용되어 왔다는 사실 속에는 따라서 어떤 아이러니가 담겨 있다. 전체주의 비판의 결과로 그리고 마르크스주의의 위기라는 맥락 속에서, 현대 민주주의를 위한 유한한 정치학 ― 사회주의와 자본주의가 공유하는 전체주의적 오만함을 제거한 ― 을 구성하려는 시도는 칸트를 그 수호자상으로 삼았다. 1980년대 초반, 장-뤽 낭시, 필립 라쿠-라바르트와 가진 대담에서 장-프랑수아 리오타르는 단일하고 보편적인 지평뿐만 아니라 특히 칸트가 추구했던 역사적 방향성과 도덕-정치적 지향이 사라진 포스트모던적 상황 속에서 정치를 재사유하기 위해 칸트의 세 번째 『비판』[『판단력 비판』]과 『학부들의 논쟁』에 눈을 돌렸다. 푸코가 현재에 대한, "우리 시대"에 대한 "시상적"矢狀, sagittal 관계[124]라고 불렀던 관점을 통해 노골적으로 칸트를 향하는 리오타르는 열정과 사건 사이의 고리를 유지하는 동시에 인류의 추상적 보편성은 제거하려고 노력한다.

칸트에게서 인식과 이해 가능성이라는 항목들 사이의 긴장(자유와 역사, 지

---

124 ● 푸코의 미출간 원고 중 하나에 등장하는 개념이다. 칸트의 "계몽이란 무엇인가?"Beantwortung der Frage: Was ist Aufklärung?에 대한 해석을 통해 푸코는 '근대'에 대한 종적 관계가 아닌 시상적 관계로의 전환을 주장한다. "고전 시대에 근대적인 것의 문제는 대개 두 개의 축을 기준으로 제기되었다. 고대와 근대가 그것이다. …… 그것은 권위 개념의 수용 혹은 거부를 중심으로 형성되었다. …… 근대성에 대한 새로운 질문은 고대와의 종적인longitudinal 참조점이 아닌, 자신의 현실에 대한 시상적sagittal 관계로 이루어진다." '시상적' 이미지는 수직 분할 후의 좌우 단면을 의미하며, 여기서는 이 좌우 단면을 (평행하게) 비교하는 게 핵심이 된다. 종적 관계가 고대에서부터 우리 시대에 이르는 전통과의 연장선상에서 현재를 파악하는 것이라면(고대-중세-근대-탈근대), 시상적 관계란 현시대가 자신의 현실에 관련해 사유하고 느끼고 행동하는 방식을 어떻게 설정하는지에 초점을 맞추는 것이다. "계몽이란 무엇인가"Qu'est-ce que les Lumières?라는 글에서 푸코는 이를 역사 시기 구분으로서 바라보는 근대성이 아닌 "태도"attitude를 통해 파악하는 근대성이라고 말하고 있다.

식과 진리, 행위와 관람, 이성과 감성 등)이 광신의 망상과 구분됨으로써 한층 더 순수해진 도덕적·실천적 보편성의 부정적 현시가 발생하는 장소로 극화되는 데 반해, 비교 불가능한 '구절'phrase과 '언어 게임'language games이라는 비트겐슈타인식 렌즈를 통해 칸트를 읽는 리오타르는 정동과 역사 간의 고리를 급진적 이질성의 관점에서, 즉 하나의 경험 담론 체제를 다른 체제로 포섭하는 것의 실패, 불가능성, 혹은 '부당함'의 관점에서 바라본다. 대신 정치는 다른 체제들 사이의 불안정한 변환에 관계한다. 깨지기 쉽고 간접적인 보편성의 운반자라기보다, 리오타르적 사건은 바로 총체성과 보편성을 가로막는 어떤 것이다. 아우슈비츠는 합리적인 것에 의한 실재의 포섭을, 1956년 부다페스트는 공산주의에 의한 프롤레타리아 봉기의 포섭을, 1968년 5월은 자유주의에 의한 해방의 포섭을, 1973년의 위기[오일쇼크]는 후기 케인스주의 경제학에 의한 시장 메커니즘의 포섭을 파괴한다. 리오타르의 일련의 전략들이 가진 정신 ― 사건을 "자본의 구절"Capital's phrase에 의해 덮이지 않는 것으로 사유하려는 시도 ― 은 훌륭하지만, 광신에 대한 우리의 탐구에 비추어 볼 때 [리오타르가 추진하는] 칸트의 "포스트모더니티의 서막"으로의 변형은 칸트에게서 광신의 마지막 흔적들을, 니체로 하여금 칸트를 '광신자'로 보게 만들었던 그 인간주의적 추상을 제거하려는 시도로 보지 않을 수 없다.

혁명을 향한 칸트의 보편주의적 열정의 비판적 계승 ― 헤겔, 하이네, 마르크스를 포함하는 가계도 ― 속에서 칸트의 기획에 대한 충실성을 발견할 수 있는가?[125] 그게 아니라면, 대신 우리는 광란에 대한 칸트의 인식적 비판을 연장함으로써, 인류가 결코 역사적 행위자 역할을 담당하지 않는 유한성과

---

125 Kouvelakis, *Philosophy and Revolution*을 보라.

이질성의 반광신적 정치를 싹틔워야만 하는가? 그가 [열정에 대해] "비교 불가 능성이라는 막다른 골목에서 이루어지는 즉석 선동"[126]이라고 쓰고 있듯, 칸트의 미학 사유에 대한 리오타르의 공들인 독해는 부정적 현시로서 열정에 내재하는 보편성을 거부하면서 그 대신 열정의 실패와 광범위한 생리학적 차원을 강조하는 데 사용된다. 그가 칸트적 관객의 특징에 대해 말할 때도 비슷한 일이 벌어진다. 아렌트에게 있어 관객은 전체를 불편부당하게 보는 시각을 가지고 있는 반면, 리오타르에게 프랑스혁명에 대한 반응을 다루는 칸트의 해석은 "어떤 표상도 감각적 직관도 없는 무정형성無定形性을 공통으로 느낀다는 감정의 역설(공적인 느낌이라는 역설)"[127]을 드러낸다. 그러나 시각성과 현시의 문제에 대한 과도한 강조는 별도로 하고라도, 이질적인 것과 무정형적인 것을 강조하는 리오타르의 이런 설명이 놓치는 것은 종의 역사적 역량의 경험으로서의 열광의 경험 아래에 놓인 동질성이다. 당파적 정동 자체는 스스로 발전의 원인이 되고자 하는 인류가 지닌 역량의 상징이자 집단적 자유에 대한 부정적 현시다.

칸트의 도덕적 목적을 포스트모던한 이질성이라는 목표들로 탈구시키려는 의도하에서 보편적인 것에 대립하는 사건을 구성하려 애쓰는 리오타르의 방식은 원칙들을 보편성의 관점에서 다루거나 역사를 총체화의 관점에서 취급하는 일이 어떤 식으로든 끔찍한 악과 압제의 원인이며 혹은 최소한 공모 대상이라는 식의 반전체주의적 상투 어구에 지나치게 의존하고 있다.

---

126 Jean-François Lyotard, "The Sign of History"(1982), in *The Lyotard Reader*, Andrew Benjamin(ed.), Oxford: Basil Blackwell, 1989, 403.

127 Ibid., 407.

코다 : 〈열정〉 이후의 열정

열정은 레닌의 글에 자주 등장하는 용어이며 러시아혁명의 중요한 기표로 남아 있다. 스탈린주의 산업화에 대한 찬가이며, 프로파간다로 인한 협착증이 순전한 열정과 뒤섞여 있는 지가 베르토프Dziga Vertov의 영화 〈열정〉Entusiazm: Simfoniya Donbassa(1931)을 보라. 대개의 경우, 이 용어는 사회주의 건설에 동반되어야 하는 활력, 격정, 자극을 지칭하는 관습적 방식으로 사용된다. 그러나 레닌이 1913년에 썼으나 사후에야 출간되었던, 다소 묻혀 있었으며 특색 없는 책에 가까운 한 텍스트가 있다. 우리는 이 글을 칸트의 『학부들의 논쟁』에 대한 논평으로 읽을 수밖에 없다. "대담"Conversation이라는 제목의 이 글은 혁명을 지켜보는 두 '구경꾼' 사이의 대화로 구성되어 있다. 즉, 두 관객이 등장하는 것인데, 이는 레닌 자신이 자신의 정치적 경력 중 몇몇 국면에서 강제로 떠맡을 수밖에 없었던 위치이기도 하다. 첫 번째 구경꾼은 혁명가들이 당파 싸움을 한다며 비판하고, 정치 조직은 프롤레타리아의 이익에는 궁극적으로 해롭다며 공격하는 중이다. 그러자 두 번째 구경꾼이 열광에 대한 칸트의 고찰을 놀랍게 갱신하며 되받아친다.

우리는 모두 외부자들이라네. 그러니까 우리 둘 다 저 투쟁에 직접 참여하는 이들이 아닌 거지. 그러나 자신의 눈앞에서 벌어지는 일을 이해하려 노력하는 구경꾼들은 투쟁에 두 가지 방식으로 반응할 수 있어. 어떤 구경꾼은 외부에서 바라보기 때문에 오직 투쟁의 외적 측면이라고 할 만한 것만을 볼 수도 있지. 비유적으로 말하자면 그는 오직 꼭 쥔 주먹, 일그러진 얼굴, 추악한 장면들만을 볼 수 있는 거지. 그러면 그는 그 모든 것을 비난할 수도, 혹은 자신이 본 광경에 울고 통곡할 수도 있을 것이네. 그러나 또 어떤 이는 외부에서 바라보기 때문에 벌어지고 있는 투쟁의 의미를 이해할 수도 있어. 그리고 그 의미는 — 내가 이렇게 말하는 것을 용납해 주게나 — 소위 과도하고 극단적인 투쟁의 장면과 모습보다 조금 더 흥미롭고 역사적으로 더욱 의미심장한 것이야. 열정 없는 투쟁은 없고 극단 없는 열정도 있을 수 없네. 나로 말할 것 같으면, 나는 계급, 당, 분파 간 투쟁의 '극단성'에만 초점을 맞추는 거의 모든 이들을 혐오한다네. …… 이 투쟁은 거대한, 역사적으로 거대한 무언가에 관한 것이야. 노동계급 정당이 건설 중이라네. 노동자들의 자주, **노동자 자신의** 의회 집단에 대한 노동자들의 영향력, 노동자 자신의 정당이라는 문제에 대한 노동자 스스로의 결정. 바로 이런 것들이 지금 벌어지고 있는 일의 위대한 역사적 의미라네. 소망에 불과했던 일이 지금 우리 눈앞에서 **사실**이 되어 가고 있어. 자네는 '극단'을 두려워하면서 이를 유감스러워하지. 그러나 나는 러시아의 노동계급을 실제로 더욱 성장하고 성숙하게 만들고 있는 투쟁을 경이롭게 지켜본다네. 나는 오직 한 가지에만 분노하네. 내가 구경꾼이며, 저 투쟁의 한가운데에 뛰어들 수 없다는 그 사실 말이네.……**128**

운동의 폭력, 당파주의, 퇴행만을 단순히 새기는 경험주의자 관객은 스스로의 열정 혹은 경외를 통해 참여자들의 과도할 수도 있는 열정 아래에 놓인 원칙, 사실이 되어 가는 소망을 알기에 이를 어떻게 받아들일지도 아는 관객과 병치된다. 레닌의 관객은 자신이 참여할 수 있는 시간을 기다리는 [절대적이지 않다는 의미에서] 상대적인 관객이기도 하다. 그러나 그렇다고 해서 그가 관객의 특수성을 무시하는 것은 아니다. 실제로 두 번째 구경꾼의 열정에 대한 옹호는 공공성 원칙에 대한 명백한 옹호에 기초하고 있다. 당파 싸움이 공적인 거짓을 낳을 것이라는 첫 번째 구경꾼의 주장에 대해 두 번째 구경꾼은 공공성이야말로 "자신이 낸 상처를 스스로 치유하는 칼"이라고 대응하는데, 이런

---

128 Vladimir Ilyich Lenin, *Collected Works*, Vol. 17, Moscow: Progress Publishers, 1977, 44.

표현은 칸트의 글과도 잘 어울릴 만하다.

보편성과 밀접히 얽혀 있는 열정은 이질성 속에 분산될 수가 없다. 그렇다고 해서 정치적 행위자에게는 열정을 박탈하면서 관객들에게만 부여해서도 안 된다. 광신 비판의 다양한 외관을 횡단하는 일은 또한 우리로 하여금 정치적 정동의 이론, 선한 것에의 정동적 참여에 관한 이론을 다듬을 수 있게 한다. 조건 없는 정치적 헌신과 추상적 격정 속에서 오직 폭력과 재난의 서막만을 보는 저 회의적 혹은 수축적 원칙들에 의해 결코 쉽게 묵살당하지 않는 그런 이론 말이다.

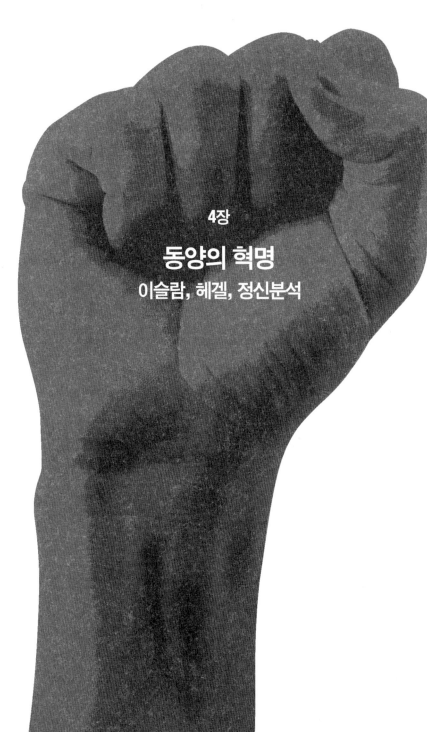

4장

동양의 혁명
이슬람, 헤겔, 정신분석

문화를 치료하고, 종교를 진단한다는 것은 무슨 의미일까? "이슬람교가 어쩌다 저렇게 되었나?" 같은 질문에는 어떤 종류의 설명, 식별, 처방이 포함되어 있는가? 이런 식의 물음은 전혀 순수하지 않은데, 최근 들어 이와 같은 물음이 확산되는 데에는 이데올로기적 이유가 있다는 점을 어렵지 않게 헤아릴 수 있다. 그런데 이런 질문을 하는 이가 오리엔탈리즘에 물든 역사학자나 제국의 고문이 아니라 정신분석가일 때, 혹은 최소한 프로이트나 라캉에게서 분석적 통찰과 사변적 권위를 끌어오는 이라고 할 때, 그 핵심은 무엇일까? 나는 이슬람교의, 나아가 '일반적인' 종교의 질병, 궁지, 불만을 추정하는 정신분석적 진단 너머에 있는 게 무엇인지를 탐구해 보려 한다. 자본주의 핵심부의 정부와 대중에게 이슬람교의 정치·문화·정신세계에 관한 유용한 이미지들을 제공해 왔던 거대한 지식산업 속에서 정신분석이 담당했던 역할은 결코 크다고 할 수 없지만, 정신분석이 문화적인 것과 심리적인 것 사이의 관계에 질문을 던지는 방식은 특별히 주목할 만하다. '이슬람' 테러리즘 혹은 '이슬람' 근본주의가 우리 시대의 광신 개념 활용에 있어 특권적 표적이라는 점에서 볼 때, 정신분석에서 이슬람교라는 항목이 어떻게 다뤄지는지에 관심을 두는 것은 유익할 것이다. 특히 광신을 방패삼아 이루어지는 정치의 문화화와 심리학화, 그리고 이에 동반한 자유주의적 정치 규범의 정의라는 이 책의 관심사에 비추어 볼 때 그렇다. 정신분석과 이슬람교 사이의 조우를 점검하는 일은 정치적 신념과 광신의 등치에 광범하게 의지하는 몇몇 정신분석 사유뿐만 아니라 세속적 학문이자 세속적 치료로서 정신분석 자체의 정치적 무의식 같은 것을 표면화한다. 나는 세속적인 것(이 말이 무신론과 동의어로 사용되어서는 안 되는데)이라는 어떤 규범적인 정치 개념이 어떻게, 왜 이슬람교, 아랍 세계, 혹은 중동을 정신분석적으로 다루게 되었는지를 탐구하려 한다. 다시 말하면, 혼란스럽고 비순응적이면서 텅 빈 주체, 즉 정신분석의 주체가 어떻게 해서 자유-민주주의(혹은 알랭 바디우의 용어를 빌면 자본-의회주의) 국가의 제도 및 이상과 일치하는 규범적인 것으로 받아들여지게 되었는지를 질문하려는 것이다.

내 출발점은 이슬람 주체에게 호전적 광신자 혹은 구제불능의 운명론자라는 심리적 특징을 부여하는 유일자the One에의 종속, 심리적 복종이라는 수사다. 앞으로 이야기하겠지만, 단일체unity로 흡수되는 광신적 종교라는 이런 생각의 가장 중요한 도식이자, 오늘날 정신분석적 고찰의 주요한 선행 사례가 되는 것은 역사·종교철학에 담긴 헤겔의 이슬람교 해석이다. 철학과 정신분석에서는 공히 '유대-기독교적' 형식의 주체성이 규범적인 것으로 간주될 수 있는데, 이는 유일자에 대한 광신적 종속이나 과도한 유일신론과는 대조적인 것이다. 이런 점에서 '이슬람교 주체'는 자신의 세속화에 실패한, 즉, 무한정한 종교적 내용물을 탈마법화된 사회적 영역으로 전환시키는 역할을 수행하는 세속화의 특별한 제의적 매개체(삼위일체, 이웃 등)를 통해 유일자의 쇠퇴를 초래하는 데 실패한 존재로 인식된다. 광신 담론의 형성에 지극히 핵심적인 위치를 차지하는 문명, 문화, 종교 등의 개념이 정신분석 내에서 어떤 방식으로 분석되는지 질문하는 것은 충분히 가치 있는 일이다. 이 질문을 통해 우리는 통칭 비세속적 혹은 전前세속적인 것에 부여되는 영원히 반정치적인 성격[1] 에 대해 성찰할 수 있을 것이다. 마지막으로, 나는 정신분석과 철학 담론이 우리의 정치적·이데올로기적 공간을 유해한 방식으로 구조화하는 판타지들을 단순히 되풀이하거나 받아들이지 않으면서 정치, 종교, 주체성 사이의 관계를 서술할 수 있으려면 어떤 조건들이 필요한지를 생각해 보려 한다.

유일자의 광신

질 아니자르는 몽테스키외가 동양적 전제정Oriental Despotism을 발명했던 것처럼 헤겔 역시 무슬림을 발명했다는 자못 도발적인 선언을 한 바 있다.[2] 종교적 우상파괴주의 및 『판단력 비판』에서 칸트가 숭고 개념을 언급하면서 "유대인"과 "이슬람교"를 비대칭적으로[3] 한데 묶어 놓았던 반면, 『역사철학』과 『종교철학』Philosophy of Religion에서 '마호메트교도'Mahometans[4] 를 개념적으로 배치한 헤겔은 광신Fanatismus의 주체성이라는 특정한 주체성 형태를 특징으로

---

1 가령, 이슬람교의 기원에서부터 현재까지도 지속되는(즉, 영원한) 반정치성을 의미한다. 다음 절에서 분석되듯, 이슬람교의 반정치성이란 국가를 신에 귀속시키면서 부정하는 등 정치를 가능케 하는 근대적 세속성을 획득하지 못한 상태를 뜻한다.

2 Gil Anidjar, *The Jew, The Arab: A History of the Enemy*, Stanford: Stanford University Press, 2003, 133.

3 '유대인'은 민족을, '이슬람'은 종교를 지칭하기 때문에 그렇다.

4 '이슬람'이라는 표현과는 달리 '마호메트교도'라는 표현은 마호메트의 추종자들을 지칭한다.

하는 정치화된 종교로 이슬람을 인식하는 최초의 길을 텄다고 볼 수 있다. 하지만 계몽주의자들 — 그중에서도 특히 『광신, 혹은 예언자 마호메트』라는 희곡의 저자인 볼테르 — 이야말로 근대적인 광신자상에 형체를 부여한 사람들이 아니었던가? 만약 우리가 광신을 종교적 관용의 반명제로, 폭력적이고 편집광적인 신학적 부조리에 빠진 주체가 거주하는 장소로 여긴다면 이는 옳다. 그러나 볼테르가 벼려 낸 광신 개념은 어떤 방식으로든 종교적으로 특정화된 것이 아니다. 마호메트 — 희곡 속에서 그는 광신자가 아닌, 성적인 사기꾼이자 광신과 미신에 끌리는 인간적 성향에 대한 명석한 조종자로 등장한다 — 가 볼테르 주변에 있던 가톨릭 정적들의 화신 역할을 할 수 있었던 이유는 여기에 있다(이 시기에 이슬람교가 이런 역할을 한 것은 단지 이 희곡 하나뿐이 아니다).[5] 헤겔이 '광신적' 주체성의 분명한 형태를 지닌 자들로서의 무슬림을 철학적으로 발명했다는 주장은 따라서 헤겔의 '광신'Fanatismus 개념이 볼테르의 '광신'fanatisme이라든가, 덧붙이자면 칸트의 '광란'Schwärmerei과도 많은 면에서 불연속적이라는 생각과 서로 이어져 있다고 할 수 있다.

우리는 광신 개념이, 맹렬히 불관용적인 종교적 의식으로서의 계몽주의적 표상에서부터 헤겔주의적 도식에 이르기까지 상당한 변화를 거쳤음을 확인해 볼 수 있다. 이 변화 속에서도 몇몇 주요한 특징들 — 예컨대 종교적인 것을 한정된 영역으로 묶어 두는 세속적 제한 — 은 유지되었지만, 헤겔에게서 광신은 특정한 신앙과 실천의 집합을 비합리적이고 자의적인 방식으로 강제하는 것뿐만 아니라, 비록 파괴적인 것이기는 하지만 어떤 보편성의 양식이라는 관점에서도 서술된다. 헤겔의 글에서 보편적 요구의 담지자擔持者로 등장하

---

5 Juan Goytisolo, "Voltaire y el Islam", *El País*, 4 May 2006을 보라. 영어 번역문은 http://www.monthlyreview.org를 참조할 것.

는 이슬람교와 무슬림 주체성은 유럽 정신의 역사적·정치적 현상학을 특징짓는 정치적 주체성의 형식들과 중요한 유사성을 가지고 있다. 의미심장하게도 『역사철학』에서 헤겔은 이슬람교를 "**동양의 혁명**"the *Revolution of the East*이라고 부르고 있으며, 그 혁명의 내용을 강력한 보편주의적 용어들로 묘사한다.

> [이슬람교는] 모든 특수성과 의존관계를 파괴하고 영혼과 성향을 완벽하게 청소하고 정화함으로써 추상적 유일자를 집중과 헌신의 절대적 대상으로 삼으며, 마찬가지로 순수한 주관적 의식 — 오직 이 유일자에 대한 지식 — 을 현실의 유일한 목표로 삼는다. 즉, 무조건적인 것이 존재의 조건이 된다.[6]

이런 구절은 물론 이슬람교를 교조적·문화적 거대 집단으로 다루는 오리엔탈리즘의 극치라고 여겨질 수 있지만, 헤겔은 유럽 철학자들 중에서는 드물게 이슬람교를 영적·개념적 위엄을 갖춘 종교로 서술한다. 헤겔은 동양적 전제정의 음탕한 장식품들 사이에 이슬람교를 묻어 버리는 대신, 메타 종교적 기입이라고 이름 붙일 수 있을 법한 용어로 그것을 추상적 사유의 고등한 지점으로 묘사한다. 그에 따르면 이 "동양적 원칙"[이슬람교]은 세속적 특수성의 파괴와 유일자, 곧 "세계의 모든 다층성을 넘어서는 단 하나의 무한한 권력"을 향한 영적 고양을 명령하는데, 이로 인해 헤겔은 이슬람교의 우상파괴주의에 대한 칸트적 고찰의 흔적을 지닌 "숭고성의 종교"라는 말로 이슬람교를 특징짓는 것이다. 종교의 철학적 유형학 — 앞으로 다루겠지만, 이는 이슬람교에 대한 정신분석적 접근을 평가함에 있어 의미심장한 실천이다 — 이라는 관점에서 보면, 『역사철학』에서의 헤겔이 유대교에서 유일자에 대한 절대적

---

6 G. W. F. Hegel, *The Philosophy of History*, New York: Dover, 1956, 356[347쪽].

경배를 장려하는 이슬람교로의 이동을 변증법적으로 제시하고 있음에도 불구하고 그것이 결국 불모의 궁지로 귀결될 뿐이라고 결론 내리는 것은 흥미롭다. 왜 정신Geist은 이런 막다른 골목에 도달하고야 마는가?

어떤 민족을 배타적으로 소유하는 상태로부터 신이 탈구되는 것을 헤겔은 민족-국가적 특수성으로부터 자유로운, 보편화하는 특수성의 발현으로 묘사한다.[7] 그러나 헤겔에게 이슬람교는 너무 멀리 나아간 보편주의라고 말할 수도 있을 것이다. 이슬람교에서

> 주체성subjectivity은 …… 유일자에게 세속의 존재를 복속시키려는 목적과 더불어, 예배를 드리는 일을 자신의 유일한 행위로 삼는다……. 여기서 주체성은 살아 있으며 무한하다. 순수하게 부정적인 목적으로 세속의 삶 속에 들어와 바삐 움직이며 세계에 개입하는 이 활력은 오직 이런 방식으로 유일자를 향한 순수한 숭배를 촉진한다.[8]

모든 특수성에 병행하는 유일자는 순수하게 부정적인 주체성을 흡수(하고 무화)한다. 이 신은 한계를 알지 못하며, 모든 인간 경험과 언어를 능가한다. 라캉주의 도식으로 말하자면 재현될 수 없는 실재가 상징계의 질서를 식민화하고 침식하는 것이다. 이 헤겔식 표상 속에서 이슬람교의 주체는 어떤 특징도 속성도 갖고 있지 않다. 분화된 사회적 결속 속에서 자유라는 매개를 허용하는 대신, 이슬람교의 유일자의 정치, 그 "실재에의 격정"은 오직 총체적인 "활

---

[7] 특수성을 유대교의 속성으로 돌리면서, 그에 따라 기독교를 유대교의 특수성과 이슬람교의 광신을 지양하는 차별화된 보편성으로 보는 시각은 물론 그 자체로 논쟁의 대상이다. 이 주제에 관한 글로는 Andrew Benjamin, "Particularity and Exceptions: On Jews and Animals", *South Atlantic Quarterly*, 107:1(2008).

[8] Hegel, *The Philosophy of History*, 356-7[348쪽].

력"에 의한 끊임없는 팽창을 명령하는 신성한 통합이라는 추상적인 끈을 통해 신도를 결합시킨다.9 이슬람교를 유일자의 종교로 묘사함으로써 헤겔은 유럽 오리엔탈리즘의 표준적 수사들을 반복하는 대신 재서술할 수 있었으니, 즉 이슬람교가 기본적으로 팽창주의적인 것(그리고 그 호전적인 주체들이 그토록 영웅주의를 표출할 수 있는 것)은 순수하게 추상적인 보편성 때문이며, 이슬람교의 사회 협약이 가진 비실체적이고 "비유기적인" 성격으로 인해 그들 사회는 쉽게 정체하고 퇴화한다(그리고 유일자를 향한 정열이 필연적으로 시들자마자 그 주체들이 무절제한 관능과 육욕에 빠져들게 되는 이유도 여기에 있다)는 것이다.

이런 식으로 헤겔은 이슬람교에 광신 사상이라는 딱지를 붙인다.

> 관념은 마호메트교도의 정신을 뒤흔든다. 그들의 목표는 관념적 숭배를 확립하는 것이었고, 그들은 최대한 열광적으로 이를 달성하기 위해 싸웠다. 이 열정이 광신Fanaticism, 즉 관념적인 어떤 것, 기존 사물의 질서에 대한 부정적 입장을 지탱해 주는 관념적 생각에 대한 열정이다. 이것이 구체적인 것에 대해 오직 음울하고 파괴적인 관계만을 맺는 광신의 본질이다.10

주체성의 특이하거나 구체적인 형식, 즉 자유가 결여되어 있다는 이유로 이슬람교는 본질적으로 "광신적인" 종교로 묘사된다. 여기서의 정치적·도덕적 자유는 근대적 국가-형식 속에서 통합과 승리를 이룬 기독교라는 "완성된 종

---

9 Ibid. 이 수사는 '문명의 충돌' 테제의 원 텍스트 속에서 통속화된 형태로 오늘날까지 남아 있다. Bernard Lewis, "The Roots of Muslim Rage", *The New Atlantic*(1990)을 보라. 이 글에서 루이스는 "전 세계적 확산, 지속적 활력, 보편주의적 열망"이라는 측면에서 기독교와 대적할 수 있는 유일한 종교로 이슬람교를 꼽는다.

10 Hegel, *The Philosophy of History*, 358[349쪽].

교"와 전형적으로paradigmically 동일시된다. 이런 해석은 기독교 서양과의 "절대적이고 체계적인 차이"라는 프리즘을 통해 이해된 단일한 이슬람교 관념에 기초한 "무감각한 도식화"로 여겨질 만도 하다.[11] 언급한 바 있듯이, 이 독일 관념론 철학자는 진정 이 오리엔탈리즘의 주제들과 복잡하면서도 흥미로운 친연성을 가지고 있다. 그렇지만 이슬람교에 대한 헤겔의 철학적 포착이 단순히 "합리적이고 인간적이며 우월한" 기독교 서양과 "비정상적이고 미성숙하며 열등한" 이슬람 동양 간의 대립이라는 관념에 의지하고 있는 건 아니다.[12] 오히려 동양의 혁명으로서의 동양적 광신은 많은 면에서 서양에서 발생한, 그리고 서양의 혁명에 나타난 광신과 나란히 놓여 있다.

1824년의 『종교철학』을 주목해 보면, 이슬람교를 과도한 보편성의 막다른 골목으로, 유일자를 위한, 유일자에 의한 파괴를 일삼는 광신적 종교로 보는 시각은 관념이라는 핵심 개념을 통해 종교적 변증법에서 정치 분야까지를 가로지르는 방식으로 인해 복잡해진다. 한 의미심장한 구절에서 우리는 이슬람교의 관념적 광신이 프랑스혁명 당시 공포정치의 관념적 평등주의와 동형同形으로서 제시되는 것을 본다.

이슬람교의 원리에는 단지 신에 대한 두려움만 있다. 신은 유일자로 숭배되어야 하기에, 이 관념 너머로는 진전할 수가 없다. 이슬람교는 그리하여 형식론, 그 형식에 반대해서는 그 어떤 것도 다른 형식을 가질 수 없게 하는 완벽한 형식론의 종교다. 프랑스혁명에서도 역시 자유와 평등[이라는 관념]이 너무나 공언된 나머지 모든 영성, 모든 법, 모든 능력, 모든 삶의 관계가 이 관념 앞에서 사라져야만 했기에, 공공질서와 공공 구조

---

11 Edward W. Said, *Orientalism*, New York: Vintage, 1994, 68, 300[128, 514쪽].

12 Ibid., 300.

를 다른 곳으로부터 끌어와서 이 관념에 맞서 강제로 행사해야만 했다. 관념을 단단히 붙들고 있는 이들은 어떤 명확한 것의 등장을 허용하지 않는다. 이는 자신들의 관념과 대비되는 구체적이고 뚜렷한 것의 등장을 의미하는 것이기 때문이다.[13]

물론 위 구절은 사회적 매개를 관념적 원칙의 단일성(신이나 평등) 아래 종속시키려는 모든 기획들에 영향을 끼치는 비차별적 보편성에 대해서 포괄적인 정치 종교 개념을 통해 의문을 제기하는 규범화된 자유주의적 사유 전통의 모체로 여겨질 수도 있다. 하지만 헤겔이 그토록 쉽게 분류될 수는 없다는 것은 놀라운 일이 아니다.

국가를 무시하면서까지

헤겔의 역사철학 관점, 특히 프랑스혁명에 대한 그의 이해로부터 우리는 "필수적이고 정당한 광신"에 대해 논의할 수 있게 되는데, 이 광신의 파괴적이고 관념적인 힘이 어쩌면 "근대화의 동인" 역할을 할 수도 있다는 점에서 그렇다.[14] 그런데 근대국가라는 맥락에서 공시적으로 파악되는 광신의 측면은 무

---

13 G. W. F. Hegel, *Lectures on the Philosophy of Religion, Vol. 3: The Consummate Religion*, Berkeley: University of California Press, 1985, 218. 『역사철학』에서 우리는 로베스피에르의 '자유와 공포'와 헤겔이 '종교와 공포'로 여긴 것 사이의 관련성(358)을 이미 발견한 바 있다.

14 Renzo Llorente, "Hegel's Conception of Fanaticism", *Auslegung*, 20:2(1995). 나는 이 절 전체에서 요렌테의 통찰력 있는 논문에 기대고 있다. 헤겔과 프랑스혁명 간의 관계에 대해서는 Domenico Losurdo, "Liberalism, Conservatism, the French Revolution, and Classic German

엇일까? 『법철학』에 따르면, 정신의 역사적 모험에서 광신은 더 이상 공격적이긴 해도 필수적인 어떤 계기로 제시되고 있지 않다. 이제 이 책 — 볼테르가 광신 개념을 다루는 데 동기를 제공했던 관용이라는 주제에 아마도 더욱 근접해 있는 — 에서 절대적 진리와 합리성을 넘어 옳음에 병적으로 집착하는 광신은 국가를 뒤집을 수도 있는 것으로 그려진다. 종교와 국가는 동일한 내용을 공유하고, 이런 까닭에 종교가 시민들을 국가에 통합시키는 요소로 기능하기는 하지만, 이 둘의 형식은 서로 다르다. 국가가 특수성의 자유와 (상대적) 자율성을 억압하기보다는 그것을 절합하는 구체적 보편성 내에서 절대적인 것을 체화함으로써 명확하고 분화된 합리성의 형식에 기초한 지식을 공급하는 반면, 종교적 의식의 내용은 "느낌, 표상적 사유, 그리고 신앙의 형식 속에서"[15] 나타난다.

종교적 원리의 내향성이 객관적 법과 이에 대한 국가의 독점이라는 영역을 침범할 때, "표상적 사유의 수준에 머물러 있는 원리를 가진 공동체가 국가에 대해 부정적 태도를 상정"하면서[16] (헤겔의 용어에 따르면) "논쟁적 경건함"으로 인해 국가와 대립하게 될 때, 광신의 문제는 고개를 든다. 여기서 광신은 어떤 종교 공동체가 "국가를 무시하면서까지, (표상적으로 고안된) 자신의 원리에 객관성을 부여"하려는 시도를 의미한다.[17] 국가의 객관성에 맞서 종

Philosophy", in *Hegel and the Freedom of the Moderns*, Durham, NC: Duke University Press, 2004를 참조하라.

15 G. W. F. Hegel, *Elements of the Philosophy of Right*, trans. H. B. Nisbet, Allen W. Wood(ed.), Cambridge: Cambridge University Press, 1991, 293. Llorente, "Hegel's Conception of Fanaticism", 85에서 재인용.

16 Llorente, "Hegel's Conception of Fanaticism", 87.

17 Ibid., 88.

교적 의식에 천착하는 가운데 광신은 "모든 정치제도와 법질서를 내적 감정에 규제적 제한을 가하는 것으로, 내적 감정의 무한성과는 맞지 않는 것으로 여기면서 거부한다." 이는 "법에 대한 증오이자 **합법적으로** 확정된 옳음에 대한 증오"이다.[18] 자신의 광신적 형식 속에서 단순한 표상적 사유의 자만을 강요 — 즉, 객관성을 부여 — 하려 하는 한, 종교는 법과 국가에 반대하게 된다. 렌초 요렌테가 주목하듯이, 이런 종류의 광신은 "모든 특수화는 표상적 사유의 본질적 불확정성과 양립할 수 없다는 것을 입증하면서, 필연적으로 관념적 표상을 갈망하게 된다."[19]

여기서 광신은 국가 및 법을 통해 — 즉, 개별성을 관념적 절대에 종속시키지 않는 차이의 합리적 인식 혹은 지식을 통해 — 국가가 수행하는 사회의 명확한 절합을 거부하는 신호를 내보낸다. 자신의 "무조건적 주체성"이 가진 "형식론"을 강요함으로써 광신은 근대국가의 필수 조건, 곧 특수한 종교 원리와 공동체에 군림하는 국가의 우월성에 직접적으로 반기를 든다. 달리 말하면, 광신은 세속적 근대성에 대한 헤겔의 독특한 이해에 반기를 드는 것이다. 헤겔이 광신과 근대국가의 세속적 기초를 병치하는 데서 드러나는 독특함은 이것이 (가령 볼테르의 『관용론』에서 그렇듯) 단순히 종교적 배타주의가 야기한 갈등에 맞서 사회를 방어하는 문제가 아니라는 데 있다. [이 병치의] 핵심은 종교적 의식이 자신에게 배정된 고유한 종속적인 위치를 거부하자마자 경쟁 관계로 들어가는 보편성들 사이의 철학적 갈등이다.

광신에 대한 헤겔의 정식화에 등장하는 많은 요소들은 큰 흥미를 끈다. 먼

---

18 *Elements of the Philosophy of Right*, 293, 279. 위 글에서 재인용.

19 Llorente, "Hegel's Conception of Fanaticism", 92.

저 광신은 관념적인 동시에 파괴적인, 미분화된 행위 원칙으로서 유일자의 정치학으로 규정된다. 광신의 주관적이고 정동적인 차원은 "관념적인 것을 향한 열정"의 차원이다. (가령 프랑스혁명의 공포정치에서처럼) 정신의 전개에서의 한 계기로서 광신에 어떤 변증법적 위엄이 부여될 수도 있다. 그러나 법의 객관성과 사회의 분화가 종교적 의식을 능가함으로써 그것을 세속적 정치체 내로 흡수하는 근대국가에서, "논쟁적 경건함"이라는 모습을 한 광신은 광신적 주체와 광신적 종교 공동체에 공히 귀속된 하나의 질병으로 나타난다. 이런 광신이 국가에 대한 도전인 한, "종교적 광신은 필연적으로 **정치적인 속성**을 가지게 된다. 실로 분명히 그것은 일종의 **정치적 광신**이다."**20** 이슬람교를 철저히 정치적인, 그 결과 팽창주의적인 종교로 개념화함으로써, 역사 및 종교철학에서 광신에 대한 헤겔의 논의는 유일자의 종교가 유일자의 정치가 될 수밖에 없음을 시사하고 있다. 그런 광신은 종교적 교리와 주체성이 구체적인 '차이 속의 일치'unity-in-difference[맨을 허용하는 법에 포섭된 상황에 기반을 둔, 분화된 국가라는 근대 정치에 대한 부정이다. 따라서 국가의 임무에는 종교적 주체 및 공동체가 법의 객관성과 신앙의 한계를 합리적으로 인식하고 인정하도록 교육하는 것 역시 포함된다.

---

20 Ibid., 96.

테러리스트, 도착자, 정신병자

정신의 모험과 국가 장치라는 문맥 속에 이슬람교와 광신을 배치하는 헤겔로 부터 직접 기원하지는 않았지만, 이슬람의 정치적 주체성(그리고, 징후적이게 도, 정치 심리학)을 탐구하려는 오늘날의 시도들을 헤겔이 광신이라는 범주 속 에서 서술한 개념들의 복합체에 연관시켜 보는 것은 유용하다. 특히 적절한 예로, 이슬람교의 자기 파괴적이고 묵시록적인 성향에 대한 브루노 에티엔의 저작은 호전적 정치의 새로운 비정상적 인물들이 가진 내적 결정 요인의 핵 심으로 광신에 초점을 맞춘다. 에티엔 역시 노먼 콘과 도미니크 콜라의 기존 광신 연구에 기대면서 광신을 종교와 정치 간의 적절한 경계에 대한 위반으 로, "종교 영역에서 정치 영역으로의 미끄러짐"으로 여긴다.[21] 초월적이고 비 현실적인 요구를 내세우는 광신자는 문명사회의 주된 적대자다. 모든 다름을 거부하는 이 편집광이 하는 일이라곤 ("숭고한 종교"라는 개념을 좀먹는, 병적으로 즐거운 우상파괴주의의 형식인) 신성모독[22]을 통해, 달성할 수 없어 보이는 초월 에 대한 자신의 무조건적 믿음을 맹세하는 것뿐이다. 에티엔은 이렇게 쓰고 있다. "정화 행위로서의 살인을 수행함으로써 다름을 제거하는 일은, 그럼에 도 불구하고, 그[광신자]가 모든 면에서 공격받고 있다고 느끼고 있음을 함축 한다. 이 편집광적 폐쇄성은 자아의 모든 이상이 이상적이고 상상적이며 이 슬람교의 절대적 단일성으로 결속된 '우리'와 혼동되는 데서 기인한다. 신의

---

21 Bruno Étienne, *Les combattants suicidaires* suivi de *Les amants de l'apocalypse*, Paris: L'Aube, 2005, 87.

22 "우상파괴적 위반을 즐김으로써 [광신자는] 신앙 행위에 이른다." Ibid., 96.

유일성이 '움마'Umma[23] 의 유일성을 낳음으로 인해 이 둘이 유일자로 융합되는 것을 뜻하는 '타우히드'Tawhīd는 바로 이 절대적 단일성의 원리다."[24] 에티엔에게 있어, 무슬림 세계의 광신이 가진 현재적 정치 양식을 특징짓는 것이 이 융합적 이상[타우히드]이다. 에티엔은 아랍어 단어에서 우리의 주제[광신]와 우연히 맞아떨어지는 동음이의어를 끌어내면서 다음과 같이 주장한다.

'파나'Fanā는 …… 유일자 안에서의 소멸을 의미한다. …… 따라서 광신자Fanatics는 집 Mîthl Bayt, 즉 단일성의 사원을 구성하고 있는 모든 이들이다. …… 광신자는 진리이고 이 진리는 하나다. 그것은 그에게 생명을 주고, 그를 선동하며, 그를 무장시킨다. 그는 의심 속에서 진리를 구하거나, 구성하거나, 발견하거나, 방황할 필요가 없다. 그는 지연되거나 교체되는 법 없이 즉각적으로 확실성을 즐기는데, 이 확실성이 그에게 완벽히 깃들어 그를 사로잡음으로써 앞으로 전진하게 만든다. 폭력적으로. 함께 모인 광신자들은 자신들만이 이 모든-참된 것, 이 유일자의 조직된 종이자 도구라고 믿는다. 그들은 이 점을 무시하는 이들을 증오하며, 우주를 자신의 필요에 따라 움직이는 유일자의 법 앞에 온 세계가 몸을 굽히기를 원한다.[25]

---

23 • 이슬람 공동체를 뜻한다. 코란에서는 민족이나 국가를 지칭하기도 하지만, 그것과 동격은 아니다. 코란에서 움마의 의미는 신이 인류 구제의 역사로 사도를 보내어 인간을 부를 때의 단위 집단이다. 이슬람교에서 움마는 곧 '마호메트의 움마'이다. 이슬람교의 역사에서 움마는 끝없는 분열로 인해 달성되지 못했는데, 따라서 진정한 신앙 공동체로서 움마의 결성은 이슬람교의 이상이 된다.

24 Ibid., 22.

25 Ibid., 95. 『브리태니커 백과사전』에 따르면, '파나'Fanā('죽다' 혹은 '존재를 멈추다')는 "자신의 완전한 부정을 통한 신의 실현"이며, 이는 "무슬림 수피(신비주의자)파가 신과의 결합을 달성하기 위해 밟는 단계 중 하나이다."

유일자를 위한 이 관념적 맹위는 (이슬람교의) 광신자에 대한 헤겔의 현상학을 반복하고 있는 것처럼 보인다. 그러나 에티엔은 유일자의 정치적 종교라는 광신의 고전적 이미지를 재생산하는 데 만족하지 않는다. 그는 정신분석적 설명이 유용하다고 생각하고, 이를 위해 신학적 개념인 '파나', 특히 (테러리즘의) 행동으로 향하는 광신의 여정을 임상적으로 번역하고 해석하는 데 죽음 충동 개념을 활용한다. "죽음 충동은 표상의 억제력이 모자라 흘러나온 에너지의 과도함에서 기인한다. 흥분의 과도함은 파열로 나아간다. 곧 행위자 혹은 대리자는 자신의 욕망을 비워 낸다. 이제 그는 전쟁 신경증을 배출하는 해방운동이 작동하는 객체가 된다."[26] 이 주장에 깔린 전체적 도식과, "전통이라는 주제의 단절과 이에 따라 직접적으로 분출되는 문명 파괴적 힘"[27]이라는 관점에서 정신분석이 급진적 이슬람주의의 발흥을 인지해야 한다는 페티 벤슬라마의 시각 — 이는 [에티엔보다] 훨씬 더 풍부하고 더욱 진지한 분석을 담고 있는 그의 작업에서 나왔다 — 사이에는 흥미로운 친화성이 있다.

에티엔의 죽음 충동 개념 사용은 면밀한 연구를 하기에는 너무 피상적이지만, 그가 이 개념을 사변적 에너지론("흥분의 과도함")과 상상계와 상징계 사이에서 징후적으로 왕복운동을 하는 "표상"[28]• 개념의 교차로에 위치시켰다

---

26 IBid., 85. 이런 접근법에 대한 명석한 비판으로는 Talal Asad, *On Suicide Bombing*, New York: Columbia University Press, 2007, 51-3을 보라.

27 Fethi Benslama, *La psychanalyse à l'épreuve de l'Islam*, Paris: Aubier, 2002, 12.

28 • 표상 혹은 재현은 어떤 것을 '다시', 그리고 구체적으로, 현시한다. 표상은 상상의 세계 속에 있는 것을 상징의 세계에 현시한다는 점에서 상상계와 상징계 사이를 왕복 운동하는 셈이다. 이런 표상의 행위는 따라서 일종의 '중재'이며 '매개'이기도 하다. 표상의 이런 매개 기능은 상징계의 주체가 상상계 혹은 실재 속으로 빠져들지 않게 만드는 '문명적 억제의 한 형식'이다. 에티엔이나 콜라(주24)에 따르면, 광신은 이 표상적 기능의 반대편에 위치한다.

는 점은 주목할 필요가 있다. 표상(혹은 간단히 말해 '매개'mediation)이, 광신자들이 훼손하는 문명적 억제의 한 형식으로 기능한다는 수제는, 광신을 근대적 주체에 대한 반정치적인 동시에 과잉 정치적hyper-political 적수로서 바라보는 담론들의 주요한 구성 요소다.[29] 여기서, 『법철학』에서 헤겔이 진단한 광신은 정확히 표상적 사유의 형식, 혹은 좀 더 확장해 보자면, 국가의 객관적 합리성 내에서의 정치와 종교 간의 통합을 거스르는 상상적인 헌신의 정치라는 이유로 비판받았다는 점(따라서 헤겔에게 매개와 표상은 동의어가 아니라는 점)을 환기해 볼 만하다.

에너지의 과잉과 표상적 억제를 병치시킴으로써 에티엔은 고전적인 광신자의 형상 ─ 어떤 상징적·상상적 목록과의 특정한 관련성이 아닌 (종교적 교리와 시민사회, 성과 속, 자신과 타자 간의 차이에 대한) 부정으로 이해된, 파괴적인 균질화의 열정이라는 특징을 갖는 형상 ─ 속에서 정치-종교적 반란, 폭력, 테러리즘 분석의 근거를 찾아낸다. 이와 반대로 도착증의 관점에서 종교적 정치학을 다루는 슬라보예 지젝은 정치-종교적 극단주의를 단순히 파괴적인 반표상적 충동의 양식으로 취급하는 부류에 대한 해독제 역할을 할 수 있다. 최근의 『라캉을 어떻게 읽을 것인가?』How to Read Lacan에서 지젝은 논쟁적인 네덜란드 영화감독 테오 반 고흐Theo van Gogh를 죽인 모하마드 부예리Mohammed Bouyeri가 아얀 히르시 알리Ayaan Hirsi Ali에게 보낸 편지[30]*와 관련해, 『세미나 11

---

29 예컨대 이는 콜라의 『시민사회와 광신』의 지배적 입장이다. 이 책에서 광신은 편집증과 정신병의 형식으로서뿐만 아니라, 상징화symbolization를 신성모독이라 여기며 거부하는, 상징화에 반대하는 '행동주의'로 묘사된다.

30＊ 영화감독 테오 반 고흐와 이슬람 탈종을 선언한 소말리아계 네덜란드 여성 국회의원 아얀 히르시 알리는 이슬람교의 여성 인권유린을 다룬 반 고흐의 단편영화 〈복종〉Submission의 시나리오를 썼고, 출연까지 했다. 이 영화가 이슬람교를 모독했다는 무슬림들의 분노가 들끓었고, 결국

: 정신분석의 네 가지 근본 개념』*Four Fundamental Concepts*에서 라캉이 언급했던 "자신의 분열과 대면하는 가운데 자신을 하나의 대상으로 규정하는 주체"에 대해 논평한다. 지젝은 부예리의 초광신적인 선언 — "토의도, 시위도, 청원도 필요 없다. 오직 죽음만이 거짓으로부터 진리를 구별해 낼 것이다" — 이면에, 분열을 타자에게 전치시키는 도착증자의 전술이 작동하고 있음을 본다. "도착증자는 (신이나 역사에서부터 상대방의 욕망에 이르는) 대타자의 어떤 형상에 직접 접근할 수 있다고 주장한다. 따라서 언어가 가진 모든 모호함을 일소해 버리고 직접 대타자의 의지를 직접 수행하는 도구 역할을 할 수 있는 것이다."[31] 이는 두 개의 비대칭적 의미로 받아들일 수 있으니, 부예리는 "자기 자신에 대해 비일관적이며, 자기 믿음에 대한 용기를 결여한" 자신의 적 히르시 알리에게, 그리고 참과 거짓을 절대적으로 분리할 것을 명하는 신에게 분열을 전치시킴으로써 비분열적 주체(신의 분노의 대리자)가 되는 것이다. 이것이 바로 지젝이 ('자유주의적 냉소주의자'와 더불어) '근본주의자'가 지식의 편에, 반대로 전투적 무신론자가 믿음의 편에 서있다는 주장에 신뢰성을 부여하기 위해 이 암울한 일화를 사용한 이유다.

지젝의 라캉주의적 착상이 가진 미덕은 정당성이라는 세속적 기준에 대

2004년 11월 2일, 모로코계 네덜란드인이자 무슬림인 모하마드 부예리는 출근길의 반 고흐를 무참하게 살해하면서 죽은 그의 가슴에 반 고흐가 죽어야 하는 이유와 함께 아얀 히르시에게 보내는 살해 협박 편지를 칼로 꽂았다.

31 Slavoj Žižek, *How to Read Lacan*, London: Granta Books, 2006, 116[179-180쪽]. 지젝의 논평은 정신분석에 기반을 둔 이슬람교 분석에서 심리적이고 정치적인 권위의 문제를 고찰하는 데 있어서도 더욱 유익한 수단을 제공해 줄 것이다. 가령 에티엔은 아버지의 권위가 위축됨으로 인해 광신적 에너지가 고조된다고 확언한다("Sans pères ni repères les groupes de pairs créent des repaires", 100).

한 폭력적 거부를 한계와 구속에 대한 순수한 거부의 결과라거나, 유일자에 의해 흡수되고 소멸되려는 소망으로 다루지 않는다는 점이다. 부예리는 내면성의 심연深淵이 아닌, 외재화된 열성이라는 불편한 사례를 보여 준다. 주체의 분열이나 분할은 어떤 종류의 정신병적 통합을 통해서가 아니라, 분열된 타자에 대한 낙인찍기(부예리의 표적은 "자기 자신에 대해 비일관적"이다)와 분열적 대타자(분노하는 신)에 대한 복종을 통해서 극복된다. 자신의 행위가 직접적으로 신의 의지를 수행하는 것이라는 도착증자의 전제는 그가 너무나 자주, 그리고 너무나 쉽게 광신자에게 전가되는 일종의 정신병을 걱정할 필요가 없다는 점 역시 의미한다. 분열의 거부가 나름의 방식으로 대타자에 의해 매개된다는 점은 융합적 광신이라는 가설에 불리하게 작용하고, 도착증자가 가진 지식의 외재화 역시 자신의 신념에 흡수된 광신자 — 그들의 평범한 일상을 알게 된 우리를 그토록 당황스럽게 하는 이미지 — 라는 일반적 관점을 지지할 수가 없음을 의미한다.

기독교적 표준

광신과 그것이 동반하는 것으로 알려진 심리적 형식('어떤 관념적인 것을 향한 열정')의 패러다임은 이슬람교에 대한 철학적·오리엔탈리즘적 수용의 역사 — 헤겔이 아랍 국가들에게 '광신의 제국'das Reich des Fanatismus이라는 이름으로 세례를 주었다는 사실을 잊지 말자 — 와 얽혀 있지만, 그것은 또한, 최근의 지정학적 부침에도 불구하고, 다소 포괄적으로 활용되고 있기도 하다. 실제로 광신에 반대하는 계몽철학자들의 활동에서 이슬람 세계는 종종 유럽의 종교적 내전을 규탄하는 행위를 돋보이게 하는 내구성 있는 포장지 역할을 했다. 하지만 최근 들어 이슬람교를 둘러싼 대서양[유럽과 미국]의 담론은 아랍과 무슬림의 '정신'에 대한 자신들의 오래된 염려와 현재의 종교적·정치적 위기의 핵심 사안으로 끊임없이 되풀이되는 세속주의를 서로 결부시켜 왔다. [이에 따르면] 문명의 하층부인 이슬람 세계와 그곳에서 터져 나온다고 가정되는 집단적 '분노' 모두를 설명할 수 있는 것은 기독교국의 역사가 힘들게 얻어 낸 이 결과물[세속주의]인 셈이다. 이제는 악명이 높아진 버나드 루이스의 표현을 빌자면, "이것은 문명 간의 충돌에 다름 아니다. 우리의 유대-기독교 유산, 우리의 세속적 현재, 그리고 이 둘의 전 세계적 팽창에 맞서는 오래된 적수의 아마도 비이성적인 그러나 분명 역사적인 반작용 사이의 충돌 말이다."[32]

"우리의" 유대-기독교 유산과 "우리의" 세속적 현재 간에 투사된 연속성은 역사-문명 서사, 신학 논문, 그리고 정신분석과 이슬람교에 대한 논의와 관련된 정치적 주체 형성subjectivation 등의 얽히고설킨 관계 속에서 중요한 역할을 담당하고 있다. 유대-기독교적(혹은 '서양적') 세속 유산이라는 논제의 범위, 깊이, 일관성에 관한 최근의 열띤 논쟁에서 사용된 용어를 빌자면, 질문은 다음과 같이 제기될 수 있겠다. 기독교 서양의 세속적인 '특수한 길'Sonderweg[33]*을 수반하는 심리적으로 어떤 '특수한 길', 그래서 정신분석으로 하여금 그와 같은 경로의 내재성 및 '이슬람적 주체'와 맺는 차별적인 (또는 규범적이기까지 한)

---

32 Bernard Lewis, "The Roots of Muslim Rage"를 보라.

33 * 프로이센 개혁 이후 독일이 걸어온 특유의 여정을 'Sonderweg'이라고 한다. 프랑스가 혁명과 공포정치, 왕정, 공화국 등을 오가는 과정을 겪었다면, 독일은 혁명 대신 자유주의적 개혁을 통해 기존의 체제를 유지했으며, 이후 비스마르크의 통일, 프로이센-오스트리아, 프로이센-프랑스 전쟁의 승리를 거치며 '독일제국'으로서의 면모를 갖춘다. 이런 독일의 특유한 역사를 일부 학자들은 '특수한 길'이라는 표현을 통해 옹호했다. 하지만 제2차 세계대전 이후에 홀로코스트와 세계대전 등이 이 '특수한 길'의 결과였다는 주장이 대두되면서 아직까지도 찬반 논쟁이 활발하다.

관계를 인식하도록 만드는 그런 길이 있는 것인가?[34] 만약 그렇다면, 정신분석은 세속주의의 산파 역할, 즉 서양 기독교국과 그 세속적 유산이 제공하는 문화적 동화(이와 함께 병리적 측면, 변칙성, 그리고 탈구)의 특징들을 어떻게든 규범화하는 제도 역할을 했다고 할 수 있다. 정신분석적 주체를 '세속화'하고 정신분석을 세속적 진료소로 전환하는 일, 즉 완고한 문화(이슬람 문화가 탈마법화된 서양 문화에 흡수되는 정치적 보상을 취득하게 될 이 움직임이 가진 함정은 무엇인가? 우리는 신성모독적인 무신론에 대한 프로이트의 애초의 헌신과 이런 세속적 의제 사이를 구분할 수 있는가? 이 질문들에 대답하기 위해 우리는 세속주의가 "존재론이며 인식론"[35]일 뿐만 아니라 정치적 이상의 기능을 하는 것을 넘어 어떻게 심리 구조에 대한 일정한 주장을 할 수 있었는지 고찰해 볼 필요가 있다.

벤슬라마의 『이슬람교에 맞서는 정신분석』*La psychanalyse à l'épreuve de l'Islam*에 대한 지젝의 최근 에세이 "이슬람 문서고 일별"A Glance into the Archives of Islam은 좋은 출발점이 될 수 있다.[36] 유물론 신학과 바울주의적 호전성에 대한 몇 차례의 분석을 통해서, 지젝은 우리가 블로흐를 따라 기독교 내의 무신론과 무신

---

34 Gil Anidjar, "*The Stillborn God*: A review in three parts", *The Immanent Frame*. 〈http://www.ssrc.org/blogs/immanent_frame/2007/12/26/a-review-in-three-parts/〉를 참조하라. 이에 대한 반론으로는 Mark Lilla, "Our Historical *Sonderweg*", *The Immanent Frame*. 〈http://www.ssrc.org/blogs/immanent_frame/2008/01/04/our-historical- sonderweg/〉.

35 Talal Asad, *Formations of the Secular: Christianity, Islam, Modernity*, Stanford: Stanford University Press, 2003, 21.

36 이슬람 주체성보다 아랍 전제정 구조에 초점을 맞추고, 세속주의를 신앙보다는 쓰기 및 권위와 연결시키는, 중동 정치에 대한 차별화된 정신분석 적용은 다음 책에서 찾아볼 수 있다. Moustapha Safouan, *Why Are the Arabs Not Free?—The Politics of Writing*, Oxford: Blackwell, 2007.

론 내의 기독교라고 부를 법한 것을, 예컨대 바디우류의 학자들보다 훨씬 더, 강력히 재진술하면서 옹호하고 있다.**37** 기독교의 비도착증적 핵심에 대한 논쟁적 탐구 — 대타자의 부재에 기초한 윤리-정치적 주체성을 위한 암호로서의 기독교 — 를 통해 지젝은 특이한 보편성singular universality의 관점에서 정치적 주체에 관한 이론을 생산하기 위해 노력해 왔다. 『꼭두각시와 난장이』The Puppet and the Dwarf를 비롯한 많은 텍스트 속에서 이 노력은 기독교와 유대교, 사랑과 법 사이의 복잡한 변증법을 탐구하거나 신학과 주체 형성으로부터 유물론적이고 초월적인 핵을 추출해 내는 방식으로 이루어졌다. 그런데 도대체 '이슬람교'는 이 모든 것들 중 어디에 (만약 그 '어디'가 존재한다면) 들어맞는 것인가?**38**

지젝 자신이 언급하듯, 이슬람교는 그 성가신 시대착오성 — 이슬람교는 "모든 종교를 종결지을 종교"인 기독교 이후에 등장했다 — 과 '어긋난' 성격으로 인해 목적론에 경도된 종교 역사가에게 골칫거리를 안겨 준다. 레비-스트로스가 아쉬운 듯이 언급하는 것처럼, 기독교 서양과 오리엔트 지역 사이의 지리적 구역을 점유함으로써 이슬람교는 인류 문명의 두 '반쪽'이 행복하게 융합fusion되는 것을 방해한다. "문서고" 혹은 이슬람교의 "외설적이고 비밀

---

37 이 입장에 대한 더욱 지속적인 개입과 비판으로는 Lorenzo Chiesa and Alberto Toscano, "Agape and the Anonymous Religion of Atheism", *Angelaki: Journal of the Theoretical Humanities*, 12:1(2007)을 보라.

38 지젝에게서 나타나는 이슬람교의 (헤겔주의적) 이미지에 대한 간략한 비판적 해석으로는 Ian Almond, *The New Orientalists: Postmodern Representations of Islam from Foucault to Baudrillard*, London: I. B. Tauris, 2007을 보라. 지젝을 기독교적 유럽 중심주의로 비판하는 입장과 이에 대한 지젝 자신의 반론으로는 William David Hart, "Slavoj Žižek and the Imperial/Colonial Model of Religion", 그리고 날카로운 제목이 돋보이는 Žižek, "I Plead Guilty : But Where's the Judgment?"를 참조하라(두 글 모두 *Nepantla*, 3:3(2002)에 실렸다). 지젝의 반론에 대한 하트의 재반론은 Hart, "Can a Judgment be Read?", *Nepantla*, 4:1(2003).

스런 신화적 토대"에 대한 벤슬라마의 탐구를 받아들이면서, 지젝은 이슬람교를 — 다소 예측 가능하게 — 베일 쓴 무슬림 여성들에게 할당된 상징적·인식론적 역할(그 역할이란 "이 베일의 궁극적 기능은 정확히 저 베일 뒤에 무언가가, 본질적인 실체가 있다는 점을 지탱해 주는 것이다") 안에 위치시키는 것을 따라간다. 지젝은 그가 지금까지 유대교 및 기독교와 더불어 반복적으로 실행했던 (단순히 이데올로기적이거나 사회학적인 것과는 반대되는) 일종의 철학적 대면을 이슬람교와는 아직껏 할 수 없었거나 혹은 하려고 하지 않았다. 따라서 현재 우리에게 남은 것은 이슬람교와 지젝이 옹호하는 초월적·정신분석적 유물론 사이의 변증법적 대결이 아니라, 보편성에 대한 우리의 그림에 영구적인 방식으로 영향을 끼치지 못한 채 형식적 비교만을 가능케 하는 단순한 반명제antithesis뿐이다. 전형적이게도, 이슬람교는 정치화하는 기질이나 적대antagonism의 구체적 형식으로서 호명될 뿐, 결코 주체 형성의 해방적 형식을 잠재적으로 간직한 원형으로 호명되지 않는 것이다.

이 단순한 반명제 — 이슬람교는 (특이한) 보편성을 가진 (기독교적) 모체의 선행물이 아니라, (부차적인 "책의 종교"로서의 유대교와 기독교 모두를 자신의 알려지지 않은 선행물로 악명 높게 뒤바꿔 버리는) 또 하나의 보편성이라는 것 — 는 벤슬라마에 관한 에세이에서 지젝 자신이 명시하고 있는 시대착오성에서 기인한다. 우리가 이미 헤겔을 통해 본 것처럼, 이슬람교는 연속성에서 어긋나 있는 것, 즉 정치적인 것과 종교적인 것을 통합하는 — 다시 말해 고유한 영역 속으로 분화하는 — 삼위일체 기독교와 국가의 능력을 무시하고, 그로 인해 정치적 권위와 사회적 힘이 세속화되는 길을 봉쇄해 버리는 어떤 변칙적이고 과도한 보편주의로 여겨진다.

지젝과 마찬가지로 헤겔에서도 역시, 이 세속화의 결여(역으로, 유일자에 대한 광신)는 주체성의 특이한 혹은 구체적인 형식, 곧 자유가 이슬람교에 부재한다는 주장과 연결되어 있다. 유일자의 관념적 보편주의로서의 이슬람교라는 이 시각은 특이한 보편성으로서의 기독교적 무신론의 비변증법적 상대로 이슬람교를 변형시킨다. 행위와 예외의 윤리학 및 정치학을 위해 지젝이 적절히 정리한 기독교의 특징(희생, 부활, 찢겨지고 무력한 신, 삼위일체의 신학)은 이슬람교의 이념 목록에는 존재하지 않은 듯 보이는 것들이다. 이 지점에서 지젝은 공립학교 교실에서 십자가상을 없애야 한다고 주장하는 한 핀란드계 학부모의 항의를 접한 후 십자가상을 "세속주의의 상징"이라고 묘사했던 이탈리아 판사의 말에 진정 동의할 법도 하다. 지젝은 정신분석의 방법론적 무신론을 세속화의 규범적 서사 — 기독교의 특정한 신학적·역사적·심리적 표상들(삼위일체, 신의 육화, 부조리한 믿음 등) 없이 주체가 근대성을 획득할 수는 없다고 규정하는 — 와 혼동하는데, 이슬람교를 광신적 보편주의의 종교로 취급했던 헤겔의 유산은 지젝을 통해 이에 기여하게 된다. 초월적 동인과 우주적 전체론을 자기 극복적 기독교의 역사-철학적 서사시와 적절하게 구분하지 않는 정신분석의 모든 공공연한 무신론적 주장들에는 정신분석적 종교 담론을 '우리' 서양의 유산에 대한 편협한 문화주의적 옹호로, 나아가 '무슬림들'은 스스로 종교개혁과 유사한 과정을 거쳐야 한다는 어리석은 요구로 변질시킬 위험성이 담겨 있다. 그런 세속적 전략과 목적론이 낳는 결과는 거의 예외 없이 "타자를 정치에서 더 확실히 추방하기 위해서라도 타자를 종교 안에 가두는 것"이다.[39] 이는 사회적 투쟁과 지정학적 전략들을 편견에 기초해서 규정된 문화의 문제들로, 또 그보다 훨씬 더 애매하게 규정된 사고방식으로 뒤바꾸는 일이기도 한데, 정신분석이 아무리 정교하다 한들 원주민의 '정신'을 탐구하는 식민주의적 전통으로부터 진정 분리될 수 없음을 여기서 알 수 있다.

---

39 François Burgat, *L'islamisme à l'heure d'Al-Qaida*, Paris: La Découverte, 2005, 191.

정신분석을, '아랍인' 혹은 '무슬림'이 (전통의 붕괴와 "서양 중독증"Westoxification[40] •
의 공포 사이에 끼어 있는 광신자들이 아닌) 적당히 병리적인 근대적 주체가 되지
못하게 하는 환상적 교착상태를 진단하는 세속적 진료실로 전환시키려는 착
상[41]은 정신분석이 흔히 '세속주의'라는 명칭을 가져가곤 하는 기독교의 저
간계 속에 또 하나의 활동 공간을 마련할 것이라는 비난에 스스로를 노출시
킨다. 아니자르가 쓰고 있듯이,

> 기독교는 …… 스스로 공과 사, 정치학과 경제학, 그리고 말할 것도 없이, 종교적인 부
> 분과 세속적인 부분으로 분열함으로써 적극적으로 자기 세계를 탈마법화시켰다. 복잡
> 다단하고 애증이 교차하는 일련의 유사한 종파들, 지속적인 언동과 의례들, 개혁적이거
> 나 반개혁적인 또는 혁명적이거나 그리 혁명적이지 않은 여러 격변과 반전들 속에서 스
> 스로에게 등을 돌리던 기독교는 서서히 자신이 궁극적으로 적대한다고 주장하는 것에
> 이름을 부여하게 되었다. '종교'가 바로 그것의 이름이다. 허풍선이 남작처럼 기독교는
> 자신을 해방시키려고, 자신의 조건으로부터 벗어나려고 시도했다. 즉, 그것은 스스로를
> 더 이상 기독교도가 아니라고, '종교적'이지 않다고 판결했다. 기독교(마지막으로 한 번
> 더 명확히 말하면, 서양 기독교 국가)는 스스로를 '세속적'이라고 판결함으로써 그 이름
> 으로 개명했으며, 그렇게 환생했다. …… 기독교는 종교와 세속 간의 구별을 발명했고,
> 바로 이것을 종교로 만들었다. 기독교는 자신보다도 종교를 더 문제화했다. 그리고 기
> 독교는 종교를 초월될 필요가 있는 비평의 대상으로 만들었다.[42]

---

40 • 서양West과 중독intoxication이 결합된 신조어로, 서양 문화에 빠져 고유의 문화를 등지는 행태
를 의미한다.

41 가령 다른 면으로는 풍부하고 철저한 벤슬라마의 책에는 이런 유혹이 상존해 있다.

42 Gil Anidjar, *Semites*, Stanford: Stanford University Press, 2008, 45, 47.

기독교 세속주의를 역사적이고 심리적인 규범으로 받아들이는 것은 많은 면에서 정치와 문화에 대한 정신분석적 사유를 방해한다. 이런 행위는 종교 텍스트 자체의 수준에서 발생하는 판타지들을 전제로 하여 '무슬림' 개인의 심리적 동요와 정치적 어려움에 대한 통찰을 얻을 수 있다고 추정함으로써 무의식을 윤리화하고 문화화한다. 사회적 실천과 개인의 고통에 관한 적절한 정보들을 종교 경전을 통해 직접 얻을 수 있다고 가정하는 이 '텍스트주의'야말로 에드워드 사이드가 해부한 오리엔탈리즘의 주요한 기능이다. 그러나 이런 태도는 그것이 전기적·정치적·복합적인 이유들로 인해 엄청나게 가변적이라는 점을 제외하고도, 개인 심리학과 집단 심리학 사이의 관계가 결코 표현이나 감화력의 문제가 아니라는 사실을 가벼이 여긴다. 믈라덴 돌라르가 주목하듯이, 프로이트에게 있어서

> 무의식은 개인적이지도 집단적이지도 않다. 개인적 무의식이 사회구조에서 비롯한 것인 반면, 집단적 무의식은 규정된 집합체, 즉 그 무의식이 속하는 공동체를 요구하지만 이미 주어진 그런 공동체는 존재하지 않는다. 무의식은 이 둘 사이, 즉 (주체가 되는) 개인과 그/녀가 속하는 집단 사이에 성립하는 바로 그 결속 속에서 정확히 '발생한다.' 엄격히 말해 개인적 무의식이나 집단적 무의식은 없다. 그것은 둘 사이의 고리에서 나타나는 것이다.[43]

---

43 Mladen Dola, "Freud and the Political", *Unbound*, 4:15(2008), 25. 프로이트의 집단 심리학에서 "유기적 조직(원시적 종족주의)에서 유래한 개인화된 근대적 인간의 도래라는 제국주의적 역

'이슬람교'와 '기독교' 모두 획일적인 사회구조나 이를 부추기는 어휘들을 구성하지 않으며, 특히 오늘날의 불규칙하고 혼란스러운 자본주의 세계에서는 더더욱 그렇다. 따라서 이들을 그렇게 다룸으로써 정치적 교훈을 이끌어 낼 수 있다고 꿈꾼다면 그것은 옳지 않다. 이 종교들이 여전히 대량의 비현실적 소재들을 공급하고 있다는 것은 의심할 여지가 없다. 과격파들과 공론가들이 자신들의 행동을 신학적으로 합치하는 일이자 경전과 어긋나지 않는 것으로 만들기 위해 종교를 내세우곤 한다는 그 사실로 인해 비평가들과 학자들마저 똑같이 행동해서는 안 된다. 정치적 주체들을 문화적·종교적 본질의 표현으로 다루는 것은 최근의 지정학적 갈등과 더불어 등장한, 정치적으로 도구적이며 분석적으로는 황폐한 문명 담론에 얹혀 가는 일일 뿐이다. 이런 역사-정치적 맥락에서는 신학적 서사들을 개인-정치적 무의식 속에 즉각적으로 현시되는 것으로 바라보기보다, 명백히 정치적인 심리적 형식들의 힘과 영향을 고찰하는 편이 훨씬 더 유용할 것이다. 이런 점에서, 정신분석이 문명주의적 혹은 문화주의적 사유의 오류를 연장하는 대신, 우리의 정치적 사고를 구축하는 판타지들에 대해 심오하게 변증법적이며 역사적으로 예리한 비판을 수행할 수 있다는 점을 보여 준 알랭 그로리샤르의 『술탄의 궁전』The Sultan's Court이 가진 가치는 매우 크다. 그로리샤르의 저작에서, 텍스트와 판타지 사이의 관계는, 뿐만 아니라 무의식 안에 새겨진 '문화적' 타자성은 잘못된 표현 형식 ─ 우리 시대 무슬림들의 판타지를 파악하기 위해, 혹은 이슬람교 신학의 아버지 관념에 근거해 현대 무슬림 세계 속 권위의 문제를 고찰하기 위해 코란

사 기술"을 보는 대립적 입장으로는 Wendy Brown, *Regulating Aversion: Tolerance in the Age of Identity and Empire*, Princeton: Princeton University Press, 2006, 168을 참조하라.

을 뒤적이는 것을 정당화하는 등의 방식 ─ 을 취하지 않는다. 그로리샤르에게 있어, 정신분석에 기반을 둔 이데올로기 비판의 대상은 타자의 (반)정치에 대한 판타지가 우리의 정치학을 구조화하는 방식, 타자가 믿는다는 것을 믿음으로써 우리가 믿지 않음을 믿게 만드는 방식이다. 판타지는 한 종교나 문화의 본질적 특성을 드러내기보다는 문화적 모순을 작동시킨다. 돌라르가 주장하듯, 판타지는 그것이 다루는 대상(그로리샤르의 경우, 후궁들의 방과 오리엔트적 전제정)에 대해서는 우리에게 거의 말해 주지 않으나 판타지의 생산자와 옹호자들에 대해서는 많은 것을 말해 준다. 우리 자신의 무능과 모순을 멀리 있는 타자에게 투사함으로써, 우리는 권위에 대한 우리 자신의 부인된 믿음과 권력에의 굴종을 제3자에게 떠넘길 수 있는 것이다. [이슬람교에 대한] 판타지는 유럽의 주체들이 "어느 곳, 멀리 떨어진 어떤 아시아의 땅에는 무언가를 믿을 수 있을 만큼 순진한 사람들이 살고 있다"고 믿을 수 있게 한다. 이는 정치적 권위와 순수한 관계를 맺지 못하는 데서 오는 심리적 부담을 세속적이고 탈마법화된 주체에게서 덜어 준다. 후궁들의 방에 대한 오리엔탈리즘적 판타지는 따라서 유럽의 주체로 하여금 전제적 권력에 대한 믿음을, 그리고 타자의 쾌락에 대한 믿음을, "믿는다고 가정된 주체들"subjects supposed to believe에게 떠넘기도록 해준다. 자율적이고 회의하며 자유로운 그의 자아상은 결국 저 먼 땅에서 나타나는 미신, 광신, 절대적 예속의 장면들에 의지하고 있는 셈이다.[44]

정치·문화·종교가 이리저리 뒤엉켜 있는 곳을 탐구해 들어가려 할 때, 판

---

44 Mladen Dolar, "Introduction: The Subject Supposed to Enjoy", in Alain Grosrichard, *The Sultan's Court: European Fantasies of the East*, trans. L. Heron, London: Verso, 1998, xiv, xxiii-iv.

타자라는 범주를 가지고 작동하는 정신분석 비평은 (정치적이거나 종교적인) 판타지가 언제나 타자의 믿음에 대한 판타지이자 사실은 타자의 판타지에 대한 판타지라는 원칙에 기초해야만 한다. 게다가 오리엔트 전제정에 대한 [학문적] 모험이 말해 주듯이, 타자의 통일된 문화나 종교라는 관념은 우리로 하여금 우리 자신의 위치 — 그로리샤르의 탐구를 예로 들자면, 노예제와 맹목적 예속을 완벽히 제거한 자유주의적 정체라는 위치 — 가 일관되고 통일되어 있다는 믿음을 품게 해주는 판타지 자체다. 정치적 판타지들에 관한 연구는 타자(그리고 타자의 부재)와의 관계가 우리의 취약한 동일시를 어떻게 구조화하는지를 드러낸다. 우리들이 일관되고 통일된 문명에 속해 있다는 그릇된 안정감을 '우리'(그리고 그들)에게 허락하는 것은 타자의 자기 폐쇄적 문명이라는 판타지다. 특히 유대-기독교 무신론이나 세속주의라는 최근의 유행에서 그러하듯, 이 문명이 스스로 '전통적' 문명, 문화, 종교의 유기체적 압박을 유례없이 초월했다고 여길 때, 과거에 존재했던 문화가 아닌 현재 존재하는 문화라고 여길 때라면 더욱 그렇다.[45] 그로리샤르와 돌라르가 제기하는, 판타지에 대한 관계-정치적 접근은 강력한 비판적 기능을 수행할 수 있는 반면, 신학적 텍스트나 신화에 관한 연구를 통해 우리가 타자의 집단적인 정치적 무의식을 통찰할 수 있다는 망상을 품게 하는 표현-문명적 모델은 그렇지 못하며, 오히려 자율과 관대함이라는 자기 충족적 정치 판타지를 단순히 강화할 뿐인 또 다른 신화들을 생산해 낼 위험성을 가지고 있다. 사이드가 『프로이트와 비유럽적인 것』*Freud and the Non-European*이라는 책에서 암시하는 것은 바로 관계-정치적 모델인데, 그는 이 책에서 "가장 잘 규정될 수 있고, 가장 잘 증명할 수 있

---

45 Brown, *Regulating Aversion*, 150-1을 보라.

으며, 가장 끈질긴 공동체의 정체성 — 프로이트에게 이것은 유대인의 정체성인데 — 이라도 그곳에는 하나의, 단 하나의 정체성으로 완전히 통합되는 것을 막는 내재적 한계들이 존재한다는 프로이트의 심오한 통찰의 사례"에 대해 말하고 있다.[46]

사이드는 무신론, 관용, 자유주의 등 '우리의' (기독교적) 유산에 대해 거드름을 피울 가능성이 매우 높은 집착적이고 세속적인 역사철학에는 문을 열어 두지 않는 인간주의적 세속주의에 대한 옹호를 제안했다. 사이드는 비코Giambattista Vico의 '진리는 만들어지는 것'verum esse ipsum factum이라는 원칙, 즉 "역사 세계는 신이 아닌 인간 남녀에 의해 만들어졌으며, 비코가 『새로운 학문』Scienza Nuova을 통해 정식화한 원칙 — 즉 우리는 오직 우리가 만든 것만을 진정으로 알 수 있다는, 달리 말해 우리는 사물이 만들어진 방식에 따라 그것을 알 수 있다는 원칙 — 에 따라 역사 세계를 이성적으로 이해할 수 있다는 세속적 개념"을 이야기했다.[47] 세속주의는 "기독교 제국주의"[48]의 간교로 변한다는 아니자르의 주장과는 달리, 일종의 방법론적 무신론 — 알튀세르의 말로 바꿔 표현하자면 "스스로에게 이야기하지 않으려" 애쓰는 초개인적 행동과 심리 구조에 대한 실천 중심적이고 유물론적이며 자연주의적인 탐구 — 으로 프로이트 정신분석의 핵심인 세속주의 개념을 옹호하는 것은 중요하다. 어떤 판타지 혹은 신화 묶음이 다른 묶음에 비해 우월함을 다소 은밀히 옹호하는 문화주의 담론의 편안함에 맞서, 인간의 무력함에 응답하면서 인류 문명 과정을 구축하는 종교적 환상들에 대한 프로이트의 묘사는 아니자르가 공격하는 기독교적 종교 관

---

46 Edward W. Said, *Freud and the Non-European*, London: Verso, 2003, 53-4.

47 Edward W. Said, *Humanism and Democratic Criticism*, Basingstoke: Palgrave, 2004, 11[29쪽].

48 Anidjar, *Semites*, 52.

념 및 이 관념을 떠받치는 변명조의 기독교 세속화 서사로부터 건전히 거리를 두고 있다. 정치적인 것과 종교적인 것 사이의 적절한 거리나 구별에 초점을 맞추는 — 흔히 자유주의에 불순물 하나 없는 진리의 지위를 부여하고 자유주의가 지배하는 현재 영토를 '자유의 땅'으로 치켜세우면서 — 많은 세속주의 담론과는 달리, 프로이트의 급진적이고 탈마법화된 계몽주의적 관점은 인류를 환상에서 해방시킬 가능성에 집중한다. 프로이트에게 이 일은 종교에 적당한 사회적 자리를 배분하는 문제가 아니며, 우리의 환상을 더 잘 정당화하기 위해 타자의 환상을 깔아뭉개는 것은 더더욱 아니다.

문제가 아예 없지는 않지만, 프로이트의 일반적 종교 범주 사용(이는 『종교의 승리』 Le Triomphe de la religion에서 기독교를 "진정한 종교"로 날카롭게 명시한 라캉의 종교 범주 사용과는 매우 다르다)은 언제나 어떤 종교가 더 좋고, 더 해방되었고, 더 문명화되었는지, 혹은 기독교에 대한 헤겔의 표현을 쓰자면, 더 "정점에 달했는지"[49]를 선택하는 행위를 내포하고 있는 문화주의적 종교 담론의 편협함과 결별하는 데 있어 중요한 가치를 가진다. 종교에 대한 프로이트의 불경스런 접근은 종교(혹은 더 광범위하게는 환상)가 취하는 특정한 형식들에 대해 유익한 무관심을 견지하고 있기도 하다. 1907년에 "어쩌면 집착적 신경증을 종교의 형성에 대한 병리적 상대물로 여기면서, 그 신경증을 개인적 종교성으로, 종교를 보편적인 집착적 신경증으로 묘사하려 시도할 수도 있다"고 썼을 때,[50] 프로이트는, 급진적이고 유물론적인 계몽주의에 대한 그의 충실성을 드러내

49 Chiesa and Toscano, "Agape and the Anonymous Religion of Atheism", 118을 보라.

50 Sigmund Freud, "Obsessive Actions and Religious Practices"(1907), in *The Complete Psychological Works of Sigmund Freud,* Vol. 9, J. Strachey(ed.), London: The Hogarth Press, 1959, 126.

면서, 이 항목(종교)을 믿음의 구조에 관한 인류학적 담론으로 변환시키고 있었다. 그런 방법론적 무신론이 "이성의 독재"를 향한, 사회적 힘인 (과학적) 지성의 느릿한 "지질학적" 진보에 대한 프로이트의 공감[51] 속에 체화되어 있는 어떤 메타 정치적 담론을 결여하고 있는 것은 아니다. 그러나 우리의 목표에 비추어 볼 때 더욱 중요하게도, 정신분석적으로 감염된 세속주의 이론이나 '기독교 무신론'과는 달리 이 방법론적 무신론은 더 심화된 정치적 판타지, 자율성의 환상, 문화적 우월성 등을 발생시키지 않는다.

"보편적인 집착적 신경증"에 맞선 느리고 꾸준한 투쟁은, 어떤 환상들 속에 자신들을 남들보다 우월하게 만들어 줄 해방적 잠재력이 있다고 믿는 이들의 의심스러운 종교적·문화적 편파성으로부터 자유롭다. 종교 문제에 있어서 칸트주의와 독일 관념론에 의지하는 것은 모든 개념을 기독교 신학의 단순한 세속화된 변종으로 뒤바꾸는 수축적 서사와 정신분석을 결합시키는 위험을 무릅쓰는 일이다. 18세기 유물론의 완고한 환원주의에 대해 프로이트가 가진 긴밀한 친화성, 즉 급진적 계몽주의에 대한 그의 헌신으로 인해서, 프로이트는 신화와 판타지를 옹호하거나 혹은 불신이라는 가면 아래 종교의 위안을 몰래 반입하지 않으면서도 심리적 삶과 종교적 삶 사이의 관계를 파악하는 일에 있어서는 훨씬 믿음직스럽고 편견이 덜 한 안내자 역할을 한다. 만약 정신분석 방법론이 무신론적이고 과학적이라면, 정신분석은 기독교의 끝없는 '세속화'라든가 혹은 먼 나라 사람들의 표현물로 가정되는 문화-종교

---

51 이성의 독재에 대해서는 Dolar, "Freud and the Political", 20을 보라. 환상에 대항하는 지성의 지질학적 진보에 대해서는 Freud, *The Future of an Illusion*, New York: Anchor Books, 1964, 90(『문명 속의 불만』, "환상의 미래", 229쪽)을 보라("그렇게 짧은 기간을 토대로 확단을 내리는 가운데, 우리 모두가 오류를 범하고 있지는 않은가? 우리는 지질학자들을 우리의 귀감으로 삼아야 한다").

적 판타지에 관한 탈정치적 연구 등을 위한 매체 역할을 해서는 안 된다. 대리로 믿는 것 — 타자의 믿음을, 타자의 광신을 믿는 것 — 이 우리의 환상에 맞서는 고된 투쟁을 대체하지는 않는다.

5장

관념들의 충돌
마르크스의 종교관 재고

오늘날 여전히 신에게 봉헌될 수 있는 유일한 예배는

받아들여야만 할 신조로 무신론을 선포하는 것이다.

_____프리드리히 엥겔스

'종교의 진리' ─ 종교는 진정 무엇인가 ─ 는 철학에서 발견된다. ……

철학의 진리 ─ 철학이 진정 무엇인가 ─ 는 정치에서 발견된다. ……

정치, 따라서 국가의 진리는 …… 사회에서 찾을 수 있다.

사회적 관계가 정치적 형식을 설명하기 때문이다.

_____앙리 르페브르, 『마르크스의 사회학』

영국 역사가 E. H. 카는 후에 스스로 비판하며 거둬들인 한 전기에서 마르크스를 지적 광신자로 묘사하는 신랄한 초상을 그린 적이 있다. 카에 따르면 마르크스는 "보이지 않는 사물에 대한 광신자의 신앙으로" 자기 이론의 정확성과 자기 대의의 정당성, 그리고 그것이 만들 세계사적 변혁의 미래를 믿었다. 마르크스의 광신은 감정적 광신이라기보다는, 체계의 논리가 일종의 광기로 나아가는 지적 광신이었다는 것이다. 그로 인한 결과는 "희생자의 선택이 너무나 광범위한 나머지 그 선택의 법칙을 찾아내기도 매우 어려운 …… 광신적 불관용"이었다.[1]

마르크스의 저작에는 가혹한 논박과 지적 완고함이 항상 자리 잡고 있지만, 광신자 마르크스라는 초상은 이 독일 사상가의 여정을 특징짓는 끊임없는 탐구, 정치적 호기심, 회의적 지성에 대해서는 무관심하며 이를 면밀히 따

---

[1] Edward Hallett Carr, *Karl Marx: a Study in Fanaticism*, London: Dent, 1934, 61-2.

지지 않는다. 앞으로 보게 되겠지만, 마르크스주의를 광신적 교리나 정치적 종교로 비하하는 관점은 훨씬 끈질기다. 마르크스와 마르크스주의 비판에는 흔히 광신 개념의 두 차원이 활용된다. 첫째로, 마르크스의 사유는 천국의 세속적 등가물로서의 공산주의와 최후 심판의 장소로서의 혁명을 통해 역사적 변화에 대한 천년왕국운동 혹은 예언자적 비전을 은밀히 되살리려 한다는 비난을 받는다. 둘째로, 마르크스의 자본주의론과 마르크스주의의 정치적 실천은 모두 실제 세계의 다원성과 복잡성에 차가운 관념을 맹렬히 강요하려고 한다는 책망을 듣는다. 광신에 대한 이론이나 활용을 위해 마르크스를 들여다보는 대신, 나는 종교 비판을 거치고 또 넘어서는 작업을 통해 마르크스가, 위의 비판들과는 반대로, 정치와 종교 간의 현재적 관계를 재사유하는 데 긴요한 공헌을 할 수 있는 입장을 어떻게 구축하는지 점검하려고 한다. 마르크스와 더불어 우리는 현재 이루어지는 논쟁들의 빈곤함을 넘어서서, 보편성과 관념의 정치적·사회적 역학과 긴밀히 얽혀 있는 현상인 광신에서 몇 가지 점들을 끌어낼 수 있다.

마르크스와 파국적 근대성의 재마법화

사회 변화와 정치적 동원의 요소로서 종교에 대한 오늘날의 연구에서 마르크스는 아무리 잘해 봐야 주변적 참조에 그치거나, 최악의 경우에는 — 마르크스 스스로 자기 시대에 헤겔이 어떻게 취급되는지에 대해 주목하며 했던 표현처럼 — "죽은 개" 취급을 받는다.[2] 가령 그가 당연하게 받아들인 세속화 과정이 전 지구적으로 난국을 맞거나 심지어 역전되고, 명백히 종교적인 형식을 가진 정치적 주체성이 요란하게 발흥하고 있으며, 정치적 권위의 원칙이자 일상을 구조화하는 힘으로 종교가 지속되거나 부활하는 등, 마르크스를 거스르는 것처럼 보이는 경향은 제법 많다. 이런 경향들은 역사적 순간(19세기 유럽), 정치적 주체(노동자 운동), 시간성 개념(진보, 발전, 혁명) 등 어쨌거나 이미 지나간 과거에 마르크스를 묶어 두는 데 복무하고 있는 것처럼 보인다. 우리가 [종교에 관한] 현재의 풍경을 파악하는 과정에서 포스트식민주의라는 차이의 렌즈를 쓰든, 신자유주의의 패권적이고 동질적인 프리즘을 통하든, 악명 높은 '문명의 충돌' 같은 호전적 문화주의를 사용하든 간에 마르크스의 관련성은 매우 의심스러운 지경에 처해 있다. 마르크스주의적 '대서사'에 반대하는 종교사회학의 복수라는 관점에서 읽힐 수 있는 현 상태를 종합하는 데 있어, 1970년대 이후 지속된 소위 마르크스주의의 위기 속에서 종교적 질문이 차지했던 중요성을 간과할 수는 없다. 이란 혁명에 대한 여전히 논쟁적인 한 글에서 미셸 푸코가 샤[이란 국왕]의 존칭를 전복하는 이슬람 정치의 역할을 설명하는 데 있어 "인민의 아편"이라는 마르크스의 종교 금언이 가지는 부적절함을 강조했을 때,[3] 그는 마르크스주의의 특징인 세속적 환원주의에 대

---

2 『독일농민전쟁』 외에 엥겔스의 종교관을 다룬 책으로는 Michèle Bertrand, *Le statut de la religion chez Marx et Engels*, Paris: Éditions Sociales, 1979, 176-85를 보라. 엥겔스의 종교론에 대한 냉철하지만 유용한 연구로는 David McLellan, *Marxism and Religion*, London: Macmillan, 1987, 35-57을, 좀 더 호의적인 입장을 취하는 글로는 Michael Löwy, "Marxism and Religion: Opiate of the People", *New Socialist*, 51(2005)를 보라. 종교와 신학에 대한 마르크스주의의 개입에 관한 롤런드 보어Roland Boer의 다섯 권짜리 시리즈인 『천국과 지상의 비판』*Criticism of Heaven and Earth*은 이 주제를 둘러싼 앞으로의 논쟁에서 필수적인 참조 문헌이 될 것이다(첫 두 권인 『천국의 비판』*Criticism of Heaven*과 『종교 비판』*Criticism of Religion*은 헤이마켓 출판사에서 '역사 유물론 총서 시리즈'로 출간되었다).

3 Afray and Anderson, *Foucault and the Iranian Revolution*, 186에서 인용. 미셸 베르트랑은 당시 일반적인 진통제로 사용되었던 아편이 오늘날과는 달리 경멸의 수식어로는 강도가 약했을 것이라고 주장하고, 종교와 관련한 아편[이라는 표현]의 사용은 칸트에서 유래한다고 지적한다.

한 일반적 거부를 표현한 것이었다. 이란과 더불어, 대중 봉기와 종교가 복잡하게 얽혀 있던 폴란드 자유노조운동과 남미 해방신학[4] 역시 프롤레타리아의 '실제적 무신론'을 사회학적 기정사실로 여겼던 혁명적 실천 이론[5]을 당황스럽게 만들었다. 이런 상황은 인간 해방의 기획이 썰물처럼 빠져나간 자리를 슬럼화된 지구 — "20세기 초 사회주의와 아나키즘의 공간과 유사한 사회적 공간을 인민주의적 이슬람교와 오순절파 기독교(그리고 봄베이에서는 시바지Shivaji에 대한 컬트)가 점거해 버린"[6] 21세기판 "파국적 근대성의 재마법화[7]●"[8]를 가능케 하는 촉매 — 에 거주하는 잉여 인간들의 극빈화와 잔혹상이 대체하는 오늘날의 상황 속에서 더 악화되었다.

종교에 대한 마르크스의 사유는 그가 유럽의 19세기 속에서 판별해 냈던 세속화 경향 및 혁명적 기회들의 극적인 역전으로 보이는 [오늘날의] 상황이 제기하는 이 도전 속에서 살아남을 수 있을까? 국가나 운동 같은 명백한 마르크스주의적 행위들이 취약하게 묘사되거나 아예 삭제되어 버린 정치적 각본 속으로 자신이 "추방"되는 것을 마르크스주의 사회 이론은 견뎌 낼 수 있을

Bertrand, *Le statut de la religion chez Marx et Engels*, 48. 뢰위는 마르크스 이전에 하이네와 헤스 등에 의해 아편이 비유법으로 사용되었던 사례를 인용한다. Löwy, "Marxism and Religion: Opiate of the People".

4 해방신학 문제에 대한 중요한 마르크스주의적 개입으로는 Michael Löwy, *The War of the Gods: Religion and Politics in Latin America*, London: Verso, 1996을 보라.

5 Friedrich Engels, *The Condition of the Working Class in England*, London: Penguin, 1987, 143.

6 Mike Davis, "Planet of Slums", *New Left Review*, 26(2004), 30.

7 ● 근대성의 본질이 종교, 신화 등으로부터의 '탈마법화'disenchantment에 있다면, 진정한 정치가 사라진, 인간 해방의 기획이 무력해진 오늘날 다시 극단적 종교, 컬트 문화가 영향력을 획득하고 있다. 이를 근대성의 '재마법화're-enchantment라고 할 수 있다.

8 Mike Davis, *Planet of Slums*, London: Verso, 2006, 195[248쪽].

까?[9] 어쩌면 가장 평이할 수 있으면서도 가장 경제적인 대응은 현재의 종교적 부활 너머에 있는 사회-경제적 역학에 관한 연구들 — 급속한 전 지구적 도시화라는 문맥에서든 종교적 호전성의 조건을 촉진하는 신자유주의 및 "수탈에 의한 축적"에 대한 역할 분석을 통해서든[10] — 에서 역사적 유물론이 지속적 생명력을 갖고 있다는 점을 보여 주는 것이다. 하지만, 오늘날 빛을 뿜는 종교성의 조건들을 체계적이고 조직적으로 이해하기 위해 마르크스주의의 미덕을 재진술하기보다는, 앞서 언급한 바 있는 마르크스에 대한 묵살을 진지하게 받아들이는 일, 또 종교적 현상의 설명 및 자본주의사회의 소위 세속화에 관한 질문들과 아울러 종교-정치적 신념이 가진 주관적 요소라고 부를 수 있을 법한 것(즉, 신념의 동원력)과 씨름하는 일이 더욱 의미 있다. 이를 통해 우리는 마르크스가 제기했던 문제들의 다채로움을 일부나마 회복할 수 있을 테고, 나아가 우리의 공적·학문적 담론을 지배해 온 종교, 사회, 정치에 대한 수많은 진부한 문구들 중 몇몇을 제거하는 데 있어 겉보기에 시대착오적으로 보이는 마르크스의 사유를 재료로 활용할 수 있을지도 모른다. 자체의 복잡한 현실과 효과가 중첩 — 오늘날 정치적 삶에서 종교가 차지하는 중심적 위치 역시 마찬가지다 — 되어 있기 때문에, 겉모습은 진실을 전부 드러내지 못한다. 자신의 방법론을 예리하게 서술한 한 구절에서 마르크스가 쓰고 있듯이, "속물과 통속적 경제학자가 사물을 보는 방식은 …… 사물들의 내적 연관

9 Alberto Toscano, "Marxism Expatriated: Alain Badiou's Turn", in *Critical Companion to Contemporary Marxism*, Jacques Bidet and Stathis Kouvelakis(eds), Leiden: Brill, 2008을 보라.

10 David Harvey, *A Brief History of Neoliberalism*, Oxford: Oxford University Press, 2005, 171-2, 186[207-8, 224-5쪽]. 종교-정치적 호전성의 '지리 사회학'에 있어서 제국주의 이론이 가진 한계에 관한 비평으로는 Chetan Bhatt, "Frontlines and Interstices in the War on Terror", *Development and Change Forum 2007*, 38:6(2007)을 보라.

성이 아닌, 자기 뇌에 반영된, 직접적 형태로 현시되는 관계들에 지나지 않는 다는 사실에서 기인한다네. 그런데 만약 이런 식의 상황이라면 과학은 무엇에 필요하단 말인가?"[11]

자연주의와 무신론이라는 철학적 유산을 재긍정함으로써 종교로의 정치적 회귀를 설명하거나 저지하려고 하는 최근의 글들 중 다수를 지배하고 있는 것이 내적 연관성을 보지 못하는 이 속물적 근시안이라는 점을 덧붙일 수 있다. 종교적 광신의 침투에 맞서 근심에 찬 계몽주의 기획을 불러내는 행위가 가진 놀라운 점은 19세기의 정치적·지적 격동 속에서 계몽주의의 이상이 변화하고 급진화함으로써 생겨난 결과들에 무지하다는 것이다. 오늘날 세속주의와 무신론을 옹호하는 많은 대중적 문헌은 간단히 말해 지적인 수준에 있어서 우리가 여전히 1840년대보다도 뒤쳐져 있다는 인상을 준다. 우리가 이제 살펴볼 시대는 마르크스의 저작들 중 정치와 종교의 고리에 대한 지속적 글이 등장했던 유일한 시기, 곧 1840년대 초다. 독일 및 유럽 역사에서 중요한 이 시기에 마르크스가 어떤 지적 개입을 했는지 이해함으로써 우리는 이후 마르크스 작업의 전개에서 종교 문제가 다양한 모습으로 호명되고 변형되는 방식을 점검하는 데 필수적인 지침을 얻을 수 있다.

---

[11] 1867년 6월 27일에 마르크스가 엥겔스에게 보낸 편지. Karl Marx, *Capital: Volume 1*, London: Penguin, 1990, 19, n. 11에서 재인용.

지상의 비판

마르크스가 최초로 [종교 비판에] 개입하던 시기에 굉장히 번성하던 급진적 이론과 지적 활동은 논외로 하고[12] 그중 오늘날까지도 여전히 '살아남아' 있는 것을 강조할 때, 마르크스의 입장은 종교 비판에 대한 비판이라고 요약할 수 있다. 반종교적 비난으로 가득 찬 놀라운 무기고를 가진 전투적 무신론자[13]에다 "인간이 종교를 만든다"[14]는 계몽주의적 신념에 분명히 동의하고 있던 이론가이기도 했던 사상가를 규정하는 데 있어 이는 상당히 독특한 도식으로 보일 것이다. 앞으로 보게 되겠지만, 모든 것은 바로 이 "만든다"는 말을 어떻게 이해하는가에 달려 있다.

종교의 정치학에 대한 마르크스의 개입은 그의 "철학적 저널리즘"[15] 영역에서 처음으로 시작된다. 공화주의적이고 민주주의적인 기세에 차있던 마르크스는 1842년의 "『쾰른신문』*Kölnische Zeitung* 179호 논설"에서 "철학에서의 종

---

12 이 중요한 시기에 관한 통찰력 있고 상세한 설명으로는 Kouvelakis, *Philosophy and Revolution* 및 Warren Breckman, *Marx, the Young Hegelians, and the Origins of Radical Social Theory*, Cambridge: Cambridge University Press, 1999를 보라.

13 "The Curtain Raised", interview with Marx in the World, 18 July 1871, in Karl Marx, *The First International and After: Political Writings*, Vol. 3, London: Penguin, 1974, 339.

14 마르크스는 자신의 박사논문에서 제시했던 합리주의적 신념을 결코 거두어들이지 않았다. "특정한 나라에 특정한 이방신들이 있다면, 이성의 나라에는 일반적인 신이 있으며, 이곳에서 그는 존재하기를 그친다." Karl Marx, "Fragment from the Appendix" in *The Difference Between the Democritean and Epicurean Philosophy of Nature*, in *Collected Works*, Vol. 1., London: Lawrence and Wishart, 1975, 104.

15 Breckman, *Marx, the Young Hegelians, and the Origins of Radical Social Theory*, 272.

교적 경향을 한목소리로 성토하고, 비방하고, 왜곡하고, 삭제 보도해 왔던 독일 신문들"에 맞서고 있다.[16] "헤겔과 셸링, 포이어바흐와 바우어"의 저작들을 포괄하는 이런 [철학에서의 종교적] 경향은 기독교 국가라는 형식을 통한 종교의 정치화에 대해 합리적으로 대응하고 있다는 이유로 언론의 공격을 받고 있다는 것이다. 마르크스가 사려 깊게 언급하듯이, 종교를 세속화하고 철학적 논의에 노출시키는 것은 국가의 대리자들이 반신권정치non-theocratic의 맥락 속에 정치를 종교적으로 정당화하려는 시도이다. "종교가 정치적 요소, 즉 정치의 주제가 될 때 신문들이 정치적 문제들을 논의할 수 있을 뿐만 아니라 논의해야만 한다는 점은 말할 필요도 없다. …… 만약 당신이 종교를 법 이론으로 설명한다면, 당신은 종교 자체를 철학의 일종으로 만들고 있는 것이다."[17]

마르크스는 기독교 국가에 대해 말하기 시작하는 순간 완전한 세속화의 논리를 세우는 것은 불가능해진다는 사실을 가지고 당대의 반철학적이고 체제 순응적인 의견에 맞선다. 그런 국가가 이성적 국가와 동일한 것이라면 그 경우에 기독교는 과잉이 되고 철학은 국가 형식을 통해서 사유하게 되는 반면, 합리적 자유가 기독교를 경유해 전개될 수 없다면 결과적으로 종교는 단지 국가의 외부에 존재하게 될 것이다. "이 딜레마를 당신이 맘에 드는 방식으로 해결할 수도 있겠지만, 당신은 반드시 국가가 종교가 아니라 자유로운 이

---

16 Marx, "The Leading Article in No. 179 of the Kölnische Zeitung" in *Collected Works*, Vol. 1, 196. 이 중요한 논평을 내게 깨우쳐 준 롤런드 보어에게 감사드린다.

17 Marx, "The Leading Article", 198. 브렉먼은 마르크스의 지적 여정 중 이 초기의 짧은 시기를 "기독교 국가의 초월적 인격주의에 맞선 마르크스의 운동"이라는 관점에서 묘사한다. 청년 헤겔주의자들이 체계화한 주장을 받아들인 이 운동은 한편으로는 주권의 원칙, 다른 한편으로는 법과 재산을 통한 국민들의 원자화와 사유화 사이의 결합에 초점을 맞추고 있다. Breckman, *Marx, the Young Hegelians, and the Origins of Radical Social Theory*, 277.

성에 기초해 건설될 수밖에 없다는 점은 받아들여야만 할 것이다."[18] 이런 급진적이고 민주주의적인 세속주의는 이후 마르크스의 선언들 속에서 변형된 형태로 남아 있겠지만, 이것이 마르크스의 입장을 모조리 대변하지는 않는다.

종교가 신에게로 투사했거나 "소외시킨" 인류의 근본적인 감각적·지적 역량(혹은 유적 존재)에 대한 루트비히 포이어바흐의 유물론적 재전유는 마르크스의 사유가 시작하는 데 중대한 역할을 했다. 실제로 포이어바흐는 자신의 철학적 인류학을 통해 계몽철학자들이 맨 처음 끄집어냈던 주제[종교]로 돌아감으로써, 신에 의한 인간적인 것의 징발을 종교의 폭력적인 비이성에 대한 가차 없는 비판에 연결시킨 바 있다. 『기독교의 본질』 The Essence of Christianity에서 그는 불관용적 당파성을 가진 기독교를 호되게 비판하기도 했다.

> 종교는 인간이 그 자신의 본성과 맺는 관계다. 여기에 종교의 진리, 그리고 도덕적 개선이라는 종교의 힘이 있다. 그러나 인간의 본성은 [종교를] 자신의 본성으로 인식하지 않으며, 자신의 본성과는 분리되고 오히려 반대되는 것으로 여긴다. 여기에 종교의 비진리, 종교의 한계, 이성 및 도덕에 대한 종교의 모순이 있으며, 여기에 피비린내 나는 인간 희생의 주요한 형이상학적 원칙이 들어 있다. 한마디로 종교사의 비극에 담긴 모든 잔학, 모든 끔찍한 장면들의 제1 원인인 광신의 유해한 원천이 여기에 있다.[19]

애초에 마르크스는 보편성과 자의식에 종교적 믿음이 끼치는 해로운 영향에 대한 브루노 바우어의 혹독한 반유신론적anti-theistic 비판에서도 영감을 얻었다.

---

[18] Marx, "The Leading Article", 200.

[19] Ludwig Feuerbach, *The Essence of Christianity*, trans. G. Eliot, New York: Harper & Row, 1956, 197[323쪽].

그렇긴 하지만, 마르크스의 초기 저작들은 종교에 대한 공격이 비록 국가 권력에 대한 기독교의 정당화를 침식하는 데 필수적인 자극이기는 하나 그 공격이 내건 목표인 인간 이성의 해방을 성취하는 데 있어서는 언제나 불충분하거나 심지어 완전히 빗나간 방식이라는 점에 대해 마르크스가 진보적이면서도 재빠르게 인식하고 있었음을 잘 보여 준다. 무신론적 비판은 국가에 대한 기독교의 중심성을 과대평가하면서 국가의 세속화를 자체의 목적으로 삼는다. 종교와 정치를 놓고 벌어진 1840년대의 긴장된 논쟁에 대한 마르크스의 개입을 한 마디로 요약하자면 이렇다. '천상의 비판에서 지상의 비판으로.' 마르크스의 철학적 활동이 가져온 결과는 정치적·경제적 비판을 기독교에 대한 좌파 헤겔주의자들의 열렬한 관심과 분리시키고, 비판에 세속적 담론의 자율성을 부여함으로써 비판의 대상이 되는 종교적 이데올로기 및 권위에 비판이 얽매이지 않도록 만든 것이다.[20] "비종교적 비판"이라는 목적을 가진 이 방향 전환의 가장 명확한 형식은 1842년 11월 30일에 아르놀트 루게에게 보낸 마르크스의 편지에서 찾아볼 수 있다. 이 편지에서 마르크스는 "종교의 틀로 정치적 조건을 [비판하는 대신] 정치적 조건의 틀로 종교를 비판해야만 합니다. ……왜냐하면 종교는 본질적으로 내용이 없으며, 자신의 존재를 천상이 아닌 지상에 빚지고 있기 때문입니다. 종교가 자신의 이론으로 삼는 왜곡된 현실을 폐지하는 것과 더불어 종교는 몰락하게 될 것"[21]이라고 선언한다.

종교는 자신의 "내용이 없다"는 이 도발적이고 문제적인 선언은 뒤이어 사회혁명의 부수적 결과로서 종교가 "말라 죽을 것"이라는 마르크스의 신념을

---

20 Breckman, *Marx, the Young Hegelians, and the Origins of Radical Social Theory*, 293.

21 Ibid., 278에서 재인용.

불러온다. 하지만 단순한 망상 혹은 음모로 종교를 표상하는 특정한 계몽주의 유물론에 반대하면서, 마르크스는, 비록 자신의 전투적 무신론을 포기하지는 않았지만, 의식의 형식이자 집단적 삶의 지배적 원칙으로서의 종교, 곧 우리가 종교의 사회적 필요성이라고 부를 만한 것을 긍정하고 있다. 마르크스가 종교를 세계에 대한 이론이라고 쓸 때, 그는 엄밀한 변증법적 논증을 제기하고 있다. 즉, 종교가 현실의 전도된 모습을 보여 주는 것은 현실 자체가 전도되었기 때문이라는 것이다. 마르크스가 자신의 '전환적 방법론'("주어와 술부를 전도시킨 후 이 둘의 구체화된 형태를 드러내는" 방식 등)[22]을 포이어바흐에게서 끌어왔다는 주장은 타당성이 있지만, 그는 또한 자신만의 입장을 구체화하기 위해 종교에 관한 유물론적 인간주의의 한계를 명확히 언급하기도 한다. "포이어바흐에 관한 테제" 중 네 번째에서 마르크스는 이렇게 상술하고 있다.

포이어바흐는 종교적 자기소외라는 사실, 즉 세계가 종교적 상상의 세계와 세속적 세계로 이중화된다는 사실로부터 출발한다. 그의 작업은 종교적 세계를 그것의 세속적 기초로 분석하려고 노력한다. 그는 이 작업을 완성한 이후에도 중요한 것이 여전히 남아 있게 된다는 사실을 간과한다. 세속적 기초가 그 자신으로부터 이탈해 구름 속에서 하나의 자립적 영역으로 고착된다는 사실은 이 세속적 기초의 내적 갈등 및 내재적 모순에 의해서만 설명될 수 있다. 따라서 이 세속적 기초 그 자체는 우선 그 모순 속에서 이해되어야 하며, 다음에는 이 모순을 제거함으로써 변혁되어야 한다. 따라서 예컨대 지상 가족이 신성 가족의 비밀임이 폭로된 이상, 이제 지상 가족 자체가 이론적·실천적으로 소멸되어야 한다.[23]

22 Ibid.

23 Karl Marx(with Friedrich Engels), *The German Ideology*, New York: Prometheus, 1998, 570.

종교적 관념이 인간적 본질의 왜곡된 투사에 불과함을 드러냄으로써 "지상으로 끌어내리는" 것만이 능사가 아니라는 것이다. 마르크스에게 종교는 분리와 (명백히 '독립적 영역'으로 확립된 것이 보여 주듯) 자율화[24]라는 사회적 논리를 가지며, 실제로 전도된 세상에 뿌리내린 종교의 기초들은 이론적이고 실질적인 비판의 대상이 되어야만 한다. 청년 헤겔주의자들의 종교 비판에 대한 마르크스의 비판 ─ 아울러 종교적 망상을 공격하는 프랑스 유물론과 계몽주의의 불충분함에 관해서는 더더구나 ─ 은 지속적으로 다음의 이중적 형식을 취하게 될 것인데, ("세속적 기초의 내적 갈등 및 내재적 모순"의 결과로서의) 관념의 사회적 논리에 대한 정교화, 그리고 관념적 지배가 제거되기 위한 실제적 기반으로서의 혁명의 필요성("모순의 제거")에 대한 설명이 그것이다.[25] 종교적 관념의 지속을 저지하기 위해서는 그 관념이 기입되어 있는 사회적 역학 및 그 관념이 의지하고 있는 기존의 생산양식과 사회적 교류 양식을 조사하는 것이 필수적이다. 마르크스가 『독일 이데올로기』*The German Ideology*에서 쓰듯,

종교 속에서 인간들은 자신들의 경험적 우주를 단지 사고된, 단지 표상된 존재로 변신시

Bertrand, *Le statut de la religion chez Marx et Engels*, 29에 나오는 논평도 참조하라.

24 데리다가 주목하듯이 "마르크스는 종교적 유령에 대한, 따라서 환영 일반에 대한 믿음은 표상 Vorstellung을 자율화하고, 이것의 발생 및 현실적인 기초reale Grundlage를 망각하는 데 있다고 주장한다. 역사 속에서 이처럼 산출된 인위적인 자율성을 분쇄하기 위해서는 생산양식 및 경제-기술적인 교환 양식을 다시 고려해 보아야 한다."Jacques Derrida, *Spectres of Marx: The State of the Debt, the Work of Mourning and the New International*, trans. P. Kamuf, London: Routledge, 2006, 214-15[329쪽].

25 이런 맥락에서 『정치경제학 비판 요강』*Grundrisse*에 등장하는 다음 주장을 기억하는 게 유용하다. "개인들은 현재 **관념**에 의해 지배받지만, 이전에 그들은 서로에게 의지했다." Karl Marx, *Grundrisse*, trans. M. Nicolaus, London: Penguin, 1973, 164[146쪽].

키며, 이 후자의 존재는 그들에게 낯선 것으로 맞서게 된다. 여기서도 역시 이는 다른 개념들, '자기의식 자체'나 이와 비슷한 종류의 헛소리로 설명되어야 할 것이 아니라, 자동 뮬 방적기의 발명과 철도의 사용이 헤겔 철학과 독립적으로 이루어졌던 것과 같이, 순수 개념으로부터 독립적이며 지금까지 실제로 존재해 왔던 생산양식 및 교환 양식 전체에 의해 설명되어야 한다. 만약 그가 종교의 '본질'에 대해, 곧 이 비본질의 물질적인 토대에 대해 말하고자 한다면, 그는 이를 '인간의 본질'도 아니고 신의 술어들도 아닌, 종교적 과정의 각 단계에 이미 존재하고 있는 그대로의 물질적 세계 속에서 찾아야 한다.[26]

1844년의 "헤겔 법철학 비판" 서문에서 마르크스는 이렇게 쓴다. "인민의 환상적 행복인 종교의 지양은 인민의 현실적 행복을 위한 요구이다. 그들의 상태에 대한 환상을 포기하라는 요구는 그 환상을 필요로 하는 상태를 포기하라는 요구이다. 따라서 종교 비판은 맹아적으로, 그 신성한 후광을 종교로 삼는 저 통곡의 골짜기에 대한 비판이다." 종교에 맞선 투쟁이야말로 진정한 혁명적 전환의 "맹아"라는 [마르크스의] 초기 신념은 착취 체계에 대한 마르크스의 심오한 공부와 그 자신의 정치적 참여를 거치면서 반종교적 투쟁이 진정한 정치적 투쟁의 우회로 혹은 은폐물일 수도 있다는 믿음으로 바뀌었다고 말할 수 있다. 다시 말해, 마르크스는 무신론과 계몽주의의 목표가 의식적 혹은 단순한 교육학적 문제로서의 무신론 및 이성에 대한 노골적인 긍정으로는 성취될 수 없다는 생각에 이른 것이다. 『독일 이데올로기』와 『신성 가족』The Holy Family 에서 막스 슈티르너와 브루노 바우어에 대한 마르크스의 비판은 "종교적 표상들"에 대한 집착적 대립을 넘어서야 한다는 신념을 정교화하는데, 이 비판은 정확히 이런 표상들 자체 그리고 표상들의 외견상 자율적이고 "유령적인" 존

---

26 Marx, *The German Ideology*, 172.

재를 가능케 하는 그 조건을 점검하고 변화시키려는 목표를 가지고 있다.

따라서 마르크스가 종교 비판에 대한 강력한 비판을 통해 종교 비판의 작동 양식과 한계를 지적하는 것은 넓게 보아 칸트적인 의미의 '비판'critique — 단순한 비평criticism이 아닌 사유의 형식을 가능케 하는 조건을 밝혀낸다는 점에서 — 에 속한다. 단순히 의식만 변화시킨다면 종교적 표상과 이데올로기의 인간 지배에 종지부를 찍을 수 있다는 식의 이상적이고 비사회적 시각을 종종 표출하곤 하는 반종교적 주장 — 이 주장의 동기가 가진 진지함이나 고귀함이 얼마나 크든 간에 — 이 힘을 얻는 상황에서, 이런 비판적 자세가 오늘날도 여전히 타당하다는 점은 과소평가하기 어려울 것이다. 마르크스에 따르면, 의식은 언제나 사회적 형식을 취하고, 이 형식은 다시 어떤 필연성에 의해 특징지어진다. 청년 헤겔주의자들에 대한 그의 비판은 종교적 표상을 생산하는 조건이 무엇인지를 묻는데, 이는 이런 조건 자체가 어떻게 변형될 수 있을 것인지를 묻기 위함이다. 마르크스 당대의 반신론은 그것이 신학적 논증의 영역 안에 남아 있는 한은 결과적으로 발생하는 정치적 무신론의 장애물이 된다. 특히 슈티르너의 경우 "현대의 모든 비판적 사변철학자들과 더불어, 독립적이고 객관화된 사유 — 즉, 유령 — 가 세상을 지배해 왔고 지배하고 있다는 믿음, 지금까지의 모든 역사는 신학의 역사라는 믿음을 공유하고 있다. [따라서] 그에게는 역사를 유령의 역사로 변환시키는 것처럼 쉬운 일은 없을 것이다."[27]

마르크스에게 "관념론자의 사유와 이상에 맞서는 싸움"으로서의 종교적 지배에 대한 투쟁이라는 비전 — 이 속에서 위계는 [계급적 지배가 아닌] "사유

[27] Ibid., 173.

의 지배"로 축소되고, 근대의 정치적 지배 구조는 로베스피에르와 생-주스트 부류까지 포함하는 "성직자주의"와 동의어가 되어 버린다 — 은 종교를 그 내적 조건을 통해서만 바라볼 뿐만 아니라, 관념의 생산(과 관념에 의한 지배)의 현실적 조건을 파악하지 못한 채로 초월에 맞서는 포괄적 싸움에 그쳐 버린 소위 급진적 사유가 다다른 난국의 전형이다.[28]

어떤 형태로든 이후 마르크스의 작업 전반에 지속되는 이런 방법론적 처방과 더불어, 종교 비판에 있어 역사적·지리적 특수성뿐만 아니라 정치적 국면의 중요성을 강조하는 마르크스에게서 얻을 수 있는 또 하나의 교훈이 있다. 신학의 영역에 남아서 유령으로 유령과 싸우는 청년 헤겔주의자들의 경향에 대한 그의 공격 뒤에는, 이 반종교적 동원이 — 급진적 세속화를 위한 요구로서 필요하긴 하지만 — 승산 없는 싸움까지는 아니더라도 어쨌든 불충분한 기획임에는 분명하다는 마르크스의 평가가 자리 잡고 있다. 1793년과 1848년 사이의 혁명적 정치의 여파로 인해, 세속화 경향이야말로 "유럽 대중의 정신이 어디를 향하는지 충분히 드러내 주었다"고 확신했던 마르크스는 "종교적 권위의 쇠퇴"라는 분명한 제목을 단 1854년의 『뉴욕 트리뷴』*New York Tribune* 기사를 통해서 이렇게 말했다. "우리는 기독교적 권위에 맞선 민주적 항쟁의 시기로 규정될 수 있을 이 시대의 여전한 증인들이다." 그러나 그는 종교가 더 이상 실제적 개전 이유casus belli가 되지 못하던 시대에 국가 폭력에 대한 종교적 정당화가 훨씬 더 기회주의적으로 사용되는 경향이 있다는 점

---

28 Ibid., 186-91. 마찬가지로 바우어에 대한 『신성 가족』에서의 비판을 통해 마르크스는 "유대인 문제의 정치적 측면에 이르면, 우리는 신학자 바우어 씨가 정치의 영역에서도 정치학이 아닌 신학과 관련을 맺고 있음을 보게 될 것"이라고 소리 높인다. Marx and Engels, *The Holy Family*, in Collected Works, Vol. 4, 108.

역시 지적했다.[29]

　그로부터 몇 년 후, 1867년 『자본』*Capital* 서문에서 그는—비겁한 성직자 권위에 특유의 타격을 가하면서—무신론 자체는 권력 당국을 도발할 역량이 라는 관점에서도 더 이상 전위적이지 않다는 점을 지적했다. "…… 영국의 국교는 차라리 그의 신앙 조항 39개 중 38개의 침해는 용서할지언정 그의 화폐 수입의 39분의 1의 침해는 용서하지 않을 것이다. 오늘날에 무신론 그 자체는 현재의 소유관계에 대한 비판에 비하면 사소한 죄culpa levis인 것이다."[30] 누군가는 새로운 형태의 퇴행적 혹은 근본주의적 종교 정치가 이런 판견을 뒤집었다고, 마르크스는 우리 시대와 대등하지 않은 역사적 순간에 뿌리박고 있다고 주장할지도 모르겠다. 그렇다면 완숙한 정치경제학 비판을 포함한 더 광범위한 마르크스의 사유를 통해 종교적 현상에 대한 그의 고찰이 차지하는 위치를 고려해 볼 가치가 있다. 종교의 정치학과 사회학에 관한 오늘날의 논쟁들에 말을 거는 것은 마르크스의 사유 중 다음 세 가지 측면이다. 종교의 사회적 설명, 종교-정치적 주체성의 본질, 그리고 세속화의 과정과 세속주의의 정치학. 나는 이 측면들을 순서대로 다루고 나서, 자본주의 자체가 일종의 종교를 구성하고 있다는 다소 비정통적인 명제를 고찰해 보려고 한다.

29 Marx, "The Decay of Religious Authority"(1854), in *Marx on Religion*, J. Raines(ed.), Philadelphia: Temple University Press, 2002, 188-9.

30 Marx, *Capital: Volume 1*, 92.

종교적 현상의 필수품이며 특징인 '객관적 환상'을 조건 짓는 실제 사회적 과정을 파악하지 못한 채 신학의 영역 내에 머물러 있는 반유신론적 비판의 오류는 마르크스가 계몽주의 전통 — 마르크스 자신이 많은 점에서 자랑스러운 후계자이기도 했던 — 의 결점으로 여겼던 것의 본질이기도 하다. 우리가 돈을 다루든 종교를 다루든, 핵심적 오류는 실재적 관념을 단지 "인간적 반영의 자의적 산물"로 다루는 데 있다. "이것은 18세기에 즐겨 쓰이던 계몽주의의 수법으로, 아직도 그 발생 과정이 해명되지 않고 있던 수수께끼 같은 인간들 간의 사회적 관계에 대해 먼저 일시적으로 그 생경스러움이나마 제거하고자 했던 수법에 속한다."[31] 종교의 이질성은 그것의 원인을 성직자들의 음모나 심리적 망상에 돌린다고 해서 사라지지 않으며, 단순한 교육학을 통해 치료될 수도 없다. 그런데 마르크스는 조종간을 다른 쪽으로 너무 많이 틀어 버린 것이 아닐까? 어쨌든 종교 현상에 대한 초기 마르크스의 입장이, 현대 인지과학의 용어를 빌자면, 일종의 '제거적 유물론'eliminativist materialism[32] — 종교에

---

[31] Marx, *Capital: Volume 1*, 186[158쪽]. 포이어바흐의 총체적이고 정신적인 관념을 넘어서려는 마르크스의 움직임은 다음 저작들에서 논의되고 있다. Jacques Rancière, "The Concept of 'Critique' and the 'Critique of Political Economy'", in *Ideology, Method and Marx*, A. Rattansi(ed.), London: Routledge, 1989; Roberto Finelli, *Astrazione e dialettica dal romanticismo al capitalismo(saggio su Marx)*, Roma: Bulzoni Editore, 1987. 나 역시 이 문제를 다룬 바 있다. Toscano, "The Open Secret of Real Abstraction", *Rethinking Marxism* 20:2(2008).

[32] 제거적 유물론은 정신에 대한 우리의 평범하고 상식적인 이해는 완전히 잘못되었으며, 상식이 상정하는 정신 상태는 실제로 존재하지 않는다는 급진적 주장을 편다. 제거적 유물론은 행동과 경험에 대한 심리학적 개념들은 이들이 생물학적 수준으로 얼마나 잘 환원될 수 있는가의 여

있어 어떤 자율성도 심지어 현실마저도 부정하는 — 의 외양을 취하고 있다고 느낄 만한 이유는 충분하다. 이미 1842년의 "『쾰른신문』 179호 논설"을 통해 마르크스는 종교에게서 인과적 효능을 박탈해 버렸다. "고대 종교의 몰락이 고대 국가의 몰락을 야기한 것이 아니라, 고대 국가의 몰락이 고대 종교의 몰락을 야기했다."[33]

『독일 이데올로기』에서 종교는 "도덕, …… 여기에 반응하는 의식의 형태들뿐만 아니라 형이상학 및 이데올로기 전반"과 더불어 "독립성의 형상"을 완전히 박탈당한다.[34] 마르크스는 나아가 오늘날 리처드 도킨스와 대니얼 데닛Daniel Dennett 같은 이들에게서 발견되는 자연주의 심리학의 밑그림을 개략적으로 보여 준다. "인간의 뇌에서 형성되는 환영은, 필연적으로, 경험으로 증명 가능하며 물질적 전제들에 묶여 있는 물질적 생활 과정의 승화이기도 하다."[35] 1844년의 "헤겔 법철학 비판 서문"에서 표현된, 비존재이자 "비실체"의 일종으로서의 종교 개념은 바우어에 대한 응답인 1843년의 "유대인 문제에 관하여"에서도 분명히 보인다. "종교의 존재는 결함의 존재이므로, 이 결함의 원천은 국가 자체의 **본성** 속에서 찾아야만 한다. 우리는 더 이상 종교를 세속적 편협함의 **기초**로 바라보지 않으며, 단지 세속적 편협함의 한 **현상**으로 바라본다."[36]

그러나 마르크스가 [종교를] 국가의 세속적 기반으로 파악하는 방식의 정

부에 따라 판단되어야 한다고 주장한다. 따라서 제거적 유물론자에게는 정신적 영역인 '종교' 자체가 하나의 허상이라고 할 수 있다.

33 Marx, "The Leading Article".

34 Marx, *The German Ideology*, 42.

35 Ibid. 미셸 베르트랑은 이 통찰을 더욱 정신분석적인 방향으로 전개시키려고 노력한다. Bertrand, *Le statut de la religion chez Marx et Engels*, 65.

36 Marx, *Early Writings*, 217.

치적 환원을 넘어 포이어바흐에 관한 네 번째 테제를 통해 선언된 실재적 관념에 대한 역사-유물론적 설명으로 나아감에 따라, 종교에 대한 그의 이해에는 하나의 중요한 요소, 즉 종교적 현상을 대충 얼버무리는 것이 아니라 종교적 현상을 설명할 수단을 제시할 수 있게 만드는 요소가 추가된다. "유대인 문제에 관하여"에서 마르크스가 우리에게 명하듯이, "자유로운 시민들이 경험하는 세속적 규제로부터 그들에 대한 종교적 규제를" 끌어내고, "신학적 질문을 세속적 질문으로" 바꾸며, "미신을 역사로 분석하는 것"만으로는 충분치 않다.[37] 오히려 우리는 국가의 관점에서가 아니라 "지금껏 존재했던 생산양식 및 교류 양식 전체"[38]의 관점에서 이해된 "세속적 기초"의 "내적 갈등과 내재적 모순"[39]을 살펴봐야 하는 것이다.

정치경제학 비판에 관한 그의 완숙한 저작이 등장하는 때에 이르러 마르크스는, 그가 청년 헤겔주의자들의 신학적 기벽에 논쟁적으로 대치했던 '제거적' 기획을 넘어서서, 종교 현상을 각기 다른 '실재적 관념'의 양식들의 사회적 발흥에 관한 이론에 포함하는 쪽으로 나아간다고 할 수 있다. 따라서 『자본』에 등장하는 장문의 중요한 각주를 통해 마르크스는 "[인간의] 사회적 관계 형성 양식"과 관련된 "비판적 기술사"를 논의하면서, 이와 마찬가지로 비판적인 "종교사"의 가능성을 제시하고 있다. 그의 방법론적 성찰은 종교에 관한 역사-유물론적 이해를 펼칠 것을 적극적으로 시사하고 있다.

실제로 분석을 통해 종교가 만든 흐릿한 창조물들의 세속적 핵심을 발견하기란, 역으로

---

37 Marx, *Early Writings*, 217.

38 Marx, *The German Ideology*, 172.

39 Ibid., 570.

삶의 실제적 관계들로부터 그에 상응하는 관계의 신성화된 형태들을 뽑아내는 것보다 훨씬 쉽다. 후자의 방법이 유일하게 유물론적이며, 따라서 유일하게 과학적이다. 자연과학의 관념적 유물론, 즉 역사 과정을 제거한 유물론의 약점은 그것[자연과학]의 대변인들이 자기 전문 분야의 경계를 넘어 모험할 때마다 표현하는 관념적·이데올로기적 관념에서 즉각적으로 뚜렷이 나타난다.[40]

위 구절은 종교 비판에 대한 마르크스의 비판이 가지는 활력과 인내력을, 또 종교적 현상을 세속적 기초로(이것이 유적 존재, 국가로 이해되든, 혹은 경제적 교류라는 정적인 개념으로 이해되든 간에) 손쉽게 축소하는 것에 대한 그의 반대를 잘 보여 준다. 그의 분석은 "삶의 실제적 관계들로부터 그에 상응하는 관계의 신성화된 형태들을"[41] 추출하는, 실재적 관념으로서의 종교 연구의 가능성을 훨씬 더 직설적인 방식으로 열어젖힌다. 『독일 이데올로기』에서 마르크스는 다음과 같이 정교한 선언을 한 적이 있다.

'기독교'는 아무런 역사도 없으며 …… 각 시기마다 그것이 표상했던 모든 다양한 형식들은 '종교적 정신의' '자기 결정'도 '심화한 발전'도 아닌, 종교적 정신의 영향을 전혀 받지 않은 완전히 경험적인 이유들로 인해 생겨난 것이다.[42]

40 Marx, *Capital: Volume 1*, 493-4, n. 4.

41 이 지점에서, 『자본』의 이 각주는 『정치경제 비판에 대하여』*A Contribution to the Critique of Political Economy*에서 유명하게 개괄된 저 "과학적 방법"을 종교 현상에 적용할 수 있는 가능성을 제시해 준다. Karl Marx, *A Contribution to the Critique of Political Economy*, New York: International Publishers, 1970, 206을 보라.

42 Marx, *The German Ideology*, 166.

종교적 현상의 독립성을 부정한다는 점에서 연속선상에 있긴 하나, 『독일 이데올로기』의 논쟁적 과녁들(포이어바흐, 바우어, 슈티르너)을 넘어서는 『자본』은 유물론적 종교사의 가능성을 연다. 이런 시도는 종교의 인과적 자율성을 부정하는 반면, 우리로 하여금 종교의 "실재적이고-명백한" 자율화의 조건들을 생각할 수 있게 한다. 마르크스와 엥겔스에게 있어서 종교의 지위에 관한 양질의 연구에서, 미셸 베르트랑은 그들의 저작을 탈신화화 과정과 구성 과정으로 구분함으로써 [마르크스의] 이 방법론적 제안을 정교화했다. 중동에서의 이슬람교의 이식에 관해 마르크스와 엥겔스가 역사-유물론적 설명을 통해 교신한 내용을 논평하면서 베르트랑은 이렇게 쓰고 있다. "종교적 표상들을 그 기초가 되는 현실 세계로 끌어들여 언급하는 대신, 실재적 변화의 역사가 왜 종교적 형식을 취했는지를 이해하는 문제가 관건이 된다."[43] 또는 『자본』의 표현에 의하면, "중세에 사람들이 가톨릭교에 의해서 생활할 수 없었을 것은 물론 고대 세계에서도 사람들이 정치에 의해 생활할 수 없었다는 것은 분명하다. 오히려 반대로 이들 세계가 그 생활 수단을 획득한 방식이야말로 왜 후자에서는 정치가, 전자에서는 가톨릭교가 주역을 담당했는지를 설명해 준다."[44] 이것은 단순히 종교적 표상의 환상적 자율성과 분리를 물질적 기초에

---

43 Bertrand, *Le statut de la religion chez Marx et Engels*, 82. 이슬람교에 대한 마르크스와 엥겔스의 견해에 대해서는 Gilbert Achcar, "Religion and Politics Today from a Marxian Perspective", *Socialist Register 2008*, London: Merlin, 2007, 67-72를 보라. 1853년 5월 18일에 마르크스에게 보낸 편지에서 엥겔스는 이렇게 쓴다. "다른 모든 종교운동과 마찬가지로 마호메트의 종교 혁명은 **형식상 반동**이었다. 즉, 예전의 단순했던 상황으로 회귀하려는 시도였다." 이 텍스트에 대해서는 G. H. Bousquet, "Marx et Engels se sont-ils intéressés aux questions islamiques?", *Studia Islamica*, 30(1969); Nicholas S. Hopkins, "Engels and Ibn Khaldun", *Alif: Journal of Comparative Poetics*, 10(1990)을 참조하라.

44 Marx, *Capital: Volume 1*, 176, n. 35[146쪽, 각주 33]. 『자본론을 읽는다』 *Reading Capital*(1965)에

연결시키는 문제가 아니라, 특정한 종교적 형식이라는 '환영'phantom 및 '승화물'sublimates이 사회-역사적으로 [왜] 필요했고, [어떻게] 뿌리를 내렸는지를 보여주는 문제이다. 이 점은 자크 데리다에 의해 능숙하게 포착되었다. 데리다는 마르크스의 저작 속에서 어떻게 "종교적 세계에 대한 준거만이 이데올로기적인 것의 자율성을, 따라서 그것에 고유한 효력을, 또 외관상의 자율성을 부여받고 있을 뿐만 아니라 일종의 자동성도 지니고 있는 장치들로의 [이데올로기적] 통합을 설명해 줄 수 있"는지를, "…… 생산이 존재하자마자 물신숭배, 즉 관념화, 자율화와 자동화, 탈물질화와 유령적인 합체가 존재하게"[45] 되는지를 주목한다.

그러나 탈신화화를 넘어 구성론으로 옮겨 감으로써 관념에 대한 역사-유물론적 비판이 활짝 전개되었고, 그로 인해 우리가 『독일 이데올로기』에서 제안된 제거적 입장을 뛰어넘는 비판적 종교사를 사유할 수 있게 되었다고 해도, 여전히 종교의 복수성이라는 문제는 남아 있다. 베르트랑이 올바르게 지적하는 것처럼, '일반적인 종교'를 말하는 것이 가능하기나 한 일일까? 하나의 이론으로서 종교는 세상을 이해하고 싶어 하는 상대적으로 변함없는 인간의 필요에 답을 주고, 실천으로서 종교는 그 필요를 극복하게 만든다. 하지만 이런 점은 왜 "이 종교가 사람들에게 받아들여졌는지, 왜 사람들이 그것의 메시지에 감응했는지를" 우리에게 말해 주지 않는다. "하나의 종교는 사회집단이 그것을 고수하기로 선언하고, 그로부터 일련의 실천을 끌어내는 등의 행위를 하는 범위에서만 존재한다. 하나의 종교가 어떻게 탄생하는가? 왜 종교

쓴 글에서 발리바르는 이 구절을 "최종 심급"이라는 개념을 옹호하는 데 연결시켰다. Louis Althusser and Étienne Balibar, *Reading Capital*, London: Verso, 1997, 217-18[279-80쪽].

45 Derrida, *Spectres of Marx*, 207-9[319, 321쪽].

는 추종자들을 얻게 되는가? 종교의 관객은 어떻게 성장하는가?"[46] 말할 필요도 없이, 종교를 기울어 가는 힘으로 여겼던 완숙한 마르크스는 ("초기 기독교의 역사에 관하여"를 썼던 엥겔스와는 달리) 이런 질문들에 대답하는 데 힘을 쏟지 않았다. 하지만 우리는 마르크스에게서 한편으로는 특정한 종교적 형식과 제도, 그리고 다른 한편으로는 특정한 사회체제(좀 더 구체적으로는, 소외의 형태) 간의 상관관계에 대한 맹아적 이론을 발견할 수 있다. 그런 이론의 개요는 『자본』 중 상품에 관한 장에 실려 있다. 마르크스는 이렇게 쓴다.

> 상품 생산자 사회의 일반적인 사회적 생산관계는 생산자들의 생산물을 상품으로, 즉 가치로 취급함으로써 그들의 개별적 노동을 동질의 인간 노동으로 환원시키는 데 있다. 이런 사회에서는 추상적인 인간을 숭배하는 기독교, 특히 그것이 부르주아적으로 발전한 형태인 프로테스탄트나 이신론 따위가 가장 알맞은 종교 형태이다.[47]

이 "알맞은"이라는 표현은 마르크스가 기독교를 성직자 음모론의 자식이라기보다는 특정한 추상의 양식과 강도를 통해 자본주의에 묶여 있는 것으로 여겼다는 점을 시사한다.

기독교가 스스로를 자율성의 종교로 제시한다는 점에서 그것은 공통적이고 구체적인 것이었던 물질적 생산이 자율적인 것이 된 데 대한 상부 구조적 상관물이다. 실제로 『독일 이데올로기』에서도 기독교는 "정신의 자율성에 반대되는 타율성"에 의한 결정에 반대하며 싸운다는 식으로 정의되어 있다.[48]

46 Bertrand, *Le statut de la religion chez Marx et Engels*, 83.

47 Marx, *Capital: Volume 1*, 172[143쪽].

48 Marx, *The German Ideology*, 272. 이 생각은 제임스 퍼너의 몇몇 소중한 의견에 빚진 것이다.

마르크스의 저작에 담긴 정보들은 상품 생산하에서의 가치형태에 의해 달성된 명백한 자율성과 추상이 특히 기독교와 잘 맞아떨어진다는 점을 암시해 주고 있다.[49] 종교가 자연적이고 사회적 힘들의 한 축이자 동시에 조정 방식이기도 하다는 점에 비추어 볼 때, 진정 우리는 기독교가 이런 의미에서 자본주의의 이론(혹은 논리)이라고, 마르크스의 "헤겔 법철학 비판" 서문을 살짝 바꿔, 말할 수도 있을 것이다. 마르크스에게서, 기독교와 자본주의의 친연성에 관한 이런 통찰은 역시나 명백히 역사적이고 사회학적인 색깔을 띠고 있다. 미카엘 뢰위에 따르면, 『정치경제학 비판 요강』에서 미르크스는 베비가 『프로테스탄트 윤리와 자본주의 정신』The Protestant Ethic에서 제출했던 논지와 매우 유사한 주장을 펼치고 있다. 즉, "돈의 숭배는 금욕주의, 자기부정, 자기희생적 경제와 검소함, 일상적이고 일시적이며 공허한 쾌락에 대한 혐오로 구성되어 있다. 그것은 영원한 보물에 대한 추구다. 따라서 영국 청교도주의 혹은 네덜란드 프로테스탄트주의와 돈벌이는 연결되어 있다."[50] 그러나 이 짧은 사회학적 통찰은 마르크스의 방법론적 혁명이라는 맥락 속에서, 즉 가

물론 그는 내 주장과 거기에서 발생할 수도 있는 결점에 대해 어떤 책임도 없다.

49 기독교와 자본주의 사이의 선택적 친화력에 관한 기존의 관념들은 묵직한 비판을 받고 있다. 그중에서도 Maxime Rodinson, *Islam and Capitalism*, London: Penguin, 1977; and Jack Goody, *The Theft of History*, Cambridge: Cambridge University Press, 2007을 참조하라.

50 Löwy, "Marxism and Religion: Opiate of the People"에서 재인용. 『정치경제 비판에 대하여』에서 마르크스는 같은 통찰을 훨씬 더 '베버적'으로 반복한다. "돈을 쌓아 두는 이가 금욕주의를 근면 성실함과 결합한다면 그는 본질적으로 프로테스탄트교도이자, 한층 더한 청교도이다." 마르크스는 또한 신용 제도를 프로테스탄트적이라고 규정한다. 이유는 신용 제도에 담긴 "상품의 내재적 정신으로서의 화폐가치에 대한 믿음, 생산양식과 그것의 숙명 지워진 질서에 대한 믿음, 자기 가치를 만드는 자본의 단순한 화신으로서의 생산의 개인 대리자에 대한" 믿음 때문이다. Karl Marx, *Capital: Volume 3*, trans. D. Fernbach, London: Penguin, 1991, 727.

치형태, 화폐, 추상적 노동의 실재적 관념에 기초한 사회적·문화적·지적 관념에 관한 그의 역사-유물론적 연구 체계 속에서 고찰되어야 한다. 마르크스의 비판은 이제 변증법적 요소를 상실하지 않으면서도, 기독교 국가의 인격주의, 원자론, 가짜 평등을 공격하는 것으로 되돌아갈 수 있게 된다.

> 자본주의 생산의 발전은 부르주아 사회의 평균적 단계를 만들어 내고, 그로 인해 완전히 다양한 사람들이 가진 기질 및 성향의 평균적 단계를 만들어 낸다. 그것은 기독교만큼이나 진정 세계적이다. 기독교가 또한 자본의 특별한 종교인 것은 이 때문이다. 둘기독교와 자본주의 모두에서 중요한 것은 오직 관념적인 인간이다. 관념적 인간 하나는 다른 관념적 인간과 동일한 만큼만 가치가 있다. 한 경우에 그가 믿음을 가지고 있는지의 여부에 모든 것이 달려 있다면, 다른 경우에는 그가 신용을 가지고 있는지의 여부에 모든 것이 달려 있다. 하지만 그뿐만이 아니다. 한 경우에 예정설이 추가되어야 하는 것처럼, 다른 경우에는 그가 우연히 입에 은수저를 물고 태어났는지의 여부가 덧붙여져야 한다.[51]

그리고 만약 기독교가 "자본의 특별한 종교"라면, 기독교를 단순한 판타지나 음모로 볼 수는 없을 것이다.[52] 기독교와 "들어맞는" 상품 생산자들의 사회가 어떤 필연성을 가지고 있는 한 ― 실로 그런 사회가 내포하는 추상과 소외의 형식들이 생산수단의 공산주의적 사회화를 예비하는 한 ― 기독교는, 비록 부수적이고 일시적일 수는 있으나, 세계 자본주의의 필수적 요소로 존재한다. 세속주의나 계몽주의 교육학이 아닌 오직 인간의 해방만이 종교라는

---

51 Marx, *Theories of Surplus Value*, Vol. 3, Moscow: Progress, 1971, 448. Marx, *Grundrisse*, 839도 참조하라.

52 비록 마르크스는 종교에 대한 충성이 으레 동반하는 위선과 포악성에 관해서는 특히 신랄하지만 말이다. Marx, *Capital: Volume 1*, 375, n. 72 and 917을 보라.

"망상의 태양"을 소멸시킬 수 있다는 마르크스의 초기 통찰은 다음과 같이 재진술될 수 있다. "현실 세계의 종교적 반영은 모름지기 실제의 일상생활 관계가 인간들 상호간이나 인간과 자연 간의 합리적인 관계를 매일매일 투명하게 나타내게 될 때에야 비로소 소멸될 수 있다."[53]

저항, 고통, 그리고 세속적인 것의 한계

적어도 『독일 이데올로기』와 "포이어바흐에 관한 테제" 이래로 명백히 마르크스는 오직 혁명적 실천만이 진정 "신성한 후광을 종교로 삼는 저 통곡의 골짜기에 대한 비판"을 제공할 수 있다는 시각을 견지한다. (바디우, 네그리, 지젝 등의 글에 나타나는) 전투적인 정치 주체의 종교적 기반에 대한 최근의 이론적 몰두에 비추어 볼 때, 마르크스는 종교적 주체의 정치적 원천들에 관해 — 조직화된 종교와 제도에 대한 역사-유물론적 설명을 넘어 — 우리에게 무엇을 말해 줄 수 있을까? 좀 더 일반적으로, 우리는 종교의 물질적 토대에 대한 '구조적' 연구[54]를 믿음, 열정, 행위라는 문제와 어떻게 연결 지을 수 있을까?[55]

---

[53] Ibid., 173[143쪽.]

[54] 마르크스의 유물론에서 특징적인 점은 이 '토대'가 가치형태, 상품 형태, 추상적 노동 등 우리가 추상적, 관념적, 실로 이상적이라고 여기는 현실로 이루어진다는 데 있다.

[55] 이 장에서 다루지 않은 중요한 한 가지 문제는 종교 현상을 설명하는 데 있어 빠질 수 없는 인류학적 기초에 관한 개념이다. 어떤 사회적 변화도 인류학적 기초를 빼놓고는 가능하지 않을 것이다. 종교의 인류학적 기초에 관한 중요한 지적들은 다음 책들을 참조하라. Bertrand, *Le statut de la religion chez Marx et Engels*, 161-85(종교의 미래에 관한 부분); Ernesto De Martino, *La fine*

이런 질문들은 특별히 중요하다. 이미 언급한 것처럼, 마르크스의 작업을 비판하거나 거부하는 이들은 그것을 노골적인 광신은 아니라 할지라도 근본적으로 종교적인 주체성을 만들어 내는 원천으로 묘사해 왔기 때문이다. 마르크스주의를 정치 종교로 바라보는 이런 접근은 마르크스주의가 어떤 식으로든 근본적으로 기독교적인 구원의 비전을 (퇴폐적인 방식으로) 세속화한 것이라는 생각에 기대고 있다.[56] 이 접근은 마르크스와 엥겔스가 사회적 투쟁을 촉진하고 확고히 하기 위한 방편으로 "새로운 종교"를 유행시키려는 그 어떤 시도에 대해서도 규탄한다고 말했을 때 이들에 의해 이미 선제적으로 그리고 명확히 거부된 바 있다.

사회적 조건의 위대한 역사적인 대격변 각각을 통해 인간의 세계관과 관념은, 또 그 결과로 종교적 관념들은 대혁신을 이룬다. 현재의 대격변과 과거의 모든 대격변들 사이의 차이점은 인간이 드디어 역사적 대격변 과정의 비밀을 발견함으로써, 새로운 종교라는 열광적인 형식 속에서 또다시 이 실질적이고 '외부적인' 과정을 찬미하는 대신 스스로 모든 종교를 벗어던지게 되었다는 바로 이 사실에 있다.[57]

del mondo. Contributo all'analisi delle apocalissi culturali, C. Gallini(ed.), Turin: Einaudi, 2002, 446-62(인류학이 결여된 마르크스의 종교이론에 관한 부분); Paolo Virno, *Sciee sociali e 'natura umana'*, Soveria Mannelli: Rubbettino, 2003.

56 Jacob Stevens, "Exorcizing the Manifesto", *New Left Review*, 28(2004)를 보라. 개럿 스태드먼 존스의 『공산당 선언』*Manifesto* 독해에 대한 스티븐스의 이 날카로운 비판은 정치 종교라는 주제와 그 현대적 용례에 관한 유용한 개요이기도 하다. 마르크스주의를 "기독교의 역사적 계승자"로 설명하는 긍정적 입장으로는 Alasdair MacIntyre, *Marxism and Christianity*, Harmondsworth: Pelican, 1971을 보라.

57 Marx and Engels, review of G. Fr. Daumer's *Die Religion des Neuen Weltalters*, in *Neue Rheinische Zeitung, Politisch-ökonomische Revue*(1850), in *Collected Works*, Vol. 10, 244.

일생 동안 정치 조직가로 살았던 마르크스는 노동자 운동이라는 사회주의적 정치에 종교를 끼워 넣으려는 다양한 시도들에 당연히 직면했었다. 그의 저작에서는 종교를 정치적으로 양면적인 현상으로 여기는 시각이 드러난다. 유명한 예로 마르크스에게 종교는 "현실적 비참의 표현이자 현실적 비참에 대한 항의"였고, 또 단지 국가의 종교일 뿐만 아니라 "억압받는 피조물의 한숨이고, 무정한 세계의 감정이며, 영혼 없는 상황의 영혼"이기도 했다. 이런 시각은 비판이 단지 사회적 지배의 "사슬에 붙어 있는 가상의 꽃들"(즉, 종교)을 꺾는 것을 목표로 할 것이 아니라 "그 사슬을 벗어 던져 버리고 살아 있는 꽃을 꺾어"야 한다는 처방 속에 시적으로 요약되어 있다.[58] 종교의 진보적 정치화에 관한 마르크스의 관점은 조금도 과장하지 않고 말해 암울한 편이며, 그의 "기독교에 대한 …… 특유의 혐오"[59]에 단순히 기초하고 있는 것도 아니다. 우선 그는 노동계급의 "실질적 무신론"에 대한 사회학적 판단을 제공하는데, 이에 대해서는 부르주아지가 "종교적 열정이라는 성스러운 황홀경을 …… 이기적인 계산이라는 얼음물 속에 집어 넣었"고, "모든 직업에서 후광을 벗겨

---

[58] Marx, "A Contribution to Hegel's Philosophy of Right. Introduction", in *Early Writings*, 244. 푸코가 이란 혁명 동안의 "정치의 영성화"를 호의적으로 설명하면서 "인민의 아편"으로서의 종교 개념에 **맞서** "영혼 없는 세상의 영혼"이라는 표현을 통해 항거의 종교라는 개념을 제시하려 했다는 점에 흥미롭게 주목해 볼 만하다. Foucault, quoted in Afary and Anderson, *Foucault and the Iranian Revolution*, 255.

[59] 마르크스가 라살레에게 보낸 편지. 16 June 1862, *Collected Works*, Volume 41, 377. 이 혐오감은 마르크스가 엥겔스와 달리 종교가 해방적 혹은 공산주의 정치의 형태로 (엥겔스의 은유들 중 일부를 쓰자면) 깃발, 가면, 장막의 역할을 할 수도 있을 국면에 대한 어떤 설명도 하지 않은 이유를 설명해 줄지도 모르겠다. 또한 마르크스는 질베르 아슈카르가 "종교의 **선동적 차원**"이라고 부르는 것에는 대부분 관심을 갖지 않았다. Achcar, "Religion and Politics Today from a Marxian Perspective", 58.

내어 …… 성직자를 …… 자신이 고용하는 임금노동자로 전환시켰다"고 서술된 『공산당 선언』의 서사가 가진 탈성화脫聖化 효과를 덧붙여야만 할 것이다.[60] 이런 사실과 경향에 근거해 마르크스는 기독교 사회주의를 창출하려 했던 당대의 많은 정치적 인물들의 시도에 경멸을 퍼붓는다.

심지어 포이어바흐에 대한 철학적 충성을 저버리기 전에도 마르크스는 이미 "기독교적 사랑을 인류애로 바꿀 가능성"을 거부했었다.[61] 그의 철학적 개입에서, 기독교와 자본주의 사이의 역사적 친밀성은 기독교와 자본주의 초월 사이의 친밀성에 대한 신앙을 동반하지 않는다. 기독교는 [자본주의의] 관념적 가치, 그리고 "동일 가치" 간의 상품 교환에 딱 "들어맞는" 상부 구조적 상관성을 가지고 있지만, 기껏해야 자본주의에 맞서는 취약한 무기이거나 최악의 경우에는 무화과 나뭇잎[62]*에 불과한 것으로 묘사된다. 『공산당 선언』에서 마르크스와 엥겔스가 말하고 있듯이,

> 기독교적인 금욕주의에 사회주의적 색깔을 입히는 것처럼 쉬운 일은 없다. 기독교 또한 사적 소유, 결혼, 국가를 극구 반대해 오지 않았던가? 기독교는 그 대신에 자선과 구걸, 독신과 금욕, 수도원 생활과 교회를 설교하지 않았던가? 기독교 사회주의는 성직자가 귀족들의 분노에 끼얹어 주는 성수聖水일 뿐이다.[63]

---

60 Karl Marx and Friedrich Engels, *The Communist Manifesto*, London: Penguin, 2002, 222.

61 Breckman, *Marx, the Young Hegelians, and the Origins of Radical Social Theory*, 282.

62 * 서양의 회화나 조각에서는 전통적으로 벗은 남녀의 국부를 가리는 데 무화과 나뭇잎이 쓰였다. 여기서는 자본주의라는 치부를 은폐하는 장치라는 뜻이다.

63 Marx and Engels, *The Communist Manifesto*, 246-7.

"『라인 베오바흐터』*Rheinischer Beobachter*지의 공산주의"라는 혹독한 글에서 마르크스는 공산주의 혁명의 대체재로서의 "기독교적 사회 원칙" 개념에 대해 긴 비난을 퍼부었는데, 이 글은 종교 비판에 대한 그의 비판이 가진 섬세함에도 불구하고 국면이 요구하는 경우에는 그가 종교적 위선의 번뜩이는 적수라는 점을 다시 한 번 증명해 주고 있다.

> 기독교적 사회 원칙은 지배하는 계급과 억압받는 계급의 필요성을 설교하면서, 후자에 속한 이들이 할 수 있는 일이란 전자가 자선을 베풀기를 경건하게 바라는 일이라고 말한다. …… 기독교적 사회 원칙은 비겁, 자기 경멸, 굴욕, 굴종, 겸손, 즉 폭도의 특징들을 설교한다. 폭도로 다루어지길 용납하지 않는 프롤레타리아는 빵보다도 용기, 자신감, 자존심, 그리고 독립심을 필요로 한다. 기독교적 사회 원칙은 음흉하고 위선적이며, 프롤레타리아는 혁명적이다. 기독교적 사회 원칙에 대해서는 이쯤 얘기하기로 하자.[64]

이런 구절에서 마르크스는 엄격히 반종교적인 바탕 위에서 자신의 공산주의적 정치 실천을 전개하면서 명백히 정치와 종교 간의 분리를 촉발하는 것처럼 보인다. 그렇다면 오늘날의 사상가들이 그토록 몰두하는 세속적인 것 — 정치적 세속주의와 역사적 세속화 과정 모두로 이해되는 — 의 문제에 대해서 마르크스는 뭐라고 말해야만 할까?

급진적 민주주의자 시절 썼던 초기 원고들에서 마르크스는 기독교가 세속주의의 선구자 역할을 했다는 점에 근거한 독창적 주장을 펼치면서 "인간 본성의" 세속적 "상태"를 강하게 옹호했다. 그는 과장된 방식으로 묻는다. "그

---

64 Karl Marx, "The Communism of the *Rheinischer Beobachter*"(1847), in Karl Marx and Friedrich Engels, *Collected Works*, Vol. 6, London: Lawrence & Wishart, 1976, 231.

누구보다 먼저 교회와 국가를 분리했던 것은 기독교 아니었는가?" 그리고는 "기독교 국가"를 지지함으로써 교회의 사명을 완전히 붕괴시키는 기독교인들을 질책하는 데로 나아간다. "당신들의 실질적 삶은 당신들의 이론이 거짓이라는 점을 매 순간 증명해 주고 있지 않은가? 당신들은 사기를 당했을 때 법정에 호소하는 것이 잘못되었다고 생각하는가? 그러나 사도성 아우구스티누스는 그것이 잘못된 것이라고 쓰고 있다." 마르크스는 이어서, 종교의 정신이 정치적 법에 생기를 불어넣는 방법에 대한 오늘날의 주장과도 연관된 태도로, 어떻게든 종교적 개념을 표현할 수밖에 없을 반신권국가라는 개념을 무너뜨린다. 기독교적 정치의 옹호자들에 반대하면서 그는 이렇게 쓴다. "종교의 일반 정신을 실제로 존재하는 종교로부터 분리시키는 것은 가장 큰 불경不敬이자 세속적 이성의 오만이다. 교리와 제도에서 종교를 분리하는 것은 구체적 법과 실질적 법제도에는 관심 없는 국가에서 법의 일반 정신이 승리한다고 주장하는 것이나 진배없다."[65]

하지만 후기 마르크스의 정치적 여정에서 종교적 성격을 결여하고 신민들의 종교 생활에 간섭하지 않는 세속적 국가 개념은 더 이상 비판과 해방의 목표로 비쳐지지 않으며, 단지 자본주의와 나아가 자유주의의 정치적 한계를 극복하는 과정에서 필요한 그러나 불충분한 "과도기적 요구"로 여겨진다. 이 점은 마르크스가 1875년의 『고타강령 비판』*Critique of the Gotha Programme* 중 독일 사회주의노동당의 지식인들이 "양심의 자유"에 대해 소심한 언급을 한 데 대해 질책하는 부분에서 명확히 드러난다.

65 Marx, "The Leading Article", 199-200.

문화투쟁 시기인 지금 자유주의자들에게 그들의 낡은 구호를 상기시키고자 한다면 그 것은 오직 다음과 같은 형태를 취할 수밖에 없다. 즉, 각 사람은 경찰의 간섭 없이 신체 뿐만 아니라 종교에서도 스스로 안위할 자유를 가져야 한다는 것 말이다. 그러나 이 시 기에 노동당은 부르주아적인 '양심의 자유'란 온갖 종류의 종교적 양심의 자유를 관용하 는 것에 지나지 않는 반면, 노동당은 오히려 양심을 모든 종교적인 허깨비로부터 해방 하려 노력한다는 인식을 반드시 표명했어야만 했다. 그러나 당은 저 '부르주아적인' 수 준을 넘어서지 않으려 한다.[66]

이런 정치적 입장의 이론적 기초는 30여 년 전에 행해진 바우어에 대한 마르 크스의 비판 속에 담겨 있다. [마르크스에 따르면] 바우어는 해방되고 싶어 하는 유대인들이 종교적 특권(특정한 종교적 권리에 대한 요구)과 종교적 편견(종교적 존재와 동일체인, 바우어가 "파문의 권력"이라 부르는 것을 유지하려는 시도)의 수준에 머물러 있는 유대인일 뿐이라며 비난한다. 그러나 유대인과 기독교인 간의 "종교적 대립"을 없애기 위해 바우어는 종교로부터의 해방, 모든 종교적 특권 을 급진적으로 "사유화하는" 의미에서의 종교 폐지에 입각해 유대인(과 기독 교인)의 정치적 해방을 말한다. 마르크스가 개입하는 것은 이 지점에서다. "바 우어는 유대인들에게 이렇게 묻는다. 당신들의 입장에서 볼 때 당신들은 정 치적 해방을 요구할 권리를 가지고 있는가? 그러나 우리는 역으로 이렇게 묻 는다. 정치적 해방의 입장은 과연 유대인에게서 유대교를 철폐하라고, 인간에 게서 종교를 철폐하라고 요구할 권리를 가지고 있는가?"[67]

66 Karl Marx, "Critique of the Gotha Programme", in *The First International and After: Political Writings*, Vol. 3, D. Fernbach(ed.), London: Penguin, 1974, 357-8.

67 Marx, *Early Writings*, 216.

세속주의에 대한 그의 독특한 이해를 비롯한 마르크스의 부정적 반응은 "유대인 문제가 그 이론적인 중요성을 잃고 진정 세속적인 문제가 될" 때 벌어질 일을 살피는 시험대로 "북미 자유 주들"free states of North America[68] 의 사례에 주목하는 일과 관련되어 있다. 기독교를 더 이상 국교로 삼지 않고 종교적 특권이 입법 과정에 기입되지 않는 국가에서라면, 바우어의 테제들이 제도적으로 실현되었다고 추정되는 상황을 통해 그 테제들을 정면으로 검증해 볼 수 있게 되는 것이다. 오직 이런 미국의 상황과 관련해서만 마르크스가 다음과 같이 물었던 것처럼 질문할 수 있다. "완전한 정치적 해방과 종교 간의 관계는 무엇인가?" 이 질문에 대한 특유의 대답 ─ 이 대답은 오늘날까지도 여전히 많은 논쟁과 탐구의 원인이 되고 있는데 ─ 은 정치적으로 해방된 북미 자유 주에는 종교가 존재할 뿐만 아니라 그것도 "생생하고 활력 넘치는 형태로 존재한다"는 것이다. 마르크스의 전반적 방법론과 일관된 맥락에서, 미국의 사례는 우리로 하여금 종교가 "세속적 편협성"의 "기초"가 되는 것이 아닌, 종교의 존속이 미국의 "현상"이 되는 방식을 주목하게 해준다. "우리는 따라서 자유 시민들에 대한 종교적 규제를 그들이 경험하는 세속적 규제와 분리해 설명한다."[69] 마르크스에게 종교의 존속이란, 그것이 설명되기 위해서는 정치적 해방과 인간 해방 간의, 국가의 세속화와 사회적 해방 간의 구별을 필요로 하는 증상이다. 그런 이유로 "종교적 약점"의 비판은 그것이 속한 영역[종교] 속에서가 아니라 "정치적 국가의 비판"을 통해서 수행되어야 한다. 마르크스에 따르

---

[68] 이 표현은 "유대인 문제에 대하여"에 나오는 것으로, 노예제를 유지하는 미국 남부의 주들slavery states에 반해 노예를 해방하고 종교의 자유를 실현시킨 북부의 주들을 의미한다.

[69] Ibid. 217. 위에서 언급했듯이 마르크스의 초기 저술들에서 이 "세속적 기초"는 여전히 사회-경제적 관점이 아닌 정치적 관점에서 이해되고 있다.

면, 그의 동시대 포스트헤겔주의자들과 마찬가지로 근본적으로 이론적인 사고 틀에 묶여 있던 바우어가 취할 수 없었던 것은 바로 이런 비판 과정이다.

마르크스의 변증법적 설명에 따르면 정치적 해방 속에서 종교는 (미국의 경우에 그렇듯이) 존속할 수 있을 뿐만 아니라 진정 번성하게 되는데, 이는 "국가 종교로부터 그 자신을 해방"하는 것은, 또 같은 맥락에서 사적 종교와 사적 이해의 지속을 용납하고, 또 실제로 양성하는 시민사회 자체로부터 자신을 분리하는 것은 궁극적으로 국가이기 때문이다. "종교로부터의 **정치적** 해방은 종교로부터의 완전하고 일관된 해방이 아니다. 왜냐하면 정치적 해방은 인간 해방의 완전하고 일관된 형식이 아니기 때문이다." 즉, "인간 자신이 자유인이 아님에도 국가는 **자유국가**가 될 수 있다는 사실", 이는 종교가 단지 사적으로 꾸준히 실행되기 때문만이 아니고 국가를 통한 자유가 그 자체로 종교적인 형식이기 때문이다. "종교는 정확히 이것이니, 곧 중재자를 통한 기만적인 인간 승인이다."**70** 국가가 고백하려는 의지로부터 자신을 분리시킴으로써 종교적 **내용**을 초월할 수 있을지라도 국가는 인간의 외부에서 그의 소외된 자유를 체화함으로써 종교적 형식을 유지한다. 이것이 바우어에 반대하는 마르크스 논지의 핵심이다. 마르크스는 말한다. "완성된 정치적 국가는 그 본질상 인간의 물질적 삶과 **대립**해 있는 인간의 **유적** 삶이다. …… 정치적 국가가 자신의 진정한 발전 형태에 도달한 곳에서는 인간이 사상과 의식 속에서뿐만 아니라 **현실** 속에서도 천상의 삶과 지상의 삶이라는 이중의 삶을 살아간다."**71** 따라서 시민사회에서 원자화된 개인들의 사적 영성靈性을 동반하며 이

---

70 Ibid., 218.

71 Ibid., 220.

를 구성하는 것은 세속적 국가-형식 자체의 객관적 영성 또는 초월성(즉, 실재적 관념)이다. 정치적 해방은 "인간의 **현실적** 종교성을 철폐하지도 않거니와 철폐하려고 노력하지도 않는다." 왜냐하면 그것은 사적 법의 수준에서 종교를 영속시키고(여기에서 종교는 "**차이의 본질**"이 된다), 동시에 인간 본성을 국가 주권의 초월적 영역 속으로 소외시킴으로써 인간 본성을 영적인 것으로 만들기 때문이다. 이로부터, 진정한 세속화 — 즉, 외재적 관념으로부터의 해방 — 는 이성의 간지를 통해 종교적 내용을 형식적으로 실현하는 자유주의 세속 국가에 대한 가차 없는 실질적 비판과 극복을 통해서만 성취될 수 있다는 마르크스의 심히 반직관적인 변증법적 확언이 등장한다.

> 기독교를 자신의 기반으로, 즉 국교로 공표하고 여타의 종교에 대해 배타적 태도를 취하는 이른바 **기독교** 국가는 결코 완성된 기독교 국가가 아니다. 오히려 **무신론** 국가, 민주주의국가, 종교를 시민사회의 여타 요소들과 동렬에 갖다 놓는 국가야말로 완성된 기독교 국가이다. 아직도 신학에서 벗어나지 못한 국가, 여전히 기독교 신앙고백을 공식적으로 행하고 있고 따라서 아직도 자신을 **국가**로 선포할 엄두를 못내는 국가, 이런 국가는 아직 인간적 기반 — 이것의 과도한 표현이 곧 기독교이다 — 을 세속적이고 인간적인 형태 속에서, 즉 국가로서의 자신의 현실성 속에서 표현하는 단계에 도달하지 못했다.[72]

유사 헤겔적인 방식으로 마르크스는 민주주의적 세속 국가의 등장이 가진 엄청난 중요성을 인식하면서도 동시에 정치적 신학 비판에서 국가-형식 자체에 대한 정치적 비판으로의 변화를 옹호하는 것을 잊지 않는다. 이는 국가와 시민사회의 분리 속에서 절정을 맞는, 근본적으로 종교적인 관념 형식의 운반

---

72 Ibid., 222.

물로 자유주의를 묘사함으로써 의심스런 "세속적 현상과 신학적 현상의 은유적 동일시"[73]에 굴복하는 것일까?

일상생활의 종교

청년 헤겔주의자들의 종교 비판에 대한 마르크스의 비판 형식은 그의 완숙한 정치경제학 비판에 영향을 끼치지만, 마르크스가 말하는 "세속적 기초"가 갈수록 생산양식과 사회적 교류 양식을 의미하게 되는 반면 오직 부차적으로만 국가-형식을 의미하게 된다는 점 역시 옳다. 그럼에도 불구하고, 마르크스에 있어 신학적인 것과 정치-경제적인 것 사이의 연관은 단순히 은유적일 뿐이라는 비난에 직접 대면하는 것은 중요하다. 내가 암시한 바 있듯이, 관념의 사례로 이해된 세속적 현상과 신학적 현상 사이의 상관관계는 단지 국가-형식과 관련되어 있을 뿐만 아니라, 많은 면에서 자본주의에 대한 마르크스의 전반적 이해에서 결정적이다. 마르크스가 "감각적이면서 동시에 초감각적이기도 한 물적 존재 또는 사회적인 물적 존재"인 상품의 오묘한 존재론을 탐구할 때, 그는 이렇게 말할 수밖에 없었다. "이와 유사한 예를 찾기 위해 종교적인 세계의 신비경으로 들어가야만 한다. 여기에서는 인간 두뇌의 산물들이

---

73 브렉먼과는 반대로 나는 마르크스의 실재적 관념론에 주목함으로써 우리가 자유주의와 자본주의의 초월적 차원 혹은 '종교적' 차원에 대한 그의 비판 속에 담긴 "은유적 동일시" 이상의 것을 볼 수 있다고 생각한다. Breckman, *Marx, the Young Hegelians, and the Origins of Radical Social Theory*, 294-5를 보라.

독자적인 생명을 부여받고 그들[산물들] 간에 또 사람들과의 사이에서 관계를 맺는 자립적인 모습으로 나타난다."[74]

마르크스의 상품 물신주의 분석이 보여 주듯, 이 자율성은 "유대인 문제에 대하여"가 들추어 놓았던 국가의 자율성보다 훨씬 깊(을 뿐만 아니라 그것을 조건 짓기도 한)다. 마르크스는 더욱 은밀하고 포착하기 어려운 "일상생활의 종교"[75]와 씨름하기 위해서 근대국가가 취하는 종교적 형식 — 그 속에서 인간은 자신의 소외된 유적 존재를 응시하고 또 지배를 받는다 — 의 비판을 중단하고 남겨 둔다. 이런 측면에서, 그리고 마르크스가 『독일 이데올로기』에서 종교로부터 실재적 자율성과 실재적 역사를 제거했던 것에도 불구하고, "마르크스가 이데올로기 일반에 대한 분석에서 항상 종교에 대해, 종교, 신비주의 또는 신학으로서 이데올로기에 대해 부여하는 절대적 특권"[76]에 관한 데리다의 언급에는 상당한 진실이 있다 — 만약 우리가 특권이라는 표현을, 인간이 관념에 의해 지배당하는 사회를 특징짓는 자율화 과정, 자본주의의 과정을 파악하기 위한 종교적 비유의 필요성으로 이해한다면 말이다. 이 지배[관념에 의한 인간 지배]는 국가-형식을 넘어서, 인간이 "사고하기도 전에 …… 이미 행동해 왔던"[77] 생산, 소비, 순환이라는 일상의 영역을 포함해야 한다. 오직 이를 통해서, 즉 사회적 관계로부터 등장하는 실재적 관념을 추적함으로써, 마르크스가 벗어났던 반신학적 비판의 전통이 진정 극복될 수 있을 것이다. 반신학적 비판은 전능성의 환상이라는 덫에 걸려 있었고, 환상에 지나

---

74 Marx, *Capital: Volume 1*, 165[134-5쪽].

75 이 표현은 Marx, *Capital: Volume 3*, 969에 등장한다.

76 Derrida, *Spectres of Marx*, 185[287쪽].

77 Marx, *Capital: Volume 1*, 181[180의 오기로 보인다].

지 않는 개념들을 내적으로 비판해도 이 개념들을 몰아내기에 충분하다고 착각했다. 마르크스가 슈티르너에 대해 썼듯이, "그는 두뇌 속에서 '조국' 등의 개념에 의해 상정된 환영적이고 유령적인 형식을 파괴했을 뿐이라는 점을 망각했다. …… 그러나 이 개념들이 실재적 관계를 표현하고 있는 한, 그는 그것들에 여전히 손도 대지 못한 것이다."[78]

보통의 심리학적 이해로는 파악하기 힘든 축적에의 충동에 사로잡힌 자본가의 주체성을 보여 주기 위해서, 마르크스는 외양상 자율적인 관념에 의해 사회적 삶과 그것의 실재적 관계가 지배받는다는 관점으로 『자본』에서 광신 개념을 수용한다. "그가 인격화된 자본인 한, 그에게 동기를 부여하는 힘은 사용가치의 취득과 향유가 아니라 교환가치의 취득과 증대이다. 그는 가치의 증식에 광신적으로 전념하며, 그 결과 인류가 생산을 위해 생산하도록 가혹하게 강제한다." 마르크스에게 이런 광신은 스스로를 극복할 조건을 창출하는 것이므로 "존중할 만하다." 그러나 이 광신은 근본적으로 체계적 광신, 곧 축적을 위한 관념적이면서도 강력한 필요의 결과 발생한 광신이기도 하다. 자본주의적 광신은 개인의 정신을 넘어 "자본주의적 생산의 내재율" 속에 놓여 있다.[79] 도덕적 선택보다는 강박적 의식의 문제라는 점에서 이것은 유사 종교적인 광신으로 특징지어질 수 있다.[80]

천상의 비판에서 지상의 비판으로 이동하는 기획이 일상생활의 종교를 다루기 위해 시민사회의 세속적 삶과 종교적 믿음의 광신적 경향 간 자유주의적

---

78 Marx, *The German Ideology*, 139.

79 Marx, *Capital: Volume 1*, 739.

80 광신자로서의 자본가에 대해서는 Marshall Berman, "Freedom and Fetishism"[1963], in *Adventures in Marxism*, London: Verso, 1999, 42[78-79쪽]를 보라.

병치의 극복을 요청하는 것은 이 때문이다. 관념의 역사적 세속화 과정이 자본으로 하여금 그 기능상 종교를 대체하도록, 종교를 상품 관계로 변화시키도록 했다는 말인가? 이는 마르크스의 사위인 폴 라파르그가 노동 소요를 안정시키기 위한 최선의 신앙 형태를 논의하기 위해 모인 유럽의 지배계급들이 개최한 가상의 런던 회의를 풍자적으로 극화한 『자본의 종교』The Religion of Capital (1877)에서 멋지게 제시되는 관점이다. 이 중 전형적인 선언은 "위대한 영국 통계학자 기펜Robert Giffen[81] *"의 목소리를 통해 등장한다.

> 그렇다면 이제 이 시기의 필요에 답하는 유일한 종교는 자본의 종교입니다. …… 자본이야말로 진정하고 유일하며 전능한 신입니다. 그자본는 자신을 모든 형식과 외양으로 드러내십니다. 빛나는 금과 냄새나는 조분석에서, 소떼와 커피 화물에서, 판매용 경전과 포르노 동판화를 제공하는 화려한 가게에서, 단단한 강철로 만든 거대한 기계에서, 우아한 고무 제품에서 그를 발견할 수 있습니다. 자본은 온 세계가 알고, 보고, 냄새 맡고, 맛보는 신입니다. 그는 우리의 모든 감각을 위해 존재하십니다. 그는 아직 무신론자를 만나 보지 못한 유일한 신입니다.[82]

발터 벤야민이 "종교로서의 자본주의"라 이름 붙인 뛰어나고 매력적인 단편이 대상으로 삼는 것이 바로 이 통찰이다.[83] 현재의 이론 지형에서 일상생활의 종교로서의 자본주의라는 개념은 슬라보예 지젝이 꾸준히 옹호하고 있다.

---

[81] * 19세기의 스코틀랜드 통계학자이자 경제학자. 가격의 상승(하락)이 수요의 상승(하락)을 가져오는 상품을 일컫는 '기펜재'Giffen goods라는 개념은 그가 제시한 이론에서 왔다.

[82] Paul Lafargue, *La religion du Capital*, Paris: L'Aube, 2006, 13.

[83] 베버와 더불어 벤야민의 이 텍스트에 대한 놀라운 논의는 Michael Löwy, "Capitalism as Religion: Walter Benjamin and Max Weber", *Historical Materialism*, 17:1(2009)를 보라.

그는 가령『자본』3권에서 마르크스가 이야기한 "화폐가치에 대한 신앙"에서 드러나듯, 오늘날 믿음의 '세속적' 내구성에 관한 이론의 근거로 여겨지는 마르크스의 상품 물신주의 이론을 정신분석적 프리즘을 경유해 재론했다. 지젝은 서구 자본주의사회가 처한 곤경을 다음과 같이 읽는다.

> 상품 물신주의(상품은 마술적인 대상으로, 거기에는 형이상학적 힘이 내재해 있다는 우리의 믿음)는 우리의 마음에, 현실을 (오)인식하는 방법 속에 있는 게 아니라 우리의 사회적 현실 속에 있다. …… 과거의 우리가 공개적으로는 믿는 척하면서 은밀하게는 무신론자로서 공중적 믿음에 대한 외설적인 조롱에 참여했다면, 오늘날의 우리는 공개적으로는 무신론적·쾌락주의적·관용주의적인 태도를 표명하지만 은밀하게는 믿음과 엄격한 금지에 사로잡혀 있다.[84]

이런 입장은 자본주의가 "순수하게 제의적 종교"(이 "공리주의적" 제의의 의식에는 판매와 구매, 투자, 주식 투기, 금융 조작 등이 포함된다)라는 벤야민의 판단과 매우 정확히 맞아떨어진다. 자본주의 하의 믿음에 대한 지젝의 설명 — 객관적 진리를 텍스트에 귀속시켜 숙련자들에게 신앙의 비극적 책무를 면제하는 행위에 기반을 둔 도착증의 일종으로서의 근본주의, 그리고 자본주의적 광신자에 대한 마르크스의 비전이 결합된 — 은 세속적인 것과 영적인 것 사이의 관계에 대한 독특한 변증법적 도치倒置를 보여 준다. 자본주의적 주체는 그 무조건적인 성향으로 인해 쉽사리 광신적이라고 인지되는 어떤 비인격적 충동의 인격화인 반면, 근본주의적 주체는 신앙의 시련보다는 과학의 확실성을 본보

---

84 Slavoj Žižek, *How to Read Lacan*, 93-4[145-7쪽]. 데리다는 "Marx & Sons", 255에서 신앙의 제거 불가능성을 옹호한다.

기 삼아 만들어진 "객관적" 진리에 의지하는 신념의 한 형식을 자신의 가장 광신적 행동을 통해 드러낸다. 이는 광신이 포스트 이데올로기·포스트 역사시대에 남은 이데올로기의 최후이자 가장 극단적 잔여물이 아니라, 세속적인 것과 종교적인 것 사이의 차이가 (때로 중대하게 작용하기는 해도) 극히 제한된 방향성만을 가지는 복잡한 이데올로기적 자장 속에 존재하는 것임을 시사해 준다.

6장

냉전과 메시아
정치 종교에 대해

무한자에 관해 성찰하는 것은 종교적 활동일 수 있다.

수표를 쓰는 것, 시체를 먹는 것, 성교하는 것, 지옥 불에 대한 강렬한 설교를 듣는 것,

양심을 점검하는 것, 그림을 그리는 것, 수염을 기르는 것,

나병에 걸린 상처를 핥는 것, 몸을 매듭으로 묶는 것,

인간의 합리성에 대한 완강한 믿음도 그렇다.

종교적 중요성을 상정할 수 없는 인간 활동이란 없다.

      케널름 버릿지, 『새 하늘, 새 땅』

그러니까 바울은 광신도였던 셈이지요! 바울은 열성파, 유대 열성파였고, [그래서] 그가

이런 행보를 보인다는 건 정말이지 엄청난 일이었던 겁니다. 그가 [수많은] 영혼들을 위해

투여한 노력은 이 거대한 노모스-자유주의를 위한 것이 아니었습니다. 그는 전혀

자유주의자가 아니었습니다.…… 바울도 보편주의의 공기를 숨 쉬었다는 건 분명합니다.

하지만 이건 십자가에 못 박히신 분이 말한 바늘귀를 통과함으로써 도달한

보편주의입니다.

그리고 이 말은 이 세계의 모든 가치를 전환했다는 뜻입니다.

      야콥 타우베스, 『바울의 정치 신학』

신앙은 정치적이지 않고 정치는 종교가 아니다.

      교황 베네딕트 16세

세속적 비평가는 그가 종교적(따라서 비합리적) 행동 방식이라고 여기는 절대적 무조건성과 무매개적 관념에 의해 야기된 정치적 행위 어디에나 광신의 혐의를 둘 것이다. 종교적 논평자는 근대 세계의 위험한 세속화에서, 진정한 신앙과는 동떨어진 것으로 알려진 오만한 주장들을 불러일으키는 허무주의에서 광신의 원천을 발견할 것이다. 그러나 다른 때라면 양립할 수 없을 이 반광신적 형식들이 공통의 적 앞에서 연합한다면 어떤 일이 벌어질까? 광신의 문제에 의해 추동된, 동문서답이면서 기묘한 동맹이기도 한 특별히 교훈적인 어떤 사례는 20세기 '전체주의적' 운동들(이탈리아 파시즘, 독일 나치즘, 소련 공산주의)을 세속 종교secular religion 혹은 정치 종교[1] — 이는 무엇보다 이 운동의 추종자들이 가진 광신적 사고방식을 확인하기 위해 고안된 호명이다 — 로 취급하는 경향 속에서 발견된다. 마르크스가 우리로 하여금 종

---

[1] 이 장에서 앞으로 자세히 논의될 핵심 개념으로, 어떤 정치적 이데올로기 혹은 세속적인 현상이 하나의 종교적 색채를 띠고 숭배되거나 경외되는 것을 의미한다.

교를 이데올로기라는 더 넓은 범위 속에서 사유하라고 명했다면, 이 경향은 우리에게 극단적·반자유주의적 정치 이데올로기들을 종교적 유형 혹은 종교적 도착(倒錯)으로 여길 것을 주문한다.

20세기의 이슬람

1920년대 이래로, 전체주의의 반대자들은 혼히 전체주의가 세속화되고, 숙의적이며, 자유주의적인 정치 영역에 신념의 형식과 종교적인 행동을 도입했다는 점을 듦으로써 전체주의의 급진적 새로움을 설명하곤 했다.[2] 이들[전체주의자들]의 확고한 주장이 교회의 영적 영토를 침범한 것으로 여겨졌든 자유민주주의를 구성하는 한계를 파괴한 것으로 여겨졌든 간에, 이 새로운 정치종교는 곧바로 기존의 믿음에 치명적 위협을 가하는 것으로, 또 정치의 울타리를 넘어서는 무조건적 신념의 총체적 요구를 거부했던 세속화 과정을 없애는 것으로 비쳤다. 신앙과 성스러운 권위를 축출함으로써 근대적 정치학의

---

2 에밀리오 젠틸레가 주목하듯이 정치 종교의 개념은 프랑스혁명 이래 널리 퍼졌다. 그는 콩도르세, 이후에는 링컨이 이 개념을 사용한 점을 기록해 놓고 있다. Emilio Gentile, *Le religioni della politica. Fra democrazie e totalitarismi*, 2nd ed., Bari: Laterza, 2007, 5. 중요한 선도자는 빌프레도 파레토로, 그는 『사회주의 체제』*Les systèmes socialistes*(1901)에서 사회주의를 가리켜 "근대의 거대한 종교"라고 썼다. 파레토는 그의 중요한 엘리트 이론을 통해 천년왕국의 시간성에 대해 가지는 친연성, 위기의 순간에 등장하는 점 등을 들며 사회주의와 호전적 복음주의 운동 간의 조직적 유사점을 고찰하기도 했다. Vilfredo Pareto, *The Rise and Fall of Elites*, New Brunswick, NJ: Transaction, 2006, 53-4를 보라. 아울러 혁명 동안 하층계급들에게 종교적 감정의 중요성을 논의하는 부분도 참조하라(40).

탄생을 알렸던 마키아벨리적 혹은 홉스적 단절이 반대로 위협당했던 것이다. 이 새로운 운동에 담긴 '종교적' 요소들은 운동이 불러일으키는 열정, 운동의 조직 형태, 또는 운동의 궁극적 목표 등의 관점에서 이해될 수 있었다.

기독교 비평가들에게 가장 위협적이었던 것은 이 대체ersatz 정치 신앙에 의해 이루어지는 영적 내면성의 침범이었다. 그것은 권위주의적이긴 했지만 친종교적인 그리고 때로는 매력적이었던 체제[정권]와의 타협을 가능하게 했던 영적인 것과 현세적인 것 사이의 분리를 무화시켰던 것이다. 구체적인 반종교적 조치들(이는 파시즘하에서는 별로 나타나지 않았다)에 더해 신앙으로서의 정치는 종교를 대체하려 들었다. 유명한 '철학자의 배'[3] 에 실려 소련에서 추방당했던 니콜라이 베르댜예프는 러시아 공산주의에 의해 추동된 "종교적 에너지의 변환"에 대해 썼는데, 그에 따르면 러시아 공산주의의 영적인 뿌리는 러시아인들의 정신에 깃들어 있던 허무주의적이고 묵시록적 요인들이었다. 정치 종교 테제의 많은 옹호자들과 마찬가지로 베르댜예프 역시 인간은 '종교적 동물'이고 그의 헌신하려는 기질은 궁극적으로 비종교적 목표에 의해 착취당할 수 있다는 인류학적 전제에 기대고 있었다.[4] 이탈리아의 성직자이자 기민당 정치인인 돈 루이지 스투르초Don Luigi Sturzo 역시 신앙의 정동적 성격보다는 신앙의 대상에 초점을 맞추면서 '스타톨라트리아'statolatria, 즉 국가 우상화의 측면을 이야기함으로써 이방의 제의와 가짜 선지자에 대한 전통적 가톨릭교의 적대성을 되살려 냈다. 1930년대에는 '신-이교주의'neo-paganism를

---

3 * philosophers' ship 혹은 philosophy steamer라고 하는 이 '철학자의 배'는 레닌이 1922년 9월과 11월에 160여 명의 소련 지식인들을 태워 독일로 추방시킨 데 사용한 배를 가리킨다.

4 Nikolai Berdyaev, *The Origin of Russian Communism*, trans. R. M. French, Ann Arbor: University of Michigan Press, 1960, 171, 160.

규탄하는 교황의 회칙이 발표되기도 했다.[5]

흔히 이런 주장들은, 정치라는 이름의 총체적인 반종교적 종교의 등장 이면에는 (때로 '신공포증'theophobia이라고 불리는) 조직적인 영성에 대한 무시, 인간에 대한 신격화뿐만 아니라, 기독교적 초월에 대한 공격을 통해 전례 없는 내재적 비합리성[광신]에 문을 열어 둔 일종의 계몽주의적 변증법 등이 자리 잡고 있다는 생각에 기반을 두고 있었다. 이런 주장을 하는 비평가들이 느끼기에 존재의 총체적 정치화는 영혼의 죽음과 같은 것이었다. [반면 이들과 달리] 영적 영역을 방어하는 데 몰두하지 않았던, 전간기 전체주의 운동에 대한 세속적 비평가들은 '종교'를 철칙, 불관용, 부조리를 상징하는 것으로 여기는 계몽주의적 광신 비판이라는 전통적 무기고를 부활시키는 데 더 열심이었다. 기독교 비평가들과는 달리 이들은 세속적 서양이 분리시켰던 것으로 여겨졌던 인간 경험의 두 갈래를 융합시키는 데 초점을 맞추었다. 이런 분석의 정치 종교 비판이 가진 더 놀라운 차원 중 하나는 정치적인 것과 종교적인 것의 총체적 결합에 대한 암호로 이슬람교의 형상이 반복되어 등장했다는 점이다.

헤겔을 비롯한 이들이 탐구했던 유사점들에 대한 또 하나의 변주곡에서 1920년의 버트런드 러셀은 볼셰비키주의라는 급진적으로 새로운 혼합물을

---

5 정치 종교는 "인간의 종교적 감정에 대한 모욕적 착취"라는 스투르초의 주장은 20세기 정치와 종교 간의 관계에 대한 최근의 고약하고 완고한 가톨릭계의 대중적 역사 서술에 있어 중요한 역할을 하고 있다. Michael Burleigh, *Sacred Causes: Religion and Politics from the European Dictators to Al-Qaida*, London: Harper Collins, 2006, xi. (러시아 혁명가들을 "소외된 자들의 대항 공동체"라고 부른다든가 볼셰비키를 "지상의 만족이라는 허무주의적 종교에 복무하는 호전적 수사들"이라 평가한 세미온 프랑크Semyon Frank를 인용하는 등) 조직에 대한 비유에 천착하는 벌리는 소련 공산주의를 "정치권력을 취하고 응용된 합리성의 공포를 보여 준, 종교의 배다른 첫 번째 형제"(37)라고 날카롭게 언급했다.

통해 "프랑스혁명의 특징과 이슬람교 부흥의 특징"이 결합되었다고 썼다. 그는 "마호메트주의와 볼셰비키주의는 실용적이고, 사회적이고, 비정신적이며, 세계의 제국을 획득하는 데 관심이 있다"고 말하는 방식으로 이 두 개의 정치 종교를 연결하고, 또 이들을 기독교 및 불교라는 "개인적 종교"와 대비시킨다.[6] 여기서 강조점은 세속적인 동기를 가진 조직적이고 호전적인 세력으로서 종교를 보는 데 있는데, 이는 "독재자들의 시대"가 "사상의 국유화"와 "열정의 조직화"에 의해 지배받는다는 엘리 알레비의 관찰과도 유사하다.[7] 케인스는 조직보다 조종이라는 측면을 강조하면서 레닌주의를 "열성과 불관용"을 특징으로 하는 새로운 종교로 판단하고, 볼테르식의 광신과 위선, 신념과 제안 간의 고리[8*]를 되살림으로써 "레닌은 비스마르크적 인물이 아니라 마호메트적 인물"이라고 확언했다.[9] 소련의 세속적 종교의 사회적·추론적 원천들을 어지럽게 나열해 놓은 1949년의 책 『공산주의의 사회학』*Sociologie du communisme*에서 모네로는 공산주의를 가리켜 "20세기의 이슬람교"라고 불렀다. 자신의 선구자인 오리엔트의 이슬람교와 마찬가지로 공산주의 역시 보편적 원칙으

---

6 Bertrand Russell, *The Practice and Theory of Bolshevism*, London: George Allen & Unwin, 1920, 5, 114. 종교로서의 볼셰비키주의라는 러셀의 정의는 계몽주의의 반광신 계보 속에 단단히 자리 잡고 있다.

7 Élie Halévy, *L'Ère des tyrannies. Études sur le socialisme et la guerre*, Paris: Gallimard, 1990. 레몽 아롱이 최초로 정치 종교를 논의한 것은 바로 알레비의 책에 대한 그의 1939년 서평에서였고, 이 서평은 위 책에 수록되어 있다(270).

8* 3장에서 언급된 것처럼 볼테르는 마호메트를 신념에 따른 광신자라기보다, 추종자들에게 제안을 하며 그들을 조종하는 위선적 인물로 그린다.

9 Gentile, *Le religioni della politica*, 63에서 재인용. 가톨릭 비평가들도 여기에 끼어들었다. 가령 스투르초는 『정치와 도덕』*Politica e morale*(1938)이라는 책에서 레닌의 무덤에 대해 언급하다가 "러시아인들에게 그는 세속적 마호메트가 되었다"고 썼다. 역시 Gentile, 151에서 재인용.

로 보편적 상태state에 참여하려 하지만, 국가성의 극복이라는 이들의 공통점은 둘 모두가 경계에 아랑곳하지 않는 운동임을 의미하며, 따라서 지구 전체에 위협적이라는 것이다. 그런 이유로 "공산주의자는 세계 지배로 나아가는 팽창하는 제국의 시중을 드는 종교적 광신자"이고, 전체주의와 독재의 차이는 전자가 "정치적인 것을 신성화하는 데 있으며, 공산주의는 '이슬람적' 유형의 세속적이고 군림하는 종교로 스스로를 드러내고 있다. 즉, 공산주의는 정치적인 것, 종교적인 것, 경제적인 것 사이의 구분이 결여되어 있으며, 집중되어 있는 권력이지 무엇보다 무한징한 권력인 것이나."[10] 이 독특하게 반역사적인 비유 — 러시아혁명을 유럽적 현상보다 오리엔트적 현상으로 제시하는 이점을 가진 — 는 아시아적 공산주의뿐만 아니라 나치 독일에도 적용될 수 있을 정도로 충분히 유연하다. 그래서 개신교 신학자 카를 바르트는 "국가사회주의가 사실은 새로운 이슬람교라는, 즉 그 신화는 새로운 알라이고, 히틀러는 새로운 알라의 선지자라는 점을 보지 못한다면 국가사회주의를 이해하기란 불가능하다"고 선언하기도 했다.[11] 카를 융 역시 이를 반복한다. "히틀러가 새로운 이슬람교를 세우게 될지 우리는 모른다. 그는 이미 진행 중이며, 마호메트와도 같다. 독일의 정서는 이슬람적이다. 즉, 호전적이며 이슬람적이다. 독일인들은 모두 거친 신[12]*과 함께 술에 취해 있다."[13] 오늘날 인기 있

---

10 Jules Monnerot, *Sociologie du communisme*, Paris: Gallimard, 1949, 21, 380.

11 Karl Barth, *The Church and the Political Problem of Our Day*, New York: Scribner, 1939, 43.

12 * 토스카노는 "wild man"이라고 인용해 놓고 있으나 원문에는 "wild god"이라고 되어 있다.

13 Richard Stiegmann-Gall, "Nazism and the Revival of Political Religion Theory", *Totalitarian Movements and Political Religions*, 5:3(2004), 378에서 재인용. 융은 "[나치와] 동시대의 기독교 변증론[변호론]에 깃든 강력한 오리엔트적 경향성"에 대해 쓰고 있다.

는 담론 지형에서 맥이 풀릴 만큼 쓸데없는 신과 무신론에 관한 '논쟁들'과 더불어 정치 종교 테제가 재등장하는 현상은 불안한 우익 논평자들이 모네로의 주장을 전도시켜 이슬람교에 대해 "20세기의 공산주의"[14]라고 평하고 있는 역사적 시점과 밀접히 연관되어 있는 것처럼 보인다.

정치 종교 테제(이 논의는 정치경제적 설명에 반대하며 문화적·관념적 해석으로 회귀한 결과 등장하게 된 전체주의 개념에 대한 광범위한 '포스트-마르크스주의적' 재정당화 작업의 일부이다)의 타당성과 한계가 무엇이든 간에, 이 논의가 가진 끈질김은 행위와 숙의에 대한 합리적 기준과 근본적으로 맞지 않는 정치적 신념의 형식으로 이해된 광신의 위협에 우리가 끊임없이 집착하고 있음을 증명해 준다. 비록 무신론자와 기독교인, 자유주의자와 보수주의자 모두가 세속 종교 혹은 정치 종교를 경멸조로 언급하고 있긴 하지만, 이 개념이 가진 기본적 특징들은 반광신 담론이라는 기나긴 전통과 공명하고 있다. 광신에 대한 광범위한 이해와 마찬가지로, 정치 종교도 관념을 향한 열정, (팽창이라는 외양을 한, 공산주의의 경우에도 역시 경계 없는 보편성이라는 모습으로 나타나는) 고삐 풀린 총체성으로의 어떤 추동력, 그리고 이들을 '전투적 교회'ecclesiae militans로 변형시키는 급진적 조직적 통일성[15](당, 운동, 국가라는 형태로의)에 의해 규정된다. 전체주의론이 그런 것과 마찬가지로, 정치 종교적 접근도 이런 형식적 차원에 천착하면서 실질적 내용, 사회적 구성 요소, 명시적 교리 등을 경시하며,

---

14 Christopher Caldwell, *Reflections on the Revolution in Europe: Immigration, Islam and the West*, London: Allen Lane, 2009, 217을 보라.

15 조직에 관한 비유는 히틀러 자신이 명확히 사용하고 있다. 그는 "SS 친위대가 목숨을 걸고 사상에 충실히 헌신하는 이토록 놀라운 민병대가 된 것은 힘러 덕택이다. 힘러에게서 나는 이그나티우스의 로욜라Ignatius of Loyola를 본다." Domenico Losurdo, "Towards a Critique of the Category of Totalitarianism", *Historical Materialism*, 12:2(2004), 46에서 재인용.

자세한 인과적·국면적 분석을 건너뛴다.[16] 정치적 궤도나 맥락보다는 형식적 유사성에 특권이 주어져 있는 것이다.

정치 종교 이론가들은 인간 본성을 상정하며 일종의 종교적인 성향을 인간성의 기본적 특징으로 포함시키는 경향이 있다. 정도는 다르지만 ─ 이 접근법의 몇몇 옹호자들은 성스러운 것에 대한 심리적인 조응을 병리적이라고 보고 다른 이들은 이를 축복이라고 생각하며, 세속화에 대해서는 몇몇 이들이 이를 해로운 역학으로 여기는 반면 일부는 이를 옹호해야 할 결과물로 여긴다 ─ 그들은 세속화 개념이 두드러진 역할을 하는 역사철학들에 의지하고 있기도 하다. 나는 정치 종교에 관한 각기 다른 관점들을 살펴봄으로써 인류학과 역사의 이런 얽히고설킨 관계를 탐구하고자 한다. 특히, 앞서의 광신 담론과의 연장선상에서, 정치 종교라는 개념이 모든 종류의 신념의 정치를 광신적 종교성의 대체 효과로 여기면서 폐기시키는 데 기여하는 방식을 살펴보려고 한다.

오늘날 이런 질문들로 되돌아가는 이유는 종교로서의 정치에 관한 관점들이 부활하고 있기 때문이다. 이런 관점들은 전간기 유럽에서 출현했으며, 이후 제2차 세계대전 종전과 더불어 등장한 냉전의 이데올로기적 만개 속에서 공산주의와 소련에 거의 배타적으로 초점을 맞추며 자리 잡았다. 존 그레이는 "묵시록 종교와 유토피아의 죽음"*Apocalyptic Religion and the Death of Utopia*이라는 교훈적 부제를 단 책 『추악한 동맹』*Black Mass* ─ 이 책은 신자유주의와 볼셰비키주의, 이슬람 테러리즘과 신보수주의-민주주의적 전쟁 도발을 모두 함께 "정치 종교"로 묶고 있다 ─ 을 다음과 같은 문장으로 시작한다. "근대 정치는 종교

---

16 특히 나치 독일과 관련해 이런 비판을 수행하는 글로는 Stiegmann-Gall, "Nazism and the Revival of Political Religion Theory"를 보라.

사의 한 장章일 뿐이다." 그가 서술하는 역사는 우리가 오늘날 목도하고 있는 바, "종교의 진리를 부정하는 세속의 용어로 짜여 있지만 사실은 종교적 신화를 실어 나르는 수단이었던" 유토피아 기획의 "잔해"만 남은 역사다.[17]

종교적 내용을 운반하는 수단으로서의 세속적 형식이라는 이론은 콘의 『천년왕국운동사』에서 유래한다.[18] 냉전이 한창일 때, 홉스봄 등이 천년왕국운동을 호의적으로 다루는 데 반대하면서 쓴, 이 책에서 콘은 중세에 있었던 잉여 인구와 묵시록 선지자들의 결합이 소련 공산주의와 [독일] 국가사회주의의 어두운 선도자였음을 밝힘으로써 현대 전체주의 운동의 핵심에 담긴 과거회귀주의를 캐내려 했다. 그 결과는 "지상에서의 집단적인" 구원을 갈구하는, 경계가 없으며 개혁을 넘어선 정치를 구현하려는 폭력적 대중운동들을 포괄하는 혁명적 광신이라는 초역사적 개념이었다.[19] 콘에게 있어 이 묵시록적 정치는 재현과 매개를 거부하는 특징을 가지고 있으며, 그 어떤 내부 갈등도 없는 총체적 만장일치의 공동체를 지향한다.[20] 시대를 넘나드는 이 대담한 단락短絡을 가능케 한 열쇠는 거대한 역사적 차이들을 무시한 비유의 징후적 사용과 더불어, 묵시록적 호전성 — 그것이 명백히 종교적인 위장이든 기만적으

---

17 John Gray, *Black Mass: Apocalyptic Religion and the Death of Utopia*, London: Allen Lane, 2007, 1[10쪽]. 이 운반 수단 개념을 통해 그레이는 역사적 차이들을 짓밟으며 옮겨 다닐 수 있게 된다. 가령 조로아스터교가 "서양사에서 지금껏 반복적으로 발생해 온 신앙에 기반을 둔 폭력의 궁극적 원천이다"라고 주장하는 식이다(10)[22쪽].

18 콘에 의존하는 그레이에 대해서는 Critchley, "Mystical Anarchism", 277-85를 보라.

19 Cohn, *The Pursuit of the Millennium*, 308.

20 정치 종교 개념과 광신 담론의 끈질김과 종종 이면에서 발생하는 효과들을 보여 주는, 총체적 투명성의 정치에 대한 이 역사적 비판은 에르네스토 라클라우의 포스트-마르크스주의적인 공산주의 개념 해체 작업 속에 녹아들어 가고 있다. Ernesto Laclau, *New Reflections on the Revolution of Our Time*, London: Verso, 1990, 3-85를 보라.

로 현대적·기술주의적인 위장이든 간에 — 이라는 감정의 구조 속에 존재하는 기본적 연속성이라는 관념이다. 부패의 주체들을 파괴함으로써 세상을 정화하려 애쓰는 이 모든 운동들을 어떤 "이면의 조류"가 이어 주고 있다는 것이다. 조직의 측면에서 볼 때 당과 관료 조직이라는 현대적 특수성은 무시되고 있는데, 이는 뮌처의 '선택 받은 자의 동맹' 같은 모임을 나치 친위대ss나 내무인민위원회NKVD[소련의 비밀경찰(1934~46)]의 비밀스런 선구자로 제시함으로써 이 조직들을 관통하는 광신적 핵심을 포착하고 드러내기 위함이다. 콘에 따르면 역사적 맥락이나 제도적 구조와는 상관없이 패턴은 동일하다는 것이다. 예언적 비전은 추종자 집단을 형성하는 데로 나아가는데, 이 집단이야말로 "현대 전체주의 정당의 진정한 원형이다. 즉, 묵시록적 환상에 사로잡혀 있으며 자기 무오류성의 확신으로 충만한 이 부단히 역동적이고 철저히 무자비한 집단은 자신을 인류 전체보다 더 고귀한 것으로 설정하고서는 자신의 사명이라 여겨지는 것들을 제외한 어떤 주장에도 귀 기울이는 법이 없다." 주변화되고 이질적인 대중에게 발화되는 예언자의 천년왕국 약속 — 이것은 여전히 "우리 시대에 세상을 뒤흔들었던 거대한 광신들의 원천"으로 남아 있다는 것이다.[21]

그레이는 콘이 말하는 중세와 현대 천년왕국운동 사이의 고리를 재생산하면서도, 절대적·묵시록적 주장을 펴는 종교와 유토피아적 계획을 가진 정치 간의 연속성에 관한 주장의 강도를 높인다. 트로츠키에서 딕 체니, 히틀러에서 빈 라덴까지 모든 이들을 자신의 서사 속에 포함시키기 위해서 그레이는 정치 종교에 대한 종교적 비판 — 계몽의 합리주의를 진실한 신앙을 대체

---

21 Cohn, *The Pursuit of the Millennium*, 319.

하는 오만한 시도라고 묘사하는 — 과 정치 종교에 대한 세속적 비판을 아우르는 불안정한 혼합물을 만들어 내야만 하는데, 그 결과 종교라는 범주에 속한다는 단순한 사실은 이미 비합리성의 징표가 되어 버린다. 여기서 묵시록 종교 및 인간성을 변화시키거나 사회를 재창조한다고 상정하는 모든 종류의 세속적 유토피아주의의 대립물로 등장하는 것이 회의주의, 오류론, 그리고 현실주의다. 계몽주의로 표상된 역사적 단절에 이미 기독교 메시아주의가 스며들어 있다는 그의 주장은 자코뱅주의에서부터 볼셰비키주의까지, 그리고 이후 이어지는 혁명적 전통 전체가 단순히 "초기 기독교 신앙의 세속적 환생"에 불과하다는 결론을 가능하게 한다.

그레이가 "현대의 혁명운동들은 다른 수단을 통한 종교의 연장"이라고 쓸 때, 그 기저에 깔린 가정은 명확하다. 즉, 절대적 확실성이라는 특징을 가진, 매우 다르고 계보학적으로 동떨어져 있으며 지리적으로 연관되지 않은 여러 호전적 현상들을 무차별적으로 가로지르는, '종교'라는 이름의 기본적으로 정동적이고 인류학적인 충동 혹은 기능이 존재한다는 것이다. 이런 측면에서 그레이식의 주장은 구스타브 르봉의 군중 이론이 바탕을 두고 있는 종교성의 일반 정의를 되돌아보게 한다. 르봉은 종교에 대해 다음과 같이 논의했다.

사람은 단지 신을 경배한다고 해서 종교적인 것이 아니라, 어떤 대의 혹은 자신의 생각과 행동의 목표와 길잡이가 되는 개인을 섬기기 위해 자신의 모든 정신적 자원을 퍼붓고, 자신의 의지를 그에 완전히 종속시키고, 영혼 전체를 광신의 열정에 쏟아 넣을 때 비로소 종교적인 것이다. 불관용과 광신은 종교적 감정의 필연적 동반물이다. 이 둘은 이 지상에서의 행복이나 영원한 행복의 비밀을 소유하고 있다고 믿는 모든 사람들에게는 불가피한 것들이다. 이 두 특징은 어떤 종류의 신념에 고무되어 집단을 이룬 모든 이들에게서 발견된다. 공포정치 시기의 자코뱅들은 종교재판을 하던 가톨릭교도들만큼이나 사실상 종교적이었으며, 이들의 잔혹한 열정 역시 동일한 원천에서 기인했다.[22]

세속적 유토피아와 묵시록 종교에서의 광신을 동일한 것으로 바라보는 이런 입장은 역사철학을 변장한 신정주의theodicy로 여기는 그레이로 하여금 20세기의 반종교적인 정치적 극단주의와 최근의 종교적 근본주의의 부상을 근본적으로 동일한 질병, 즉 인간 본성은 변화될 수 있으며 선을 지상에 실현할 수 있다는 천년왕국적 신념의 두 가지 양상으로 묘사할 수 있게 해준다.

계몽주의에는 의문을 제기하지 않았던 콘보다 더 나아가서 그레이는 또 하나의 영향력 있는 정치 종교 테제의 변주자인 J. L. 탤먼과 동일한 목소리를 낸다. 뭔처보다 루소를 너 악당으로 여겼던 탤먼은 자신이 현대의 "전체주의적 민주주의"라 부르는 것의 기원을 18세기 철학의 "정치적 메시아주의" 및 합리적으로 접근 가능한 자연 질서에 기반을 둔 평등 사회를 현세에 실현할 수 있다는 믿음에서 찾고 있다. 프랑스혁명 직전의 시기에서 [전체주의적 민주주의의] 지적 기원을 찾아낸다는 점에서 그가 추적하는 연속선은 그레이의 그 것보다는 짧다.[23] 콘의 책이 학문적 연구이면서 동시에 냉전 시기의 장광설이 었던 것처럼 탤먼의 책이 보여 주는 이데올로기적 절박성 역시 명백하다. 탤먼에게 있어서 민주주의적이면서 전체주의적인 메시아주의를 도드라지게 하는 것은 예지적 환각이나 신성에의 도취가 아닌, 합리적 사회에 대한 이해 가능성과 그것의 실행 가능성에 대한 확신이다. 그레이와 마찬가지로 프랑스혁명에 대한 보수주의적 비난의 전통을 활용하면서 탤먼은 18세기 사유의 두

---

22 Gustave Le Bon, *The Crowd: A Study of the Popular Mind*, New York: Macmillan, 1896, 64[73-74쪽].

23 탤먼은 이렇게 쓰고 있다. "전체주의적 민주주의라는 현대적 세속 종교는 150여 년 동안 사회학적 힘으로서 안정적 연속성을 가져왔다." J. L. Talmon, *The Origin of Totalitarian Democracy*, London: Sphere Books, 1970, 8.

흐름을 병치시키고 있으니, 시행착오 개념에 기반을 두고, 관습과 습속의 지혜에 열려 있으며, 오래 지속된 제도를 존중하는 "경험적" 자유주의와, 이에 반해 모든 인간 해방의 정치에 내포된 구체적 차이를 경시하고 실질적 장애물을 경멸하는 전체주의가 그것이다. 따라서 만약 "경험주의가 자유의 동지이고 교조적 정신이 전체주의의 친구라면, 인간을 그가 속한 역사적 집단과는 무관한 것으로 보는, 즉 관념으로서의 인간이라는 발상은 전체주의의 강력한 운반 수단이 될 공산이 크다."[24] 하지만 탤먼은 이런 연관성이 그다지 완벽한 것은 아니라고 말한다. 제대로 된 종교적 메시아주의 운동들에서 초월적 차원이 지속된다는 것은 모든 경계를 조롱하고 모든 제한을 위반하려는 소명 의식을 지닌 "세속적 메시아주의 일원론"에 고유한 극단적 폭력을 이 운동들이 받아들이지 않았음을 의미하는 것이다. 나아가, 현대의 사회적 조건에 비춰볼 때 정치적 메시아주의는 [중세 천년왕국운동처럼] 단지 변덕스럽고 이질적인 추종자 집단에게만 매력적인 것이 아니라 "대중적 열정"에 의해 활력을 얻음을 의미한다. 혁명적이고 전체주의적인 민주주의는 중세의 천년왕국운동에는 없었던 위험성을 지니고 있다는 말이다.

그러나 탤먼이 끌어낸 교훈은 그레이와 동일하며, 더 중요하게는 이 둘의 조상격인 버크의 교훈과 동일하다. 즉, 광신의 현대적 환생으로서의 정치 종교에 대한 연구는 우리에게 정치에서 한계의 중요성을 가르쳐 준다는 것. 그 기원이 묵시록이든 합리주의든 간에 세계가 인간 행위를 통해 바뀔 수 있다는, 그리고 평등과 같은 관념이 사회적 존재에게 강제될 수 있다는 바로 그 생각이야말로 재난을 만들어 내는 방법이라는 것이다. 그레이가 요약하는바,

---

24 Ibid., 4.

"불가능한 목표를 달성하기 위해 비인간적인 방법도 서슴지 않는 것은 혁명적 유토피아주의의 본질이다."[25] 미국식 자유를 수출해야 한다는 신보수주의자들의 훈계에 반대하면서, 그레이는 인간의 취약성, 정치적 관례와 습속을 긍정하라는, 필연적으로 유한하며 오류를 내재한 환경 앞에서 선을 현실화하고 '진보'를 밀어붙이려는 어떤 '묵시록적'이고 비현실적인 시도를 포기하라는 "구 우파"의 조언을 더 선호한다. 그레이의 표현에 따르면 후재혁명적 유토피아주의는 "계몽의 근본주의"를 대표한다.

이런 식의 독해에서, 징치적 수단에 의한 민음의 변질이자, 묵시록적 기대에 의한 정치적 현실주의의 변질이라는 상호간의 오염으로 이해된 정치 종교는 "믿기 어려울 정도의 관념적" 역사 이해라고 달리 말할 수 있을 것이다. 이 관념적 역사 이해는 "지적 원인에 따른 정치적 결과에 관한 하나의 판본에 꼼짝없이 붙들려 있으며, 이 속에서 계몽적 합리주의의 완고한 관념들은 혁명적 폭력과 테러의 이데올로기적 원인이 된다."[26] 콘, 탤먼, 그레이 등의 해석

---

25 Gray, *Black Mass*, 18[33쪽].

26 인용된 표현들은 정치 종교 논쟁의 현 상태에 대해 눈을 뗄 수 없을 정도로 개괄적인 논의를 펴고 있는 리처드 쇼튼Richard Shorten의 다음 두 논문에서 온 것이며, 나의 해석 역시 이 글들에 영향을 받았다. "The Status of Ideology in the Return of Political Religion Theory", *Journal of Political Ideologies*, 12:2(2007), 183; "The Enlightenment, Communism and Political Religion: Reflections on a Misleading Trajectory", *Journal of Political Ideologies*, 8:1(2003), 23. "The Status of Ideology", 168-9에서 쇼튼은 짧으면서도 신랄하게 츠베탕 토도로프Tzvetan Todorov와 더불어 그레이에 대해 논의한다. 그런가 하면 "The Enlightenment, Communism and Political Religion", 24-7에서 그는 그레이 이전에 마이클 오크쇼트(그는 회의론의 정치를 신앙의 정치에 대비시킨 바 있다)와 이사야 벌린뿐만 아니라 칼 베커(*The Heavenly City of the Eighteenth-Century Philosophers*), 탤먼, 그리고 사이먼 샤마(*Citizens*)가 옹호했었던 세속 종교로서의 계몽주의 테제가 가진 결점들을 열거한다. 그레이에게 끼친 베커의 영향에 대해서는 맬컴 불의 『추악한 동맹』 서평을 참조할 것. Malcolm Bull, "The Catastrophist", London Review of Books, 29:21(2007).

은 궁극적으로 구체성으로서의 역사와 정치를 제거한 자리에 비유와 은유를 설명으로 제공하는, 큰 틀에서의 세속화 이론과 연결되어 있다.[27] 이들의 비평 대상은 관념적인 동시에 절대적인 정치적 열정이다. 급진적 계몽주의에 대한 이들의 모든 의심에 등장하는 종교 용어 — 천년왕국, 묵시록, 메시아주의 — 가 정치적 실천 기저에 깔려 있을 믿음과 의례의 구조를 탐구하기보다는 이 구조를 무너뜨리기 위해 사용된다는 점은 아이러니컬하다. 흔히 계몽주의를 정치의 비뚤어진 세속화라고 비난하는 이런 입장은, 20세기에 등장한 악의 원천을 신앙의 과잉에서 찾는 행위와 이성의 과잉에서 찾는 행위 사이를 징후적으로 왔다 갔다 하다가, 대개 핵심 주범은 이성에 대한 신앙 혹은 합리적 광신이라고 말하는 익숙한 버크적 주제로 돌아와 멈춰 선다.

그 기원이 정치적 방향감각 상실과 이데올로기적 미숙함이든 혹은 우리 시대 폭력과 갈등의 형태가 만들어 낸 불안이든 간에, 냉전 시기의 엉터리 처방들이 근본적으로 하나도 바뀌지 않은 채로 이 시대의 공적 무대에 회귀했다는 데에는 꽤 놀라운 면이 있다. 현재를 "전체주의에 맞서는 자유세계"라는 투쟁의 단순한 반복으로, 혹은 좀 더 거창하게는 회의론 대 절대적 신념, 혹은 합리적 신앙 대 우상 숭배적 광신으로 다루려면 — 전체주의에 대한 최초의 비판들을 자신이 어떻게 생각하든 간에 — 탄탄한 눈가리개[28]*가 필요한

---

27 Shorten, "The Status of Ideology", 171. 정치 종교 이론의 회귀에 대한 쇼튼의 꽤 인상적인 논의, 그리고 인과관계를 직유법으로 넘겨 버리는 후재콘, 탤먼, 그레이의 설명을 놓고 볼 때, 나는 동일한 정치 종교 이론을 이데올로기적 분석 차원 — 어떤 집단이나 개념을 비평 혹은 수정에서 면제된 성스러운 것으로 다루는 행위(쇼튼은 이를 "비논쟁"이라고 부른다)와 구체적으로 관련된 — 으로 변환시킴으로써 그것을 수정하려는 쇼튼의 시도에 결코 공감하지 않는다. 이 역시 단순히 형식주의적 혹은 기능주의적 분류 체계를 만들어 냄으로써 역사를 몰아내는 것처럼 보인다.

28 * 눈가리개란 특히 경주마의 주의를 분산시키지 않기 위해 말의 두 눈 측면에 대는 가리개를 말

이 시기에 말이다.[29] 최근 벌어지고 있는 정치 종교 개념의 부활 중 많은 부분은 당황스러울 정도로 식상하다. 특히나 현재의 난국에 대해 전간기와 냉전 시기의 전체주의 운동 문헌들로부터 교훈을 끌어내려고 하는 대중화된 논의들에 이르면 더욱 그렇다. 정치 종교 논쟁이 가진 본래의 논쟁적 맥락으로 다시 돌아가 그 속에서 광신의 활용 양상을 고찰하는 일이 더없이 필요한 것은 이 때문이다.

아렌트의 응수

구체적인 역사적·물질적 궤도보다 형식적·이념형적 비유를 강조하는 경향을 서로 빈번히 공유하는 정치 종교 이론들과 전체주의 개념 사이의 밀접한 관계를 놓고 볼 때, 누군가는 아마도 한나 아렌트 — 전체주의 개념의 가장 훌륭한 철학적 대변자이자, 프랑스혁명의 열성적 기류에 대한 비판자였던 — 가 정치 종교라는 논지에 대해 약간의 공감을 표했을 것이라고 피상적으로 기대할 수도 있을 것이다. 하지만 이와는 반대로, 아렌트는 정치 종교라는 개념에 대해 거세게 반대했으며, 이는 특히 그녀의 '종교와 정치'라는 강연에서

한다. 이 맥락에서는 낡은 주장을 자신 있게 되풀이하는 것은 시야를 축소시키는 그런 눈가리개 없이는 불가능하다는 의미다.

29 또한 우리는 이데올로기적 냉전 전사들을 현재 벌어지는 '테러와의 전쟁'의 선전원과 결속시켜 주는 제도적·세대적 연속성을 무시해서는 안 될 것이다. 이 점에 대해 나는 벤저민 노이스Benjamin Noys에게 빚지고 있다. 그렇긴 해도, 이런 사회학적 요인들에 주목하는 일이 냉전의 언어가 어떻게, 왜 여전히 공적·학술적 영역에서 잘 팔리고 있는지에 관한 질문을 무화시키지는 않는다.

두드러졌다.[30] 아렌트가 막 발을 들여놓고 있던 이데올로기적 자장[정치 종교 이론]이 무엇인지를 진술하고 있는 이 강연문은 원래 한국전쟁이 끝나던 해인 1953년에 '자유세계와 공산주의 간의 투쟁은 기본적으로 종교적인가?'라는 제목으로 하버드 대학교에서 열린 학술 대회에서 발표한 글이었다. [학술 대회에서 발표될] 원고의 모집은 애초 프랑스의 자유주의 철학자 레몽 아롱에 의해 이루어졌는데, 1930년대 후반 이래로 "세속 종교"로서의 공산주의 — 초월적 신앙을 몰아내고 지상의 구원을 약속하는 — 를 강조해 왔던 그의 입장이 [학술대회에서의] 논쟁을 형성하는 데 큰 영향을 끼쳤다. 아렌트의 글은 『컨플루언스』Confluence지에 실렸는데, 당시 이 저널의 편집자는 다름 아닌 헨리 키신저였다.

아렌트가 정치 종교적 접근법을 거부했던 정치적 동기는 분명하다. 많은 텍스트에서 아렌트는 자신이 사용했던 비평적 입장을 고수하면서 — 다른 냉전주의자들에 대해서는 반스탈린주의에 대한 그들의 이데올로기적 집착을 비판하는가 하면, [반공주의로] 개종한 덕분에 생긴 수상쩍은 권위를 방패삼아 이전에 스탈린에게 쏟았던 동일한 열정으로 이제는 자유세계를 방어하려 애쓰는 '과거의 공산주의자들'에 대한 비판 역시 아끼지 않았는데 — 냉전에서의 근본적 비대칭성을 유지할 필요를 강조했다. 자유를, 공산주의라는 세속 종교에 반대하며 만들어진 일종의 기독교화된 시민적 대항 종교와도 같이, 보호해야 할 독립체로 응고시키는 것은 아렌트가 보기에 재난을 불러일으키

---

30 이 에세이의 몇몇 주제들은 1950년에 『파르티잔 리뷰』*Partisan Review*지가 "지식인들의 종교 지향성이라는 새로운 경향 및 세속적 태도와 관점이 점점 푸대접을 받고 있는 요즘의 현상"과 관련해 중요한 사상가들과 작가들의 의견을 묻는 질문에 대한 아렌트의 짧은 답변 속에서 예견되었다. Hannah Arendt, "Religion and the Intellectuals", in *Essays in Understanding*, 228-31을 보라.

는 지름길이었다. "완연한 이데올로기 앞에서 우리가 처한 가장 큰 위험은 우리 자신의 이데올로기로 그것에 맞서려는 데 있다"고 아렌트는 일갈한다. "만약 우리가 또다시 '종교적 열정'으로 공적-정치적 삶에 영감을 불러일으키려하거나, 종교를 정치적 차별화의 수단으로 사용하려 한다면, 종교가 이데올로기로 변환되고 왜곡되는 것과 더불어 전체주의에 맞서는 우리 싸움이 자유의 진정한 본질에 철저히 위배되는 광신에 의해 변질되는 결과를 낳게 될 것이 분명하다."[31]

문제적이기는 하지만, 미국의 정치 전통이 광신과는 무관하다는 생각에 젖어 있었던[32] 아렌트에게 정치적 자유라는 개념은 종교적 사유에는 낯선 것으로, 그것은 종교적 제재와 교조적 확실성이 부재하는 세상과 밀접히 연관되어 있었다. 따라서 자유의 이데올로기, 더 나쁘게는 자유의 종교적 이데올로기를 만들어 내는 일은 그녀를 혼란스럽게 할 뿐이었던 것이다. 이 점에 있어서 그녀의 양가성은 의미심장하다. 왜냐하면 미국의 헌정 및 혁명 전통 내에 담긴 급진적 핵심을 포착하려는 그녀의 시도는, 특히 전형적으로 반자코뱅주의적인 진부한 방식과 더불어 그 시도가 이루어질 때는 더더욱, 많은 면에서 이와 동일한 (냉전) 이데올로기에 도움을 주었기 때문이다. 혁명적인 노동자 위원회라는 '잃어버린 전통'을 향한 아렌트의 흥미로운 관심에도 불구하고, 미국 공화주의에 대한 헌신과 프랑스혁명에 반대하는 비판이 다다른 곳은 '자유세계'를 위한 철학적 옹호론이었다. 비록 '자유세계'의 실질적 면모란

31 Hannah Arendt, "Religion and Politics", in *Essays in Understanding*, 384.

32 1946년 1월에 야스퍼스에게 보낸 편지에서 아렌트는 미국의 정치적 분위기에 대해 "광신에서 면제되어 있다"고 언급한다. Enzo Traverso, *Il totalitarismo*, Milano: Bruno Mondadori, 2002, 90에서 재인용.

그것을 받아들일 수밖에 없었던 많은 이들에게는 잔혹과 수탈의 동의어였지만 말이다.[33]

아렌트의 비판이 노리는 과녁은 반공 전우들이었다. [그중 한 명인] 그녀의 친구 발데마르 구리안Waldemar Gurian은 오랫동안 "사회적·정치적 세속 종교"로서의 공산주의 개념의 옹호자였다. 그는 당이 독점한 역사적 변화라는 교조적 법칙이 기독교에서 신이 차지했던 위치에 올라 버린 상황을 지적하기 위해 "이데오크라시"ideocracy[이데올로기ideology와 지배-cracy의 합성]라는 용어(후에 말리아Malia와 브장송Besançon 같은 소련의 보수적 역사가들이 활용했던)를 고안해 내기도 했다.[34] 이데올로기를 그 주장 그대로 파악해야 할 필요성을 강조했던 아렌트에게 이런 주장은 공산주의가 "종교적 질문들에 대해 구체적으로 대답하려 하지 않는다"는 사실, 그리고 키에르케고르나 도스토예프스키가 탐구했던 비극적 무신론과는 달리 근대적 신앙에 특별한 색조를 부여했던 회의懷疑라는 세속적 조건으로부터 공산주의가 멀찌감치 벗어나 있다는 사실을 무시하는 것이다.[35] 그녀가 노린 주요한 두 과녁은 독일 망명자이자 보수주의 정치철학

---

33 『전체주의의 기원』 2부를 통해 제국주의 연구에 그토록 중요한 기여를 했던 사상가가 미국의 팽창주의와 무력 외교에 대해서는 그토록 소홀하게 역사 기록을 무시하고 있음을 지켜보는 일은 놀랍기만 하다. 예컨대 아렌트는 정치체로서의 미국에 대해서 "사회 내에서는 강력하고 추악한 인종적 편견이 존재함에도 불구하고, 민족주의적이고 제국주의적인 정치 게임을 벌이려는 모든 유혹을 이겨냈다"고 쓰고 있다. Hannah Arendt, "Rand School Lecture", in *Essays in Understanding*, 224.

34 베르댜예프 역시 러시아 공산주의를 "플라톤적 유토피아의 변형들 중 하나"로 비판할 때 '이데오크라시'라는 개념을 사용한다. Berdyaev, *The Origin of Russian Communism*, 168. 소련 공산주의를 이데오크라시적이라고 해석했던 말리아에 대한 전체주의 이론가들 무리 내부의 비판으로는 Claude Lefort, *Complications: Communism and the Dilemmas of Democracy*, trans. J. Bourg, New York: Columbia University Press, 2007을 보라.

35 이런 주장의 목적은 물론 공산주의를 옹호하는 데 있는 것이 아니라 [공산주의와 종교 간의] 차

자인 에릭 푀겔린과 프랑스의 사회 이론가 쥘 모네로였다. 아렌트에게 이들은 정치 종교 논쟁의 두 주요 갈래를 표상했는데, 전자는 보수주의적인 세속화 서사를 통해 종교 대용품ersatz religions[정치 종교]의 발흥을 설명했고, 후자는 전체주의가 오래된 종교적 기능들을 강탈해 자기 것으로 삼았음을 드러내기 위해 성스러움의 사회인류학에 의지했다.[36]

1938년에 『정치 종교들』The Political Religions이라는 에세이를 썼던 푀겔린은 이 논쟁의 선구자였다. 이집트의 파라오를 예로 들면서 그는 신의 도시와 인간의 도시, 그리스도와 카이사르, 거룩한 것과 속세적인 것 사이의 불안정한 기독교적 분리에 앞서 종교적인, 심지어 신비주의적인 국가의 차원이 있었다는 데 주의를 환기시켰다. 종교는 어떤 독립체에 '실재성'realissimum, 곧 모든 존재와 행동이 중심축으로 삼는 절대적 핵심이라는 지위를 부여함으로써 이루어졌다.[37] "현세적 종교"는 초월의 체제를 참살하고서는 [그 체제에 속해 있던] 이 매우 실재적인 지위를 지상의 독립체에 넘겼다. 즉, 에밀리오 젠틸레의 표현을 사용하자면, 이 독립체를 "신성화"했다. 그 결과 정치적 구조에는 '신비체'corpus mysticum, '신성제국'sacrum imperium 같은 개념들뿐만 아니라 감화, 위계,

이를 강조하는 데 있다. "이 전체주의적 이데올로기를 종교라고 부르는 것은 부당한 찬사일 뿐만 아니라, 볼셰비키주의가 비록 서양사에서 자라났음에도 불구하고 더 이상 회의와 세속성이라는 동일한 서양사 전통에 속해 있지 않다는 점을, 그리고 볼셰비키주의의 실천과 원리가 이 지구상의 자유세계 영역과 전체주의 영역 사이에 진정한 심연을 열어젖혔다는 점을 간과하게 만든다." Arendt, "Religion and Politics", 371. 이 주장은 구리안의 책에 대한 그녀의 서평에서도 반복된다. Arendt, "Understanding Communism", in *Essays in Understanding*, 363-7.

36 이는 쇼튼이 제시하는 두 접근법과도 광범위하게 맞아떨어진다. Shorten, "The Status of Ideology in the Return of Political Religion Theory".

37 Eric Voegelin, *The Political Religions*, in *The Collected Works of Eric Voegelin, Volume 5: Modernity Without Restraint*, Columbia and London: University of Missouri Press, 2000, 30-3.

통일성, 악, 묵시록, 지배와 같은 종교적 상징들이 애초에 내재된다. "서양의 교회ecclesia가 정치적 하위체로 용해됨"에 따라 종교성은 삭제되면서 동시에 대체되었는데, 이것은 '민족'Volk이라는 신비스러운 신체와 '제국'Reich라는 성스러운 왕국 속에서 가장 분명하게 재등장했다. 아렌트의 요약에 따르면 푀겔린의 초기 저작 속에서 "모든 정치적 권위는 종교적 기원을 가지며, …… 정치 자체는 필연적으로 종교적이다."[38]

후기 강의록인 『새로운 정치학』The New Science of Politics에서 푀겔린은 이 주제로 되돌아가지만 훨씬 더 대담한 역사 이론 안에 이 주제를 새겨 넣는다. 이제 전체주의적 정치 종교에 맞선 투쟁은 신앙과 초월성에 기반을 둔 질서와 "종말을 내재화"하려는, 즉 계시와 묵시라는 사상을 정치화하려는 영지주의Gnosticism[39]• 간의 천년 전쟁 — 우리는 콘과 그레이 등을 통해 이 테마를 이미 만난 바 있다 — 으로 체계화되는 것이다. 이는 사회적·정치적 세계에서 종교적 믿음이 쇠퇴해 가는 것으로 이해되는 어떤 단순한 세속화 이야기가 아니다. 푀겔린이 볼 때 "정통 기독교에서 정치 신학의 종말" — 다시 말하면, 교회와 제국을 융합시킴으로써 영성이 정치권력에 의해 직접적으로 재현될

---

38 Arendt, "Religion and Politics", 387, n. 10.

39 • 영지주의는 유대교, 기독교, 점성학, 동방종교, 이집트와 그리스 철학 등이 혼합되어 탄생한 초기 기독교 종파다. 그노시스Gnosis는 '지식'을 뜻하는 그리스어로 영적인 지식을 의미하는데, 이런 영적 지식을 이해할 때 인간은 구원을 얻을 수 있다고 믿는다. 이렇게 개인적이고 영적인 해탈을 강조한 영지주의는 정통 기독교 교리와 갈등을 빚었고, 후에 탄압을 받지만 완전히 사라지지는 않고 다양한 종파들에 영향을 끼친다. 푀겔린은 『새로운 정치학』에서 그노시스에 대해 '비판적 성찰이 아닌, 진리의 즉각적 포착과 비전'이라고 정의하면서, 영지주의란 '그노시스에 바탕을 둔 주장으로, 비판을 허락지 않는 내재적 형식'이라고 말한다. 묵시록은 영지주의의 대표적 형태 중 하나이며, 마르크스주의 역시 이런 영지주의적 형식을 가진 종교적 이데올로기라고 푀겔린은 말한다.

수 있다는 사상으로부터의 신학적 퇴각 — 과 더불어 세속의 영역은 일종의 기독교 내 세속주의intra-Christian secularism로 탈신성화되었다. 그러던 것이 12세기의 사회적 혼란 속에서 등장한 피오레의 조아키노의 묵시록 서사(드러나진 않았지만 뮌처에게 중요한 영향을 끼친)를 통해 사회적·정치적 세계는 다시금, 푀겔린이 영지주의라는 약칭으로 부르는, 기독교 이단의 천년왕국 소재들에 기댄 종교적 의미로 뒤덮인다.[40] 따라서 정치 종교는 "왕국 종말론의 부활"[41] — 이 종말론에는 [조아키노가 구분한] 세 시대의 원정치적 상징들, 지도자 혹은 예언자, 그리고 형제애가 담겨 있다 — 을 근본적으로 악한 근대성의 결정적 요소로 여기는 역사적 서사 내에 자리 잡게 된다.

자유주의의 상대로서의 나치즘과 공산주의라는 정치 종교는 좀 더 온건한 영지주의 계열의 영향을 받았다고 보는 푀겔린은 현대 정치의 구조 자체가 이 "새로운 종말론"[영지주의]과 분리되지 않는다고 생각한다. 그는 우리가 "근대성의 본질을 영지주의의 성장으로 인식"해야 한다고 쓴다.[42] 더욱 단호하게도 그는 자유주의와 전체주의가 진보의 그늘 아래 연결되어 있다고 주장한다. "영지주의 행동가들의 실존적 규칙으로 정의되는 전체주의는 진보적 문명의 최후 형식이며 …… 시민적 신학을 찾아 떠난 영지주의 여정의 종점이다."[43] 푀겔린의 획기적 논증은 광신 비판에서 지속되는 많은 주제들을 반복하고 있

---

40 아롱은 푀겔린을 위한 기념 논문집에 실린 한 에세이에서 이 영지주의 개념을 되풀이했다. Raymond Aron, "Remarques sur la gnose léniniste", in *Machiavel et les tyrannies modernes*, Paris: Éditions de Fallois, 1993.

41 Eric Voegelin, *The New Science of Politics*, Chicago: The University of Chicago Press, 1952, 110.

42 Ibid., 126.

43 Ibid., 132, 163.

다. 무엇보다도 그의 주장은 인간 본성은 변화할 수 있다는 관념과 더불어, 역사 자체가 이해 가능하기에 계산된 진보적 행동의 대상이 된다는 생각을 겨냥하고 있다. 버크를 따라서, 재신성화re-divinization에 대한 저항은 초월적 신앙에 대한 옹호이자, 인류 역사는 새로움 혹은 진리의 대상이 될 수 없다고 보는 정치적 현실주의에 대한 요청으로 이해되었다. 종말의 시간으로 강등된 기독교가 "종말의 내재적 본질" 개념 속에서 내면화될 때, 우리는 어떤 "이론적 오류"에 직면하게 된다. "사물은 사물이 아니고, 본질을 갖지 않으며, 오직 자의적 공표만 있을 뿐이다. 역사 과정 전체는 경험의 대상이 아니다. 역사 과정은 미지의 미래로 이어지기 때문에 역사는 에이도스eidos[보편적이고 이상적인 통일성]를 갖지 않는다. 역사의 의미는 따라서 환상이며, 이 환상에 불과한 에이도스는 신앙의 상징을 마치 내재적 경험의 대상에 관한 명제인 것처럼 다룸으로써 창출된다."[44] 어떤 면에서 이 주장은 경험적인 것을 초월적인 것으로 오해하는 데 대한 고전적인, 심지어 어느 정도 칸트적이기도 한 인식론적 광신 비판이다. 그러면서도 이는 칸트가 옹호하려 노력했으며 헤겔과 마르크스에게 물려주었던 정치적 행위, 사회적 인과 관계, 역사적 목적론의 변증법에 정확히 반하는 것이다. 또한 우리는 역사를 해방으로 인식하는 데 반대하는 푀겔린과 같은 이들이 처한 역설적 곤경 역시 알아차릴 수 있으니, 곧 이들은 역사철학에 맞서 역사철학들을 만들어 내야만 하는 것이다.

아렌트의 관점에 따르면, 이런 방식의 설명은 그 자체로 세속화에 대한 잘못된 이해와 더불어 특히 권위가 역사적으로 종교와 결속해 있었다는 인식으로부터 "권위의 개념 자체가 종교적 성질을 가진 개념"이라는 생각으로 나아

---

[44] Ibid., 120.

가는 왜곡된 과정에 기반을 두고 있다. 비록 푀겔린의 반자유주의적·반전체주의적 영지주의 이론을 파고들지는 않으나, 아렌트가 "종교적 교리와 제도는 공적으로 강제하는 권위를 갖고 있지 않으며, 반대로 정치적 삶은 종교적 제재를 받지 않는다"는 자명한 사실로부터 어떤 시대적이며 문명적인 교훈을 끌어내려고 하지 않는다는 점은 명백하다. 이 제재의 결여가 파멸적 자만심으로, 역사와 인간의 신성화로 변했음에 틀림없다는 생각은 그녀가 받아들일 수 없는 가정이다. 그런 가정 — 이 지점에서 정치 종교에 관한 메타 역사적 이론과 인류학적 이론이 수렴되는데 — 이야말로 정치적 삶이 어떤 의미로든 종교적 기능에 종속되어 있음을 암시하고 있기 때문이다.

아렌트의 주요 표적은 바로 이런 생각이다. 사회과학에 대한 특유의 의심을 통해, 아렌트는 공산주의를 기능적 관점에서 바라보려는 목적을 가지고 공산주의의 역사적·정치적 실체와 구체적인 발생 조건들을 무시하면서 그것을 일반적 종교 범주의 한 사례 혹은 대체물로 바라보는 행위를 날카롭게 비판한다. 아렌트에 따르면, "이런 혼란은 연대기적 순서, 사실의 장소, 사건의 영향과 독특성, 원인의 실체적 내용, 일반적인 역사적 실재를 체계적으로 무시하면서 '기능적 역할' 그 자체에만 오로지 초점을 맞추는 사회학자들의 특정한 관점에서 부분적으로 비롯되었다."[45]

이 혐의들의 목록은 정치 종교와 광신을 다루는 많은 문헌들에도 분명히 적용될 수 있다. 또한 전체주의에 관한 많은 글들도 마찬가지다. 이 점은 1950년대에 아렌트 스스로도 깨닫게 되었는데, '자유세계'에 대한 헌신에도 불구하고 그녀가 지지하지 않던 사회과학의 냉전적 기획에 자신의 『전체주

---

45 Arendt, "Religion and Politics", 385. 이 인용문은 자신의 글을 비판한 쥘 모네로에 대한 답변 중 일부이다.

의의 기원』도 흡수되었기 때문이다. 이 책에 대한 푀겔린의 서평에 보내는 답신에서 그녀는 자신이 이 책에서 제공했던 것은 "전체주의에 결정화되어 들어갔던 요소들에 대한 역사적 설명"이라는 점을 강조했다.[46] 비록 여기서 "요소들"이라는 말이 좀 애매하긴 하지만, 이 점이야말로 전체주의 구조에 대한 이론적 파악을 전체주의가 발흥하게 된 역사적 우발성과 결합시키려는 아렌트의 시도를 드러내는 핵심이다.

"종교와 정치"에서 아렌트가 비판하는 기능주의 접근법의 주요 대표자는 쥘 모네로이다. 아렌트가 인용하지는 않지만, 공산주의는 20세기의 이슬람이라는 모네로의 주장은 그녀가 그토록 열렬히 반대하는 역사의 소거를 전형적으로 보여 준다. 모네로는 조르주 바타유George Bataille와 로제 카유아Roger Caillois와 더불어, 짧았지만 깊은 영향력을 발휘한 지적 모험(1937~39년)이었던 사회학연구회Collège de Sociologie의 창립 회원이었다. 뒤르켐과 모스Marcel Mauss를 계승하고, 파시즘과 히틀러주의의 숭배적이고 열성적인 차원에 대응하려는 목적을 가졌던 이 모임은 합리적 계산에 대해서는 '이질적'이지만 사회적인 것the social으로부터 제거될 수는 없는 차원으로 여겨졌던 성스러운 것the sacred의 정치적 힘을 포착할 수 있는 학문으로서 '사회학'을 재조명했다.[47]

대중적이고 준*학제적인 사회학연구회를 만들기 직전에 바타유는 성스

---

46 Arendt, "A Reply to Eric Voegelin", in *Essays in Understanding*, 403.

47 창립된 후 거의 바로 단절되었던 모네로와 사회학연구회 간의 굴곡 많은 관계, 그리고 극우로 흘러갔던 그의 기나긴 정치적 역정에 대해서는 지적 전기인 Jean-Michel Heimonet, *Jules Monnerot ou la démission critique — 1932~1990. Trajet d'un intellectuel vers le fascisme*, Paris: Kimé, 1993을 보라. 사회학연구회의 업적에 대해서는 데니스 홀리어가 편집한 모음집을 참조하라. Denis Hollier, *The College of Sociology(1937~39)*, Minneapolis: University of Minnesota Press, 1988.

럽고 제의적인 모임인 아세팔Acéphale[48] ● 을 설립하기 위한 비밀스런 시도에 참여했었다. 아세팔은 현대의 삶에 치명적이라 여겼던 효용성, 사익의 추구, 노동의 독재에 강력히 반대하면서, 상식적으로 통용되는 정치를 (또 아방가르드, 특히 초현실주의의 한계를) 극복하고 바타유가 '성스러운 것'이라 이름 붙였던 공동체, 즉 자기의 소진과 상실이라는 차원 — 신의 죽음과 제도적 종교의 부식腐蝕을 통해 해방에 이르는 차원 — 으로 나아가려 했다. 아세팔을 위해 "계획된" 1936년 텍스트의 서문에 붙은 제사는 역시나 키에르케고르에게서 따온 것이었다. "정치처럼 보이는 것, 그리고 스스로를 정치적이라고 상상하는 것은 언젠가 종교 운동으로서의 본모습을 드러낼 것이다." 순응이 아닌 황홀경을, 보존이 아닌 폐기를 주장하면서 바타유는 이렇게 선언한다. "존재는 불안해하는 공허인 것만은 아니다. 그것은 우리로 하여금 광신과 춤추도록 몰아붙이는 춤이다."[49]

모네로의 『공산주의의 사회학』 — 영어로는 『공산주의의 사회학과 심리학』이라고 번역되었는데, 이는 모네로의 독특한 사회학 개념에 대한 미국 내의 혼란을 미연에 방지하는 데 유용할 것이라는 생각 때문이었다 — 에 담긴 기본 주장은 마르크스주의적 공산주의가 종교적인 것에 대한 사상 통제인 동시에 종교적인 것의 정치 영역으로의 부정된 투사disavowed projection라는 것이

---

48 ● 조르주 바타유가 만든 지적 비밀 공동체로, 1936년부터 1939년까지 동명의 저널을 다섯 차례 발간했다. 이 저널의 다른 필자로는 쥘 모네로를 비롯해 로제 카유아, 앙드레 마송Andre Masson 등이 있었다. 그리스어 'akephalos'에서 유래한 '아세팔'의 뜻은 '머리가 없는'headless, 즉 '지배하는 권력이 없는'이라는 뜻이다.

49 Georges Bataille, "The Sacred Conspiracy", in *Visions of Excess: Selected Writings, 1927-1939*, A. Stoekl(ed.), Minneapolis: University of Minnesota Press, 1985, 178-81. 같은 책에 있는 "The Sacred", 240-5도 참조하라. 이 글에 주목하게 해준 벤저민 노이스에게 감사를 표한다.

다. 이런 점에서, 모네로는 실패한 푸닥거리의 지속이자 계몽주의에 의한 성스러운 것의 전치轉置로 공산주의를 바라본다고 할 수 있다.[50] 신화, 믿음, 종교에 대한 비판은 따라서 새로운, 하지만 더욱 위험한, 신화들을 위한 틈을 여는 죄를 범하게 되는 것이다.

모네로의 설명에서 핵심 개념은 정동성으로, 이것이 정치 종교의 경험적 차원을 강조하는 탤먼이나 푀겔린 같은 정치 종교 사상가들의 무리에 그를 포함시키는 이유다. 하지만 모네로는 이 점과 관련해서 한 걸음 더 나아가서는, 종교적 강렬함의 일종인 일정량의 '성스러운' 형태의 정동적 에너지가 존재하고, 그것이 일련의 정해진 도관道管들을 통해 필연적으로 배출되는 식의 유압 기관 모델 같은 것으로까지 논의를 확장시키면서, '저차원의' 심리적 충동들이 가진 역할을 강조하기도 한다. 종교의 소멸이라는 합리주의적 환상 저편에서는 오래 묵은 집단적 정열이 새로운 정치적 형식들 ─ 본질적으로 불변하는 감정과 기질의 목록에서 나온 정동적 반응들의 운반 수단 역할을 하는 ─ 을 만나서 활동을 개시하게 된다는 것이다. 한때 명백히 종교적인 의식과 상징에 결합되어 있던 에너지와 열성이 또 다른 리비도의 투자를 위해 사용될 수 있다는 것이다. 여기서 민족, 인종, 개인을 예찬하는 새로운 신화들이 지금껏 신성한 것에 부여되었던 기능들을 대신하게 된다는 개념이 등장한다. 새로운 정치 종교들은 따라서 "대리 만족"의 공급자이다.[51] 이 중에서도 아마 가장 큰 만족은 공산주의가 제공하는 것일 텐데, 공산주의는 밑바닥에 있는 정동의 힘을 인간의 신성화, 그리고 계급 없는 사회라는, 모네로에 따르

---

50 Heimonet, *Jules Monnerot*, 128-9.

51 Monnerot, *Sociologie du communisme*, 434.

면 차이가 사라지고 동질적이며 무기력한 "천국"을 의미하는 사망론thanatology[52]
*적 전망에 연결시키기 때문이다.

여러 반광신 논쟁, 특히 프랑스혁명에 반대하는 논란들에서 익숙하게 나타나듯이, 모네로는 성스러운 것이 "인류의 메시아주의"로 전치轉置되었다고 본다.[53] 그러나 그의 분석이 성스러움의 사회학, 토템 숭배의 인류학, 정신분석적 에너지론에 뿌리를 두고 있다는 사실은 모네로가 이런 전치를 당과 교회, 헌신과 호전성 간의 유사성을 경유한 단순한 형식적 용어들로 여기는 게 아니라, 오래되고 컬트적인 실천의 반복으로 바라보고 있음을 의미한다. 공산주의에서 인류의 역할에 대해 쓰면서 모네로는 다음과 같이 주장한다. "이 관념을 현실로 상정함으로써, 누군가는 초월적이고 탐욕스러운 개체를 만들어낸다. 현재의 개인들이 미래의 개인들 ─ 또는 인류 전체 ─ 을 위해 희생되어야 한다고 누군가가 선언하게 되면 …… 그는 인간의 희생들로 이 개체에 영양분을 공급한다."[54] 사회학연구회가 자주 논의하던 주제를 반동적으로 변주하는 가운데 등장한 정치 종교로서의 공산주의에 대한 모네로의 비판은 공산주의가 정확히 사회적인 것에서 성스러운 것을 축출하는 (궁극적으로는 불가능한) 행위라는 생각에 기반을 두고 있다. 그는 이를 허무주의라고 부르는데, 이것은 공산주의로 위장된, 타락한 형태의 성스러움이 지배하는 상황을 예비한다. 푀겔린의 영지주의 해석과 마찬가지로, 종교적 경험이라는 기본 개념에

---

52 * 사망론이란 말 그대로 죽음을 연구하는 학문을 의미한다. 계급 없는 사회를 차이가 사라진 동질적인 '천국'으로 바라보는 모네로에게 이런 사회의 전망은 인간적인 본성과 활력 자체의 죽음과 관계된 전망이다. 또한 그것은 자본주의의 '죽음'에 매달리는 이념이기도 하다.

53 Ibid., 433.

54 Ibid., 447.

의지하고 있는 모네로의 허무주의 개념은 아렌트가 역사적인 것과 기능적인 것으로 구분했던 정치 종교의 두 갈래가 어떻게 거의 차이 없이 얽혀 있는지를 보여 준다. 성스러운 기능에 대한 인류학적 이해가 공산주의라는 세속 종교에 의해 이루어진 기독교 메타 역사 서사의 전치와 합쳐지는 것이다. 이런 부정적 역사철학의 힘은 놀라운 것이어서, 심지어 정치와 자유를 종교적으로 굴절된 역사의 자장에서 해방시키기를 원했던 아렌트조차도 정치적 이데올로기가 종교적 기능으로 축소되는 현상, 즉 "이 범주[정치적 이데올로기]의 비실체적 기능주의화"를 "사회의 점진적 기능주의화"라는 광범위한 과정의 징후로 다루는 과정에서 이 역사철학의 의심스러운 매력에 부분적으로 굴복하고 있다. 역사적 요소들에 대한 그녀 자신의 원칙들을 무시하는 것처럼 보일 만큼 현저하게 "연역적인"[55] 접근법을 사용하면서, 아렌트는 이를 "인간의 위험한 사회화"를 도모하는 마르크스에 대한 자신의 비판에 연결시키는 것이다. 이보다 더 강한 진술은 푀겔린에 대한 아렌트의 답신에서 찾을 수 있다. 여기서 그녀는 전체주의 논의 속으로 "반╋신학적인 주장들"을 도입하는 것은 자신이 "많은 면에서 최종적이자 아마도 가장 위험한 무신론의 단계"라고 여기는 기능주의화의 징후라고 언명한다. 아렌트의 "종교와 정치"에 대한 반론에서 모네로는 세속 종교 테제는 신 없는 종교 개념에 의존하고 있다는 점에서 신성모독적이라고 했던 아렌트의 주장을 비판했다. 종교 인류학 영역 내에서 자

---

55 아렌트 사유에서의 이런 측면(마르크스 사상에서 스탈린주의를 연역해 내는 냉전 시기의 경향을 따르는 일), 그리고 그것이 전체주의 요소에 대한 아렌트의 연구가 지닌 풍요로움과 빚어내는 긴장에 대해서는 Losurdo, "Towards a Critique of the Category of Totalitarianism"을 참조하라. 이 글은 아렌트의 사유에 냉전이 끼친 영향에 집중하고 있다는 점에서 특히 유용하다. 로수르도에게 있어 "전체주의 범주의 주요한 맹점은 그것이 구체적 특징들과 관계된 경험적 묘사를 일반적인 논리의 연역으로 변환시켜 버린 데 있다"(50).

신의 이런 입장이 가진 과학적 타당성, 그리고 실제로 신을 없애 버린 잡다한 종교들의 존재를 주장하는 모네로에 대해 아렌트가 특별히 설득력 있는 답변을 제공하고 있지는 않다 ― "쉽게 떠올릴 수 있을 캥거루 숭배자"[56]*에 관한 특유의 유럽 중심주의적 언급이 문제를 호전시키지는 않는 법이니까.[57]

정치와 종교 문제에 대한 우리 시대의 접근법들 역시 여전히, 아마도 불가 피하게도, 일종의 세속화 개념을 둘러싼 채 결합된 역사철학들에 의존하고 있 다 ― 역사는 폐기될 운명에 있다고 믿는 소위 종교성의 '귀환'을 분석하든, 아 니면 무조건적인 정치적 헌신이나 '광신'을 근본적으로 종교적 정동 구조가 세 속의 옷을 입고 세월을 거슬러 부활한 것으로 여기든 간에 말이다. 종교적 색채 를 띤 정치적 주체성의 비난이 아닌, 현대 권력의 형식들 속에 있는 신학적 요 소들에 대한 광범위한 고찰을 연구 대상으로 삼을 때조차도 세속화 서사에 대 한 의존은 강력해서, 가령 우리가 앞에서 살펴봤던 천년왕국 정치의 분석에서 등장하는 더욱 복잡한 시간성들은 아예 가려져 버린다. 그렇다면 정치 종교라 는 개념이 역사적 시간과 정치적 행위에 대한 우리의 사유에 끼친 더욱 넓은 영향들을 탐구하기 위해 이제 세속화 서사의 최근 사례들로 눈을 돌려 보자.

---

56 * 모네로의 반론에 대한 재반론에서 아렌트는 모네로가 종교와 이데올로기를 구분하지 않음으 로써 둘 모두의 본질적 차이를 없애 버렸다고 비판한다. 그러면서 '종교와 이데올로기를 정의하고 있지 않다'는 모네로의 비판에 대해, 자신은 오직 "명확한 것"만 정의할 수 있다고 응답한다. 아렌 트는 종교와 이데올로기가 여전히 명확하지 않으며, 비교적 최근의 개념인 이데올로기에 대해서 는 정의가 가능할 수 있다 해도 종교에 대한 정의는 쉽지 않다고 말하면서, 다음과 같이 이유를 제 시한다. "내 이전에 너무나 많은 학자들이 [정의하려고] 노력했다 실패했기 때문이 아니라, [종교와 관련된] 역사적 자료의 귀중함과 풍부함이 과거의 자료, 역사, 사유 등을 여전히 존중하는 모든 이 들을 위협할 것이 분명하기 때문이다. 내가 종교를 정의했는데, 어떤 위대한 종교 사상가 ― 쉽게 떠올릴 수 있을 캥거루 숭배자 같은 이들이 아닌 ― 를 모르고 지나쳐 버렸다고 생각해 보라!"

57 Arendt, "Religion and Politics", 379, 406-7, 385.

"세계에서 신을 제거했던 근대성은 신학에서 벗어나지 못했을 뿐만 아니라, 어떤 의미에서는 섭리의 오이코노미아providential oikonomia[58]*라는 기획을 완성시킨 것에 지나지 않는다."[59] 이 문장으로 조르조 아감벤은 1995년에 시작한 '호모 사케르' 기획에 덧붙여진 가장 최근의, 가장 긴 텍스트인 『왕국과 영광』*Il Regno e la Gloria*을 끝맺는다. 위의 선언은 아감벤의 연구가 담고 있는 두 개의 핵심 원리를 종합하고 있다. 첫째는 삼위일체론, 그리스도론, 천사론을 발전시키면서 교부들이 현재의 서양 근대성 체제에서 여전히 작동하고 있는 통치의 경제 신학의 기틀을 마련했다는 주장이다. 둘째는 오늘날 정치철학 ― 자유주의, 보수주의, 마르크스주의를 막론하고 ― 을 명목적으로 특징짓고 있는 무신론이나 세속주의가 기독교 전통에 깊이 뿌리박혀 있는 "통치 기계"라는 신학적 모체의 충동에서 발생하는 표면 효과들이라는 생각이다. 달리 말하면, 오늘날 정치적 사유의 한계와 교착상태는 세속화의 간계라는 관점에서 이해되어야 한다. 정치의 최고 권위자의 위치에서 사라진 것으로 보이는 기독교 신학이 주권의 정치 신학과 통치 관리의 경제 신학이라는 두 개의 장치

---

58 * 본문에도 설명이 나오겠지만, 그리스어 오이코노미아는 오이코스(가정)의 관리를 뜻하며, 더 일반적으로는 '경영'management을 뜻한다. 이 용어는 2~6세기경 기독교 교부들에 의해 '신의 통치'라는 개념으로 쓰이면서 신학적 함의를 띠게 된다. 오이코노미아에 깃든 이 '경영, 통치, 관리'의 패러다임은 근대에 들어 '경제'라는 단어로 자리 잡는다. 따라서 여기서 아감벤이 사용하는 '경제'는 '통치'라는 의미를 가진 '오이코노미아'를 의미한다.

59 Giorgio Agamben, *Il Regno e la Gloria, Per una genealogia teologica dell'economia e del governo*, Vicenza: Neri Pozza, 2007, 314.

로 구성된 오늘날 정치적 행위의 결정적 근원을 이루는 그야말로 확고한 형식인 것이다. 나아가, 하이데거식의 기나긴 우회를 거쳐 최근 부활한 정치철학적 접근법과 공명하고 있는 정치의 신성화 논의에까지 이르는 문제 제기 과정 속에서 아감벤은 스펙터클이 오늘날의 정치·경제적 문제들을 지배하는 현상을 [기독교에서의] '영광'의 신학이 연장된 것으로, 즉 처음에는 신의 이미지, 현재는 자본의 이미지를 통해 인간의 잠재력을 소외된 방식으로 예찬하는 것으로 본다.

비록 이 책에서 아감벤이 광신 문제를 촉발시킨 종교적·정치적 주체성의 변천사에 주로 골몰하고 있는 것은 아니지만, 권력의 근대적 구조를 신학적 모체에 연결시키는 계보학을 만들어 낸 주장을 했기 때문에 그는 우리 시대의 광신에 대한 성찰에서, 특히 세속화 개념과 신념에 따른 급진적 정치 분석 간의 접속이라는 관점에서, 주요한 화자가 된다. 무엇보다도 안이한 역사주의에 공공연히 적대적인 저자가 정치와 그것의 등장 맥락이 가진 우발성과 특수성을 경시하게 만드는 연속성의 논리에 그토록 끌렸다는 점은 놀랍다. [아감벤에게 있어] 근대 정치는 사회적·경제적 충동들에 의해 활성화되거나 제약받는 불안정한 힘의 장force-field이라기보다는 기독교적 섭리의 "경제"를 그저 완성하는 것으로 여겨진다. 비판 이론 역시 신학적인 것과 정치적인 것 사이의 연속성을 긍정하고 만다. 즉, 마르크스의 실천praxis 개념은 "피조물의 존재를 신의 작품으로 보는 신학적 구상을 세속화한 것에 다름 아니다"라는 것이다.[60] 이런 표현들에서는 역사철학에서의 신학적 저류底流를 사유하려는 더욱 영향력 있는 시도들의 메아리가 들린다. 그중 하나가 바로 카를 뢰비트의 1949년

---

60 Ibid., 106.

작 『역사의 의미』*Meaning in History*다. 푀겔린 자신이 '역사'History에 관한 영지주의
적 신격화를 설명할 때 반복적으로 인용하는 이 책은 마르크스주의를 생산양
식의 변증법과 계급 없는 사회라는 구원의 지평 속에서 단일한 원리로서의 역
사의 의미를 찾으려는 세속화된 섭리의 서사로 보는 생각을 널리 퍼뜨렸다.
뢰비트의 마르크스 해석은 [자본] 축적과 정치적 행위의 시간성에 대한 역사-
유물론적 설명을 역사철학의 전체론과 선형성으로부터 분리시켰던 기대와
비동시성의 사유[61]에는 둔감하다는 점에서 일차원적이다. 또한, 노먼 콘 등
이 제출했던 천년왕국운동에 대한 판결을 예시象示하면서 뢰비트는 역사적 유
물론을 "비밀스럽긴 해도 본질적으로는 사회경제적 측면에서의 완성과 구원
의 역사"[62]로 보는 대단히 환원주의적인 해석을 내놓는다. 하지만 이 비밀이
라는 것은 만약 우리가 일반적으로는 종교와 개별적으로는 천년왕국운동의
문제에 대해 마르크스와 엥겔스가 비판적으로 개입했다는 점을 고려한다면
납득하기 어렵다. 심지어 뢰비트는 마르크스에게 구원의 지평이 지속했음을
설명하기 위해 민족-종교적인 사이비 설명을 선택하기까지 한다.

> 그[마르크스]는 비록 강한 반종교적 감정을 가졌을 뿐만 아니라 반유대적이기까지 했던
> 19세기의 해방된 유대인이었지만, 구약의 영향을 벗어나지 못한 유대인 중 하나였다.
> 마르크스 유물론의 이상주의적 토대를 설명해 주었던 것은 오래된 유대 메시아주의와
> 예언자주의 ─ 수공업에서 대규모 산업에 이르는 2천 년 동안의 경제사로도 변하지 않
> 았던 ─ 였으며, 절대적 정의에 대한 유대적 고집이었다. 『공산당 선언』은 세속적 예언

---

61 이는 에른스트 블로흐의 유토피아론 등에서 전형적으로 나타난다. 이 책 2장 중 '시대착오와
사회주의 전략'을 참조하라.

62 Karl Löwith, *Meaning in History*, Chicago: University of Chicago Press, 1949, 45[70쪽].

으로 변질되긴 했지만 메시아주의적 신앙의 근본적인 특징, 즉 "희망하는 것들에 대한 확신"을 여전히 간직하고 있다.[63]

아감벤은 문헌학적으로나 방법론적으로 이처럼 허점 많은 서사를 꺼렸을 테지만, 마르크스가 기독교적 주제들을 세속화했다는 아감벤 자신의 진술은 뢰비트의 주장과 일련의 친연성을 시사한다. 특히 [아감벤이 수행한] 계보학적 호출이 실제로 우리 시대 사회적·정치적 사유의 거의 모든 형식들의 명백한 범주와 자기 이해 — 부지불식간에 스스로가 신학적 권위라는 죽어 가는 구조의 수단이 되고 있음을 깨닫는 — 저변에 근본적·정치-신학적 연속성이 흐른다고 주장하는 탈역사적이고 탈정치적인 효과들로부터 아감벤을 면제시킨다고 보기는 어렵다. 경제의 "신학적 계보학"을 창출하려는 그의 시도는, 주권적 권력의 우월성이 삶의 통치, 즉 순전한 폭력적 지배가 아닌 개인과 인구의 생산적 관리를 주요한 목표로 삼는 권력에 의해 대체되고 재결합된다는 푸코의 '삶정치'biopolitics에 관한 통찰을 연장시켜 나가려는 의도를 담고 있다. 의미심장하게도, 아감벤은 벌거벗은 삶과 주권을 다루었던 『호모 사케르』 Homo Sacer에서 선구적으로 시도했었던 특유의 방법론적 단락短絡을 통해 카를 슈미트Carl Schmitt와 신학자 에리크 페테르슨Erik Peterson 간의 논쟁에 도움을 청

---

63 Ibid., 44[70쪽]. 아렌트는 이 독일인 사상가[마르크스]를 사심 없이 칭찬하는 몇 안 되는 순간들 중 한 차례 마르크스의 유대인 혈통을 언급한 바 있다. "디즈레일리를 수상으로 만들었던 나라에서 유대인인 칼 마르크스는 정의를 향한 광신적 열정으로, '선택받은 민족의 선택받은 인간'에 관한 모든 성공적 서사들보다 훨씬 더 효과적으로 유대 전통을 실천했던 책인 『자본』을 썼다." Hannah Arendt, "The Moral of History"(1946), Losurdo, "Towards a Critique of the Category of Totalitarianism", 32에서 인용. 유대주의와 "정의의 광신" 간의 연관은 베르너 좀바르트 역시 경멸적인 어조로 언급한 적이 있다. Domenico Losurdo, *Il revisionismo storico*, Bari: Laterza, 1990, 221을 보라.

한다. 아감벤은 정치 신학 사상에 대한 슈미트의 헌신으로부터 거리를 두면서, 페테르슨 자신이 초기 기독교 신학자들에게 있어 '오이코노미아' 개념이 가졌던 중요성을 인정하는 데 있어 한 발짝 뒤로 물러섰음을 보여 준다. 아리스토텔레스가 폴리스 안에서 행해지는 집단적 혹은 공적 권력의 형식과 대비해 "가정의 관리"라고 정의했던 오이코노미아는, 크세노폰에게 있어서 "기능적 조직, 경영 활동으로서 제시된다. 이 경영 활동은 가정(또는 해당 기업)의 질서정연한 기능이라는 규칙 이외의 규칙에는 묶여 있지 않다. 오이코노미아(그리고 또한 동사 '오이코노메인'oikonomein[전담하다·관리하다]과 명사 '오이코노모스'oikonomos[가장家長]를 비롯해)라는 용어의 의미론적 영역을 정의하는 것은 이 '경영'적 패러다임이다. 이 용어는 원래 의미의 경계를 넘어서 서서히 비유적으로 확대되는데, 이 비유적 확대는 이런 '경영'적 패러다임에 의해 규정된다."[64] 아감벤이 자세히 설명하고 있듯이 오이코노미아는 군대나 항해 선박을 통치하는 조직을 모델로 해서 크세노폰이 만든 용어이다. 그러나 경제 개념의 의미론적 핵심이 이미 고대 그리스철학 속에 뿌리내리고 있다면 왜 신학적 계보학에 천착해야 할까?

18세기 중엽 이래 정치경제학의 초기 담론 속에서 '통치적 이성'이 등장함과 동시에 건강관리와 인구 생산성이라는 실천이 나타났다고 푸코가 특정했던 그곳에서 아감벤은 시계를 2천 년 전으로 돌려 경제에 대한 아리스토텔레스와 크세노폰의 글들에서 그리고 바울에서 시작한 교부신학 내에서 이 개념이 겪는 운명에 주목한다. 이 과정에서 아감벤은 불연속성에 대한 푸코의 헌신, 그리고 이와 관련해 실체, 본질, 보편은 서로 다른 역사적 영역들을 가로

---

64 Agamben, *Il Regno e la Gloria*, 32-3.

질러 나타날 수 있다는 가정에 대한 푸코의 유명론적 거부와 작별한다. 아감벤이 세속적 세계의 작동 뒤에 숨겨진 신학적 기계를 해독하는 곳에서, 푸코에게 "비밀은 [사물들에] 그 어떤 본질도 갖고 있지 않다는 것, 혹은 사물들의 본질이 이질적 형식들로부터 단편적인 방식으로 날조되었다"는 것이다.[65]

아감벤이 오이코노미아의 장소를 그가 섭리 패러다임이라고 부른 것에 두고 이것의 밑바탕에 놓여 있는 "통치행위의.존재론"에 관해 논의하게 되었을 때 관건은 더 분명해진다. 그는 이렇게 쓴다. "섭리(통치)란 신학과 철학이 고전적 존재론을 두 개로 분리된 실재, 즉 존재와 실천, 초월적 선과 내재적 선, 신학과 오이코노미아로 쪼개 버렸던 것을 다루려는 일이다. 그것은 '구베르나티오 데이'gubernatio dei, 곧 세계에 대한 신적 통치라는 방식 속에서 저 두 분리물을 재절합하려는 하나의 기계로 자신을 내세운다."[66] 하이데거식 존재자의 역사에서 나온 정리 — 존재와 실천의 분할 — 가 '서양'(아감벤이 별다른 단서나 성찰 없이 쓰는 것처럼 보이는 용어)의 정치적·형이상학적 지평을 형성하는 데서부터 '우리'의 근대성에 이르기까지 기독교 신학이 담당했던 결정적 중요성을 설명하기 위해 제시된다. 이런 점에서, 신적 통치의 아나키적 내재성이 '군림하나 통치하지 않는' 초월적 신의 섭리를 통해 표현되는 것처럼, 이런 계보학적 탐구가 가진 신학적 성격을 정당화하는 것은 오이코노미아의 특별히 기독교적인 운명이다.

아감벤에게 "섭리적 장치dispositif(이것은 그 자체로 신학적 오이코노미아의 재정

---

65 Michel Foucault, "Nietzsche, Genealogy, History", in *Language, Counter-Memory, Practice: Selected Essays and Interviews*, Daniel F. Bouchard(ed.), Ithaca, NY: Cornell University Press, 1977, 139, 142.

66 Agamben, *Il Regno e la Gloria*, 157.

식화이자 발전에 불과하다)는 근대적 통치의 인식론적 패러다임 같은 것을 담고 있다." 근대국가는 "입법적 혹은 주권적 권력과 행정적 혹은 통치적 권력" 사이의 분리라는 형태를 통해 "세계의 통치라는 신학적 기계"를 물려받게 된다.[67] 푀겔린의 『새로운 정치학』이 정치를 탈신성화시킨 기독교에 대한 보수적 변증론(변호론)을 통해 근대성을 치명적 영지주의의 표면 현상으로 인식하는 반면, 아감벤은 정치적 근대성을 기독교 신학이 성립시킨 메커니즘 속에 갇혀 있는 것으로 그린다.

그런데 무슨 권리로 아감벤은 일련의 개념적 성좌들과 의미론적 씨앗들 — 각기 다른 시대와 담론 구조를 가로지르는 — 을 강조하는 입장으로부터 이런 고고학적 탐구가 긴급한 정치적 중요성을 가진다는 전반적 확신으로 이동하는가? 신이 없는 것처럼 보이는 정치 속에서 도대체 어떻게 종교적 틀이 여전히 작동하게 된다는 것인가? 시기와 국면을 가로지르는 어떤 사유 양식들의 비밀스런 내구성과 작용력을 추적하길 원하는 개념 혹은 관념의 역사학자와는 달리, 아감벤은 텍스트 형식을 벗어난 전송 방식에는 관심이 없으며, 이점은 푀겔린과 비슷하다. 가령 말브랑슈식의 우인론偶因論이 정치경제와 인민주권에 관한 루소의 개념들 내에 여전히 남아 있다거나, 질서에 대한 신학적 관념은 스미스의 '보이지 않는 손' 개념과 대응된다고 진술할 때, 아감벤은 개념들이 서양 형이상학의 폐쇄적 역사 바깥에서 출현될 수 있는 가능성, 혹은 정치적·경제적 관념들이 신학이라는 이름의 치명적 유산을 능가하거나 그로부터 벗어날 수도 있는 가능성에 대해 신경 쓰지 않는다. 아감벤은 특정한 사유 형식의 회복력 — 섭리 개념 같은 — 은 그것이 완전히 다른 목표와 통약 불

---

67 Ibid., 158.

가능한 맥락 속에 재배치되었을 때에 비해 적절성이 떨어질 수도 있다는 점 역시 고려하지 않는다. 마지막으로, 특정한 통치 개념과 조직 형태가 그토록 장기적으로 지속되고 있는 원인이 신학적인 것의 연속에 있다기보다는 특정한 사회적 관계와 거기서 나온 환상들의 끈질김에 있을지도 모른다는 가능성 ― 가령 아감벤 자신도 보여 주고 있듯이, 관료제라는 신학적 장치는 제국들의 경험적 역사에서 유래한 것이다 ― 에 대한 진지한 고찰 ― 이 없다.

이런 점에서, 1960년대에 한스 블루멘베르크, 카를 슈미트, 카를 뢰비트 등의 세속화 논쟁이 가진 이론적 중요성을 아감벤이 묵살하는 것은 징후적이다. 아감벤에게 세속화는 엄밀하게 역사 서술적인 테제가 아니라 전략적 책략이다. 담론 전략으로서 세속화는 신학적 기원을 가지는 정치 용어들을 논쟁적으로 참조하는 일까지 포함하는 것이다.[68] 세속화는 "정치적 개념이 자신의 신학적 기원으로 되돌아가게 잡아 주는 전략적 운영자이다."[69] 아감벤은 이 전략의 기초를 역사철학 그 자체가 아닌, 우리로 하여금 이른바 탈신성화된 현상으로부터 그것의 신성화된 기원으로 옮겨 갈 수 있게 해주는 지표 혹은 '서명'이라는 개념에서 찾는다. 따라서 오직 일부만이 "서명을 인식하고,

---

68 아감벤이 '서명'*segnatura*이라는, 조금은 신비스러운 '방법론적' 용어를 들여오는 것은 이 지점에서다. 세속화는 "기호나 개념이 기호적인 것을 벗어나 새로운 기호화 혹은 새로운 개념을 구성하지 않도록, 그래서 결정된 해석이나 결정된 영역으로 되돌아가게 하기 위해 그것[기호나 개념]을 잡아 주거나 그것을 넘어서기도 하는 어떤 것"에 대한 연구, 곧 서명학 내의 한 요소로 기능한다. Agamben, *Il Regno e la Gloria*, 16. 그 방법론에 대한 아감벤의 최근 연구로는 Giorgio Agamben, *Signatura rerum. Sul metodo*, Turin: Bollati Boringhieri, 2008을 보라. 세속화 개념에 대한 아감벤의 이전 발언으로는 다음 책에서 그가 베버에 대해 언급한 부분을 보라. Giorgio Agamben, *The Time That Remains: A Commentary on the Letter to the Romans*, trans. P. Dailey, Stanford: Stanford University Press, 2005, 19-23[41-46쪽].

69 Agamben, *Signatura rerum*, 68.

개념의 전통 속에서 그 서명이 작동시키는 탈구 및 변위變位 지점을 따라갈 수 있는 능력을 가지고 있다"는, 조금은 신비스런 가정이 등장하는 것이다.[70] 하나의 담론 영역에서 다른 영역으로 변환하게 하는 메커니즘을 실제로 측정할 필요는 없는데, 왜냐하면 서명의 존재 자체가 내재적으로 우리를 신학 영역의 기원으로 안내함으로써 — 이는 블루멘베르크가 자신의 작업을 통해 비판적으로 파헤쳤던 움직임인데 — 정치적 개념 자체를 탈구시키기 때문이다. 예컨대 정치경제학은 "섭리적 오이코노미아의 사회적 합리화"로 환원되는 식이다.[71] 따라서 종교적인 것을 정치적인 것에 연결시키려는 그 많은 시도들과 마찬가지로, 서명의 '이론'은 우리가 환원주의적 관념론이라 부를 수 있는 것, 즉 관념적 구조를 사회적 관계로 축소시킴으로써 혹평을 받는 일종의 마르크스주의적 환원주의의 거울 이미지 같은 것에 종사하는 것처럼 보인다. 사실 아감벤의 책에 등장하는 몇몇 구절들은 신학-경제학적 서명보다 역사 유물론적 환원론에 더욱 잘 부합한다. 예컨대 유사-아리스토텔레스적 논문인 『세계에 관하여』De Mundus를 언급하면서, 아감벤은 페르시아 왕의 통치 장치를 인식하는 일이 신성한 위계에 관한 후대의 이미지에 어떻게 영향을 끼쳤는지를 보여 준다. "타국의 군주들이 자신들의 왕국을 보존했던 수단인 행정적 장치야말로 세계에 대한 신적 통치의 패러다임이 된다."[72]

그러나 개인의 추측성 통찰과 유추적 사고에 너무나 많이 기대고 있는 서명 탐구라는 연구 방식에 대한 아감벤의 참조보다 더욱 크게 문제가 되는 것이 있다. 이것은 신학적 기원이라는 개념과 관련되어 있다. 이 개념 뒤에는

70 Agamben, *Il Regno e la Gloria*, 16.

71 Ibid., 310.

72 Ibid., 96.

슈미트적인 다양한 세속화에 대한 아감벤의 공감뿐만 아니라, 우리의 정치적 지평이 여전히 기독교 신학 담론 내에서 구축된 의미론적이고 관념적인 구조에 의해 결정된다고 ─ 더 나아가서는, 무의식적으로 결정된다고 ─ 주장하는 역사-존재론적 연속성에 대한 신념이 놓여 있다. 아감벤으로 하여금 근대적 지배에 담긴 신학적 모체를 파헤치는 자신의 고고학적 노력도 윤리적이고 정치적인 몸짓이라고 주장하게 만드는 것 또한 푸코의 니체적 계보학과는 너무나 다른 이 기원에 대한 개념이다. 급진적 정치의 모든 범주들이 법률적으로는 행정과 생사여탈이라는 장치와 동일한 형이상학적 수렁에 빠져 있기에, (신학 자체가 이미 권위라는 상징에 빠져 있는 한) 우리의 정치 전부가 종교이기에, 우리의 난관에 부합하는 것은 오직 철저한 변화인 메시아적 변화뿐이다. "세속주의laicismo, 신학 및 그것의 섭리적 패러다임을 향한 일반 의지에 반대하는 게 무의미한 것은 이 때문이다. 그들[신학과 세속성/근대성]을 경쟁자이지만 분리할 수 없는 형제로 만들어 낸 그 분리 이전으로 돌아가는 고고학적 작업만이 총체적인 경제-신학적 장치를 해체해 무용지물로 만들 수 있다."[73]

따라서 한스 블루멘베르크가 (뢰비트와 슈미트 모두에 반대하며 썼던) 자신의 책 『현대의 정당성』_The Legitimacy of the Modern Age_을 통해 세속화 담론의 목록에 기입해 넣었던, 기독교의 목표에 대한 변증론[변호론] ─ 교회의 개념적 유산들이 지금껏 도용되고 오용되었다는 사상 ─ 을 아감벤이 받아들이지는 않는다고 해도, 그는 세속화 담론 중 한 가지 핵심적 측면, 즉 실체적 연속성이라는 개념은 분명히 천명하고 있다. 블루멘베르크는 이렇게 쓴다. "실체substance라는 범주가 역사 이해를 지배하는 곳에서만 반복, 합성, 분리가 존재한다 ─

73 Ibid., 313.

그리고 이와 더불어 위장과 폭로 역시 존재한다." 그렇지 않다는 아감벤의 불가피한 하이데거적 항변에도 불구하고, 그가, 블루멘베르크를 인용하자면, "변장한 모습 속에서 실체를 파악"할 수 있도록 만든 것은 오직 근원적 연속성이라는 개념 ─ 즉 역사-존재론적 운명이라는 개념 ─ 이다. 자신에게조차 가려져 있는 역사라는 개념, 오직 서명을 아는 인간만이 의심의 고고학이라는 방법을 통해 없앨 수 있는 일종의 마법으로서의 세속화 개념에 맞서서, "하나의 관념과 그 역사 사이에는 고도의 무관심이 존재한다"[74]는 블루멘베르크의 주장 ─ 한때 제례적 혹은 신학적 맥락 속에서 표현되었을 법한 권위, 정의 혹은 구원 개념의 지속성은 자신의 기원이 가진 죄의 표식을 갖고 있지 않다는 ─ 에 대해 충분히 고찰해 볼 만하다.

블루멘베르크의 비판에 답하려 했던 슈미트의 시도는 이 점에서 유익하다. 세속화 논쟁, 제2차 바티칸 공회 이후 교회의 역할에 대한 광범위한 논쟁들과 함께 『현대의 정당성』으로 인해 슈미트는 자신의 세속화론을 처음으로 제출했던 1922년의 유명한 결단주의적decisionist 소책자의 속편인 『정치 신학 II』Political Theology II를 펴냈다.

현대 국가론의 중요 개념은 모두 세속화된 신학적 개념들인데, 이 개념들의 역사적 전개 ─ 그 속에서 개념들은 신학으로부터, 가령 전지전능한 신이 전지전능한 입법자가 되었다는 식의 국가론으로 옮겨 갔다 ─ 를 봤을 때 그럴 뿐만 아니라, 이 개념들의 체계적 구조 및 그것에 대한 사회학적 고찰을 위해 반드시 인식해야만 하는 체계적 구조를 봤을 때도 그렇다. 법학에서 예외 상태는 신학에서의 기적과 유사한 의미를 갖는다.

74 Hans Blumenberg, *The Legitimacy of the Modern Age*, trans. R. M. Wallace, Cambridge, MA: The MIT Press, 1983, 9, 15, 21.

이 유비 관계를 알아야만 우리는 지난 세기[19세기]에 전개되었던 국가 철학상의 여러 이념의 발전을 판단할 수 있다.[75]

법학 개념에 관한 자신의 사회학을 특히 마르크스주의와 같은 다른 인과론적 분석에 대비시키면서 슈미트는 정치 종교 문헌들에서 커다란 역할을 하기도 했던 하나의 방법론을 사용하는데, 이것이 곧 때때로 동형체isomorphy를 뜻하는 것처럼 활용되었던 유추다. "특정 시대가 만들어 내는 형이상학적 세계상은 그 시대 정치조직의 형식과 똑같은 구조를 갖는다."[76] 하지만 슈미트가 반세기 후에 후속작에서 고통스럽게 보여 준 것처럼, 이런 접근법은 정치 종교 이론들을 지지해 주는 세속화 서사들이 상정하는 기능적 정체성이나 역사적 연속성 같은 것에 의존하고 있지 않다. 세속화는 신학과 국가 간의 관계로 제한되어 있지, 정동의 인류학이나 푀겔린이 제안했던 문명적 역사철학류에 기반하고 있지 않은 것이다.

세속적인 것의 팽창으로 인한 종교의 소멸이나 정치적 매개체 내에 숨어 있는 종교적 야망이라는 선형적 서사를 취하는 대신, 언제나 권위를 뒷받침하는 제도와 형이상학, 교회와 국가에 대해 보수적인 관심을 기울였던 슈미트는 어떤 역사철학의 손아귀에서도 빠져나가 버릴 만큼 고도로 불안정한 상황을 묘사한다. 더 정확히 말해, 공공연히 반동적인 관점을 가진 슈미트에게 혁명적 정치와 그 주체인 노동계급의 발흥은 세속적인 것과 영적인 것, 국가와 교회 사이를 규정했던 경계선이 무너지는 사건이었다. 바로 이 지점 이후

75 Carl Schmitt, *Political Theology: Four Chapters on the Concept of Sovereignty*, trans. G. Schwab, Cambridge, MA: The MIT Press, 1985, 36[54쪽].

76 Ibid., 46[65쪽].

로, "영적인 것과 세속적인 것, 현세와 내세, 초월성과 내재성, 관념과 이해관계, 상부구조와 하부구조는 주체들 간의 투쟁에 따라서 결정될 수밖에 없다."[77] 나아가 "일단의 동지와 적이 역사 속에서 계속 변화한다는 점에서 볼 때, 신학은 반혁명뿐만 아니라 혁명의 정치적 도구가 될 수도 있다. 이것은 정치와 논쟁의 긴장 내에서 끊임없이 진행되는 변화, 그리고 전선의 형성에 있어서의 자연스런 부분이다. 이는 단지 강렬함의 문제인 것이다."[78]

바로 이 호전적이면서도 활력론적인vitalistic 언급은 해결책보다는 질문 거리를 훨씬 더 많이 담고 있지만, 정치적인 것과 종교적인 것의 관계가 역사철학이 포괄할 수 없는 정치적 투쟁의 우발성과 긴급성이라는 관점에서 고찰되어야 한다는 슈미트의 제안은 주목할 가치가 있다. 또한 20세기는 영적·세속적 권위가 확고한 제도들에 고정되는 것이 더 이상 안정적이지 않은 시대를 열어젖혔다는, 한 걸음 더 나아간 슈미트의 주장도 주의를 요한다. 슈미트가 말하듯, 만약 "우리가 더 이상 정치적인 것을 국가에서 떼어내 정의할 수 없다면,"[79] 마치 "미로로 된 빛의 건축물에서와 같이, 벽이 무너지고, 한때 분명했던 공간종교적인 것과 정치적인 것이 서로 뒤섞이고 관통하는" 것처럼, 종교와 정치 간의 절합이라는 개념 역시 변모하게 될 것이다.[80] 이런 혼돈의 상황 속에서 우리를 안내할 수 있는 것은 오직 우정과 적대의, 연합과 분열의 강렬함뿐인가?[81] 정치와 당파성이 분리될 수 없다는 점을 받아들인다 할지라도,

---

[77] Carl Schmitt, *Political Theology II: The Myth of the Closure of Any Political Theology*, trans. M. Hoelzl and G. Ward, Cambridge: Polity, 2008[1970], 44.

[78] Ibid., 42.

[79] Ibid., 45.

[80] Ibid., 97.

논쟁과 갈등이 행동의 유일한 지평이 되는 것인가?[82] 만약 국가가 정치를 억제할 수 없거나, 영적 권위가 정치를 감독할 수 없다면, 정치가 이루어 낼 수 있는 보편성이란 도대체 어떤 것인가?

드 메스트르De Maistre, 보날드Bonald, 도노소 코르테스Donoso Cortés 같은 이들이 내세웠던, 이성과 평등의 광신에 대한 반혁명적 비판에 열심히 지지를 보내는 슈미트는 물론 국가와 종교를 넘어선 보편을 주장하는 공산주의에 철저히 반대하는 입장이다. 자유주의와 더불어 공산주의를 병적으로 관념적인 정치 인식으로 취급하는 슈미트는, 비록 정치 종교 테제의 근간에 놓인 역사철학으로부터 거리를 두고 있음에도 불구하고, 역시나 공산주의를 하나의 메시아주의로 바라본다. 블로흐적인 혁명 신학에 대한 비판을 암시하면서, 슈미트는 주름살 많은 반동주의자의 경멸이 드러나는 말투로 당대의 혁명적 경향에 대해 이렇게 쓰고 있다. "나는 그런 진보적이고, 다가치적多價値的, plurivalent이며, 진화하는 사회는 그 체제에 내재하는, 따라서 또한 진보적이고 다가치적인 종말론만을 허용한다고 생각한다. 이런 종말론은 그러므로 오직 '인간이 인간에 대해 인간인'homo-homini-homo 종말론일 수밖에 없다. 기껏해야 이런 종말론은 희망의 원리에 바탕을 둔 유토피아이며, 그것의 내용은 자신을 생산하고 나아가 자기 자신의 가능성을 위한 조건을 생산하는 '숨어 있는 인간'homo absconditus[83]* 이다."[84] 교회와 국가의 초월성이라는 밧줄에서 풀려난 현

---

81 Ibid., 45.

82 1848년의 '당-광신주의' 개념의 등장에 대해서는 Conze and Reinhart, "Fanatismus"를 참조하라.

83 * 기독교 신학에서 신은 '숨어 있는 신'Deus absconditus이다. 전지전능한 신은 드러나지 않은 채로 (숨어 있는 채로) 만물을 다스리기 때문이다. '숨어 있는 인간'Homo absconditus은 같은 맥락에서, 이제 '신'이 된 인간이 드러나지 않은 채로 만물을 조종하고 다스린다는 의미로, 진보주의적·인간주의적 인간관의 핵심이라 할 수 있다.

대적 메시아주의는 숨어 있는 신에서 숨어 있는 인간으로 이동한다. 슈미트에게 형체 없는 인류라는 관념에 대해 고민하고, 구체적 갈등 영역으로부터 인류와 그 적들 간의 투쟁으로 적대의 위치를 옮겨 놓은 인간주의란 궁극적으로 자유주의자 또는 공산주의자로 위장한 광신일 뿐이다(이로부터 슈미트의 금언이 탄생한다. "인간이라는 것은 곧 짐승이라는 것"Humanität, Bestialität).

보편적 혁명들

평등을 실현하는 관념, 무엇보다도 광신적 신앙이라는 오만한 인간주의를 나타내는 하나의 지표로서의 마르크스주의와 공산주의를 종교와 동일시하는 일(블로흐 등은 긍정적인 태도로 그 관계를 탐구했지만)은 흔히 자격 박탈의 형식으로 이루어진다 ─ 어떤 이들에게는 그것이 종교적 초월성의 왜곡된 형태이기 때문에, 다른 이들에게는 종교의 비합리성의 반복이기 때문에 그렇다. 그러나 그런 유추와 동형성은 비방자들 자신에 관한 문제들을 끌어낼 수 있다. 프레드릭 제임슨이 매우 예리하게 강조했다시피 "떳떳하지 못한 종교라는, 즉 자기 이름을 알고 싶지 않아 하는 종교"라는, 마르크스주의에 대한 비난은 양날의 칼과 같다. 마르크스주의를 종교와 동일시하는 행위는 모든 종교를 세속적 이데올로기라는 지위로 축소시키는 역할을 할 수 있다. 이데올로기라는

---

84 Schmitt, *Political Theology II*, 54. 타우베스는 이 책을 쓴 슈미트가 신비주의와 메시아주의의 급진적이고 민주적인 차원을 파악하지 못하게 만들었던 "순전히 계급적인 백내장"purely hierarchical cataract에 대해 언급한 바 있다. Taubes, *The Political Theology of Paul*, 100.

범주 아래에서는 사실상 내재성과 초월성, 세속적인 것과 영적인 것 사이의 명확한 구분을 유지하기가 훨씬 더 힘들어지고, 종교의 특수성을 옹호하기도 힘들어진다. 제임슨은 또한 무신론자인 비평가가 종교적 믿음에 대해서 "어떤 독특하고 특이한, 본질적으로 심리적이거나 영적인 경험의 다른 유형" ─ 세속주의나 과학적 무신론은 우리에게 이런 믿음에 대한 예방 작업을 하고 있다 ─ 이라고 규정하는 일이 가진 위험성을 지적한다. 제임슨에 따르면 이 것은 [종교를] 일종의 미신으로 격하시킨다.[85]

종교와 이데올로기 간의 경계를 흐리는 일은, 최소한 기독교의 문화적 고 양高揚을 옹호하는 것을 중시했던 아렌트가 모네로의 작업에 대해 평가했던 바, 실제로 정치 종교 테제가 가진 "신성모독적" 차원이었다. "일상의 종교"에 대한 마르크스주의적 탐구 역시 그 원천은 같은 곳[종교와 이데올로기 간의 경계 흐리기]에 있다. 무신론이나 계몽주의의 심리학적 해석에 반대하는 제임슨의 경고는 여기서도 특히 적절하다. 광신에 가해지는 합리성의 '과잉'이라는 비 난과 종교적 신앙의 옹호자들이 내세우는 경험적 현실주의는 정당한 주관적 경험의 형식들을 병리적인 신념이 발현된 사례와 구별하려는 시도가 심리학 적 범주가 아닌 문화적이거나 정치적 범주들에 의지함으로써 실패한다는 점 을 보여 준다는 것이다. 이에 반해 마르크스주의와 교회 간의 대비를 역사화 해서 그것을 물질적 차원과 연결시켜야 한다고 주장하는 제임슨의 대안은 더 욱 비옥한 연구 영역을 열어젖힌다. 제임슨은 [마르크스주의와 기독교의] 경험 구조들이나 개념적 유비 관계를 환기시키는 대신, 이미 나름대로 달성한 고 도의 보편성으로 특징지어지는 초국가적인 사회적 환경(로마제국, 자본주의 세

85 Jameson, *Marxism and Form*, 117[126쪽].

계)이라는 맥락 속에서 마르크스주의와 기독교가 공히 보편주의적 기획을 촉진시키려 노력했던 "물질문화"로서 발흥했다는 점을 지적한다. "마르크스주의가 기독교와 공유하는 것은 무엇보다도 역사적 상황이다. 현재[1971년] 마르크스주의는 보편성에 대한 요구와 보편적 문화를 만들어 내려는 시도를 기획하고 있는데, 이는 로마제국 몰락기와 중세 절정기의 기독교가 보이던 특징이었다. 따라서 마르크스주의의 지적 도구들이 …… 서로 다르고 완전히 무관한 문화적 배경을 가진 사람들을 동질화시키는 데 기독교가 사용했던 테크닉들과 구조적 유사성을 공유하고 있다는 점은 전혀 놀랍지 않다."[86] 이 통찰은 근대적 정치와 종교 간의 상응 관계에 대한 가장 영향력 있는 분석들 중 하나와 흥미로운 친연성을 가지고 있으니, 『앙시앵 레짐과 프랑스혁명』*The Ancien Régime and the Revolution*을 통해 "종교 혁명"으로서의 프랑스혁명에 대해 논의했던 토크빌의 분석이 그것이다.

프랑스혁명의 발발을 그 이전에 발생했던 평등화와 민주화라는 사회적 과정에 ― 즉, 권리와 시민권이라는 보편적 이상의 도달을 예고하는 일종의 물질적 보편성에 ― 연결시키는 서사를 이야기하는 토크빌은 인류 자체를 위한 기획을 주조해 내면서 경계와 개별주의를 초월했던 저 세계 변혁적 종교 운동들 속에서 혁명의 유일한 이데올로기적 비교 대상을 발견한다. 프랑스혁명에 깃든 광신적 과잉, "살인적 금언들", "무장한 여론"을 인지하고 있었음에도 불구하고,[87] 토크빌은 혁명을 단지 합법적 신앙의 대체물이나 강탈자로 취

---

86 Ibid., 117-18.

87 Alexis de Tocqueville, *The Old Regime and the Revolution*, F. Furet and F. Mélonio(eds.), trans. A. S. Kahan, Chicago: University of Chicago Press, 1998, 94. 토크빌이 프랑스혁명의 기반에 대한 사회학적 설명과 함께, 좀 더 인류학적인 방향성도 수용하고 있다는 점은 필히 주목해야

급하기 위해 종교적 유비 관계를 활용하지 않는다. 오히려 토크빌은 다른 정치 혁명들에서 전례가 없는, 무한한 보편화의 역량 속에서, "전 세계 사람들이 누구나 시민이 되는 공통의 지적 조국"을 창조할 수 있는 그 능력 속에서 프랑스혁명의 급진적 새로움을 발견했다.

토크빌은 종교와 혁명 사이의 익숙한 유사성들 — 설교와 선전이 하는 역할, 전환conversion[88●]의 중요성 등 — 을 열거하고 있지만, 그중 가장 중요한 것은 보편성이다. 권리와 자유가 특정한 주장과, 구체적인 민족, 계급, 영토의 운명과 연동되었던 이전의 정치적 반란들과 달리, 프랑스혁명은 [권리와 자유를] "인간 본성 자체"로 다룬다는 점에서 종교적 격변에 훨씬 가깝다. 이는 가령 프랑스혁명이 "국내에서 열정적으로 행동하는 것만큼 외국인들에게도 열렬히 말을 건넨다"는 사실로 드러난다. "이 얼마나 새로운 광경인지 생각해 보라!" 토크빌에게 있어 "프랑스혁명이 세상에 제시했던 그 모든 전례 없는 것들 가운데 이것이야말로 확실히 가장 새로운 것이었다." 비록 "혁명은 일반적으로 예상했던 것만큼 그리 많은 혁신을 가져온 것은 아니었다"[89]고 주장하면서 앙시앵 레짐과 프랑스혁명 사이의 보이지 않는 많은 연속성들을 강조함에도 불구하고, 그는 과거에 있었던 정치적 변화 사례들과의 이런 절대적 단절을 인식할 수밖에 없다. 혁명이 종교와 공유하고 있는 특징이자 많은 혁

한다. 가령, 반종교 운동이 "인간의 자연적 본성과는 반대로" 한때 사람들을 충만케 했던 신앙을 그들에게서 "제거해 버린" 채로 두었다는 데서 혁명적 광신의 기원을 찾는 것은 [인류학적 설명의] 한 사례다.

88 ● 영어 'conversion'의 어원인 라틴어 'conversio'는 '되돌아감', '바꿈'이라는 뜻이다. 종교에서는 믿기 전과 달리 믿은 후 '사람이 바뀌는' 것, 혁명에서는 혁명 전과 후 '체제가 바뀌는' 것을 모두 포괄하는 말이다.

89 Ibid., 106[32쪽].

명의 비판자들에게는 광신의 원천 그 자체로 여겨졌던 그 특징, 즉 관념으로 인해 혁명은 외국인도 환영할 수 있는 것이다. "종교는 관념적이고 일반적인 성질을 더 많이 가지면 가질수록, 법, 기후, 인간의 차이에도 불구하고 더 많이 퍼져 나간다"고 토크빌은 쓰고 있다. 마찬가지로 프랑스혁명은 "종교가 시대나 지역에 관계없이 일반적으로 인간을 바라보는 것과 마찬가지로, 시민들을 특정 사회 바깥에서 관념적인 방식으로 바라보았다."[90] 프랑스혁명의 관심사는 인간의 본성이었고 "인간 사회의 일반 법칙들"이었고,[91] 이것이야말로 버크와 같은 이들이 조롱거리로 삼았던 것이었다.

토크빌 자신의 정치 종교에 대한 이해의 바탕에 깔린 것은 주관적인 믿음의 질이 아닌 혁명의 확장적 보편성이다. 여기서 다시 한 번 이슬람교와의 유사성이 등장한다. 프랑스혁명은 "동시대인들을 그토록 경악케 했던 종교 혁명의 외양을 취했다. 혹은 더 정확히 말하면, 혁명은 그 자체로 새로운 종류의 종교가 되었다. 그것은 신도, 의식도, 죽음 이후의 삶도 없는 불완전한 종교였으나, 그럼에도 불구하고 이슬람교처럼 지상을 자신의 병사와 사도, 순교자들로 가득 채운 그런 종교였다."[92] 이전에 헤겔이 그랬듯, 토크빌도 이슬

---

90 Ibid., 100[24쪽].

91 Ibid., 101[25쪽].

92 Ibid[24쪽]. 경악한 동시대인들 중 하나는 에드먼드 버크였으니, 그는 프랑스혁명이 "원리와 이론적 교조의 혁명"이었다는 점을 강조했다. "이 혁명은 개종의 의지를 핵심 요소로 가진 종교가 만들어 냈던 변화들과 훨씬 더 많이 닮아 있다." Edmund Burke, "Thoughts on French Affairs"(1791), in *Further Reflections on the Revolution in France*, D. E. Ritchie(ed.), Indianapolis: Liberty Fund, 1992, 208. 이 구절은 프랑스혁명의 공포정치에서 종교의 역할에 관한 메이어의 설명에서 논의되고 있다. 메이어에게 "왕좌와 제단의 헤게모니를 탈신성화하려는 고통스러운 싸움 속에서 프랑스혁명은 궁극적으로 그 자신의 세속 종교 혹은 정치 종교를 부화시켰다. 종교의 정치적 대체물을 향한 이 노력은 하나의 정치적 주권을 회복하려는 충동에 수반되

람교의 정치 속에서 혁명적 평등주의라는 관념적 열정과 지구적 야망에 대한 기대를 발견한다. 수많은 냉전의 참전 용사들 혹은 뒤늦은 냉전 전사들의 관점에 따르자면 20세기의 이슬람교(공산주의)가 자유주의적 자본주의에 대해 가했던 위협을 21세기의 공산주의(이슬람교)가 이어 받은 오늘날, 이런 토크빌의 깨달음은 되새겨 볼 가치가 있다. 하지만 이 유사성들은 더욱 중요한 어떤 것을 시사해 주고 있으니, 곧 광신의 핵심적인 정치적 차원은 굴하지 않는 신념이라는 심리학적 특징 — 이것은 뚜렷한 정치적 특성이 아닐뿐더러, 그 어떤 경우라도 정신병리학에 관한 부당한 논의로 너무나 쉽게 미끄러져 들어가게 된다 — 이라기보다는 그것이 관념 및 보편성과 맺고 있는 관계에 있다는 점이다.

버크에서 모네로까지, 그리고 이들의 21세기판 아류들도 포함된 혁명의 비판자들은 민족적 차이, 자연적 위계, 인간적 가능성의 한계를 무시하고 짓밟는, 보편적 해방이라는 이름의, 기하학적 특성을 가진[93]* 뿌리 없는 개념들에 대해 맹렬한 비판을 가해 왔다. 좀 더 자유주의적이고 세계주의적인 성향을 가진 혁명 반대자들은 평등주의적 광신의 균등화하는 관념들을 대의제도와 시장 거래의 합동 작업만이 조정할 수 있는 경험적 복잡성들에 대한 폭력적 부정으로 묘사해 왔다. 관습의 조절을 거부하든 시장의 조절을 거부하든, 광신자들은 언제나 중재에 대한 거부로 특징지어지는 것처럼 보이는데, 이는

는 근원적 폭력을 격화시켰다." Amo Mayer, *The Furies: Violence and Terror in the French and Russian Revolutions*, Princeton: Princeton University Press, 2000, 141(또한 xvi, 146, 445)를 참조하라.

93 * 선과 단순한 모양으로 이루어져 있다는 뜻이다. 앞으로 나아가는 진보 이념이나 인간 해방이라는 목표 등은 인간의 복잡성과 현실의 구체성에 천착하는 보수주의자, 현실주의자들에게는 흔히 매우 '단순한' 것으로 표상된다.

구체적 차이들을 우회해 가려는 '종교적' 소망이라는 것이다.

자신을 반광신적 맹비난에 노출시키지 않으면서 보편성을 긍정하길 원하는 우리 시대의 정치에서 이런 문제가 가진 변함없는 성격은 자크 데리다, 조르조 아감벤, 알랭 바디우 등 몇몇 저명한 사상가들에 의해 제기된, 메시아적이고 종말론적인 형상에 대한 최근의 호소 속에서 아마도 가장 분명히 드러난다. 이 방향 전환에 담긴 아이러니는 지금쯤 명백해졌을 것이다. 사회적 혁명은 묵시록적 열망의 세속화에 불과하다고 주장하는 의심의 종교적 해석학 앞에서 비록 다수의 마르크스주의, 공산주의, 해방의 사유가(블로흐나 벤야민 같은 주목할 만한 예외는 제외하고) 움츠러들었던 적이 있지만, 최근에는 그런 전통적인 방어 태세를 역전시켜 혁명적 정치에 담긴 종교적 차원을 끌어안는 경향을 볼 수 있다. 여기서 내 주장은 두 가지다. 첫째, 구원이라는 종교적 개념의 정치적·철학적 호출은 적어도 부분적으로는 광신을 향한 비난에 대한 반응으로 이해되어야 한다는 것이고, 둘째, 이 호출은 한편으로는 옹호할 수 없는 역사철학, 다른 한편으로는 현재에 대한 체념이라는 진퇴양난 사이에서 항해하면서 동시에 급진적 변화의 정치라는 주장을 지키려는 사유가 처해 있는 복잡한 곤경의 징후라는 것이다.

지식의 종언

이런 주제들은 자크 데리다의 『마르크스의 유령들』*Specters of Marx*에서 중추적 역할을 하고 있다. 데리다의 개입은 정치 종교의 전반적 문제, 구체적으로는 정치적 메시아주의의 핵심적 전형으로서의 마르크스주의에 비추어 볼 때 특별히 흥미로워진다. 지정학의 영역으로 회귀한 종교적인 것이라는 맥락(에루

살렘에서의 유일신교들의 "세계대전"에 관한 그의 과장된 진술들을 떠올려 보라) 속에서 글을 쓰면서, 데리다는 종교적인 것을 정치적인 것에 결합시키는, 시간적으로 코드화된 두 서사의 관점에서 마르크스를 비판적으로 상속받는 문제를 다룬다. 신자유주의적 신복음주의neo-evangelism의 경향을 띤 후쿠야마의 『역사의 종언』을 통해 구체화된, 마르크스주의를 누른 시장 민주주의의 승리라는 "목적론적·종말론적인 좋은 소식"[94]의 선포는 그 차분한 세속주의에도 불구하고 묵시록적인[95] 것과 다를 바 없는 종언과 진리 사이의 연결 고리에 의지하고 있는 것으로 그려진다 ― 이 선포는 종언의 의미를 진리의 계시, 즉 탈역사적 인간 동물에 어울리는 유일한 정치체제로서 자유민주주의가 다다른 절정이라는 진리에 결부시키는 것이다. 자유주의라는 이상적 지위와 그것의 경험적 위기 사이의 격차 ― 후쿠야마는 이를 『정신현상학』Phenomenology of Spirit에 대한 코제브의 영향력 있는 해석에 의존하는 임시변통식 헤겔주의로 살짝 가린다 ― 에 주의를 집중시키면서, 데리다는 칸트적 광신 비판의 주요한 몸짓들 중 하나를 반복한다. 그는 어떻게 특정한 철학적 입장이 순전히 규제적인 것을 확실한 것으로 다루는 데 의존하는지, 어떻게 도덕적 진리가 세속적 지식으로 위장해 들어오는지를 보여 준다. 이 묵시록적이면서 광신적인 이상과 사실, 진리(혹은 신앙)와 지식의 융합에 맞서는 상대이자 아마도 해독제는 정치적 희망을 유지하기 위해 종교적 용어를 활용하는 또 다른 시간적·경험적

---

94 Derrida, *Specters of Marx*, 80[『마르크스의 유령들』, 138-9쪽].

95 "묵시록적 음색을 취하는 이는 누구라도 당신에게 무언가를, 말하지는 않더라도, 표현하게 된다. 무엇을? 물론 진리를. 당신에게 진리를 계시하고 있음을 표현하는 것이다. …… 진리 자체가 종말이고 종착지이며, 진리가 스스로를 드러내는 것은 종말의 도래이다." Jacques Derrida, "On a Newly Apocalyptic Tone in Philosophy", in *Raising the Tone of Philosophy*, 151.

양식, 곧 메시아적인 것the messianic이다. 이 용어는 마르크스의 '정신'을 되살리려는(반면, 데리다의 많은 비판자들이 언급하듯이, 문자[96]*의 많은 부분은 내버리면서) 데리다의 시도에서 중심적인 것으로 드러나게 된다.

마르크스에 대한 독해의 많은 부분에서 세련됨을 보여 주었음에도 불구하고, 어떤 측면에서 데리다는 마르크스의 세계사Weltgeschichte, 즉 자본주의의 등장 및 치명적 모순들에 대한 그의 역사-유물론적 설명이 구원의 역사를 의미하는 구속사Heilsgeschichte를 몰래 다시 쓰는 것에 지나지 않는다는 뢰비트의 주장의 한 변종을 지지하는 것처럼 보인다. 데리다의 평가에 따르면, "만약 마르크스주의 유형의 분석이 불가결한 것으로 남아 있다면, 반면 과학의 기획 또는 마르크스주의 비판의 기획을 정초하는 마르크스주의 존재론이, 그토록 많은 근대적인 또는 탈근대적인 부인에도 불구하고, 또한 그 자체로 하나의 메시아적 종말론을 포함하고 있는, 포함해야 하는, 포함할 수밖에 없는 바로 그 지점에서 마르크스주의 유형의 분석은 근원적으로 불충분한 것으로 보인다."[97] "존재론"은 데리다의 골칫거리다. 그것은 마르크스주의가 실재에 대한 지식을 가질 수도 있다는 생각을 의미한다 — 다시, 광란Schwärmerei에 대한 인식론적 비판이라는 칸트적 유산이 두드러지게 드러난다.[98] 여기서 내려지는

---

[96]* 문자the letter와 정신the spirit은 바울신학의 핵심적 이분법이자 서양철학의 기본 구도이기도 하다. 문자는 외양·형식을, 정신은 내면·본질을 의미한다. 바울은 〈고린도후서〉 3장 6절에서 "문자는 죽이는 것이요 영은 살리는 것"the letter killeth, but the spirit giveth life라고 말한다. 『마르크스의 유령들』에서 데리다는 마르크스의 이론(문자)이 아닌 마르크스의 영(정신)을 되살리고자 '푸닥거리'를 한다.

[97] Derrida, *Specters of Marx*, 73[『마르크스의 유령들』, 130쪽].

[98] 사유와 존재 간의 동일성에 대한 형식을 끊임없이 추적해 가는 데리다에게서도 광신 비판과의 어떤 친연성은 감지될 수 있다. 이는 데리다가 "섞이지 않은 것"[순수한 것]the unmixed에 반대하는

판결은 마르크스주의가 종교적 대체 보충을 필요로 하는 유사 과학이었다는 널리 퍼진 시각으로부터 실제로 그리 멀리 떨어져 있지 않다. 그러나 자유주의적 경험주의가 마르크스주의적 존재론을 대체해야 한다고 제안하는 대신, 데리다에게 이것은 오히려 메시아적인 것을 긍정할 이유가 된다. "새로운 계몽주의"에 대한 자신의 요청에 충실한 데리다는 정의의 사건을 기대하지 않는 기다림이 포함된 비종교적 경험 구조인 "메시아적인 것"과 규정된 믿음 및 실천 체계인 "메시아주의"를 구분한다.[99] [이런 구분이] 광신, 즉 진리에 대한 실증적 지식이나 진리의 즉각적 경험이 가능하다는 신념을 피하려는 것처럼 보일 수도 있는 방식이긴 하지만 말이다. 비록 경멸적인 태도는 결코 아니라 할지라도, 마르크스를 과학적이고 종교적인 '내용' 모두에서 추상화시키고 정제시키려는 이런 시도는 구체적인 역사적 내용으로부터 종교적 형식을 분리시킴으로써 정치 종교의 반마르크스주의 담론을 가능케 했던 일을 불편할 만큼 떠올리게 만든다. 데리다의 작전은 두 부분으로 이루어져 있는데, 먼저 그는 마르크스주의와 종교의 내용을 한데 묶어서 이 둘 모두를 규정하는 열망의 형식적 구조를 드러내려 하고, 나아가 이 형식 속에서 비평을 넘어선 곳에 놓인 어떤 것, 즉 해방을 위한 해체될 수 없는 희망을 보려 한다. 데리다는 과학

운동을 수행하고 있다는 의견을 주장하며 제임슨이 효과적으로 포착해 내고 있는 것이다. '섞이지 않은 것'이란, "어쨌든 순수하고 자기 충족적이거나 자율적인 것, 그것 전부를 둘러싸고 있는 혼합적이고 혼종적인 현상들의 총체적 혼돈에서 벗어날 수 있으며, 단일한 개념적 고유명사에 만족하며 명명되는 것"을 의미한다. Fredric Jameson, "Marx's Purloined Letter", in *Ghostly Demarcations*, M. Sprinker(ed.), London: Verso, 1999, 44-5.

99 "메시아적인 호소"가 가진 "보편적 구조", 그리고 그것이 "아브라함식의 메시아주의"와 다른 점에 대해서는 *Specters of Marx*, 210[322-3쪽]을 보라. 비판자들에게 내놓은 답변에 의하면, 데리다는 메시아적인 것과 엄밀한 의미의 메시아주의 간의 분리에 내재된 어려움들을 인식하고 있다. "Marx & Sons", in *Ghostly Demarcations*, 213을 참조하라.

적 마르크스주의도, 초월적 종교도 아닌, 오직 "종교 없는 메시아주의"만을 옹호한다.[100]

세속 종교로서의 마르크스주의에 반대하는 이들이 그것[마르크스주의라는 종교]의 원죄이자 파기된 구원의 약속으로 파악했던 것은 여기서 장점으로 변모한다. 게다가 데리다는 마르크스주의로부터 현재의 반복으로 환원되지 않는 미래라는, 어떤 지식도 예측할 수 없는 타자성이라는 순수하게 형식적인 관심사를 끌어내서는, 이것을 해체[론]의 배후에 놓인 윤리적 자극제로 뒤바꾼다. "메시아적인 것 일반"의 형식을 추출하려는 움직임과 사건의 정치라는 개념, 그리고 이와 관련해 "존재론"이라고 알려진 정치적 내용물 전체에 대한 데리다의 경멸 사이에 매우 밀접한 관련성이 있음은 주목할 만하다. 데리다라면 심지어 "메시아적인 것의 유사類似 무신론적인 메마름"에 대해 말하면서 사막과 같은 그 특성들을 강조하기까지 할 것이다.[101]

그러나 데리다의 항변에도 불구하고, 마르크스주의적 신앙 — '불가능한' 사건이라는 약속에 활짝 열려 있는 것으로 이해된 — 의 공간을 만들기 위해 수행되는 마르크스주의적 지식의 비판은 어떤 정치적 본질이라도 아예 비판 대상에서 제외시켜 버릴 수 있는 위험을 안고 있다. 목적론이라는 담보를 제거하고, 역사적 필요와 궁극적 승리에 의해 정당화되는 도구적 폭력에 마르크스주의적 지식이 제공할 수 있을 보증을 없애기 위해 요구되는 (결코 근본적이지는 않지만) 정당한 욕망은 혁명의 정치란 — 그것이 얼마나 위태롭든 간에 — 실제의 사회적·경제적 경향들 속에서 발판을 찾아야만 한다는 마르크스

---

100 Derrida, *Specters of Marx*, 74[『마르크스의 유령들』, 131쪽].

101 Ibid., 211[『마르크스의 유령들』, 324쪽].

의 중요한 통찰을 폐기한다. 만약 공산주의를 자본주의에 대한, 그리고 관념적 지배를 위한 자본주의의 구체적 형식들에 대한 확고한 부정 — 엥겔스가 "해방의 조건들"이라고 불렀던 것과 관련해 — 으로 이해한다면, 실재에 대한 어떤 (전략적인, 당파적인, 불완전한) 지식은 필수적이다. 무엇보다, 혁명에 대한 마르크스주의적 개념 — 특정한 역사적 전형과는 상관없이 — 은 한편으로는 정치적 역량이나 힘의 존재, 그리고 다른 한편으로는 저 조직화된 역량에 대한 당파적 시점을 통해 공산주의가 부정하려고 — 확실히 그리고 단호히 — 하는 그 세계의 실재적 경향을 인지하고 실질적으로 예측하는 게 가능해진다는 생각 사이의 교차점에 놓여 있다. 좋건 나쁘건 간에, 권력과 지식의 그런 절합 — 데리다라면 "어떤 존재론적 내용을 향해 성급하게 돌진[하는 것]"[102]이라고 인식했을지 모르는 — 없이 마르크스의 정신은 없고, 유령조차 없으며, 오직 가상simulacrum만이 있을 뿐이다. 달리 말해, 변증법적·역사적 유물론에 대한 데리다의 반대는 경험 불가능한 본질에 관련된 실증적 지식이나 지적 직관에 대한 칸트식의 금지를 반복하는 것이지만,[103] 그는 프랑스혁명이라는 사건의 궤도를 돌며 칸트가 변증법적 사유에 물려준 해방과 목적론 간의 고리를 폐기하려는 것처럼 보인다. "우리가 도래하는 것을 확신할 수 있다면, 희망은 어떤 프로그램의 계산에 불과하게 될 것"[104]이라는 데리다의 주장은 파국적 좌절이든 행운의 기회이든 간에 공히 실재적 제약과 실재적 우연성

---

[102] Ibid., 114[183쪽].

[103] "어떤 지식의 진보도 지식과는 관계없는 어떤 열림을 메울 수 없을 것이다." Ibid., 45[『마르크스의 유령들』, 87쪽].

[104] Ibid., 212[325쪽]. 계획적인 것에 대한, 그 모든 목적론에 대한 이 비판 역시 총체성 개념 없이 행동하려는 데리다의 희망 — 바디우를 포함해 그 세대의 많은 사상가들이 공유하고 있는 — 에 연결되어 있다. Ibid., 33, 45[71-72, 87-88쪽]를 보라.

속에서 활동하는 그 어떤 정치에 있어서도 무의미한 것일 뿐인, 도구적 확실성과 순수한 타자성, 프로그램과 사건이라는 허위의 이율배반 앞으로 우리를 인도한다.

해방의 정치에 대한 일련의 경험들 속에서 자주 발견된 처참한 결점들로 인해 많은 이들이 어떤 유형의 역사적 유물론에도 불신을 가지고 바라보게 되었다는 점 — 우리가 지켜본 바대로 비선형적이고 비결정론적인 정치의 비전이 정통 마르크스주의에 있어 이질적인 게 아니라는 사실과는 상관없이 — 은 논란의 여지가 없다. 제임슨이 진지하게 우리에게 상기시키듯, 아픈 패배와 암울한 전망도 역시 나름의 역할을 했다.

> 당신은 주변의 모든 곳에서 변화를 감지할 수 있는 진정 혁명적인 시기에 메시아적인 것을 환기시킬 수 없을 것이다. 그런 점에서 메시아적인 것은 즉각적인 희망을 의미하지 않으며, 어쩌면 희망에 맞서는 희망조차도 의미하지 않는다. 희망의 일반적 특징들로부터 어떤 과실도 거의 맺지 않는 것, 그리고 급진적 변화가 사유 불가능한 것처럼 보일 때, 뚜렷한 무력함과 더불어 분명한 부와 권력에 의해 급진적 변화라는 생각이 사라져 버리는 시기, 즉 [프랑스] 제2제정기, 제1차 세계대전과 제2차 세계대전 사이의 몇 년, 혹은 1980년대와 1990년대와 같이 절대적 절망의 시간에만 활짝 피는 것이야말로 온갖 종류의 '희망'이 가진 독특성이다.[105]

비록 자신을 징후의 지위로 기꺼이 환원시키는 철학적 입장은 거의 없지만, 자본주의가 부활한 최근 시기와 메시아적인 것 및 사건에 대한 관심의 도래 사이의 연결 고리를 무시하는 일 역시 순진하다 할 수 있다. "불가능한 것"이

---

105 Jameson, "Marx's Purloined Letter", 62.

하나의 암울한 인식이었다가 긍정을 요구하는 가치로 변하는 것과 같이, 상황이 고통스럽게 부과하는 것 — 예컨대, 마르크스가 변화의 "긍정적 가능성"이라 불렀던 것을 낳는 운동의 외견상 소멸 같은 — 에 방어적인 방식으로 가치가 부여되는 것처럼 보일 때가 종종 있다. 혹은 이와 관련해서, 정치 종교이자 광신의 한 형식이라는 점에서 공산주의를 공격하는 — 총체성, 역사 변화, 전면적 혁명 등의 개념들에 대해 반대하는 — 주장의 주요한 특징들이 급진적 변화를 사유하려는 현재의 시도들 속으로 포함되고, 급진적 사유는 보수적 비판을 스스로에게 예방접종하는 것처럼 보인다.

아감벤, 바디우, 지젝 등의 철학자가 바울이라는 인물로 관심을 돌리는 것은 이 점에서 특히 의미심장하다. "프로그램처럼" 행동을 지도하는, 사물의 질서에 대한 잘못된 통찰로부터 해방에 대한 사유를 자유롭게 하려는 추세 — 이는 이미 데리다에서 명백히 드러났다 — 에 뒤이어, 지식을 넘어선 신앙의 강조가 등장하는 것이다. 이것은 매우 양면적인 움직임이다. 17세기가 열정이라 이름 붙였던 비난으로부터 스스로를 방어하려 하면서, 동시에 하나의 담보, 즉 단호한 신념을 가지고 (바울식의 용어에 따르면 "법"으로 코드화된) 현 상황을 급진적으로 넘어서는 데 정치적 변화 전체의 무게를 거는 것인데, 이는 — 적어도 우리가 이 장의 제사로 인용된 타우베스의 시각을 따른다면 — 결국 분명히 광신적으로 보일 것이다. 그러나 광신 논쟁에 있어 이 텍스트들을 괴롭히는 더욱 의미 있는 차원이 있으니, 이는 내가 종교적 혁명의 보편성이라는 관점에서 토크빌 및 제임슨과 더불어 소개했던 바로 그 문제이다. 만약 정치적 보편성이 지식의 문제가 아니라면, 그것은 여전히 보편성을 유지할 수 있을까?

바로 이 질문이야말로, '보편주의의 정초'라는 부제를 단, 바울 시대의 로마제국과 오늘날 아메리카 제국 간의 명시적·암시적 유사성으로 가득 차 있으면서도 동떨어진 두 시대를 이어 주는 것은 정치적 취약성의 문제라고 보는, 성 바울에 대한 바디우의 책을 추동하는 도전이다. 바울의 서간문들에 대해 언급하면서 바디우가 쓰고 있듯이 "우리는 무력함에서 벗어날 수 있다."[106] 이 "정초"의 본질을 따르는 것은 보편주의를 광신이라 일컫는 비판을 피하면서 동시에 전환적이고 저항적이며 해방적인 정치 사유가 요구하는 급진성을 조금도 포기하지 않는 것이다. 따라서 비록 바디우가 쉽사리 광신적이라는 꼬리표가 붙을 수 있는 정치적 진리의 개념 — 동일성과 무조건성에 대한 강조와 더불어 — 을 열심히 옹호하긴 하지만, 그가 바울로부터 끌어내려는 보편주의의 전범은 이제는 우리에게 익숙한 [광신에 대한] 비난의 무기고를 피하려고 한다.

데리다와 마찬가지로, 바디우 — 물론 그의 지적·정치적 궤적은 공산주의 사상에 [데리다보다] 훨씬 더 밀접히 연결되어 있었지만 — 는 보편화할 수 있는 진리들이나 도래하는 정의가 지식을 통한 직접적 접근을 불허할 뿐만 아니라[107] 어떤 프로그램을 따르지도 않는다는 점을 보여 주기 위해 사건event (혹은 바울의 어휘로는 은총)이라는 개념에 기댄다. 여기에는 어떤 수동성이 있어서, 자신이 가지고 있다고 주장하는 진리에 기초해 세계를 변화시키려는 프로메테우스적 주체성이 필연적으로 직면하는 비난들에 대한 하나의 해독제로 기능한다. 계산할 수도 인식할 수도 없는, 정치적 범주로서의 사건은 역사적 경향성들로부터 힘과 적법성을 끌어오려 하는 행동과는 거리를 두려는 표식이자, 정치라는 무대 위의 지식에 대해 가해져 왔던 광범위한 의심의 표식이기도 하다. 세계를 바꾸기 위한 원천은, 비록 그것이 초자연적인 것은 아

---

106 Alain Badiou, *Saint Paul: The Foundation of Universalism*, trans. R. Brassier, Stanford: Stanford University Press, 2003, 88[170쪽].

107 "보편적인 것의 조건들은 개념적일 수 없다." Ibid., 108[210쪽].

니라고 할지라도, 그 어떤 인식 가능한 과정 속에서는 찾을 수 없다. 행동이 발판을 찾는 것이라면, 그 발판은 세계의 틈과 모순들 속에 있지, 어떤 현존하는 힘이나 기반 속에 있지는 않다는 말이다. "내재적 예외 안에 있는 것만이 보편적이다."[108]

보편성은 순응성이라는 천을 예기치 않게 찢어 버리는 일에 급진적으로 매달리는 것뿐만 아니라, 차이의 단순한 포섭으로는 달성될 수 없는 방식으로 구성되는 것이기도 하다. 강렬한 통합을 위해서라면 구체적 차이는 짓밟을 수도 있는 관념에의 열정에 대한 헤겔의 경고를 의식하면서, 바디우는 진리의 절대성에 굴하려 하지 않는 대신 관용이라는 범주를 다시 요구한다. 보편성은 평등하고 집단적인 차원에 의해, 개인적으로 경험함으로써뿐만 아니라 모두에게 말 건네짐으로써만 입증되고 발생할 수 있기에(이것은 '신앙'에서 '사랑'으로 가는, 바디우 자신이 쓰는 라캉식의 어휘를 빌면 주체화에서 일관성으로 가는 필수적 여정이다), 반드시 있는 그대로의 세계를 통해, 즉 차이를 통해 나아가야만 한다.[109] 자신이 조우하는 특수성들(성적 차이가 드러난 사회제도들, 민족적·종교적 정체성들)에 대해 바울이 맺는 전술적 관계를 곱씹으면서, 바디우는 보편성을 "차이들을 관용하는 무관심"으로, 보편성의 금언을 "특수성들의 전유와 원칙들의 불변성을 결합시키는 것"으로 여긴다.[110]

---

108 Ibid., 111[213쪽].

109 "모든 진리 공정이 차이들을 폐기하고 순전히 총칭적인 하나의 다양성을 무한히 전개시킨다고 해서 상황(이것을 세상이라 부르기로 하자) 속에 차이들이 있다는 것을 망각해서는 안 된다. 심지어 그 밖의 다른 것은 없다고도 주장할 수 있을 것이다." Ibid., 98[189쪽].

110 Ibid., 99[190쪽]. 바디우의 바울 독해에서 영감을 받아 이루어진, 보편성의 '가톨릭적' 형식에 대한 아감벤의 비판은 도발적일 뿐만 아니라 문헌학적 세목에서도 풍부하지만, 보편적인 것에 대한 바디우의 개념이 차이를 **포함하는** 것이라는 그의 주장은 문제적이다. 『존재와 사건』*Being and*

진리의 모든 전투적 생산은 "순응의 시련"에 스스로를 종속시켜야만 한다는 명제는 보편주의의 광신적 표류에 대한 경계 —『윤리학』*Ethics*에서 테러에 대한 바디우의 고찰, 또는 이와 관련해『세기』에서 파괴의 개념과 관련한 자기비판들과도 매우 닮아 있는 — 로 읽힐 수도 있다.[111] 여기서 강조할 가치가 있는 것은 진리의 보편 가능성과 집합적 조직화 과정에 대해 바디우가 전략적으로 주력하고 있다는 것이다. 바디우는 기독교적 호전성과 마르크스주의적 호전성 간의 유사성에 대한 제임슨의 고찰을 흥미롭게 되풀이하면서, "보편주의의 물질성은 모든 진리의 전투적 차원"이라고 선언한다.[112] 메시아적 사건의 개별적 절대성 — 숄렘의 도식을 빌자면, "역사 자체를 소멸시키는 침입"으로서의 지위를 갖는 — 은 그것을 보편화하려는 역사적 노력에 의해 단련된다.[113]

Event 이래 바디우의 작업에서 핵심적인 개념, 즉 진리의 생산은 총칭적 다중성의 생산이라는 개념이 의미하는 바는 이것이다. 즉, 새로운 (기독교적) **정체성**의 생산은 특수성들의 국가주의적 재현과 관리라는 차원으로 무너져 내리지 않고서는, 그리고 자본의 메커니즘에 의한 특수성들의 포획이 없이는 불가능하다는 것을 의미한다(이것이 『사도 바울』*Saint Paul*의 서론인 "바울, 우리의 동시대인"Paul: Our Contemporary의 주안점이다). 보편주의자로서의 바울이라는 생각에 대한 아감벤의 비판에 대해서는 Giorgio Agamben, *The Time That Remains*, 44-53[80-94쪽]을 보라.

[111] "사유는 순응의 시련 속에 있으며, 오로지 보편성만이 중단 없는 노동과 창의적 횡단 속에서 이런 순응의 시련을 걷어 낸다." Badiou, *Saint Paul*, 110[213쪽].

[112] Ibid., 92[177쪽].

[113] Gershom Scholem, *The Messianic Idea in Judaism*, New York: Schocken, 1995, 10.

결론

광신 이념이 광범위하게 배치된 정치적·철학적 대립들 속에서 놀랄 만한 회복력과 적응력을 가진 무기라는 점은 입증되었다. 많은 면에서 신뢰할 수 없는 개념임을 보여 준 그것의 구성적 양면성은 적을 실격시키거나 악마화하는 데에 이르면 하나의 강점으로 변한다. 우리의 정치적 사유를 구조화하는 많은 쌍들은 쉽사리 광신에 연결될 수 있다. 광신자는 병적으로 수동적이거나 미친 듯이 적극적일 수(혹은 볼테르의 『광신, 혹은 예언자 마호메트』에 등장하는 인물인 세이드처럼 둘 다일 수) 있다. 광신은 개인적 망상이거나 군중의 광기일 수(혹은 계몽주의 시대의 광신 이미지인, 개인의 정신과 군집한 무리 모두에게 영향을 끼치는 일종의 '우글거림'swarming일 수) 있다. 더욱 중요하게는, 광신에 대한 비난이 관념과 보편성의 과잉으로 수렴될 수 있을 뿐만 아니라 구제할 수 없을 정도로 감각적이고 특수한 것을 향하기도 한다는 것이다.

이는 특히 헤겔에서 명백히 드러난다. 그의 『역사철학』에서 이슬람교와 프랑스혁명, 로베스피에르와 마호메트의 출현과 관련된 광신은 "관념을 향한 열정"으로 묘사된다. 그러나 "비역사적, 미개발된 정신"으로 아프리카를 규정한 헤겔의 악명 높은 설명 속에서 광신은 또한 보편성의 비인간적 결핍이자 모든 차이·초월성·개별성의 부재 — 종교라 할 수도 없는, 단순한 물신숭배 — 이다. 그것은 "정신적 열정이라기보다는 물질적 열정"이며, 이념의 무한한 동요라기보다는 이념의 결여이다.[1] 하지만 이 양 극단 속에서 광신은, 이슬람교의 유일자의 정치에 나타나는 관념적 직접성으로든 혹은 "유년기의 땅"[아프리카]에 나타나는 감각적 직접성으로든 간에, 보편성과 매개라는 적절한 방식과 대조되면서 문화화된다.

이 책은 무엇보다 관념, 보편성, 그리고 당파성의 정치로서의 광신에 관심을 두었다. 이런 선택은 철학의 기나긴 냉전, 즉 무조건적 신념과 원칙에 따른 평등주의를 공포나 경멸로 바라보는 반전체주의적 담론 — 버크 식 반혁명적 수사학의 무기고에서 자유롭게 차용된 — 의 영향에서 우리가 아직도 벗어나지 못했다는 믿음에서 나왔다. 오늘날 여전히 많은 이들이 급진적 해방의 주장을 종교적 욕구의 단순한 전치轉置이자 변질로, 그런 주장을 하는 이들을 구제불능의 '관념주의자'로 인식한다. 에밀 시오랑과 마찬가지로 이들에 따르면, "누군가가 이념이 가진 교환 가능성에 대한 인정을 거부할 때, 피가 흘러나온다."[2] 이런 이유로 합리적이고 자유주의적인 계몽주의를 예찬하면서도 계몽주의의 혁명적 잠재력, 즉 칸트의 적들이 칸트를 비난했던 이유인 이

---

1 G. W. F. Hegel, *The Philosophy of History*, 98. "흑인의 정신 속으로 들어간 모든 이념은 그의 의지가 가진 전체적 에너지에 의해 포착되어 실현되나, 이 실현은 대규모의 파괴를 포함한다. 이들은 계속해서 움직이지 않고 있다가 갑자기 격정이 살아나서는 거의 정신을 놓아 버린다. 이들의 흥분으로 인해 발생한 파괴는 이 소동이 분명한 이념이나 사유에서 촉발되지 않았다는 사실에서 기인한다. 그것은 정신적 열정이라기보다는 육체적 열정이다"[104쪽].

2 Emil Cioran, *Précis de Décomposition*(1949), in *Oeuvres*, Paris: Gallimard, 1995, 582. 이 인용이 담긴 아포리즘의 제목은 "광신의 계보학"이다.

성의 광신은 무시하는 경향이 광범위하게 존재한다.

관념적 격정과 무조건적 요구는 정치가 가진 항구적 차원이며, 노예제 폐지론의 경우에서처럼 절충의 공간이 부재한 때는 특히 그렇다. 흔히 혁명적 사유와 연계되었던 비타협적 당파성은 분명 광신의 특징이다. "인민의 권리를 보호하려는 강고한 결단에 따른 …… 고양高揚"을 향한 생-쥐스트의 호소 속에서, "어떤 우리의 행동도 분노로부터 자유롭지 않다"는 폴 니장의 요청 속에서 우리는 이를 들을 수 있다.[3] 그러나 그런 당파성이 보편성을 막을 필요는 없다. 우정과 증오를 실체화하지 않는 적대의 실천들을 구축하려는 노력은 진정 해방의 정치를 위한 가장 중요한 도전들 가운데 하나이다.[4] 만약 광신이 "발작적 극단에 이른 충성심"이라면, 어떤 조건에서 광신은 배타적 힘이 아닌 포괄적 힘이 될 수 있을까?[5] 당파성과 관념 사이의 결합이 자신의 상대방에 대한 공포증적 분리로 귀결되지 않게 하기 위해서는 관념적 원칙, 집단적 행동, 충성파의 확장에 대한 논의를 결합하는 연대의 이념을 재고할 필요가 있다.[6]

3 Saint-Just, *Oeuvres*, Paris: Gallimard, 2004, 762. Paul Nizan, *Aden Arabie*, Paris: La Découverte, 2002, 162. 니장은 계속해서 이렇게 말한다. "우리는 증오하는 일을 두려워해서는 안 된다. 우리는 광신자가 되는 일에 더 이상 얼굴을 붉혀서는 안 된다." Georges Labica, "Paul Nizan", *Europe*, 784-5(1994)를 참조하라.

4 Badiou, *The Century*, 109-10을 보라.

5 William James, *Varieties of Religious Experience*, 271.

6 절대적 증오로서의 당파성을 향한 정치적·신학적 비전에 관한 하나의 유용한 현재적 사례는 알카에다의 지도자 아이만 알-자와히리의 2002년 공식 성명인 "충성과 분리"이다. *Al Qaeda in Its Own Words*, G. Kepel and J. P. Milelli(eds), trans. P. Ghazaleh, Cambridge, MA: Belknap Harvard, 2008, 206-34. 나는 연대와 당파성이라는 문제에 관해 다음 글에서 각각 길게 다룬 적이 있다. Toscano, "A Plea for Prometheus" and "Partisan Thought", *Historical Materialism*,

그럼에도 불구하고 정치에서 관념의 권리를 주장하는 데는 실재적 관념의 발흥, 자율화, 힘을 설명하려는 노력이 동반되어야만 한다. 이것이 바로 마르크스가 관념적 지배의 형식으로서의 종교, 국가, 자본에 대한 자신의 비판적 분석을 통해 제공하는 것이다. 사회적 삶의 구조적 원리로서의 종교의 쇠퇴에 관한 마르크스의 관점은 시기상조였는지 모르지만, 우리가 어떤 관념들(가령 화폐적 등가)에 반대하는 다른 관념들(가령 정치적 평등)을 주장하거나 현대성을 파국적으로 재발견하기 위해서는 타협의 거부에 바탕을 둔 정치를 현시대의 자본주의가 만들어 내는 가능성 혹은 불가능성과 연결시키는 방법들을 반드시 찾아야만 한다. 광신의 문제가 그토록 실천적이고 이론적인 중요성을 가지는 이유를 한 가지만 밝혀야 한다면, 그것은 해방의 기획을 정초하는 데 필요한 구체적인 경향성들을 식별해 내기가 오늘날 어렵기 때문이다. [이런 맥락에서 볼 때 관념, 신념, 그리고 당파성의 우위 ─ 급진 이론 영역에서의 일련의 메시아주의와 더불어 ─ 는 또한 역사가 종언을 고했다는 생각이 초래한 효과로 간주할 수도 있다.

반세기 전에 미국의 사회학자 다니엘 벨은 이데올로기, 그리고 그것의 주요한 옹호자들인 급진적 지식인의 종언을 선언했다. 그는, 광신 이념이 논쟁적으로 활용되었던 사례를 탐구하는 과정에서 우리에게는 익숙해진 용어들을 사용해 "천년왕국에 대한 희망의 종언, 천년왕국주의의 종언, 묵시록적 사유의 종언"[7]을 선언했다. 우리 시대에 대한 탈마법적 진단은 이와는 반대되는 곤경을 인식할 수도 있을 것이다. 즉, 우리가 직면한 것은 풍요와 기술로 평

17:3(2009).

7 Daniel Bell, *The End of Ideology: On the Exhaustion of Political Ideas in the Fifties*, rev. ed., New York: Collier, 1961, 393[255쪽].

화로운 시대에서 광신적 사유가 갖는 시대착오성이라기보다는, 이른바 후기 유토피아 시대 속에서 구축된 상식의 원천들을 초월하는 것으로 보이는 위기의 국면, 혹은 누군가에게는 잠재적으로 파국적인 국면이라는 점 말이다. 열정적이고 무조건적 신념의 정치로 이해되는 광신은 많은 면에서 위기의 산물이자, 정치적 나침반은 부서지고 전투성은 유기적 이해와 명쾌한 전망의 결과물이기보다 의지와 신앙의 문제가 된 상황이 낳은 결과이다. 이는 광신의 끝없어 보이는 반복과 그 궁극적 취약성 모두를 설명해 준다.

점증하는 상업과 국제주의의 시기이자 사회적 혼돈과 정치적 폭정의 시기로 묘사되는 로마제국의 특정 국면에 발흥했던 기독교에 대해 쓰면서, 카우츠키는 실용적 동기가 아닌 혁명적 이상주의에 정초한 조직만이 생존의 기회를 잡을 수 있었다고 언급했다. "도덕주의적 신비주의"는 개인이 매일 반복되는 단조로움을 넘어 더 고귀하고 집단적인 목표들을 바라볼 수 있게 해주었다. 그와 같은 방향 상실의 시기, 그토록 미성숙한 발전 조건 속에서는, "다른 모든 시각을 열렬히 거부하고 비판하면서 자신의 시각을 열렬히 옹호하는" 어떤 광신적 불관용이 심지어 진보적으로 여겨질 수 있었다는 것이다.[8] 하지만 스승 엥겔스를 반복하면서, 카우츠키는 이것이 역사적이고 특정한 필요에서 발생한 것으로, 똑같이 되풀이될 수는 없다고 보았다. 천년왕국운동을 둘러싼 논쟁에서 위기와 시대착오성이 담당했던 역할에 대한 이 책의 연구는 선형적 역사 속에서 광신에 자신의 고유한 때와 기능을 부과하는 일이 그리 쉽지 않음을 시사하고 있다. 광신이 가진 역설 중 하나는 정확히 이것이니, 즉 역사적 시간에 대한 광신의 반역사적 단절이 근대적 역사 이해 및 실

---

8 Karl Kautsky, *Foundations of Christianity*, London: Socialist Resistance, 2007, 84-5.

제로 진보 자체를 조건화한 것으로 볼 수 있다는 것이다. 이런 점에서 이데올로기의 종언, 나아가 역사의 종언은 목표의 종언end of ends, 곧 해방을 위한 모든 중요한 정치적 기획의 포기, 그리고 천년왕국의 모든 비전 혹은 파국의 암시에 대한 조롱을 의미한다.

'서론'에서 나는 싸워야 할 전투들이 있는 한 광신 없는 역사는 없을 것이라는 루게의 말을 인용했다. 정치적이거나 경제적인 혹은 다른 위기들에 대해서도 이와 거의 동일한 말을 할 수 있다. 그러나 관념적이고 비타협적이며 격정적인 신념의 정치가 가진 한계를 느낄 수 있는 지점도 정확히 이곳이다. 광신은 절박과 충격에서 태어난다. 마키아벨리와 "현대의 군주"(정당)에 대한 한 노트에서 그람시가 신화의 퇴행적 역할과 현대 정치에서 개인의 카리스마를 묘사했던 방식이 바로 이러했다. "비판적 감각과 아이러니의 부식력을 궤멸"시키는 "열정과 광신의 열기"는 거대하고 임박한 위험에 대한 인식 뒤에 온다는 것. 그러나 그람시에게 그런 광신은 결코 사회를 재구성하는 일관되고 효과적인 기획을 이끌 수는 없는 것이었다. 광신은 기껏해야 재편하거나 회복할 수 있을 뿐 절대 새로운 정체政體를 세우지는 못한다. 그는 이 말을 다음과 같은 의견과 병치시켜 놓았다. "집단적 의지는 본래 새롭게ex novo 정초되어야 하고 구체적이고 합리적인 목표를 향해야 하지만, 그 구체성과 합리성은 실질적이고 보편적으로 이해된 역사적 경험에 의해 미리 검증되고 비판받아야 한다."[9]

어떤 면에서 우리가 오늘날 우리 자신을 발견하는 지점이 바로 이곳이다.

---

9 Antonio Gramsci, *Quaderni del carcere*, V. Gerratana(ed.), Turin: Einaudi, 2007, 1558(Notebook 13, §1).

정치적 방향 상실과 위기는 오로지 격정적 신념 ― 그 성질이 카리스마적이든 종교적이든 세속적이든 ― 에 의지하는 대응이 급증하게 되어 있다는 것을 의미한다. 광신의 긴 역사를 해방을 위한 노력의 오용이라는 관점에서 인식한다고 해도, 우리는 그 노력을 단순히 묵살하거나 병리화하는 것을 경계해야 한다. 타협의 거부, 원칙의 긍정, 격정적 당파성은 현 상황의 급진적 변혁을 갈구하는 모든 정치의 계기들이다. 그러나 정치가 비명이나 충돌 혹은 공리로 환원될 수는 없다. 절박과 비타협은 인내와 전략에 결부되어야만 한다. 광신 없는 역사가 진정 가능하려면.

감사의 말

이 책을 준비하면서 나는 많은 분들의 지식, 동지애, 검토에 의지할 수 있었다. 벤저민 노이스와 에반 캘더 윌리엄스는 원고를 쓰는 내내 내게 없어서는 안 될, 주의 깊은 대화 상대였으며, 이 텍스트에는 부정성과 묵시록에 대해 그들이 현재 진행 중인 작업의 자취가 담겨 있다. 버소 출판사의 톰 펜은 이 작업에 변함없는 지원을 해주었으며, 내가 학문적인 내향성에 빠지지 않도록 애써주었다. 그를 비롯해 이 책의 제작에 관여한 버소 출판사의 모든 분들에게 감사드린다. 이 텍스트를 보여 주거나 이 주제에 관해 강연을 했을 때 나를 격려해 준 피터 홀워드, 스타티스 쿠벨라키스, 질베르 아슈카르, 롤런드 보어, 존 로버츠, 마시밀리아노 톰바, 질 아니자르, 페타르 밀라트, 레오나르도 코바셰비치, 파이살 데비, 크리스토퍼 코너리, 파올로 비르노, 에얄 와이즈먼, 제니퍼 바요레크, 레이 브래시어, 앤드루 벤저민, 로렌초 키에사, 로베르토 토스카노, 프란체스카 란칠로티에게 감사드린다. 광신에 대한 자신의 글을 공유해 준 조엘 올슨, 렌초 요렌테, 라나비르 사마다르에게는 빚을 진 셈이다. 콘체와 라인하르트가 쓴 '광신' 항목의 훌륭한 번역자인 페어 일너에게 감사드린다. 『엄브러』*Umbr(a)*의 조앤 콥젝, 『리셋』*Reset*의 지앙카를로 보제티, 그리고 MAMA(자그레브), 노동자들과 펑크족의 대학교(류블랴나), 국제마르크스학회(리스본), 냉전연구네트워크, 요크셔대학교 이론연구모임, 켄트대학교 법학대학원, 퀸메리칼리지 정치학과, 코넬대학교 이론독서모임, 버벡칼리지 인문학연구소는 내가 광신에 대한 사유를 다듬을 수 있는 기회를 주었다. 이 모든 강연회의 기획자들과 참가자들께 감사드린다. 저널 『역사 유물론』*Historical Materialism* 편집위원회의 내 동지 및 동료들, 특히 세바스티앵 뷔젠, 피터 토마스, 마테오 만다리니, 데멧 딘러가 아니었다면 이 책은 지금과는 매우 다른 짐승이 되었을 것이다. 혹시 오류가 있다면 모두가 내 책임이다.

'미친 믿음'의 정치학

1

움베르토 에코Umberto Eco의 소설 『장미의 이름』*Il nome della rosa*(1980)에서 신부 월리엄은 자신을 수행 중인 아드소에게 이렇게 충고한다. "아드소야 예언자 들, 그리고 진리를 위해 죽을 준비가 되어 있는 자들을 경계하거라. 대개 그 들은 다른 이들과 함께 죽거나, 자주 다른 이들을 먼저 죽게 하며, 때로 다른 이들을 그들 대신 죽게 만든단다." 주지하다시피 『장미의 이름』은 신학 교리 논쟁이 한창인 중세 이탈리아의 한 수도원에서 벌어지는 의문의 연쇄 살인 사건과 이 사건을 해결하는 윌리엄 신부의 추리를 그리고 있다. 14세기 영국 의 프란체스코파 신부이자 '오컴의 면도날'이라는 추론 방법으로 유명한 오컴 의 윌리엄을 모델로 한 것이 분명한 윌리엄 신부는 눈앞에 놓인 증거에 입각 한 합리적 추론을 통해 살인 사건의 핵심으로 들어간다. 그 결과 죽은 수사들 은 모두 수도원 도서관에 있던 아리스토텔레스의 책을 필사하거나 여기에 관련된 이들이라는 점이 밝혀진다. 여기서 말하는 아리스토텔레스의 책은 '코미디'에 관한 연구로, 이 책을 들춰보며 몰래 웃던 수사들은 경박한 웃음을 멀리하는 것이 성경에 따르는 것이라 믿으며 책장에 독을 발라 둔 호르헤 신부의 술책에 의해 죽임을 당했다.

합리적 이성으로 무장한 윌리엄의 반대편에 있는 호르헤 신부는 종교적 교리에 대한 믿음을 앞세워 어떤 살인이라도 능히 저지를 수 있는 인물이다. 이런 점에서 그가 '눈 먼' 자로 그려지는 것은 매우 당연해 보인다. 호르헤와 윌리엄의 차이, 종교 앞에서 눈 먼 사람과 종교 안팎을 꿰뚫어 보는 사람의 차이 — 이것이야말로 '암흑의 시대'인 중세를 넘어선 '빛의 시대'로 스스로를 규정하는 근대의 대표적 이미지다. 근대적 인물인 윌리엄이 경계하라고 조언하는 "예언자들, 그리고 진리를 위해 죽을 준비가 되어 있는 자들"은 바로 종교에 눈 먼 호르헤와 같은 이들, 곧 '광신자들'이다. 광신자, 말 그대로 '미친 믿음'狂信의 소유자들, 그것은 이성의 빛이 가장 조심해야 할 적의 이름이기도 하다.

'광신'을 뜻하는 영어 'fanaticism'의 어원은 로마어 'fanum'으로, 이는 '성스러운 장소'를 의미한다. 현재 터키 카파토키아 지역의 여신인 코마나가 로마로 수입되면서 벨로나라는 이름으로 바뀌었는데, 이 벨로나 여신을 추종하는 이들이 미친 사람들처럼 제의를 벌이는 것을 본 로마인들은 이들을 '광신도'fanatici, fanatic라 불렀다. 이와 비슷한 '열성파'라는 뜻의 'zealot'이라는 말도 실은 로마에 저항하는 열혈 유대인들을 의미했다. 거대한 제국을 경영하며 과학과 철학, 논리와 합리성을 발전시켰을 뿐만 아니라, 다양한 민족들의 차이를 '관용'하며 평화를 지켰던, 소위 '다문화적'multi-cultural 로마인들에게 하나의 절대적 신을 향한 추종과 충성은 '광기'로 느껴졌을 법하다. 로마 다문화주의의 상징이었던 알렉산드리아의 여성 수학자이자 철학자로 이름을 떨치다 도시의 이교도적 문화를 비판하던 기독교인들에 의해 살해당한 히파티아Hypatia의 생애를 다룬 영화 〈아고라〉Agora(2009)를 보라. 감독 알레한드로 아메나바르는 우주의 작동 원리와 수학의 세계를 탐구하는 철학자의 차분한 지성과 그녀를 잔인하게 욕보이며 살해하는 기독교인들의 들끓는 광기를 시종일관 대비시킨다.

이처럼 '광신'은 기본적으로 종교와 관련된 용어다. 벨로나 여신의 추종자, 유대 열성파, 그리고 알렉산드리아 기독교인들 간의 공통점은 자신이 가진 신념을 다른 모든 가치 위에 놓음으로써 그 어떤 반대도 수용하지 않으면서 앞을 향해 나아간다는 점이다. 광신자는 이 신념을 다른 모든 이들의 것으로 만들기 위해 어떤 일도 서슴지 않는다. 바로 여기에 광신의 핵심적인 특징이 있다. 헤겔이 정의하듯, 광신은 "관념을 향한 열정"인 것이다. '관념'이란 아직 실체화되지 않은 추상적 개념이다. 합리적인 이들이 언제나 구체적 현실에서의 '실현 가능성'을 고민하고 계산하는 것과 달리, 광신자는 망설임 없이 언제나 자신이 믿는 관념의 즉각적이고 보편적이며 완벽한 실현을 요구한다. 노예제의 사악함을 알고는 있으나 그것을 폐지하는 과정에서 생길 여러 잡음들을 먼저 계산해야 한다고 보았던, 그래서 결국은 노예제를 잔존시켰던, '자유주의자들'과 달리, 존 브라운은 이렇게 외친다. "노예제는 악하다. 없애 버려!" 결국 스물한 명의 동지들과 함께 미 연방군의 무기고를 습격함으로써 '반란'을 시도했던 존 브라운은 '반역죄'로 사형 당한다.

이처럼 '관념을 향한 열정'을 갖고 즉각적 행동에 나서는 '광신자들'은 "정치적 합리성이라는 틀 바깥"(22)에 있는 것으로 여겨진다. 세속적 합리성을 자연적 원리로 여기는 시대에 광신자들의 비합리적 무모함은 일종의 '정신병적'인 것으로, 거부해야 마땅할 '악'으로 표상된다. 광신, 그것은 '위험한 것'이다. 미친 사람의 눈에서 보이는 그 불같은 열정을 대면해 본 적이 있는 사람은 알 것이다. 광신이 갖는 저 '관념에 대한 열정'과 저돌성은 기존의 '합리적 정상성'을 무너뜨리는 힘이다. 만약 광신에 담긴 관념, 추상, 보편이라는 성격이 정치적 불만과 결합한다면 어떻게 될까. 그때 그것은 반란과 혁명을 만들어 낼 수 있다. 토마스 뮌처가 해석하는 묵시록의 정의가 농노의 불만과 결합했을 때, 자유-평등-박애의 이념이 민중의 굶주림과 공명했을 때, '사람이 곧 하늘'이라는 동학사상이 부패에 신음하는 민초의 귀에 들어갔을 때, 봉기와 혁명의 사건이 솟아난다. 현실을 지극히도 '정상적'이라고 여기는 지배계급은 현실에 반기를 들고 일어난 사람들을 '미친 놈' 취급한다. 미치지 않고서야 어떻게 신민이 왕에게, 노예가 주인에게, 흑인이 백인에게, 아들이 아버지에게, 여자가 남자에게 대들 수 있단 말인가! 지배계급에게 바로 이 '미친 믿음', 곧 '광신'의 힘은 언제나 가장 두려운 공포다.

광신은 그저 정신병자들의 준동이자 사유 능력이 없는 민중의 위험천만한 테러이며, 이를 받아 주기 시작하면 문명의 질서는 일거에 종말을 맞게 되리라는 것이 반광신주의자들의 주장이다. 광신은 이제 종교라는 경계를 벗어나, 정치적 급진주의를 반대하는 기득권층과 비합리적 행동주의를 두려워하는 자유주의자들이 자신의 적에게 갖다 붙이는 무시무시한 표지標紙가 된다. 광신에 대한 반대는 천년왕국운동 비판과 유토피아주의 비판에서 시작해, 18세기의 프랑스혁명 비판, 19세기의 노예제 폐지 운동 반대, 20세기에는 '정치종교'로서의 마르크스주의 운동 비판, 나치즘과 스탈린주의 등 전체주의 체제에 대한 비판으로, 그리고 오늘날에는 이슬람 근본주의에 대한 비판으로 이어진다. 이 모든 사건들이야말로 관념에 의거해서 세상을 일거에 바꾸려는 광신적 태도가 낳은 문명사적 비극이라는 것이 좌우를 막론한 소위 합리주의자, 현실주의자, 자유주의자들의 주장이다. 이것은 '대결'의 국면이 아니다. 자유주의적 합리성이 시대정신으로 자리 잡은 세계에서 '광신자'라는 호명은 최악의 낙인이다. 광신은 제거해야 할 대상이지, 타협의 대상이 아니다. 2001년 9·11 사건 이후 미 정부가 벌였던 '테러와의 전쟁'이라는 캠페인은 '광신'을 대하는 우리 시대의 태도를 가장 명확히 드러낸다. 자신의 신념을 위해 민간인을 대상으로 잔혹한 테러도 마다 않는 이슬람 근본주의 광신자들의 그

악마적 이미지를 상기하라. '미친 믿음'에 대한 전면전이 은폐하는 것은 정의로운 '우리'가 저지르는 또 다른 대량 학살만이 아니다. 반광신이라는 시대정신 속에서 사라지는 더 중요한 것은 '급진적이고 보편적이며 근본적인 정치적 기획'의 가능성 자체다. 현재의 질서를 거스르려는, 지금의 시간을 단절하려는 정치적 기획이 모조리 '광신'으로 취급되어 저주받을 때, 우리는 과연 어떤 미래를 '사유'할 수 있을까?

2

알베르토 토스카노가 『광신』에서 펼치는 작업, 즉 광신 개념의 활용에 대한 비판적 점검을 통해 달성하려는 목표 역시 동일한 문제의식에서 출발한다. 정치에 대한 어떤 규범적 이해에서 벗어나는 모든 원칙에 낙인을 찍는 용도로 활용되는 광신 개념의 역사를 다시 살피면서 토스카노는 현재의 정치적 교착상태에서 벗어날 수 있는 새로운 틈을 사유하려 한다. "광신을 둘러싼 일련의 이론적 논의와 논쟁들을 분석해, 열정과 관념을 해방의 정치에서 필수불가결한 요소로 수용할 수 있는 정치적 어휘를 재구성"하려는 것이다(44). 광신이 지금껏 합리적 토의와 협의 체제 외부에 놓여 왔던 상황, 즉 '정상적' 정치 구조에서 광신을 배제하는 움직임은 "관념의 정치학"(24)을 배제하는 움직임이기도 하다. 토스카노는 관념을 향한 열정을 거부하는 것이 해방과 평등의 정치적 기획을 부당하게 억압하는 일임을 드러내려 한다. 따라서 이 책은 "엄밀한 의미의 광신의 역사도 아니고 광신에 대한 체계적 이론도" 아니다(44). 그보다 『광신』은 서양 정치철학의 역사 속에서 악마화되고 저주받아온, 그리고 오늘날 다시 부흥하는 반광신 담론으로부터 '광신' 개념을 구해 내재구성하고 활용하기 위해서 반드시 무릅쓸 수밖에 없는 일종의 이론적 전투에 가깝다.

　이를 위해 토스카노는 순차적이고 역사적인 시간 흐름을 따르지 않고 느슨한 시대구분 속에서 개념의 계보학을 그린다. 이런 방식을 통해 저자는 19세기 자유주의가 노예제 폐지 운동 및 식민지 독립운동이라는 급진적 정치 행동을 접했을 때 어떻게 이들을 광신화하면서 자신과 분리시키는지(1장), 중세 말 유럽의 천년왕국운동이 당시의 지배계급 및 온건한 개혁파들에 의해 어떻게 광신으로 낙인찍히는지(2장), 볼테르와 루소 같은 18세기 계몽주의 철학자들이 광신 개념에 대해 어떤 논란을 벌였고, 칸트는 광신에 어떻게 접근했는지(3장), 헤겔에 의해 이슬람교가 어떻게 대표적인 광신적 종교로 이론화되는지(4장), 마르크스의 종교 이론이 변천해 가는 과정에서 정치와 종교의 관계는 어떻게 재정립되는지(5장), 20세기 냉전 상황에서 일부 정치철학자들이 전체주의와 광신을 연결시키기 위해 '정치 종교' 개념을 어떤 방식으로 활용하는지(6장) 등을 이야기한다. 토스카노는 각각의 주제 속에 위치한 이론적 논의들의 난점을 날카롭게 파고들면서 역사적 사건 및 서양 정치철학 전통 속에서 그때그때 호출되어 이론적 타자 역할을 해온 광신 개념을 복권시키려 한다.

　1장 '극단의 형상들'에서 토스카노는 광신을 자신과 분리하고 경계 지으며 헤게모니를 유지했던 대표적인 이데올로기인 '자유주의'를 탐구한다. 에릭 홉스봄을 따라 19세기 후반 '제국의 시대'와 20세기 '극단의 시대'로 장을 분할한 후, 토스카노는 두 시기 동안 자유주의적 사고가 광신을 파악하고 해석하는 과정에서 어떤 논점들이 발생했는지 짚어 나간다. 가령 19세기 후반 미국의 노예제 폐지 운동에서 자유주의자를 자처했던 이들은 프랑스혁명에 대한 에드먼드 버크의 비판을 따라 노예제 폐지론자들을 "광신자 무리"(52)로 규정하면서, 그들의 "무조건적 성격"(53), "전염성"(55), "결과는 고려하지 않고 관념적"(55)인 특징들이 "조정과 점진주의"(57)를 기반으로 하는 자유주의적 정치체제를 위협한다고 주장한다. 하지만 이들에 의해 광신자로 매도되었던 노예제 폐지론자들은 열정적 신념뿐 아니라 매우 냉철한 전략적 판단으로 노예제에 접근했다. 오히려 이들은 자유주의적인 타협의 태도가 노예제라는 사악한 제도를 끝장내는 데 아무런 도움이 되지 않는다고 보았으며, 입장을 정하지 못하는 중도파와 온건파들을 압박해 노예제 폐지 여론을 끌어내려 했다. "위계·차이·분리에 기반을 둔 사회질서에 소름끼치는 홍조를 선사하는"(57) 관념적 광신의 정치는 자유주의의 미적지근함이 결코 만들어 내지 못한 해방적 전망을 열어젖힘으로써 결과적으로 자유주의가 인종차별에 적대적으로 돌아서게 만들었다.

토스카노의 이런 수정주의적 광신 해석은 "자유주의가 원칙을 훼손하지 않은 채로 그저 점진적으로 확장되었다는 천박한 역사주의적 주장"(51)을 뒤집는다. 하층계급과 유색인종을 타자화하면서 등장했던 자유주의가 그나마 보편적 인권을 옹호할 수 있는 데에는 자유주의가 그토록 두려워했던 근본주의적 광신이 필수적이었던 것이다. "격정을 규제하고 길들이는 일을 자신의 핵심 강령으로 삼아"(82) 온 자유주의도 이런 역사적 과정을 거치며 광신으로 대표되는 정동인 격정과 열정의 의미를 되새겨 보고 있기는 하다. 마이클 왈저는 전통적 자유주의의 합리성과 협의의 정치에 "고결한 열정"(84)을 수용하는 수정 자유주의를 제안한다. 그러나 한편 페터 슬로터다이크를 비롯한 일련의 자유주의자들은 오히려 공산주의와 광신을 연결하는 냉전 시기의 문법을 다시 가져와서는 "관념의 정치와 보편 원리라는 극단주의를 끝장내라"(99)고 주장하면서 고전적 광신 비판으로 회귀하고 있다. 19~20세기 자유주의와 광신의 관계를 점검함으로써, 토스카노는 오늘날 다시 힘을 얻고 있는 반광신 담론의 탈정치적 성격이 광신의 가능성, 즉 보편적 평등과 억압받는 자들을 향한 연대를 통해 해방적 정치의 전망을 열 수 있는 가능성을 애초에 봉쇄하는 현상을 문제시한다. 이는 이 책에서 지속적으로 반복되는 핵심 모티프다.

광신의 이데올로기적 재현에 이어, 2장 '천년왕국운동의 정신과 근대 정치의 탄생'에서 토스카노는 "광신의 시간"(114)을 다룬다. 광신의 시간은 현재의 시간과 단절해 "스스로의 시간적 상상력을 통해 새로운 시간성을 부과하는 혁신적 방식"(117), 즉 '시대착오성'anachronism을 특징으로 하는데, 이를 가장 명확히 보여 주는 예가 토마스 뮌처라는 이름으로 표상되는 중세 후기 유럽의 다양한 천년왕국운동들이다. 현재의 사회·경제적 불만을 해결하기 위해 묵시록이라는 미래의 시간을 끌어들이는 천년왕국운동의 시대착오성은 그 혁명적 성격에도 불구하고 '과학적' 마르크스주의를 신봉하는 사상가들로부터 외면당해 왔다. 토스카노는 비-현재적 시간이 현재 속에서 재전유될 수 있다고 주장하는 에른스트 블로흐와 결단을 통해 만들어 가는 '카이로스의 시간'을 중시하는 카를 만하임을 경유함으로써 좌파적 전통 내에서도 대개 '유토피아주의' 혹은 '신비주의'로 경원시되었던 천년왕국운동을 재평가한다. "광신에서 관용으로, 종교적 절대주의에서 시민적 세속주의로의"(114) 선형적 시간 틀 안에서 흔히 퇴행적으로 여겨지기 일쑤였던, 그래서 근대적 합리주의와 세속주의라는 정치적 프레임 바깥에 놓이며 '광신적'이라 불렸던 천년왕국운동은 '광신의 시간'에 대한 적극적 해석을 통해 오히려 "근대 정치의 탄생을 알리는 신호"(181)가 된다. 근대 혁명이 전체 사회질서에 대항해 철저하게 체계적인 방식으로 저항하는 반체제적 성격을 가진다면 뮌처의 천년왕국운동이야말로 최초의 근대적 반체제운동이라는 것이다. "사회주의는 대단히 천년왕국적"(173)이라는 블로흐의 말을 인용하며, 토스카노는 '당'이라는 조직, '프롤레타리아'라는 특정 계급, '진보'라는 근대적 시간성에 천착하는 마르크스주의의 틀을 벗어나 천년왕국운동으로 표상되는 시대착오와 유토피아의 '원原정치적' 요소들을 적극적으로 수용해야 한다고 역설한다.

광신적 사건이 근대 정치의 원형이 되었다는 토스카노의 주장은 광신과 계몽주의 간의 관련성을 다루는 3장 '이성과 함께 날뛰기'에서 다른 방식으로 변주된다. 근본주의를 광신이라 부르며 무조건적으로 거부하는 몸짓을 진정한 계몽의 정신으로 여기는 오늘날의 천박한 분위기를 지적하며, 토스카노는 계몽주의의 역사는 "반계몽으로서의 광신이라든가 반광신으로서의 계몽이라는 단순한 수사를 용납하지 않는 어떤 복잡성"(206)을 갖고 있다고 말한다. 이를 위해서는 계몽주의를 박제화하는 대신 그것의 "급진적 혹은 해방적 잠재성"(193)을 파헤치면서 계몽주의의 역동적 측면을 드러내는 작업이 필요하다. 결론부터 말하자면, 광신과 계몽은 역동적인 사상적 궤적을 그리면서 18세기 내내 서로 맞물려 있었다. 가령 프랑스 계몽주의 철학의 두 거두인 볼테르와 루소가 '광신'을 대하는 태도는 완전히 다르다. 볼테르가 광신과 관용을 대비시키면서 광신을 "천연두처럼 감염되는 정신병"(204)으로 여긴 반면, 루소는 "광신의 감정적 토대를 놓치는 이는 그 누구라도 광신의 잠재력과 반이성적 저항을 과소평가할 수밖에 없다"(208)고 일갈한다. 광신에 맞선 볼테르의 다원주의 예찬이 해방적 폭력 대신 사회의 질서와 안정을 염원했던 그의 '정치적 무관심'을 드러낸다면, 루소는 광신과 사촌 관계인 열정이야말로 중요한 '정치적 역량'이라고 주장한다. 흔히 '합리적 정신'의 대명사처럼 여겨지는 칸트에게도 열정은 그의 비판철학과 정치 이론에서 핵심적인 위치를 차지한다. "열정의 정동"(234)에 주목하는 칸트는 그것을 "이성이 필요한 힘을 획득할 때까지"(234) 우리가 놓지 말아야 할 것, 곧 이성의 의미 있는 보충물로 여긴다. 프랑스혁명을 예찬하는 과정에서 열정과 관념, 이상의 중요성을 파악하는 칸트의 모습은 더 이상 "정치적 온건론자"(238)가 아니며 오히려 과격하기까지 하다. 니체가 칸트를 "루소풍의 도덕적 광신자"(243)라고 부르는 것도 그런 점에서 자연스럽다. 18세기 계몽주의 철학을 재해석으로써 토스카노는 계몽이 광신의 반대편에 있는 것도 아니며, 열정이 이성과 적대적이라는 일반적 관점이 지독한 편견이라고 말한다. 무조건적 비타협의 정치가 자유주의의 경계를 확장하고, 묵시록적 시간에의 열망이 근대적 정치의 원형이었던 것과 마찬가지로, 광신과 열정, 격정과 정동이야말로 계몽주의 철학의 비판적이고 급진적이며 정치적인 모습을 유지시켰던 핵심 요인이라는 것이다.

4장 '동양의 혁명'에서 토스카노는 현재의 반광신 담론에서 주요한 표적이 되고 있는 이슬람교를 다룬다. 서양에서 이슬람교를 광신의 대명사로 위치시킨 데는 헤겔의 공이 크다. 비록 다른 오리엔탈리스트들처럼 이슬람교를 동양적 신비주의와 전제정의 산물로 단순화하지는 않지만, 헤겔은 자신의 종교철학 체계를 통해 이슬람교를 '관념적 유일자를 절대적 헌신의 대상으로 삼는 극단적 보편성의 종교'로 서술하고, 특수성을 완전히 무시하는 추상성의 현현顯現으로 묘사함으로써 이슬람교에 대한 '편견'을 철학적으로 보증한다. 이에 따라, 관념, 보편성, 추상성에 헌신하는 이슬람교 주체는 "자신의 세속화에 실패한, …… 유일자의 쇠퇴를 초래하는 데 실패한 존재"(262)로 인식되는 반면, 기독교는 "무신론, 관용, 자유주의"(289) 등을 이뤄 낸 성숙한 종교로 그려진다. 은밀한 문화적 우월성으로 가득한 이 "문화주의적 종교 담론"(290)의 형성에 기여한 것은 이슬람교와 광신을 '죽음 충동'이나 '집단적 무의식'으로 설명하면서 무슬림을 "적당히 병리적인 근대적 주체"(284)가 되지 못한 미성숙한 주체로 '이론화'하는 일부 정신분석 담론이다. 토스카노는 이슬람교를 타자화하면서 작동하는 기독교-세속주의-정신분석의 삼위일체가 사실은 "우리들이 일관되고 통일된 문명에 속해 있다는 그릇된 안정감"(288)을 제공하는 판타지라고 규정하면서, 타자에 대한 그릇된 문화적 표상이 주는 이데올로기적 편안함 대신 '종교' 자체에 대한 급진적 진단을 통해 인류의 판타지를 분석하는 프로이트의 '세속주의'를 재평가할 것을 주장한다.

5장 '관념들의 충돌'에서 토스카노는 앞 장들에서 부분적으로만 다루었던 오늘날의 반광신적 무신론-세속주의 담론을 전면적으로 비판한다. 이를 위해 등장하는 사상가는 마르크스다. 토스카노는 마르크스의 '종교관'의 변화 과정을 추적함으로써, 세속주의와 무신론을 진부하게 옹호하는 데 그치고 있는 오늘날의 상황에서 마르크스의 입장이 가진 정치적 적실성을 보이려 한다. 포이어바흐의 기독교 비판에 영향을 받았던 1840년대의 마르크스는 기독교에 맞선 무신론적 입장과 국가의 세속화에 경도되었다가, 이후 "종교의 틀로 정치적 조건을 비판하는 대신 정치적 조건의 틀로 종교를 비판해야만"(306)한다는 주장, 즉 종교 비판을 넘어 종교의 뿌리인 '현실'에 대한 비판으로 나아간다. 천상의 비판에서 지상의 비판으로의 전환이다. 그러다가 1860년대 후반의 『자본』에 이르면 마르크스는 종교 현상을 통해 인간의 "사회적 관계 형성 양식"(315)을 기술하는 방법론적 성찰을 펼칠 것을 주장한다. 요컨대 마르크스는 종교를 한낱 '신화'로 여기던 무신론-세속주의자에서 벗어나 종교를 통한 현실 비판으로, 나아가 종교의 변화가 인간 생산양식 전반의 변화 과정과 맞물리는 과정에 대한 역사 유물론적 탐구로 진화해 갔던 것이다. 다시 말해 마르크스에게 '종교'란, 오늘날의 세속주의자들의 주장과는 달리, 무조건 제거해야 할 대상이 아니라, 물질 영역의 구조가 드러나는 관념의 영역이다. "자본의 특별한 종교"(321)로서의 기독교를 분석함으로써 마르크스는 종교적 현상 이면의 정치적·경제적·사회적 구조를 동시에 드러내는 것이다. '광신'이라는 개념의 쓰임을 추적하는 토스카노가 이런 마르크스의 종교관과 정확히 공명하고 있다는 점은 명확해 보인다. 그는 마르크스의 입을 빌려 세속적 국가 추구가 "비판과 해방의 목표"(327)가 아니며, 역설적으로 "무신론 국가, 민주주의국가, 종교를 시민사회의 여타 요소들과 동렬에 갖다 놓는 국가야말로 완성된 기독교 국가"(331)임을 주장한다. 이런 맥락에서 중요한 것은 '종교 제거'나 '광신 반대'가 아닌, "일상생활의 종교"(333)로서의 자본주의를 비판적으로 분석하는 일이 된다. 마찬가지로 '광신'이란 천박한 계몽주의자들이나 맹목적 자유주의자들이 말하듯 오늘날 마지막 남은 이데올로기적 찌꺼기가 아닌, 지상의 문제를 성찰하는 매개체, 특히 라파르그의 표현처럼 "아직 무신론자를 만나 보지 못한 유일한 신"(335)인 자본주의의 현실을 파헤치는 중요한 도구일 수 있는 것이다.

마지막으로 6장 '냉전과 메시아'에서 토스카노가 점검하는 주제는 '정치 종교' 개념이다. 1920년대 이후 파시즘, 공산주의, 나치즘 등 전체주의의 부흥이 지금껏 서양 문명이 이루어 놓은 자유주의적이고 세속화된 체제에 강력한 위협이 되고 있다고 느낀 사상가들은 전체주의와 같이 '종교적 신념에 사로잡힌 정치적 운동'들, 곧 "신앙으로서의 정치"(345)를 '정치 종교' 개념으로 포괄하기 시작한다. 토스카노가 문제 삼는 것은 정치 종교 개념이 천년왕국 운동과 메시아주의부터 공산주의와 나치즘에 이르는 다양한 운동들을 탈역사적으로 포괄함으로써 궁극적으로는 "모든 종류의 신념의 정치를 광신적 종교성의 대체 효과로 여기면서 폐기"(350)하는 효과이다. 전체주의 대 자유세계, 회의 대 신념, 합리 대 광신 등으로 현재를 단순화함으로써 정치 종교 담론은 유서 깊은 반광신 담론을 반복하고 세속화 이론과 공명한다. 버크에서 볼테르, 헤겔을 거쳐 푀겔린, 콘을 지나 오늘날의 그레이로 이어지는 기나긴 세속화의 서사는 (각자 차이는 조금씩 있으되) 합리적이고 회의적이며 세속적인 체제에 반하는 근본적이고 보편적인 움직임을 광신화한다. 세속화 서사가 두려워하는 광신의 핵심적 차원을 "관념과 보편성"(405)에서 찾는 토스카노는 정치 종교 개념 및 세속화주의자들의 공세가 가진 냉전적이고 탈역사적이며 탈정치적인 한계를 지적하면서, 데리다, 바디우, 아감벤, 지젝 등의 "메시아적이고 종말론적인 형상에 대한 최근의 호소"(393)에 담긴 보편주의적 정치 철학이 어떻게 '광신' 비판을 피하면서도 동시에 해방적 정치의 급진성을 포기하지 않는지에 대해 고찰한다.

사뭇 논쟁적으로 토스카노가 이 책을 통해 되살리고 바로 잡으려 하는,

'광신'의 본질은 결국 "관념, 보편성, 당파성의 정치"(406)라고 할 수 있다. 토스카노는 이를 "정치가 가진 항구적 차원"(407)으로 적극적으로 해석하면서 이런 광신적 요소들을 단순히 묵살하거나 병리화하는 것을 경계해야 한다고 주장한다. 이 책에서 토스카노가 파헤치고 있듯이 좋은 세상에 대한 관념과 그것을 보편적으로 실현시키려는 무조건적인 요구는 서양 정치와 철학의 역사 속에서 꾸준히 없애야 할 '광신적' 움직임으로 배제되어 왔다. 기존의 질서를 넘어서려는 모든 급진적 시도에 '광신'이라는 딱지를 붙일 때, 그 딱지를 성찰 없이 받아들여 '광신자'들을 몰아내면서도 이런 급진적 시도를 만들어낸 원인에 대면하기는 거부할 때, 그때 사회는 자신의 모순을 극복하면서 앞으로 나아갈 역량을 상실하게 된다. 문제는 아무리 광신에 대한 거부가 강력해도, 현실의 정치적·사회적·경제적 억압이 심화될 때마다 이런 광신적 요소들 역시 꾸준히 등장했다는 점이다. 그리고 이 광신적 움직임들이 기존의 질서들과 투쟁하는 과정에서, 자유주의처럼 가장 반광신적인 이데올로기들마저도 자신의 지평을 확장하거나 반성하는 계기를 마련할 수 있었다. 광신을 무작정 병리화하는 담론의 이면을 의심하는 동시에 광신에 담긴 본질적인 정치적 차원들을 새롭게 되살리기. 이것이 서양 정치와 철학의 역사를 종횡무진 누비는 이론적 작업을 통해 토스카노가 우리에게 던지는 화두다.

3

우리 시대는 보편적이고 근본적이며 급진적인 움직임들이 병적인 것으로 취급되는 시대다. 이런 현상은 신자유주의라는 이름의 새로운 자본주의 단계가 헤게모니를 쥔 이후 더욱 극명하게 나타나고 있다. 세계화된 자본주의의 전면화가 경제적 합리성을 유일한 진리로 만들어 냄으로써, 개인을 단위로 한 경제적 생존을 제외한 모든 '이데올로기 대결'은 구시대적인 것이 되었다. 빈부 격차가 심화되고, 승리한 자들이 쓸고 간 자리에 남아 도태된 자들은 여기 저기에서 목숨을 끊고 있으며, 다수의 청년들이 미래의 전망을 상실한 상황에서도 이에 반대하는 급진적 행동은 좀처럼 나타나지 않고 있다. '혁명'이라는 말은 애플의 신제품 설명회에서나 등장할 뿐 현실 정치의 영역에서는 자취를 감춘 지 오래다. 오로지 생존을 위한 전쟁 같은 삶을 지탱시키기 위해서는 값싸고 쉬운 쾌락이 필요하며, 대중문화는 연예인들을 전면적으로 가동해 연일 즉각적이고 감각적인 엔터테인먼트 '콘텐츠'를 제공한다. 절망에 빠져 '루저'가 된 이들에게는 심리적이고 개인적인 차원의 달콤한 희망의 말들이 이런저런 '멘토'들에 의해 '힐링'이라는 이름으로 팔린다. 생존의 경제와 쾌락의 문화가 서로를 강화하는 이 시대에 자유주의적 민주주의라는 온건한 정치 체제 외의 다른 모든 근본적 변혁 운동들은 광신의 카테고리 안으로 들어간다. 그래서 이 시대에는 '핫'하지 않고 '쿨'해야만 살아남는다. 사랑은 '쿨'하게, 정치는 '엔터테인먼트'처럼. '핫'한 것은 오직 섹스에서나 긍정적인 의미로 사용될 뿐, 정치적인 '핫'함은 바로 진압봉의 세례를 받기 마련이다. 쾌락이나 돈이나 성공에 관한 '열정'을 제외한 모든 열정을 위험하게 여기는 이 시대에는 그래서 독재와 부패마저도 합리적으로 자행된다.

하지만 대부분의 사람들이 자본의 노예 혹은 상품의 소비자로 살며 '사는 거 별 거 없다'고 자위하고 있는 이 시대에도 '미친 믿음'의 움직임들은 여전히 남아 있다. 어떤 이들은 비인간적 정리 해고에 반발해 크레인 위로 올라가고, 어떤 이들은 정부의 일방적이고 반환경적인 원자력·전력 정책에 맞서 연대하고, 어떤 이는 시장화된 대학을 버리고 대안적 삶을 개척하는 중이며, 어떤 이들은 '빨갱이'라는 소리를 들으면서도 묵묵히 자신의 신념대로 살아가고 목소리를 낸다. 체제의 내부에 온건히 남는 게 유일한 선택지라고 믿는 이들이 보기에 이런 행동들은 그저 '미친 짓'으로 보일 것이다. 하지만 그나마 한국이 이만큼이라도 나라의 모습을 갖춘 것은 주류에게 '광신자'라는 소리를 들으면서도 억압받는 자들과 연대하겠다는 신념을 끝까지 밀어붙인 현대의 존 브라운과 토마스 뮌처들 때문이다. 근로기준법을 준수하라며 자신의 몸에 불을 붙인 전태일, 80년 5월 도청에서 죽음을 선택하며 싸웠던 광주 시민들, 좋은 대학과 편안한 직장을 마다하고 공장과 달동네로 들어갔던 대학생들, 동료 노동자들에 대한 부당한 처우에 항의하며 시위하고 싸우다 죽어 간 수많은 운동가들이 있었기에 한국 사회는 조금씩 변할 수 있었다.

이런 광신적 몸짓들은 과거에도 소수의 것이었지만, 현재는 더욱 더 소수의 전유물이 되어 가고 있다. '시대가 바뀌었다'고 말하는 이들은 '과격한 방식'을 문제 삼거나, '지나친 열정'을 문제 삼는다. 이명박 정권부터 나타나기 시작한 이런 현상은 박근혜 정권의 탄생 이후 후안무치한 방식으로 극렬해지고 있다. 이미 낡은 구시대의 유물로 보였던 국가보안법은 언젠가부터 다시 사람들을 잡아 가두는 날 선 칼이 되었고, '내란 음모'라는 무시무시한 죄목이 일시에 되살아나 국회의원을 여론 재판하는 데 이용되고 있으며, '반공과 애국'만 입에 올리면 그 무슨 짓을 해도 무사한 시대가 되어 가고 있다. 과거 김대중·노무현 정권이 온건한 자유주의를 통해 합리적 소통의 장을 마련함으로써 이데올로기 투쟁을 벗어나려 했다면, 이명박·박근혜 정권은 유신 독재를 환기시키는 공작 정치를 펴면서 새로운 공안 시대를 불러들이고 있는 것처럼 보인다. 경제적 위기 속에서 불안한 삶을 사는 일부 청년들은 인터넷 사이트를 통해 자신들의 절망을 약자들에게 투사하면서 극우적인 혐오의 정치를 '놀이'랍시고 펼친다. 노동운동, 사회운동, 문화 운동은 이런 분위기 속에서 제대로 된 저항조차 하지 못하는 상태다. 한때 거리를 점령하고 정권을 끌어내릴 힘이 있었던 대중은 이제 모두 각개전투를 펼치며 어떻게든 자기 계발을 하려 애쓰는 '휴먼 캐피탈'이 되었다. 좌·우 정치인들은 모두가 엇비슷한 중도로 수렴한다. 억압적 현실 구조와 달리 쾌락과 부드러움의 문화가 넘쳐 나면서 오디션 프로그램으로 변해 버린 정치는 근본적 모순에 문제를 제기하기는커녕 근본적 모순을 감추는 최고의 장치가 되었다. 폭력과 쾌락이 마수처럼 얽혀 있는 이 리버럴한 사회는 자살과 소외를 조장하며 다른 방식으로 미쳐 가는 중이다.

토스카노의 광신에 대한 재해석은 자본의 질서와 쾌락의 문화, 자유주의적 정치가 모든 것이 되어 버린 이런 현대 세계에 대한 이론적 저항이다. 토스카노의 '광신'이 평등과 해방에 대한 가장 근본적인 입장을 의미한다는 것에 비춰 보면, 세련된 방식의 불평등과 억압이 법과 자유라는 이름하에 번져 가고 있는 이 시대는 이와는 완전히 다른 광기로 가득한 곳인 셈이다. 변혁적 전망이 사라진 세계에서 파국과 묵시록의 서사가 새로운 정치적 화두를 던지고 있는 최근 상황은 토스카노가 되살린 '광신' 개념과 상통한다. 세계의 파국이라는 묵시록적 서사를 통해 정의의 실현을 꿈꿨던 천년왕국운동이 대표적인 광신의 원형으로 이해되었다는 측면에서도 그렇고, 이 화두들 모두가 기존 질서를 근본적으로 뒤엎는 혁명적 보편성을 지향하고 있다는 점에서도 그렇다. 광신과 파국, 묵시록이 그 무시무시한 어감과는 달리 역설적으로 지극히 '유토피아적'인 정치적 지향을 견지하고 있다는 점 역시 흥미롭다. 현실이 암담하고 참혹할수록 전면적인 질서의 전복을 꿈꾸는 유토피아적 개념들이 등장하게 마련이다. 유토피아야말로 주요한 광신적 이념 중 하나로 좌우파 모두에게서 공격을 받아 왔지만, 그런 근본적인 정치적 상상과 열정 없이는 가장 자그마한 개혁도 이루어지기 힘들다. 그런 점에서 모든 급진적이고 보편적인 상상력이 메말라 버린 것처럼 보이는 지금이야말로 어쩌면 가장 유토피아적이고 파국적이면서 묵시록적인, 즉 광신적인 몸짓이 중요한 때이다. 종말을 상상하기 힘든 자본의 질서와 그 질서를 유지하고 확장하는 행정 체제, 그리고 순간적인 쾌락을 지속적으로 제공하는 대중문화 속에서 유유히

안락한 삶만을 추구하는 '최후의 인간'이 되기를 거부하고, 불가능해 보이는 것의 균열과 틈을 놓치지 않고 다시금 보편적인 열망을 표현하는 광신적 몸짓. 이 몸짓의 이름이 바로 '정치'이지 다른 어떤 것이 아니다.

4

아마도 독자들은 서양 역사에서 '광신'이라는 단어에 담긴 무시무시함을 실감하기 힘들지도 모르겠다. '광신' 혹은 '광신자'가 사교邪教 집단을 지칭할 때 외에는 그다지 쓰이지 않는 한국에서 이에 가장 근접한 말은 '빨갱이' 혹은 요즘 유행어가 되어 버린 '종북 세력' 정도일 것이다. 여전히 분단 상황이자 휴전 상태인, 그리고 '통일'이라는 말이 너무나 비현실적으로만 들리는 한국에서 북한을 추종하는 세력을 뜻하는 '종북 세력'이나 '빨갱이'라는 말의 위력은 더없이 강력하다. 시민들을 죽이고 고문하고 헌정을 파괴한 과거의 권력자들에 대해서보다, 별다른 근거도 없이 친북 집단이라는 낙인이 찍힌 개인이나 세력에 대한 혐오감이 훨씬 극렬하게 표출되곤 한다. 이른바 '진보 세력'이라고 하는 이들 역시 이런 낙인에 시달린 역사로 인해 앞서서 '종북 세력'이나 '빨갱이'로 지목된 이들과 선을 긋는 일이 잦다. 수세에 몰린 정권이 간첩 사건을 조작하려는 유혹을 떨칠 수 없는 것도 이 때문일 것이다.

여기서 중요한 것은 '종북 세력'이나 '빨갱이' 같은 한국판 '광신'이 한국 사회에서 어떤 방식으로 기존의 질서를 강화하고, 반자본주의적 사유와 실천 등 급진적인 움직임을 미리 봉쇄해 버리는가 하는 점이다. 이명박 정권이 각종 사회적 저항에 대처하기 위해 쓰던 '테러리스트'라는 기표가 박근혜 정권에 이르러 '종북 세력'으로 바뀌기 시작했다는 점은 이런 의미에서 징후적이다. '종북'이나 '빨갱이'라는 딱지가 '간첩 사건' 등으로 실체화되던 과거와는 달리, 정권의 반민주적 행태에 항거하는 모든 운동에 무차별적으로 쓰인다는 것, 그러면서도 그런 일이 국민적 저항을 불러일으키지 않는다는 사실은 한국 사회 민주주의의 실체, 그 미래와 관련해 심각한 의문을 품게 만든다. '민주화'라는 말이 일부 청년층에서 '거부'와 '부정'의 의미로 사용되는 최근의 현상은 어쩌면 이미 도래한 민주주의의 미래를 보여 주는 게 아닐까 싶을 정도다. 냉전의 유산이자 분단의 상처이기도 한 '빨갱이'라는 과거의 말이 유령처럼 출몰하며 현재와 미래를 과거로 흡수해 버릴 때, 우리는 그 속에서 과연 어떤 해방적 전망을 펼칠 수 있을 것인가?

'종북 세력'과 '빨갱이'라는 낙인찍기 현상이 가진 정치적 술수에 대한 저항과 비판은 그것대로 수행되어야 하지만, 그런 낙인이 찍힌 모든 세력마저도 긍정해야 한다는 뜻으로 해석되어서는 안 될 것이다. 이 점은 토스카노의 '광신' 재해석과 관련해서도 중요하다. 마르크스주의 학자로서 토스카노가 새롭게 보려고 하는 것은 '광신'이라는 딱지가 붙은 근본적이고 보편주의적인 정치 행동'이지, 파시즘이나 테러리즘까지를 포함한 극우적이고 근본주의적인 모든 운동이 아니다. 자유주의적 합리성이 다른 모든 정치적 가능성을 봉쇄하면서 운동의 동력이 상실되고 있는 오늘날 토스카노가 되살리려는 것은 자유와 평등과 해방의 원칙을 근본적으로 밀어붙이려는 기획들이라는 점을 기억할 필요가 있다. 다시 말해, 한국에서 '북한'이라든가 '종북 세력', '빨갱이' 등과 같은 낙인이 우리 시대 보수 정치의 술수를 드러내는 것이긴 하지만, 또 그것이 분단 체제의 극복과 평화통일이라는 과제를 환기시키며 우리에게 지정학적 사유의 중요성과 미완의 근대성이라는 화두를 던져 주기는 하지만, 그렇다고 해서 '북한'으로 상징되는 지극히 퇴행적인 체제가 이 시대의 문제를 돌파하고 미래를 전망케 하는 대안이나 기획이 될 수는 없는 것이다. 이 민감한 주제를 어떻게 풀어 내고 어떻게 돌파해 나가야 하는가, 한국에서 반공주의는 오늘날의 화석화된 민주주의 제도와 어떤 연관을 맺는가, 급진적 정치와 광신적 신념 자체가 금기시되는 상황을 타개하려는 이들에게 '북한'은 무엇인가 ─ 이런 질문들이야말로 다른 나라가 아닌 한국 독자들에게 이 책이 던져 주는 아주 구체적인 화두다.

5

『광신』은 한국에서 단독 저서로는 최초로 번역 소개되는 영국의 정치철학자 알베르토 토스카노의 2010년 저서이다. 서구 정치철학계에서 신진 마르크스주의 학자로 명성을 떨치고 있는 토스카노의 책을 한국에 소개할 수 있게 되어 매우 기쁘다. 밀워키의 한 서점에서 우연히 집어 든 이 책을 단숨에 읽고 매료되어 번역까지 하기로 마음먹은 게 2010년 여름이었으니 꽤 많은 시간이 흘렀다. 그 시간 동안 이 책을 기다리는 독자들의 편지도 많았다. 그 기다림을 헛되게 만들지 않을 만한 번역이면 더할 나위가 없겠다. 번역의 시작부터 끝까지 함께한 후마니타스의 안중철 편집장과 이진실 편집자는 세심하고 꼼꼼한 교정과 질문, 제안을 통해 원고의 수정과 완성에 더할 나위 없는 공헌을 해주었다. 책을 나와 함께 만들어 준 두 분께 깊은 감사를 드린다. 이런 노력에도 불구하고 남아 있을지도 모를 번역상의 오류는 모두 역자의 것이다. 독자 여러분의 질정을 기다린다. 한국에서는 오히려 잊혀 가는 80년 5월 '광주'의 사건을 반광신 담론과 연결시켜 광신과 반공주의, 관리되는 민주주의의 문제를 다시 질문하는 '한국어판 서문'을 공들여 써준 저자 토스카노에게도 감사드린다. 무엇보다, 자본과 권력의 핍박 속에서도 더 나은 세상을 만들기 위해 굴하지 않고 싸우고 있는 한국 땅의 모든 위대한 '광신자들'에게 이 책을 통해 뜨거운 연대의 마음을 표한다. 이 책을 읽는 독자들이 인문학적 지식과 교양을 얻는 데 그치지 않고, 토스카노가 던진 물음과 해석을 비판적으로 소화함으로써 자신이 선 자리에서 다양한 방식으로 정치적인 몸짓을 펼칠 수 있게 된다면 번역자로서 그보다 큰 기쁨은 없을 것이다.

2013년 10월, 밀워키에서

문강형준

참고문헌

Achcar, Gilbert, 'Marxists and Religion - Yesterday and Today', *International Viewpoint* (2004). Available at: <http://www.internationalviewpoint.org/spip.php?article622>.

Achcar, Gilbert, 'Religion and Politics Today from a Marxian Perspective', *Socialist Register 2008*, London: Merlin, 2007.

Adorno, Theodor W., *Notes to Literature*, Vol. 2, R. Tiedemann (ed.), trans. S. Weber Nicholsen, New York: Columbia University Press, 1992.

Afary, Janet and Kevin B. Anderson, *Foucault and the Iranian Revolution: Gender and the Seductions of Islamism*, Chicago: University of Chicago Press, 2005.

Agamben, Giorgio, *The Time That Remains: A Commentary on the Letter to the Romans*, trans. P. Dailey, Stanford: Stanford University Press, 2005[『남겨진 시간』, 강승훈 옮김, 코나투스, 2008].

Agamben, Giorgio, *Il Regno e la Gloria. Per una genealogia teologica dell'economia e del governo*, Vicenza: Neri Pozza, 2007.

Agamben, Giorgio, *Signatura rerum. Sul metodo*, Turin: Bollati Boringhieri, 2008.

Almond, Ian, *The New Orientalists : Postmodern Representations of Islam from Foucault to Baudrillard*, London: LB. Tauris, 2007.

Althusser, Louis and Étienne Balibar, *Reading Capital*, London: Verso, 1997[『자본론을 읽는다』, 김진엽 옮김, 두레, 1991].

Anderson, Perry, *Arguments within English Marxism*, London: NLB, 1980.

Anderson, Perry, *Spectrum*, London: Verso, 2005[『현대 사상의 스펙트럼 : 카를 슈미트에서 에릭 홉스봄까지』, 안효상·이승우 옮김, 길, 2011].

Anidjar, Gil, *The Jew, the Arab: A History of the Enemy*, Stanford: Stanford University Press, 2003.

Anidjar, Gil, *Semites*, Stanford: Stanford University Press, 2008.

Anidjar, Gil, 'The Stillborn God' : A review in three parts' , *The Immanent Frame*. Available at: <http://www.ssrc.org/blogs/immanent_frame/2007/12/26/a-review-in-three-parts/>.

Ansart-Dourlen, Michèle, *Le fanatisme. Terreur politique et violence psychologique*, Paris: L'Harmattan, 2007.

Arata, Andrew and Paul Breines, *The Young Lukács and the Origins of Western Marxism*, London: pluto Press, 1979.

Arendt, Hannah, *The Human Condition*, Chicago: University of Chicago Press, 1958[『인간의 조건』, 이진우 옮김, 한길사, 2002].

Arendt, Hannah, *Lectures on Kant's Political Philosophy*, R. Beiner (ed.), Chicago: University of Chicago Press, 1992[『칸트 정치철학 강의』, 김선욱 옮김, 푸른숲, 2002].

Aron, Raymond, *L'opium des intellectuels*, Paris: Hachette, 2002[1955][『현대인의 아편』, 안병욱 옮김, 창문사, 1967].

Aron, Raymond, *Machiavel et les tyrannies modernes*, Paris: Éditions de Fallois, 1993.

Asad Talal, *Formations of the Secular: Christianity, Islam, Modernity*, Stanford: Stanford University Press, 2003.

Asad, Talal, *On Suicide Bombing*, New York: Columbia University Press, 2007.

Badiou, Alain and François Balmès, *De l'idéologie*, Paris: Maspéro, 1976.

Badiou, Alain, *Saint Paul: The Foundation of Universalism*, trans. R. Brassier, Stanford: Stanford University Press, 2003[『사도 바울: 제국에 맞서는 보편주의 윤리를 찾아서』, 현성환 옮김, 새물결, 2008].

Badiou, Alain, *The Century*, trans. A. Toscano, Cambridge: Polity, 2007.

Badiou, Alain, 'The Communist Hypothesis', *New Left Review*, 49 (2008), 29-42["사르코지라는 이름이 뜻하는 것: 공산주의적 가설", 서용순 옮김, 『뉴레프트리뷰』(1권), 길, 2009].

Badiou, Alain, *Theory of the Subject*, trans. B. Bosteels, London: Continuum, 2009[1982].

Badiou, Alain, *L'hypothèse communiste*, Paris: Lignes, 2009.

Balakrishnan, Gopal, *Antagonistics: Capitalism and Power in an Age of War*, London: Verso, 2009.

Barth, Karl, *The Church and the Political Problem of Our Day*, New York: Scribner, 1939.

Bataille, Georges, *Visions of Excess: Selected Writings*, 1927-1939, A. Stoekl (ed.), Minneapolis: University of Minnesota Press, 1985.

Beiser, Frederick C. *The Fate of Reason: German Philosophy from Kant to Fichte*, Cambridge, MA: Harvard University Press, 1987.

Beiser, Frederick C., *The Sovereignty of Reason: The Defense of Rationality in the Early English Enlightenment*, Princeton: Princeton University Press, 1996.

Bell, Daniel, *The End of Ideology: On the Exhaustion of Political Ideas in the Fifties*, rev. ed, New York: Collier, 1961[『이데올로기의 종언』, 이상두 옮김, 범우사, 1999].

Benjamin, Andrew, 'Particularity and Exceptions: On Jews and Animals', *South Atlantic Quarterly*, 107: 1 (2008),71-87.

Benslama, Fethi, *La psychanalyse à l'épreuve de l'Islam*, Paris: Aubier, 2002.

Berdyaev, Nicolas, *The Origin of Russian Communism*, trans. R. M. French, Ann Arbor: University of Michigan Press, 1960[first ed *1937*/ new ed 1948][『러시아 지성사』, 이경식 옮김, 종로서적, 1980].

Berman, Marshall, 'Freedom and Fetishism'[1963], in *Adventures in Marxism*, London: Verso, 1999["자유와 물신숭배", 『맑스주의의 향연』, 문명식 옮김, 이후, 2001].

Bertrand, Michèle, *Le statut de la religion chez Marx et Engels*, Paris: Éditions Sociales, 1979.

Bhatt, Chetan, 'Frontlines and Interstices in the War on Terror', *Development and Change Forum 2007*, 38: 6 (2007), 1073-93.

Blickle, Peter, 'Social Protest and Reformation Theology', in *Religion, Politics, and Social*

Protest: Three Studies on Early Modern Germany, K. von Greyerz (ed.), Boston: Allen & Unwin, 1984.

Blickle, Peter, *The Revolution of 1525: The German Peasants' War from a New Perspective*, trans. T. A. Brady, Jr. and H. C. E. Middlefort, Baltimore: Johns Hopkins University Press, 1985.

Blickle, Peter, *From the Communal Reformation to the Revolution of the Common Man*, trans. B. Kümin, Leiden: Brill, 1998.

Bloch, Ernst, *Thomas Münzer als Theologe der Revolution*, 2nd ed, Frankfurt: Suhrkamp Verlag, 1989[1962].

Bloch, Ernst, 'Aktualitätund Utopie. Zu Lukács' "Geschichte und Klassenbewusstsein"') in *Philosophische Aufsätze*, Frankfurt: Suhrkamp Verlag, 1969.

Bloch, Ernst, 'Non-synchronism and the Obligation to Its Dialectics', trans. M. Ritter, *New German Critique*, 11 (1977), 22-38.

Bloch, Ernst, *The Principle of Hope*, Vol. 3, trans. N. Plaice, S. Plaice and P. Knight, Oxford: Basil Blackwell, 1986[『희망의 원리 5』, 박설호 옮김, 열린책들, 2004].

Bloch, Ernst, *Natural Law and Human Dignity*, trans. D. J. Schmidt, Cambridge, MA: The MIT Press, 1987[I961][『자연법과 인간의 존엄성』, 박설호 옮김, 열린책들, 2011].

Bloch, Ernst, *Spirit of Utopia*, trans. A. A. Nassar, Stanford: Stanford University Press, 2000[1918/1923].

Blumenberg, Hans, *The Legitimacy of the Modern Age*, trans. R. M. Wallace, Cambridge, MA: The MIT Press, 1983.

Bodei, Reme, *Geometria delle passioni. Paura, speranza, felicità: filosofia e usa politico*, Milan: Feltrinelli, 1991.

Boella, Laura (ed.), *Intellettuali e coscienza di classe. Il dibattito su Lukács 1923-24*, Milan: Feltrinelli, 1977.

Bousquet, G.-H. , 'Marx et Engels se sont-i1s intéressés aux questions islamiques?' *Studia Islamica*, 30 (1969), 119-30.

Breckman, Warren, *Marx, the Young Hegelians, and the Origins of Radical Social Theory*, Cambridge: Cambridge University Press, 1999.

Bronner, Stephen Eric, *Reclaiming the Enlightenment: Towards a Politics of Radical Engagement*, New York: Columbia University Press, 2004.

Brown, Malcolm (ed.), *Plato's Meno*, New York: Bobb-Merrill, 1971.

Brown, Wendy, *Regulating Aversion: Tolerance in the Age of Identity and Empire*, Princeton: Princeton University Press, 2006[『관용: 다문화제국의 새로운 통치 전략』, 이승철 옮김, 갈무리, 2010].

Bull, Malcolm, *Seeing Things Hidden: Apocalypse, Vision and Totality*, London: Verso, 1999.

Bull, Malcolm, 'The Catastrophist', *London Review of Books*, 29: 21 (2007).

Burgat, François, *L'islamisme à l'heure d'Al-Qaida*, Paris: La Découverte, 2005.

Burke, Edmund, *Reflections on the Revolution in France*, L. G. Mitchell (ed.), Oxford: Oxford University Press, 1993[1790][『프랑스혁명에 관한 성찰』, 이태숙 옮김, 한길사, 2008].

Burke, Edmund, *Further Reflections on the Revolution in France*, D. E. Ritchie (ed.), Indianapolis: Liberty Fund, 1992.

Burke, Edmund, *The Writings and Speeches of Edmund Burke, Vol. III: Party, Parliament, and the American War, 1774-1780*, W. M. Elofson and J. A. Woods(eds), Cambridge: Cambridge University Press, 1996.

Burridge, Kenelm, *New Heaven, New Earth: A Study of Millenarian Activities*, Oxford: Basil Blackwell, 1971.

Calhoun, John C., *Union and Liberty: The Political Philosophy of John C. Calhoun*, R. M. Lence (ed.), Indianapolis: Liberty Fund, 1992.

Caygill, Howard, *A Kant Dictionary*, Oxford: Blackwell, 1995.

Chakrabarty, Dipesh, *Provincializing Europe: Postcolonial Thought and Historical Difference*, Princeton: Princeton University Press, 2000.

Chakrabarty, Dipesh, 'Subaltern Studies and Postcolonial Historiography', *Nepantla: Views from the South*, I: I (2000), 9-32.

Chiesa, Lorenzo and Alberto Toscano, 'Agape and the Anonymous Religion of Atheism', *Angelaki: Journal of the Theoretical Humanities*, 12: 1 (2007), 113-26.

Chomsky, Noam, *Rogue States*, London: Pluto, 2000[『불량국가』, 장영준 옮김, 두레, 2001].

Cioran, Emil, *Œuvres*, Paris: Gallimard, 1995.

Clemens, Justin, 'Man is a Swarm Animal', in *The Catastrophic Imperative*, D. Hoens, S. Jöttkandt and G. Buelens (eds), Basingstoke: Palgrave, 2009.

Cohn, Norman, *The Pursuit of the Millennium*, 2nd ed, London: Mercury Books, 1962[『천년왕국운동사』, 김승환 옮김, 한국신학연구소, 1993].

Colas, Dominique, *Civil Society and Fanaticism: Conjoined Histories*, trans. A. Jacobs, Stanford: Stanford University Press, 1997.

Coleridge, Samuel Taylor, *Biographia Literaria*, New York: William Gowans, 1852[1817][『콜리지 문학평전』, 김정근 옮김, 옴니북스, 2003].

Conze, Werner and Helga Reinhart, 'Fanatismus', in *Geschichteliche Grundbegriffe. Historisches Lexicon zur politisch-sozialen Sprache in Deutschland*, Vol. 2, O. Brunner, W. Conze and R. Koselleck (eds), Sruttgart: Klett-Cotta, 1975.

Critchley, Simon, *Infinitely Demanding*, London: Verso, 2007.

Critchley, Simon, 'Mystical Anarchism', *Critical Horizons*, 10: 2 (2009), 272- 306.

Crossman, Richard (ed.), *The God that Failed*, New York: Bantam, 1959[1950][『실패한 신』, 김영원 옮김, 범우사, 1983].

Cruise O'Brien, Conor, 'Edmund Burke: Prophet Against the Tyranny of the Politics of Theory', in Edmund Burke, *Reflections on the Revolution in France*, F. M. Turner(ed.), New Haven. Yale University Press, 2003[1790].

da Cunha, Euclides, *Rebellion in the Backlands*, trans. S. Putnam, Chicago: University of Chicago Press, 1944[1902].

David-Ménard, Monique, *La folie dans la raison pure. Kant lecteur de Swedenborg*, Paris: Vrin, 1990.

Davis, Mike, *Late Victorian Holocausts*, London: Verso, 2001[『엘니뇨와 제국주의로 본 빈곤의 역사』, 정병선 옮김, 이후, 2008].

Davis, Mike, *Dead Cities*, New York: The New Press, 2003.

Davis, Mike, 'Planet of Slums', *New Left Review*, 26 (2004), 5-34.

Davis, Mike, *Planet of Slums*, London: Verso, 2006[『슬럼 지구를 뒤덮다』, 김정아 옮김, 돌베개, 2007].

De Martino, Ernesto, *La fine del mondo. Contributo all'analisi delle apocalissi culturali*, C. Gallini (ed.), Turin, Einaudi, 2002[1977].

Derrida, Jacques and Gianni Vattimo (eds), *Religion*, Stanford: Stanford University Press, 1998.

Derrida, Jacques, *Specters of Marx: The State of the Debt, The Work of Mourning and the New International*, trans. P. Kamuf, London: Routledge, 2006[1994][『마르크스의 유령들』, 진태원 옮김, 이제이북스, 2007].

Devji, Faisal, *The Terrorist in Search of Humanity: Militant Islam and Global Politics*, London: Hurst, 2008.

Dianteill, Erwann and Michael Löwy, *Sociologies et religion. Approches dissidentes*, Paris: PUF, 2005.

Dolar, Mladen, 'Freud and the Political', *Unbound*, 4,15 (2008),15-29.

Drayton, William, *The South Vindicated from the Treason and Fanaticism of the Northern Abolitionists*, Philadelphia: H. Manly, 1836.

Du Bois, W. E. B., *John Brown*, D. Roediger (ed.), New York: The Modern Library, 2001[1909][『3일간의 자유: 순결한 노예해방운동가 존 브라운의 일생』, 김이숙 옮김, 휴머니스트, 2003].

Elton, G. R., *Reformation Europe 1517-1559*, London: Collins, 1963.

Engels, Friedrich, *The Peasant War in Germany*, trans. M. J. Olgin, London: George Allen & Unwin, 1927[1850]["독일농민전쟁"(발췌본), 『칼 맑스·프리드리히 엥겔스 저작선집 2』, 박종철출판사, 1997].

Engels, Friedrich, *The Condition of the Working Class in England*, London: Penguin, 1987[1845] [『영국 노동자계급의 상태』, 박준식·전병휴·조효래 옮김, 세계, 1988].

Étienne, Bruno, *Les combatants suicidaires* suivi de *Les amants de l'apocalypse*, Paris: L'Aube, 2005.

Fenves, Peter, *A Peculiar Fate: Metaphysics and World-History in Kant*, Ithaca: Cornell University Press, 1991.

Fenves, Peter (ed.), *Raising the Tone of Philosophy: Late Essays by Immanuel Kant, Transformative Critique by Jacques Derrida*, Baltimore: Johns Hopkins University Press, 1993.

Feuerbach, Ludwig, *The Essence of Christianity*, trans. G. Eliot, New York: Harper & Row, 1956[1841][『기독교의 본질』, 강대석 옮김, 한길사, 2008].

Finelli, Roberto, *Astrazione e dialettica dal romanticismo al capitalismo (saggio su Marx)*, Rome: Bulzoni Editore, 1987.

Finkielkraut, Alain, 'Fanatiques sans frontières', *Libération*, 9 February 2006.

Fisher, Andrew, 'Flirting with Fascism', *Radical Philosophy*, 99 (2000).

Flores, John, 'Proletarian Meditations: Georg Lukács' Politics of Knowledge', *Diacritics*, 2: 3 (1972), 10-21 .

Foucault, Michel, *Language, Counter-Memory, Practice: Selected Essays and Interviews*, D. F. Bouchard (ed.), Ithaca, NY: Cornell University Press, 1977.

Foucault, Michel, *The Politics of Truth*, Los Angeles: Semiotext(e), 2007.

Freud, Sigmund, *The Complete Psychological Works of Sigmund Freud*, Vol. 9, J. Strachey (ed.), London: The Hogarth Press, 1959.

Freud, Sigmund, *The Future of an Illusion*, New York: Anchor Books, 1964["환상의 미래", 『문명 속의 불만』, 김석희 옮김, 열린책들, 2003].

Fukuyama, Francis. *The End of History and the Last Man*, New York: Free Press, 1992[『역사의 종말』, 이상훈 옮김, 한마음사, 1992/2007].

Furet, François, *Marx and the French Revolution*, trans. D. Kan Furet, Chicago: University of Chicago Press, 1988.

Gentile, Emilio, *Le religioni della politica. Fra democrazie e totalitarismi*, 2nd ed, Bari: Laterza, 2007.

Goertz, Hans-Jürgen, *Thomas Müntzer: Apocalyptic, Mystic and Revolutionary*, Edinburgh: *T&T* Clark, 1993.

Geoghegan, Vincent, *Ernst Bloch*, London: Routledge, 1996.

Geoghegan, Vincent, 'Religion and Communism: Feuerbach, Marx and Bloch', *The European Legacy*, 9: 5 (2004), 585- 95.

Goody, Jack, *The Theft of History*, Cambridge: Cambridge University Press, 2007.

Gramsci, Antonio, *Quaderni del carcere*, V. Gerratana (ed.), Turin: Einaudi, 2007[『그람시의 옥중수고 1, 2』, 이상훈 옮김, 거름, 2006/2007].

Gray, John, *Black Mass: Apocalyptic Religion and the Death of Utopia*, London: Allen Lane, 2007[『추악한 동맹: 종교적 신념이 빚어 낸 현대 정치의 비극』, 추선영 옮김, 이후, 2011].

Grosrichard, Alain, *The Sultan's Court: European Fantasies of the East*, trans. L. Heron, introduction by M. Dolar, London: Verso, 1998.

Grjebine, André, *La guerre du doute et de la certitude. La démocratie face aux fonatismes*, Paris: Berg International, 2008.

Guha, Ranajit, 'The Prose of Counter-Insurgency', in *Subaltern Studies No.2*, R. Guha (ed.), Delhi: Oxford University Press, 1983.

Guha, Ranajit, *Elementary Aspects of Peasant Insurgency in Colonial India*, Durham, NC: Duke University Press, 1999[1983][『서발턴과 봉기: 식민 인도에서의 농민 봉기의 기초적 측면들』, 김택현 옮김, 박종철출판사, 2008].

Halévy, Élie, *L'Ère des tyrannies. Études sur le socialisme et la guerre*, Paris: Gallimard, 1990[1938].

Hall, Stuart, 'Religious Ideology and Social Movements in Jamaica', in *Religion and Ideology*, R. Bocock and K. Thompson (eds), Manchester, UK: Manchester University Press, 1985.

Hare, R. M., *Freedom and Reason*, Oxford: Oxford University Press, 1963.

Hart, William David, 'Slavoj Žižek and the Imperial/Colonial Model of Religion', *Nepantla*, 3: 3 (2002), 553-78.

Hart, William David, 'Can a Judgment Be Read?', *Nepantla*, 4: 1 (2003), 191-4.

Harvey, David, *A Brief History of Neoliberalism*, Oxford: Oxford University Press, 2005[『신자유주

의: 간략한 역사』, 최병두 옮김, 한울, 2009].

Hauerwas, Stanley, 'The Non-Violent Terrorist: In Defense of Christian Fanaticism', in *Incredible Forgiveness: Christian Ethics Between Fanaticism and Reconciliation*, D. Pollefeyt (ed.), Leuven: Peeters, 2004.

Haynal, André, Miklos Molnar and Gérard de Puymège, *Le fanatisme: ses racines. Un essai historique et psychanalytique*, Paris: Stock, 1980.

Hegel, G. W. F., *The Philosophy of History*, New York: Dover, 1956[『역사철학강의』, 권기철 옮김, 동서문화사, 2008].

Hegel, G. W. F., *Lectures on the Philosophy of Religion, Vol. III: The Consummate Religion*, Berkeley: University of California Press, 1985.

Hegel, G. W. F., *Elements of the Philosophy of Right*, Allen W. Wood (ed.), trans. H. B. Nisbet, Cambridge: Cambridge University Press, 1991.

Heimonet, Jean-Michel, *Jules Monnerot ou la démission critique - 1932-1990. Trajet d'un intellectuel vers le fascisme*, Paris: Kimé, 1993.

Heine, Heinrich, *On the History of Religion and Philosophy in Germany*, T. Pinkard(ed.), trans. H. Pollack-Milgate, 2007[1834 / 1852].

Heyd, Michael, *'Be Sober and Reasonable': The Critique of Enthusiasm in the Seventeenth and Early Eighteenth Centuries*, Leiden: Brill, 1995.

Herring, Ronald J., 'From "Fanaticism" to Power: The Deep Roots of Kerala's Agrarian Exceptionalism', in *Speaking of Peasants: Essays on Indian History and Politics in Honor of Walter Hauser*, W. R. Pinch (ed.), New Delhi: Manohar, 2008.

Higonnet, Patrice, 'Terror, Trauma and the "Young Marx": Explanation of jacobin Politics', *Past and Present*, 191 (2006), 121-64.

Hill, Christopher, *The World Turned Upside Down: Radical ideas During the English Revolution*, London: Penguin, 1975.

Hind, Dan, *The Threat to Reason*, London: Verso, 2007.

Hirschman, Albert, *The Passions and the Interests*, Princeton: Princeton University Press, 1977 [『열정과 이해관계』, 김승현 옮김, 나남, 1994].

Hobsbawm, Eric J., *Primitive Rebels: Studies in Archaic Forms of Social Movement in the 19th and 20th Centuries*, New York: Norton, 1965[1959][『반란의 원초적 형태: 자본주의 발전에 따른 유럽 소외 지역 민중운동의 모든 형태』, 진철승 옮김, 온누리, 2011].

Hollier, Denis (ed.), *The College of Sociology 1937-1939*, Minneapolis: University of Minnesota Press, 1988.

Hopkins, Nicholas S., 'Engels and Ibn Khaldun', *Alif: Journal of Comparative Poetics*, 10 (1990).

Hughes, Matthew and Gaynor Johnson (eds), *Fanaticism and Conflict in the Modern Age*, London and New York: Frank Cass, 2005.

Ileto, Reynaldo C., 'Philippine Wars and the Politics of Memory', *positions*, 13: 1(2005), 215-34.

Israel, Jonathan I., 'Enlightenment! Which Enlightenment?', *Journal of the History of Ideas*, 67: 3 (2006), 523-45.

Israel, Jonathan I., *Enlightenment Contested: Philosophy, Modernity, and the Emancipation of*

Man 1670-1752, Oxford: Oxford University Press, 2006.

James, William, *The Varieties of Religious Experience: A Study in Human Nature*, New York: Macmillan, 1961[1902][『종교적 경험의 다양성』, 김재영 옮김, 한길사, 2000].

Jameson, Fredric, *Marxism and Form*, Princeton: Princeton University Press, 1971[『변증법적 문학 이론의 전개』, 여홍상·김영희 옮김, 창작과비평, 1984].

Kant, Immanuel, *Observations on the Feeling of the Beautiful and the Sublime*, trans. J. T. Goldthwait, Berkeley: University of California Press, 2003[1764][『아름다움과 숭고함의 감정 에 대한 고찰』, 이재준 옮김, 책세상, 2005].

Kant, Immanuel, *Critique of Judgment*, trans. w. s. Pluhar, New York: Hackett, 1987[1790][『판단 력 비판』, 백종현 옮김, 아카넷, 2009].

Kant, Immanuel, *Theoretical Philosophy 1755~1770*, trans. and ed. D. Walford with R. Meerbote, Cambridge: Cambridge University Press, 1992.

Kant, Immanuel, *Religion and Rational Theology*, trans. and ed. A. W. Wood and G. Di Giovanni, Cambridge: Cambridge University Press, 1996[『학부들의 논쟁』, 오진석 옮김, 도서출판 비, 2012].

Kant, Immanuel, *Critique of Practical Reason*, trans. W. S. Pluhar, 2002[1788][『실천이성비판』, 백 종현 옮김, 아카넷, 2009].

Kant, Immanuel, *Anthropology from a Pragmatic Point of View*, R. B. Louden (ed.), Cambridge: Cambridge University Press, 2006 [1798][『실용적 관점에서 본 인간학』, 이남원 옮김, 울산대학교 출판부, 1998].

Kant, Immanuel, *Anthropology, History and Education*, R. B. Louden (ed.), Cambridge: Cambridge University Press, 2007.

Kautsky, Karl, *Foundations of Christianity*, London: Socialist Resistance, 2007[1908][『그리스도교 의 기원』, 이승무 옮김, 동연, 2011].

Kepel, Gilles and Jean-Pierre Milelli (eds), *Al Qaeda in Its Own Words*, trans. P. Ghazaleh, Cambridge, MA: Belknap Harvard, 2008.

Klein, Lawrence E. and Anthony J. La Vopa (eds), *Enthusiasm and Enlightenment in Europe, 1650-1850*, San Marino, CA: Huntington Library, 1998.

Klemperer, Victor, *The Language of the Third Reich: LTI- Lingua Tertii Imperii: A Philologist's Notebook*, trans. M. Brady, London: Continuum, 2006.

Kouvelakis, Stathis, *Philosophy and Revolution: From Kant to Marx*, trans. G. M. Goshgarian, London: Verso, 2003.

La Barre, Weston, 'Materials for a History of Studies of Crisis Cults: A Bibliographic Essay', *Current Anthropology*, 12: 1 (1971),3- 44.

Labica, Georges, 'Paul Nizan', *Europe*, 784-5 (1994).

Laclau, Ernesto, *New Reflections on the Revolution of Our Time*, London: Verso, 1990.

Lafargue, Paul, *La religion du Capital*, Paris: L'Aube, 2006[1887].

Walter Laqueur, *The New Terrorism: Fanaticism and the Arms of Mass Destruction*, Oxford: Oxford University Press, 1999.

Lanternari, Vittorio, *The Religions of the Oppressed: A Study of Modern Messianic Cults*, trans. L. Sergio, New York: Mentor, 1965.

La Rocca, Tommaso, *Es Ist Zeit. Apocalisse e storia: studio su Thomas Müntzer (1490-1525)*, Bologna: Cappelli, 1988.

Le Bon, Gustave, *The Crowd: A Study of the Popular Mind*, New York: The Macmillan Company, 1896[『군중심리』, 이상률 옮김, 지도리, 2012].

Lefebvre, Henri, *The Sociology of Marx*, trans. N. Guterman, London: Penguin, 1972[『마르크스의 사회학: 국가, 이데올로기, 계급, 혁명』, 이영목 옮김, 한마당, 1988].

Lefort, Claude, *Complications: Communism and the Dilemmas of Democracy*, trans. J. Bourg, New York: Columbia University Press, 2007.

Leggett, William, 'Progress of Fanaticism' (1837), in *Democratic Editorials: Essays in Jacksonian Political Economy*, Indianapolis: Liberty Fund, 1984.

Lenin, Vladimir Ilyich, *Collected Works*, Vol. 17, Moscow: Progress Publishers, 1977.

Lewis, Bernard, 'The Roots of Muslim Rage', *Atlantic Monthly*, September 1990.

Lilla, Mark, *The Stillborn God: Religion, Politics and the Modern West*, New York: Vintage, 2008[『사산된 신』, 마리오 옮김, 바다출판사, 2009].

Lilla, Mark, 'Our Historical *Sonderweg*', *The Immanent Frame*, available at: <http://www.ssrc.org/blogs/ immanent_frame/2008/01/04/our-historical-sonderweg/>.

Lincoln, Bruce, *Holy Terrors: Thinking about Religion after September* 11, 2nd ed, Chicago: University of Chicago Press, 2006[『거룩한 테러』, 김윤성 옮김, 돌베개, 2005].

Lindberg, Carter, 'Eschatology and Fanaticism in the Reformation Era: Luther and the Anabaptists', *Concordia Theological Quarterly*, 64: 4 (2000), 259-78.

Llorente, Renzo, 'Hegel's Conception of Fanaticism', *Auslegung*, 20: 2 (1995), 83- 99.

Locke, John, *The Works of John Locke in Nine Volumes*, London: Rivington, 1824[『인간 지성론』, 추영현 옮김, 동서문화사, 2011].

Lombroso, Cesare, *Les anarchistes*, 2nd ed, trans. M. Hamel and A. Marie, Paris: Ernest Flammarion, 1896.

Lombroso, Cesare, *Crime, Its Causes and Remedies*, trans. Henry P. Horton, London: w. Heinemann, 1911[1899].

Lombroso, Cesare, *Criminal Man*, ed. and trans. M. Gibson and N. H. Rafter, Durham, NC: Duke University Press, 2006[1876-97][『범죄인의 탄생: 범죄인에 대한 인류학적 분석』, 이경재 옮김, 법문사, 2010].

Lomonaco, Jeffrey, 'Kant's Unselfish Partisans as Democratic Citizens', 17: 3 (2005), 393-416.

Losurdo, Domenico, *Il revisionismo storico*, Bari: Laterza, 1996.

Losurdo, Domenico, *Nietzsche, il ribelle aristocratico. Biografia intellettuale e bilancio critico*, Turin: Bollati Boringhieri, 2002.

Losurdo, Domenico, *Hegel and the Freedom of the Moderns*, Durham, NC: Duke University Press, 2004.

Losurdo, Domenico, 'Towards a Critique of the Category of Totalitarianism', *Historical Materialism*, 12: 2 (2004), 25-55.

Losurdo, Domenico, *Controstoria del liberalismo*, Bari: Laterza, 2005.

Losurdo, Domenico, *Il linguaggio dell'impero. Lessico dell'ideologia americana*, Bari: Laterza, 2007.

Losurdo, Domenico, *Autocensura e compromesso nel pensiero politico di Kant*, 2nd ed, Naples: Bibliopolis, 2007[1983].

Löwith, Karl, *Meaning in History*, Chicago: University of Chicago Press, 1949[『역사의 의미』, 이한우 옮김, 문예출판사, 1990].

Löwy, Michael, 'Interview with Ernst Bloch', *New German Critique* 9 (1976), 35-45.

Löwy, Michael, *Georg Lukács: From Romanticism to Bolshevism*, trans. Patrick Camiller, London: NLB, 1979.

Löwy, Michael, *Redemption and Utopia: Jewish Libertarian Thought in Central Europe A Study in Elective Affinity*, trans. H. Heaney, London: Athlone Press, 1992.

Löwy, Michael, *The War of the Gods: Religion and Politics in Latin America*, London: Verso, 1996[『신들의 전쟁: 라틴아메리카의 종교와 정치』, 김항섭 옮김, 그린비, 2012].

Löwy, Michael, 'From Captain Swing to Pancho Villa: Instances of Peasant Resistance in the Historiography of Eric Hobsbawm', *Diogenes*, 48: 189 (2000), 3- 10.

Löwy, Michael, 'Marxism and Religion: Opiate of the People', *New Socialist*, 51 (2005). Available at: <http: //newsocialist.org/ newsite /index.php?id=243>.

Löwy, Michael, 'Capitalism as Religion: Walter Benjamin and Max Weber', *Historical Materialism*, 17: 1 (2009), 60-73.

Lukács, Georg, *History and Class Consciousness: Studies in Marxist Dialectics*, trans. R. Livingstone, Cambridge, MA: The MIT Press, 1971[『역사와 계급의식: 마르크스주의 변증법 연구』, 박정호 옮김, 거름, 1999].

Lyotard, Jean-François, 'The Sign of History' (1982), in *The Lyotard Reader*, Andrew Benjamin (ed.), Oxford: Basil Blackwell, 1989.

Lyotard, Jean-François, *L'enthousiasme. La critique kantienne de l'histoire*, Paris: Galilée, 1986.

MacIntyre, Alasdair, *Marxism and Christianity*, Harmondsworth: Pelican, 1971.

Mannheim, Karl, *Ideology and Utopia: An Introduction to the Sociology of Knowledge*, London: Routledge, 1936[『이데올로기와 유토피아』, 임석진 옮김, 김영사, 2012].

Marx, Karl, *A Contribution to the Critique of Political Economy*, New York: International Publishers, 1970.

Marx, Karl, *Early Texts*, D. McLellan (ed.), Oxford: Basil Blackwell, 1972.

Marx, Karl, *The Revolutions of 1848: Political Writings*, Vol. 1, London: Penguin, 1973.

Marx, Karl, *Grundrisse*, trans. M. Nicolaus, London: Penguin, 1973[『정치경제학 비판 요강 I, II』, 김호균 옮김, 백의, 2000]..

Marx, Karl, *The First International and After: Political Writings*, Vol. 3, D. Fernbach(ed.), London, Penguin, 1974.

Marx, Karl and Friedrich Engels, *Collected Works*, London: Lawrence & Wishart, 1975-2005.

Marx, Karl, *Capital: Volume 1*, trans. B. Fowkes, London: Penguin, 1990[『자본 I-1: 경제학 비판』, 강신준 옮김, 도서출판 길, 2008].

Marx, Karl, *Capital: Volume 3*, trans. D. Fernbach, London: Penguin, 1991[『자본 III-1: 경제학 비판』, 강신준 옮김, 도서출판 길, 2008].

Marx, Karl, *Early Writings*, trans. R. Livingstone and G. Benton, London: Penguin, 1992.

Marx, Karl (with Friedrich Engels), *The German Ideology*, New York: Prometheus, 1998["독일 이데 올로기", 『칼 맑스·프리드리히 엥겔스 저작선집 1』, 박종철출판사, 1997].

Marx, Karl and Friedrich Engels, *The Communist Manifesto*, London: Penguin, 2002[『공산당 선언』, 강유원 옮김, 뿌리와이파리, 2006]..

Marx, Karl, *Dispatches for the New York Tribune: Selected Journalism of Karl Marx*, J. Ledbetter (ed.), London: Penguin, 2007.

Mason, Richard, *Spinoza: Logic, Knowledge and Religion*, Aldershot: Ashgate, 2007.

Matheson, Peter (ed.), *The Collected Works of Thomas Müntzer*, Edinburgh: T&T Clark, 1988.

Mayer, Arno, *The Furies: Violence and Terror in the French and Russian Revolutions*, Princeton: Princeton University Press, 2000.

McLellan, David, *Marxism and Religion*, London: Macmillan, 1987.

McMahon, Darrin M., *Enemies of the Enlightenment: The French Counter-Enlightenment and the Making of Modernity*, New York: Oxford University Press, 2001.

Menand, Louis, *The Metaphysical Club*, London: Flamingo, 2002[『메타피지컬 클럽』, 정주연 옮김, 민음사, 2006].

Mendes Sargo, David-Emmanuel, 'Martin Luther, Thomas Müntzer and the Birth of the Modern State: Reflections on the Status of the Lutheran Reform in the Historical Sociology of Protestantism', *Social Compass*, 36: 1 (1989), 105- 31.

Miegge, Mario, *Il sogno del re di Babilonia. Profezia e storia da Thomas Müntzer a Isaac Newton*, Milan: Feltrinelli, 1995.

Monnerot, Jules, *Sociologie du communisme*, Paris: Gallimard, 1949.

Mufti, Aamir R., 'Fanatics in Europa', *boundary* 2, 34: 1 (2007), 17- 23.

Negt, Oskar, 'The Non-Synchronous Heritage and the Problem of Propaganda', *New German Critique* 9(1976), 46-70.

Nietzsche, Friedrich, *The Will to Power*, W. Kaufmann (ed.), trans. W. Kaufmann and R. J. Hollingdale, New York, Vintage, 1968[『권력에의 의지』, 강수남 옮김, 청하, 1988].

Nietzsche, Friedrich, *Beyond Good and Evil*, trans. W. Kaufmann, New York: Vintage, 1989[1886][『선악의 저편·도덕의 계보』, 김정현 옮김, 책세상, 2002].

Nietzsche, Friedrich, *Twilight of the Idols / The Antichrist*, trans. R. J. Hollingdale, London, Penguin, 1990[1889/1895]["우상의 황혼", "안티크리스트", 『바그너의 경우, 우상의 황혼, 안티크리스트, 이 사람을 보라, 디오니소스 송가, 니체 대 바그너』, 백승영 옮김, 책세상, 2002].

Nietzsche, Friedrich, *Human, All Too Human*(I), trans. Gary Handwerk, Stanford: Stanford University Press, 1995[1878][『인간적인 너무나 인간적인 I』, 김미기 옮김, 책세상, 2001].

Nietzsche, Friedrich, *Daybreak: Thoughts on the Prejudices of Morality*, trans. R. J. Hollingdale, Cambridge, Cambridge University Press, 1982[1881/1886][『서광』, 이필렬 옮김, 청하, 1983].

Nizan, Paul, *Aden Arabie*, Paris: La Découverte, 2002[l931 / 1960].

Olson, Joel, 'The Freshness of Fanaticism: The Abolitionist Defense of Zealotry', *Perspectives on Politics*, 5: 4 (2007), 685-701.

Olson, Joel, 'Friends and Enemies, Slaves and Masters: Fanaticism, Wendell Phillips, and the Limits of Democratic Politics', *Journal of Politics*, 71: 1 (2009), 82- 95.

Olson, Joel, 'The Politics of Protestant Violence: Abolitionists and Anti-Abortionists', unpublished paper (2009).

Oz, Amos, *How to Cure a Fanatic*, Princeton: Princeton University Press, 2006.

Pareto, Vilfredo, *The Rise and Fall of Elites*, New Brunswick, NJ: Transaction, 2006[1901].

Pick, Daniel, *Faces of Degeneration: A European Disorder, c. 1848-c. 1918*, Cambridge: Cambridge University Press, 1989.

Pocock, J. G. A., 'Edmund Burke and the Redefinition of Enthusiasm: The Context as Counter-Revolution', in F. Furet and M. Ozouf(eds), *The French Revolution and the Creation of Modern Political Culture, Vol. 3: The Transformations of French Political Culture*, 1789-1848, Oxford: Pergamon Press, 1989.

Pocock, J. G. A., *Barbarism and Religion, Vol. 2: Narratives of Civil Government*, Cambridge: Cambridge University Press, 1999.

Quarles, Benjamin (ed.), *Allies for Freedom & Blacks on John Brown*, Cambridge, MA: Da Capo, 2001[1974/1972].

Rabinbach, Anson, 'Unclaimed Heritage: Bloch's *Heritage of Our Times* and the Theory of Fascism', *New German Critique* 11 (1977), 5-21.

Raines, John (ed.), *Marx on Religion*, Philadelphia: Temple University Press, 2002.

Rancière, Jacques, 'The Concept of "Critique" and the "Critique of Political Economy"', in *Ideology, Method and Marx*, A. Rattansi (ed.), London: Routledge, 1989.

Rancière, Jacques, *Le spectateur émancipé*, Paris: La Fabrique, 2008.

Roberts, John, 'The "Returns to Religion": Messianism, Christianity and the Revolutionary Tradition. Part I: Wakefulness to the Future', *Historical Materialism*, 16: 2 (2008), 59- 84.

Roberts, John, 'The "Returns to Religion": Messianism, Christianity and the Revolutionary Tradition. Part II: The Pauline Tradition', *Historical Materialism*,16: 3 (2008), 77-103.

Rodinson, Maxime, *Islam and Capitalism*, London: Penguin, 1977.

Rudin, Josef, *Fanaticism: A Psychological Analysis*, trans. E. Reinecke and P. C. Bailey, Notre Dame: University of Notre Dame Press, 1969.

Russell, Bertrand, *The Practice and Theory of Bolshevism*, London: George Allen & Unwin, 1920[『볼셰비즘의 실제와 이론』, 문정복 옮김, 이문출판사, 1983].

Said, Edward W. and Christopher Hitchens (eds), *Blaming the Victims*, London: Verso, 1988.

Said, Edward W., *Orientalism*, New York: Vintage, 1994[『오리엔탈리즘』, 박홍규 옮김, 교보문고, 2000].

Said, Edward W., *Freud and the Non-European*, London: Verso, 2003[『프로이트와 비유럽인』, 주은우 옮김, 창비, 2005].

Said, Edward W., *Humanism and Democratic Criticism*, Basingstoke: Palgrave, 2004[『저항의 인문학: 인문주의와 민주적 비판』, 김정하 옮김, 마티, 2012].

Samaddar, Ranabir, 'The Impossibility of Settled Rule - Lessons of the Colonial Time', unpublished manuscript, 2007.

Safouan, Moustapha, *Why Are the Arabs Not Free? - The Politics of Writing*, Oxford: Blackwell, 2007.

Saint-Just, *Œuvres*, Paris: Gallimard, 2004.

Sartre, Jean-Paul, *Cahiers pour une morale*, Paris: Gallimard, 1983.

Savater, Fernando, 'Fanáticos sin fronteras' *El País*, 11 February 2006.

Scarcia Arnoretti, Biancamaria, *Tolleranza e guerra santa nell'Islam*, Florence: Sansoni(Scuola Aperta), 1974.

Schmidt, James (ed.), *What is Enlightenment? Eighteenth-Century Answers and Twentieth-Century Questions*, Berkeley: University of California Press, 1996.

Schmitt, Carl, *Political Theology: Four Chapters on the Concept of Sovereignty*, trans. G. Schwab, Cambridge, MA: The MIT Press, 1985[『정치신학: 주권론에 관한 네 개의 장』, 김항 옮김, 그린비, 2010].

Schmitt, Carl, *Political Theology II: The Myth of the Closure of Any Political Theology*, trans. M. Hoelzl and G. Ward, Cambridge: Polity, 2008[1970].

Scholem, Gershom, *The Messianic Idea in Judaism*, New York: Schocken, 1995.

Scott, John T. and Ourida Mostefai (eds), *Rousseau and l'Infâme: Religion, Toleration, and Fanaticism in the Age of Enlightenment*, Amsterdam: Rodopi, 2008.

Scott, Tom and Bob Scribner (eds), *The German Peasants' War: A History in Documents*, Amherst, NY: Humanity Books, 1991.

Scurr, Ruth, *Fatal Purity: Robespierre and the French Revolution*, London: Vintage, 2007.

Seymour, Richard, *The Liberal Defence of Murder*, London: Verso, 2008.

Shanin, Teodor (ed.), *Late Marx and the Russian Road*, New York: Monthly Review Press, 1983.

Shorten, Richard, 'The Enlightenment, Communism and Political Religion: Reflections on a Misleading Trajectory', *Journal of Political Ideologies*, 8: 1 (2003), 13-37.

Shorten, Richard, 'The Status of Ideology in the Return of Political Religion Theory', *Journal of Political Ideologies*, 12: 2 (2007), 163-87.

Siblot, Paul, 'Les *fanatiques* et le discours colonial', *Mots. Les langages du politique*, 79(2005), 73-81.

Sloterdijk, Peter, *Zorn und Zeit*, Frankfurt: Suhrkamp Verlag, 2006.

Sloterdijk, Peter, 'What Happened in the Twentieth Century? En Route to a Critique of Extremist Reason', *Cultural Politics*, 3: 3 (2007),327-55.

Sloterdijk, Peter, *God's Zeal: The Battle of the Three Monotheisms*, trans. W. Hoban, Cambridge: Polity, 2009[『신의 반지』, 두행숙 옮김, 돌을새김, 2009].

Sloterdijk, Peter, 'Rules for the Human Zoo: A Response to the *Letter on Humanism*', *Society and Space*, 27: 1 (2009), 12-28.

Smith, William, 'Fanum', in *Dictionary of Greek and Roman Antiquities*, W. Smith, W. Wayte and G. E. Marindin (eds), 2nd ed, London: John Murray, 1890.

Sprinker, Michael (ed.), *Ghostly Demarcations*, London: Verso, 1999[『마르크스주의와 해체』, 진태원·

한형식 옮김, 길, 2009에 일부가 번역되어 있다].

Stengers, Isabelle, *Au temps des catastrophes. Résister à la barbarie qui vient*, Paris: La Découverte, 2009.

Sternhell, Zeev, *Les anti-Lumières. Du XVIIIe siècle à la guerre foide*, Paris: Fayard, 2006.

Stevens, Jacob, 'Exorcizing the Manifesto', *New Left Review*, 28 (2004), 151-60.

Stiegmann-Gall, Richard, 'Nazism and the Revival of Political Religion Theory', *Totalitarian Movements and Political Religions*, 5: 3 (2004), 376-96.

Stoker, Richard, 'Fanaticism and Heresy', *New International*, 14: 1 (1948), 31.

Talmon, J. L., *The Origins of Totalitarian Democracy*, London: Sphere Books, 1970[1959].

Tarde, Gabriel, *L'opinion et la foule*, Paris: PUF, 1989[1901][『여론과 군중: SNS는 군중의 세계인가 공중의 세계인가』, 이상률 옮김, 지도리, 2012].

Taubes, Jakob, *Abendländische Eschatologie*, Munich: Matthes & Seitz, 1991[1947].

Taubes, Jakob, *The Political Theology of Paul*, trans. D. Hollander, Stanford: Stanford University Press, 2004[『바울의 정치신학』, 조효원 옮김, 그린비, 2012].

Therborn, Göran, 'Nato's Demographer', *New Left Review*, 56 (2009), 136-44.

Thoreau, Henry David, *Civil Disobedience and Other Essays*, New York: Dover, 1993[1849-63][『시민의 불복종』, 강승영 옮김, 은행나무, 2011].

de Tocqueville, Alexis, *The Old Regime and the Revolution*, F. Furet and F. Mélonio(eds), trans. A. S. Kahan, Chicago: University of Chicago Press, 1998[『앙시앵 레짐과 프랑스혁명』, 이용재 옮김, 박영률출판사, 2006].

Toscano, Alberto, 'Fanaticism and Production: Schelling's Philosophy of Indifference', *Pli: The Warwick Journal of Philosophy*, 8 (1999), 46-70.

Toscano, Alberto, 'Communism as Separation', in *Think Again: Alain Badiou and the Future of Philosophy*, P. Hallward (ed.), London: Continuum, 2004.

Toscano, Alberto, 'Marxism Expatriated: Alain Badiou's Turn', in *Critical Companion to Contemporary Marxism*, Jacques Bidet and Stathis Kouvelakis (eds), Leiden: Brill, 2008.

Toscano, Alberto, 'The Open Secret of Real Abstraction', *Rethinking Marxism*, 20: 2, (2008), 273-87.

Toscano, Alberto, *'Ad Hominem:* Antinomies of Radical Philosophy', *Filozofski Vestnik* XXIX, 2 (2008), 137-53.

Toscano, Alberto, 'A Plea for Prometheus', *Critical Horizons*, 10: 2 (2009), 241-56.

Toscano, Alberto, 'Partisan Thought', *Historical Materialism*, 17: 3 (2009), 175-91.

Tosel, André, *Kant révolutionnaire. Droit et politique*, Paris: PUF, 1988.

Toynbee, Arnold J., *A Study of History: Abridgment of Volumes VII- X by D. C. Somervell*, Oxford: Oxford University Press, 1988[『역사의 연구 III』, 김규태 외 옮김, 더스타일, 2012].

Traverso, Enzo, *Il totalitarismo*, Milan: Bruno Mondadori, 2002.

Turcan, Robert, *The Gods of Ancient Rome*, London: Routledge, 2001.

Venturi, Franco, 'Un enciclopedista: Alexandre Deleyre', *Rivista Storica Italiana*, LXXVII: IV (1965), 791-824.

Virno, Paolo, *Scienze sociali e 'natura umana'*, Soveria Mannelli: Rubbettino, 2003.

Voegelin, Eric, *The New Science of Politics*, Chicago: University of Chicago Press, 1952.

Voegelin, Eric, *The Political Religions*, in *The Collected Works of Eric Voegelin, Volume 5: Modernity Without Restraint*, Columbia and London: University of Missouri Press, 2000[1938].

Voltaire, *The Works of Voltaire: A Contemporary Version*, including a critique and biography by J. Morley, notes by T. Smollett, trans. William F. Fleming, New York: E. R. DuMont, 1901.

Voltaire, *Traité sur la tolérance*, Paris: Gallimard, 1975[1763][『관용론』, 송기형 옮김, 한길사, 2001].

Voltaire, *Le Fanatisme, ou Mahomet le prophète*, Paris: Flammarion, 2004[1741].

Wahnich, Sophie, *La longue patience dupeuple. 1792. Naissance de la République*, Paris: Payot & Rivages, 2008.

Walzer, Michael, *The Revolution of the Saints: A Study in the Origins of Radical Politics*, New York, Atheneum, 1973[1965].

Walzer, Michael, *Exodus and Revolution*, New York: Basic Books, 1985.

Walzer, Michael, 'Passion and Politics', *Philosophy and Social Criticism*, 28: 6 (2002), 617-33.

Whalen, Terence, *Edgar Allan Poe and the Masses: The Political Economy of Literature in Antebellum America*, Princeton: Princeton University Press, 1999.

Wittkower, Margot and Rudolf, *Born Under Saturn*, New York: New York Review of Books, 2007[1963].

Wood, Allen W., *Kant*, Oxford: Blackwell, 2005.

Wood, Ellen M., *Democracy Against Capitalism*, Cambridge: Cambridge University Press, 1995.

Worsley, Peter, *The Trumpet Shall Sound: A Study of 'Cargo' Cults in Melanesia*, 2nd ed, London: Paladin, 1970.

Zammito, John H., *Kant, Herder and the Birth of Anthropology*, Chicago: University of Chicago Press, 2002.

Žižek, Slavoj, 'I Plead Guilty - But Where's the Judgment?', *Nepantla*, 3: 3 (2002), 579-83.

Žižek, Siavoj, *The Parallax View*, Cambridge, MA: The MIT Press, 2006[『시차적 관점: 현대 철학이 처한 교착 상태를 돌파하려는 지젝의 도전』, 김서영 옮김, 마티, 2009].

Žižek, Siavoj, *How to Read Lacan*, London: Granta Books, 2006[『HOW TO READ 라캉』, 박정수 옮김, 웅진지식하우스, 2007].

Žižek, Slavoj, *Violence*, London: Profile, 2008[『폭력이란 무엇인가: 폭력에 대한 6가지 삐딱한 성찰』, 김희진 외 옮김, 난장이, 2011].

Žižek, Slavoj, *In Defense of Lost Causes*, London: Verso, 2008[『잃어버린 대의를 옹호하며』, 박정수 옮김, 그린비, 2009].

찾아보기